THE ANCIENT LIBRA

Vocabulary Guides of Classical Works
Featuring Material Arranged in English Word Order for Easy Translation

Vergil's *AENEID*

A Fully Parsed Vocabulary Guide for the AP Latin Exam*

Selections from Books I, II, IV and VI

I (1-209, 418-440, 494-578) | II (40-56, 201-249, 268-297, 559-620) |
IV (160-218, 259-361, 659-705) | VI (295-332, 384-425, 450-476, 847-899)

Fully Parsed Vocabulary Lists
with Notes and a Suggested Word Order alongside Original Text

The Ancient Library © 2016

ISBN 10: 1-537-02979-7
ISBN 13: 978-1-537-02979-5

* A.P. is a registered trademark of the College Entrance Examination Board, which was not involved in the production of, and does not yet endorse, this product.

Table of Contents

Preface	iii
How to Use This Guide	iv
Chart One (Words Omitted from the Vocabulary Lists)	v
Abbreviations	vi
Book One (Lines 1-209, 418-440, 494-578)	1
Book Two (Lines 40-56, 201-249, 268-297, 559-620)	46
Book Four (Lines 160-218, 259-361, 659-705)	69
Book Six (Lines 295-332, 384-425, 450-476, 847-899)	98
Current and Forthcoming Titles from THE ANCIENT LIBRARY	121
Sample Excerpt from "Caesar's *Gallic War*, A Fully Parsed Vocabulary Guide for the A.P. Latin Exam"	122

Preface

The process of translating classical literature is an intensely laborious process which requires a considerable investment of one's time, a large portion of which is invariably consumed by searching through dictionaries and commentaries rather than working closely with the original text itself. Indeed, independent readers as well as those undertaking intermediate and advanced instruction often find their enthusiasm for the Classics diminished by the expenditure of so many long hours spent thumbing through dictionaries and secondary material or consulting a bewildering array of online resources in order to translate a few short lines of text. To be sure, any worthwhile intellectual endeavor demands commitment, discipline, and an investment of time; the study of the Classics is certainly no exception and there are no shortcuts in acquiring expertise with the great works of antiquity. It is hoped, however, that this Guide will afford readers the opportunity of not only focusing increased attention on the primary text but also translating material more efficiently and with greater accuracy at a more rewarding pace.

Developed by a former university professor who spent several years grading the A.P. Latin Exam and also approved high school instructors' syllabi for the A.P. Vergil course on behalf of College Board, the unique format of this Guide essentially walks readers through the translation process by rearranging original material in English word order and presenting all vocabulary words from left-to-right in the order in which they should be read to arrive at a proper English translation.

Such an approach allows readers to better understand the syntactical relationships between grammatical components within each sentence while simultaneously eliminating the need to invest a disproportionate amount of valuable time with various readers, commentaries, dictionaries and a host of online resources to look up definitions, identify principal parts, parse difficult forms, and disentangle complex grammatical constructions. Indeed, readers will find this Guide to be a truly comprehensive resource which contains everything required to translate the original text successfully: (1) Vergil's ORIGINAL TEXT; (2) a SUGGESTED WORD ORDER for proper translation; (3) a complete list of vocabulary words in the VOCABULARY SECTION; (4) helpful GRAMMATICAL and HISTORICAL NOTES; and (5) a FULLY PARSED summary of all inflected vocabulary forms.

How to Use This Guide

This Vocabulary Guide is divided into sections identified by Book and Line numbers, each of which contains the following:

(1) Vergil's ORIGINAL TEXT appears at the beginning of each section, so that the reader might consult the original Latin material and compare with the Guide's SUGGESTED WORD ORDER which immediately follows.

(2) The SUGGESTED WORD ORDER section rearranges all Latin words in the original work into standard English word order as a prose guide for proper translation. | Bold capital letters (e.g., "**(A), (B),**" etc.) label each individual sentence within the section (or divide longer sentences at natural breaking points); these correspond to the ensuing VOCABULARY and FULLY PARSED sections. | Supplementary letters and words are inserted in [BRACKETS] either to explain abbreviated verb forms or to facilitate a smoother translation; note that whenever prose rearrangement requires that the enclitic *-que* be separated from its host word, the conjunction is always appropriately reintroduced as [*et*]. | Though the Latin A.P. Exam does not use macrons, this section includes them whenever they appear on Ablative and Locative forms for easier identification. | This section underlines and notes[1] clauses, phrases, verb forms, etc. which require explanation in the GRAMMATICAL and HISTORICAL NOTES.

(3) The VOCABULARY SECTION features lists of vocabulary words presented left-to-right following the SUGGESTED WORD ORDER one should follow for translation into English rather than in the order in which they appear in the original text. | Bold capital letters in the left margin within each section correspond to the sentences in the SUGGESTED WORD ORDER. | All English definitions provided are appropriate for the translation requirements of that particular instance within the passage. | The initial word of each vocabulary entry is in **BOLD**, and entries are separated by a forward slash (e.g., "**vir**, viri (m) - man / **primus**, a, um - first"). | So that readers may begin translating at any point, vocabulary for each sentence is presented anew in each section regardless of whether it has already been introduced previously; subsequent listings of the same word within an individual section, however, are designated "*iterum*" whenever they bear the same meaning as the most recent identical entry (e.g., "**vir** *iterum*" to be understood for an aforelisted "**vir**, viri (m) - man" in that very same section). | Entries are presented without macrons in standard Latin-English dictionary format (except in the case of Second Conjugation verbs which include a macron with their second principal part, e.g., "**habeo**, habēre (2), habui, habitus - hold"). | All principal parts are provided for verbs along with an Arabic numeral to denote conjugation pattern (e.g., "**duco**, ducere (3), duxi, ductus - lead" indicates assignment to the Third Conjugation), although regular First Conjugation verbs simply list their first principal part with the numeral "(1)" to indicate that they should be conjugated as *amo, amare, amavi, amatus* (e.g., "**voco** (1) - call" forms its principal parts as *voco, vocare, vocavi, vocatus*); Arabic numerals are not included with defective (e.g., "**inquam** - say, speak") or irregular verbs and their compounds (e.g., "**absum**, abesse, afui - be away, distant"). | To conserve space, the majority of pronouns, all uncompounded forms of the verb *esse*, and several commonly-occurring adverbs and conjunctions are omitted from the vocabulary lists (see Chart One, page v); note that a section entitled "Quick Reference, COMMON PRONOUNS" appears at the bottom of every page as a convenient resource.

(4) The GRAMMATICAL and HISTORICAL AND MYTHOLOGICAL NOTES correspond to the underlined components[1] in the SUGGESTED WORD ORDER. Grammatical entries consist largely of glosses for awkward or difficult phrases, identification of Ablative uses and constructions (especially those without prepositions), and explanations of Subjunctive verb forms; the Historical and Mythological notes provide useful information about individuals and topics either introduced or alluded to in the passage.

(5) The FULLY PARSED section contains a full grammatical description of all inflected vocabulary forms; the bolded letters in the left margin correspond to the labeled portions of the SUGGESTED WORD ORDER and VOCABULARY SECTIONS.

Chart One (Words Omitted from the Vocabulary Lists)

The Vocabulary Lists are unencumbered by those ubiquitous words with which it is assumed an intermediate reader is readily familiar, including most pronouns (including demonstrative, personal and relative pronoun forms); all uncompounded forms of the verb *esse*; and the following commonly-occurring words:

hic, haec, hoc (dem. adj. and pron.) - this; he, she, it
ille, illa, illud (dem. adj. and pron.) - that; that one (i.e., "famous, well-known"); he, she, it
ipse, ipsa, ipsum (intensv. adj. and pron.) - (one's own) self; very
is, ea, id (dem. adj. and pron.) - this, that; (of) such (a kind); he, she, it
qui, quae, quod (rel. pron.) - who, which; that

an (conj) - or, whether
anne (interrog. conj.) - or (introduces the second part of a double question)
at (conj) - at least, but, yet (often marks a change in the narrative)
atque (conj) - and (often *ac* before consonants)
aut (conj) - or (*aut...aut*, "either...or")
en (interj) - "behold...!" (calls attention, and may express either surprise or indignation)
et (adv) - also, even, too
et (conj) - and (*et...et*, "both...and")
nam (conj) - but, for, since
ne (adv and conj) - no, not (with *ut*, "lest")
neque (conj) - not (often *nec* before consonants; *neque...neque*, "neither...nor")
non (adv) - by no means, not (at all)
o (interj) - "O...!" (expresses a feeling or surprise; often used with the Voc for direct address)
sed (conj) - but
ut or **uti** (conj) - in order that, so that, that
vel (conj) - or (*vel...vel*, "either...or")

-met (encl) - own, self (suffix attached to a subst. personal pron.)
-ne (interrog. encl.) - or, whether (often perhaps untranslatable, it denotes a question has been asked)
-que (encl. conj) - and, or
-ve (encl. conj) - or

Vergil consistently uses archaic or abbreviated forms for certain cases of the following nouns throughout the *Aeneid*:

deus, i (m) - god (Dat pl, *dis* for *diis*)
divus, i (m) - god (Gen pl, *divum* for *divorum*)
socius, i (m) - comrade (Gen pl, *socium* for *sociorum*)
vir, viri (m) - man (Gen pl, *virum* for *virorum*)

Note that a section entitled "Quick Reference, COMMON PRONOUNS" appears at the bottom of every page to assist readers with pronoun systems omitted from the VOCABULARY SECTIONS; to conserve space, only singular definitions are provided with the assumption that readers will extrapolate plural meanings where appropriate.

Abbreviations

abl.	ablative	indic.	indicative
absol.	absolute	indir.	indirect
acc.	accusative	infin.	infinitive
actv.	active	interrog.	interrogative
adj.	adjective	intnsv.	intensive
adv.	adverb	intrans.	intransitive
aed.	aedile	lit.	literally
BC	era, "before Christ"	loc.	locative
comp.	comparative	m., or masc.	masculine
conj.	conjunction	mss.	manuscripts
cos.	consul	n., or neut	neuter
dat.	dative	nom.	nominative
defect.	defective	num.	numeral
dem.	demonstrative	perf.	perfect
dep.	deponent	person.	personal
depend.	dependent	pl.	plural
e.g.	Latin, *exempli gratiā* (i.e., "for example")	pluperf.	pluperfect
ellipt.	elliptically	prcpl.	participle
encl.	enclitic	pred.	predicate
esp.	especially	prep.	preposition
etc.	Latin, *et cetera* (i.e., "and so forth")	pron.	pronoun
et al.	Latin, *et alii* (i.e., "and others")	prsnt.	present
f., or fem.	feminine	pssv.	passive
fig.	figuratively	rel.	relative
fut.	future	reflxv.	reflexive
gen.	genitive	sc.	Latin, *scilicet* (i.e., "understand")
i.e.	Latin, *id est* (i.e., "that is")	sing.	singular
impf.	imperfect	subjv.	subjunctive
imper.	imperative	supl.	superlative
impers.	impersonal	subord.	subordinate
indecl.	indeclinable	subst.	substantive
indef.	indefinite	voc.	vocative

(1)	First Conjugation	1	First Person
(2)	Second Conjugation	2	Second Person
(3)	Third Conjugation	3	Third Person
(4)	Fourth Conjugation		

All references to classical authors and works use standard abbreviations provided in *The Oxford Classical Dictionary* (3 ed.).

Notes

Notes

Book One

(Lines 1-209, 418-440, 494-578)

Vergil's ORIGINAL TEXT (1.1-11). (1) Arma virumque cano, Troiae qui primus ab oris | (2) Italiam fato profugus Lavinaque venit | (3) litora, multum ille et terris iactatus et alto | (4) vi superum, saevae memorem Iunonis ob iram, | (5) multa quoque et bello passus, dum conderet urbem | (6) inferretque deos Latio; genus unde Latinum | (7) Albanique patres atque altae moenia Romae. | (8) Musa, mihi causas memora, quo numine laeso | (9) quidve dolens regina deum tot volvere casus | (10) insignem pietate virum, tot adire labores | (11) impulerit. Tantaene animis caelestibus irae?

SUGGESTED WORD ORDER (1.1-11). **(A)** Cano arma [et] virum, qui, profugus fatō,[1] primus venit ab orīs Troiae [ad] Italiam[2] [et] Lavinia litora.[3] **(B)** Ille iactatus multum vī [4] super[or]um [in] terrīs[5] et altō[6] ob memorem iram saevae Iunonis, et quoque passus multa [in] bellō,[7] **(C)** dum conderet[8] urbem [et] inferret[9] deos Latio,[10] unde [sunt] Latinum genus [et] Albani patres[11] atque moenia altae Romae. **(D)** Musa,[12] memora causas mihi, quō numine laesō[13] dolens-ve quid, regina de[or]um impulerit[14] virum insignem pietate[15] volvere tot casus [et] adire tot labores. **(E)** [Sunt]-ne tantae irae[16] caelestibus animis?[17]

1.1 VOCABULARY SECTIONS (1.1-11)

(A) **cano**, canere (3), cecini, cantus - praise (in song), sing (of) / **arma**, orum (n) - (feats of) arms, weapons / **vir**, viri (m) - man / **profugus**, a, um - banished, exiled / **fatum**, i (n) - destiny, fate / **primus**, a, um - first / **venio**, venire (4), veni, ventus - arrive, come / **ab** (prep) - from (with Abl) / **ora**, ae (f) - coast, shore / **Troia**, ae (f) - Troy / [**ad** (prep) - to (with Acc)] / **Italia**, ae (f) - Italy / **Lavinius**, a, um - Lavinian / **litus**, litoris (n) - coast, shore

(B) **iacto** (1) - drive (hither and thither), toss (about) / **multum** (adv) - greatly, often / **vis**, vis (f) - power, violence / **superus**, a, um - higher, upper (as subst., "the gods above") / [**in** (prep) - in, on (with Abl)] / **terra**, ae (f) - land / **altum**, i (n) - sea (lit., "the deep") / **ob** (prep) - on account of (with Acc) / **memor**, oris - relentless, unforgetting, vindictive / **ira**, ae (f) - anger, rage, wrath / **saevus**, a, um - cruel, fierce / **Iuno**, Iunonis (f) - Juno / **quoque** (conj) - also / **patior**, pati (3), passus - endure, suffer / **multus**, a, um - much; (pl) many / [**in** *iterum*] / **bellum**, i (n) - war

(C) **dum** (conj) - until / **condo**, condere (3), condidi, conditus - establish, found / **urbs**, urbis (f) - city / **infero**, inferre, intuli, inlatus - bring in, introduce / **deus**, i (m) - god / **Latium**, i (n) - Latium / **unde** (adv) - whence / **Latinus**, a, um - Latin / **genus**, generis (n) - nation, people, race / **Albanus**, a, um - Alban / **pater**, patris (m) - ancestor, father / **moenia**, ium (n) - ramparts, walls / **altus**, a, um - high, lofty / **Roma**, ae (f) - Rome

(D) **Musa**, ae (f) - Muse / **memoro** (1) - recount, relate / **causa**, ae (f) - cause, reason / **quis**, quid (interrog. adj.) - who? what? / **numen**, inis (n) - (sense of) divine majesty, power / **laedo**, laedere (3), laesi, laesus - injure, offend, thwart / **doleo**, dolēre (2), dolui - deplore, resent / **quis** *iterum* / **regina**, ae (f) - queen / **deus**, i (m) - god / **impello**, impellere (3), impuli, impulsus - compel, drive / **vir**, viri (m) - man / **insignis**, e - distinguished by, remarkable for (with Abl) / **pietas**, atis (f) - devotion (to duty), loyalty, virtue / **volvo**, volvere (3), volvi, volutus - experience, pass through, undergo / **tot** (indecl. num.) - so many / **casus**, us (m) - calamity, misfortune / **adeo**, adire (4), adii, aditus - encounter, submit to, undertake / **tot** *iterum* / **labor**, oris (m) - hardship, struggle, trouble

(E) **tantus**, a, um - so much, such (great) / **ira**, ae (f) - anger, rage, wrath / **caelestis**, e - divine, heavenly / **anima**, ae (f) - mind, soul

GRAMMATICAL NOTES: **1**. *fatō* (Abl of Cause or Means); **2-3**. *Italiam* and *Lavinia litora* (Acc of Place to Which); **4**. *vī* (Abl of Cause or Means); **5-6**. *terrīs et altō* (Ablatives of Place Where); **7**. *bellō* (Abl of Place Where); **8-9**. *conderet...inferret* (Subjunctives with *dum* for anticipated action); **10**. *Latio* (Dat of Direction, Place to Which); **13**. *quō numine laesō* (Abl Absol, "by what injured sense of majesty"); **14**. *impulerit* (Subjunctive in an Indirect Question); **15**. *pietate* (Abl of Respect after *insignem*); **16**. *irae* (Poetic Plural;

Quick Reference, COMMON PRONOUNS: **hic**, haec, hoc (dem. pron.) - this; he, she, it | **ille**, illa, illud (dem. pron.) - that; that (famous) one (yonder); he, she, it | **ipse**, ipsa, ipsum (intnsv. pron.) - (one's own) self; very | **is**, ea, id (dem. pron.) - this, that; (of) such (a kind); he, she, it | **qui**, quae, quod (rel. pron.) - who, which; that

transl. as Singular); **17.** *caelestibus animis* (Dat of Possession). | **HISTORICAL AND MYTHOLOGICAL NOTES**: **3.** Lavinium, a city of Latium (the original district governed by Rome in central Italy) located near Laurentum on the western Italian coast, derived its name from Aeneas' Italian bride Lavinia (daughter of King Latinus) and was traditionally the first Trojan settlement established by Aeneas in Italy (Liv. 1.1.4-11). | **11.** Built by Aeneas' son Ascanius on Albanus Mons, Alba Longa founded other Latin communities including Rome; though never rebuilt following its destruction by Tullus Hostilius (Rome's third king, trad. 673-642; see Liv. 1.29-30), the city retained a significant role in Roman society throughout the republican period: certain important families (e.g., the Iulii, Tullii, et al.) traced their lineage from Alba Longa, the consuls celebrated the annual *feriae Latinae* in the sanctuary of Jupiter Latiaris atop Albanus Mons, and several generals celebrated ovations therein. | **12.** Daughters of Jupiter and Mnemosyne, the Muses were patronesses of literature and the arts; Calliope was the Muse of Epic Poetry.

FULLY PARSED (1.1-11)

(A) **cano** (prsnt actv indic 1 sing); **arma** (neut acc pl); **virum** (masc acc sing); **qui** (masc nom sing); **profugus** (masc nom sing); **fatō** (neut abl sing); **primus** (masc nom sing); **venit** (perf actv indic 3 sing); **orīs** (fem abl pl); **Troiae** (fem gen sing); **Italiam** (fem acc sing); **Lavinia** (neut acc pl); **litora** (neut acc pl).

(B) **ille** (masc nom sing); **iactatus** (perf pssv prcpl, masc nom sing); **vī** (fem abl sing); **super[or]um** (masc gen pl); **terrīs** (fem abl pl); **altō** (neut abl sing); **memorem** (fem acc sing); **iram** (fem acc sing); **saevae** (fem gen sing); **Iunonis** (fem gen sing); **passus** (dep., perf pssv prcpl, masc nom sing); **multa** (neut acc pl); **bellō** (neut abl sing).

(C) **conderet** (impf actv subjv 3 sing); **urbem** (fem acc sing); **inferret** (impf actv subjv 3 sing); **deos** (masc acc pl); **Latio** (neut dat sing); **[sunt]** (prsnt actv indic 3 pl; read as "arose, came forth"); **Latinum** (neut nom sing); **genus** (neut nom sing); **Albani** (masc nom pl); **patres** (masc nom pl); **moenia** (neut nom pl); **altae** (fem gen sing); **Romae** (fem gen sing).

(D) **Musa** (fem voc sing); **memora** (prsnt actv imper 2 sing); **causas** (fem acc pl); **mihi** (1 pers. pron., masc dat sing); **quō** (neut abl sing); **numine** (neut abl sing); **laesō** (perf pssv prcpl, neut abl sing); **dolens** (prsnt actv prcpl, fem nom sing); **quid** (neut acc sing); **regina** (fem nom sing); **de[or]um** (masc gen pl); **impulerit** (perf actv subjv 3 sing); **virum** (masc acc sing); **insignem** (masc acc sing); **pietate** (fem abl sing); **volvere** (prsnt actv infin); **casus** (masc acc pl); **adire** (prsnt actv infin); **labores** (masc acc pl).

(E) **[sunt]** (prsnt actv indic 3 pl); **tantae** (fem nom pl); **irae** (fem nom pl); **caelestibus** (fem dat pl); **animis** (fem dat pl).

* * * * * * * * * * * * * * * * * *

Vergil's **ORIGINAL TEXT (1.12-22)**. **(12)** Urbs antiqua fuit (Tyrii tenuere coloni) | **(13)** Karthago, Italiam contra Tiberinaque longe | **(14)** ostia, dives opum studiisque asperrima belli; | **(15)** quam Iuno fertur terris magis omnibus unam | **(16)** posthabita coluisse Samo. hic illius arma, | **(17)** hic currus fuit; hoc regnum dea gentibus esse, | **(18)** si qua fata sinant, iam tum tenditque fovetque. | **(19)** Progeniem sed enim Troiano a sanguine duci | **(20)** audierat Tyrias olim quae verteret arces; | **(21)** hinc populum late regem belloque superbum | **(22)** venturum excidio Libyae; sic volvere Parcas.

> **SUGGESTED WORD ORDER (1.12-22).** **(A)** Fuit antiqua urbs, Karthago,[1] [quam] Tyrii coloni tenuere [i.e., tenuerunt], contra Italiam [et] ostia Tiberina longe, dives opum [et] asperrima [in] studiīs[2] belli. **(B)** Quam, fertur, Iuno coluisse unam magis omnibus terrīs,[3] Samō posthabitā:[4] hic [fuerunt] arma illius, hic fuit currus; iam tum dea [et] tendit [et] fovet hoc[5] [i.e., urbem] esse regnum [omnibus] gentibus,[6] si quā Fata sinant.[7] **(C)** Sed enim audierat [i.e., audiverat] progeniem duci a Troianō sanguine quae olim verteret[8] Tyrias arces; hinc populum regem[9] late [et] superbum bellō[10] venturum [i.e., venturum esse] excidio[11] Libyae: sic [dea audiverat] Parcas[12] volvere.[13]

Quick Reference, COMMON PRONOUNS: **hic**, haec, hoc (dem. pron.) - this; he, she, it | **ille**, illa, illud (dem. pron.) - that; that (famous) one (yonder); he, she, it | **ipse**, ipsa, ipsum (intnsv. pron.) - (one's own) self; very | **is**, ea, id (dem. pron.) - this, that; (of) such (a kind); he, she, it | **qui**, quae, quod (rel. pron.) - who, which; that

1.12 VOCABULARY SECTIONS (1.12-22)

(A) **antiquus**, a, um - ancient, venerable / **urbs**, urbis (f) - city / **Karthago**, inis (f) - Carthage / **Tyrius**, a, um - Tyrian (i.e., "of Tyre") / **colonus**, i (m) - colonist, settler / **teneo**, tenēre (2), tenui, tentus - inhabit, occupy / **contra** (prep) - facing, opposite (with Acc) / **Italia**, ae (f) - Italy / **ostium**, i (n) - entrance, (river) mouth / **Tiberinus**, a, um - of the (river) Tiber / **longe** (adv) - at a distance, from afar / **dives**, divitis - rich, wealthy (with Gen, "abounding in") / **ops**, opis (f) - power; (pl) resources / **asper**, era, erum - fierce, harsh, relentless / [**in** (prep) - in (with Abl)] / **studium**, i (n) - (eager) pursuit / **bellum**, i (n) - war

(B) **fero**, ferre, tuli, latus - assert, report, say / **Iuno**, Iunonis (f) - Juno / **colo**, colere (3), colui, cultus - cherish, honor / **unus**, a, um - alone, singly (with comp., "especially, in particular") / **magis** (comp. adv.) - more (than) / **omnis**, e - all, every / **terra**, ae (f) - country, nation, region / **Samos**, i (f) - (island of) Samos / **posthabeo**, posthabēre (2), posthabui, posthabitus - esteem less (dear), place after (in rank) / **hic** (adv) - here, in this place / **arma**, orum (n) - armor, weapons / **hic** *iterum* / **currus**, us (m) - chariot / **iam** (adv) - (even) now / **tum** (adv) - then (with *iam*, "already, even then") / **dea**, ae (f) - goddess / **tendo**, tendere (3), tetendi, tentus - plan, strive for / **foveo**, fovēre (2), fovi, fotus - (actively) foster a hope / [**urbs**, urbis (f) - city] / **regnum**, i (n) - sovereign power (over) / [**omnis** *iterum*] / **gens**, gentis (f) - nation, people, race / **si** (conj) - if / **quā** (indef. adv.) - in any way / **Fatum**, i (n) - destiny, fate; (pl) "the Fates" / **sino**, sinere (3), sivi, situs - allow, permit

(C) **enim** (conj) - indeed / **audio**, audire (4), audivi, auditus - hear (of) / **progenies**, ei (f) - nation, race / **duco**, ducere (3), duxi, ductus - derive, draw / **a** (prep) - from (with Abl) / **Troianus**, a, um - Trojan / **sanguis**, inis (m) - blood, race / **olim** (adv) - hereafter, one day / **verto**, vertere (3), verti, versus - destroy, overthrow / **Tyrius**, a, um - Tyrian (i.e., "of Tyre") / **arx**, arcis (f) - citadel, fortress / **hinc** (adv) - from this source, hence / **populum**, i (n) - nation, people / **rex**, regis (m) - king, ruler (used as adj., "ruling, supreme") / **late** (adv) - far and wide / **superbus**, a, um - haughty, proud / **bellum**, i (n) - war / **venio**, venire (4), veni, ventus - arrive, come / **excidium**, i (n) - destruction, ruin / **Libya**, ae (f) - Libya (i.e., "Carthage") / **sic** (adv) - in this manner, so, thus / [**dea** *iterum*] / [**audio** *iterum*] / **Parcae**, arum (f) - the Fates / **volvo**, volvere (3), volvi, volutus - decree, ordain

GRAMMATICAL NOTES: 2. *studiīs* (Abl of Respect); 3. *omnibus terrīs* (Abl of Comparison); 4. *Samō posthabitā* (Abl Absol; "with [even] Samos held in lesser regard"); 5. *hoc* (refers to antec. *urbs* but attracted to the gender of *regnum*); 6. *[omnibus] gentibus* (Dat of Reference); 7. *sinant* (Potential Subjunctive in Subord. Clause reflecting Juno's virtually quoted thoughts); 8. *verteret* (Subjunctive in a Relative Clause of Characteristic); 9. *regem* (adjectival noun, read as "ruling, supreme"); 10. *bellō* (Abl of Respect); 11. *excidio* (Dat of Purpose, "for the destruction"); 13. *volvere* (Historical Infin). | **HISTORICAL AND MYTHOLOGICAL NOTES**: 1. Founded in northern Africa by colonists from the Phoenician city of Tyre (trad. 814), Carthage became a wealthy maritime power whose influence in the western Mediterranean brought it into repeated conflict with Rome, with which it fought the three Punic Wars: in the First (264-241), Rome expelled Carthage from Sicily (which soon afterward became the first overseas Roman *provincia*); the Second (218-201) saw Carthage stripped of all overseas territories and required to pay an enormous indemnity; and the Third (149-146) resulted in the city's destruction. | 4. The Aegean island of Samos, situated just off the coast of Asia Minor, was sacred to Hera and had since the eighth century a succession of temples dedicated to her worship; the most recent, the unfinished *heraion* begun by Rhoecus and later augmented by Theodorus during the reign of Polycrates (c.550-522), was the largest Greek temple known to Herodotus (3.60). | 12. Originally a Roman goddess of childbirth with three guises (whose names corresponded to either the time or nature of one's birth), the triad of the *Parcae* (Nona, Decima, and Morta) became equated with the Greek Fates (Clotho, Lachesis, and Atropos) and thus represented the vague but inexorable powers of destiny to which both mortals and deities alike were subject.

FULLY PARSED (1.12-22)

(A) **fuit** (perf actv indic 3 sing); **antiqua** (fem nom sing); **urbs** (fem nom sing); **Karthago** (fem nom sing); **[quam]** (fem acc sing); **Tyrii** (masc nom pl); **coloni** (masc nom pl); **tenuere** (i.e., *tenuerunt*, perf actv indic 3 sing); **Italiam** (fem acc sing); **ostia** (neut acc

Quick Reference, COMMON PRONOUNS: **hic**, haec, hoc (dem. pron.) - this; he, she, it | **ille**, illa, illud (dem. pron.) - that; that (famous) one (yonder); he, she, it | **ipse**, ipsa, ipsum (intnsv. pron.) - (one's own) self; very | **is**, ea, id (dem. pron.) - this, that; (of) such (a kind); he, she, it | **qui**, quae, quod (rel. pron.) - who, which; that

pl); **Tiberina** (neut acc pl); **dives** (fem nom sing); **opum** (fem gen pl); **asperrima** (fem nom sing; supl. of *asper*); **studiīs** (neut abl pl); **belli** (neut gen sing).

(B) **quam** (fem acc sing); **fertur** (prsnt pssv indic 3 sing); **Iuno** (fem nom sing); **coluisse** (perf actv infin); **unam** (fem acc sing); **omnibus** (fem abl pl); **terrīs** (fem abl pl); **Samō** (fem abl sing); **posthabitā** (perf pssv prcpl, fem abl sing); **[fuerunt]** (perf actv indic 3 pl); **arma** (neut nom pl); **illius** (fem gen sing); **fuit** (perf actv indic 3 sing); **currus** (masc nom sing); **dea** (fem nom sing); **tendit** (prsnt actv indic 3 sing); **fovet** (prsnt actv indic 3 sing); **hoc** (neut acc sing); **[hunc]** (fem acc sing); **[urbem]** (fem acc sing); **esse** (prsnt actv infin); **regnum** (neut acc sing); **[omnibus]** (fem dat pl); **gentibus** (fem dat pl); **Fata** (neut nom pl); **sinant** (prsnt actv subjv 3 pl).

(C) **audierat** (i.e., *audiverat*, pluperf actv indic 3 sing); **progeniem** (fem acc sing); **duci** (prsnt pssv infin); **Troianō** (masc abl sing); **sanguine** (masc abl sing); **quae** (fem nom sing); **verteret** (impf actv subjv 3 sing); **Tyrias** (fem acc pl); **arces** (fem acc pl); **populum** (neut acc sing); **regem** (masc acc sing); **superbum** (masc acc sing); **bellō** (neut abl sing); **venturum** (i.e., *venturum esse*, fut actv infin; masc acc sing); **excidio** (neut dat sing); **Libyae** (fem gen sing); **[dea]** (fem nom sing); **[audiverat]** (pluperf actv indic 3 sing); **Parcas** (fem acc pl); **volvere** (prsnt actv infin).

* * * * * * * * * * * * * * * * * * *

Vergil's ORIGINAL TEXT (1.23-33). **(23)** id metuens veterisque memor Saturnia belli, | **(24)** prima quod ad Troiam pro caris gesserat Argis | **(25)** (necdum etiam causae irarum saevique dolores | **(26)** exciderant animo; manet alta mente repostum | **(27)** iudicium Paridis spretaeque iniuria formae | **(28)** et genus invisum et rapti Ganymedis honores): | **(29)** his accensa super iactatos aequore toto | **(30)** Troas, reliquias Danaum atque inmitis Achilli, | **(31)** arcebat longe Latio, multosque per annos | **(32)** errabant acti fatis maria omnia circum. | **(33)** tantae molis erat Romanam condere gentem.

SUGGESTED WORD ORDER (1.23-33). **(A)** Saturnia¹ metuens id [et] memor veteris belli, quod [ipsa] prima gesserat ad Troiam pro carīs Argīs,² [et] etiam [quod] causae irarum [et] saevi dolores necdum exciderant [ex] animō:³ **(B)** iudicium Paridis⁴ manet repos[i]tum [in] altā mente,⁵ [et] iniuria spretae formae, et invisum genus et honores rapti Ganymedis;⁶ **(C)** super [Iuno] accensa hīs⁷ arcebat Troas, reliquias Dana[or]um⁸ atque inmitis Achilli,⁹ iactatos [in] totō aequore¹⁰ longe e Latiō,¹¹ [et] errabant per multos annos acti [a] Fatīs¹² circum omnia maria. **(D)** Erat tantae molis¹³ condere Romanam gentem.

1.23 **VOCABULARY SECTIONS (1.23-33)**

(A) **Saturnia**, ae (f) - Saturnia (i.e., Juno) / **metuo**, metuere (3), metui - be afraid, dread, fear / **memor**, oris - mindful of, remembering (with Gen) / **vetus**, eris - earlier, former / **bellum**, i (n) - war / **primus**, a, um - foremost (in rank) / **gero**, gerere (3), gessi, gestus - carry (on), wage / **ad** (prep) - at (with Acc) / **Troia**, ae (f) - Troy / **pro** (prep) - for, on behalf of (with Abl) / **carus**, a, um - beloved, dear / **Argi**, orum (m) - Argos / **etiam** (adv) - also, (even) still / [**quod** (conj) - because, since] / **causa**, ae (f) - cause, reason / **ira**, ae (f) - anger, rage, wrath / **saevus**, a, um - cruel, harsh, raging / **dolor**, oris (m) - grief, indignation, pain / **necdum** (adv) - not yet / **excido**, excidere (3), excidi - be forgotten, fade, pass away / [**ex** (prep) - from (with Abl)] / **animus**, i (m) - heart, mind

(B) **iudicium**, i (n) - decision, judgment / **Paris**, idis (m) - Paris (Trojan prince) / **maneo**, manēre (2), mansi, mansus - linger, remain / **repono**, reponere (3), reposui, repositus - keep, store away / [**in** (prep) - in (with Abl)] / **altus**, a, um - deep (i.e., "innermost") / **mens**, mentis (f) - heart, mind / **iniuria**, ae (f) - injury, insult, outrage / **sperno**, spernere (3), sprevi, spretus - despise, reject, slight / **forma**, ae (f) - (physical) beauty / **invisus**, a, um - detested, loathed / **genus**, generis (n) - nation, race / **honor**, oris (m) - honor, reward / **rapio**, rapere (3), rapui, raptus - abduct, carry off, ravish / **Ganymedes**, is (m) - Ganymede (Trojan prince)

Quick Reference, COMMON PRONOUNS: **hic**, haec, hoc (dem. pron.) - this; he, she, it | **ille**, illa, illud (dem. pron.) - that; that (famous) one (yonder); he, she, it | **ipse**, ipsa, ipsum (intnsv. pron.) - (one's own) self; very | **is**, ea, id (dem. pron.) - this, that; (of) such (a kind); he, she, it | **qui**, quae, quod (rel. pron.) - who, which; that

(C) **super** (adv) - moreover / [**Iuno**, Iunonis (f) - Juno] / **accendo**, accendere (3), accendi, accensus - enrage, inflame / **arceo**, arcēre (2), arcui - hinder, restrain / **Tros**, Trois (m) - Trojan (Acc pl, *Troas*) / **reliquiae**, arum (f) - remnants, survivors / **Danai**, orum (m) - Danaans (i.e., "the Greeks") / **immitis**, e - cruel, fierce, pitiless / **Achilles**, i (m) - Achilles (Greek hero) / **iacto** (1) - drive (hither and thither), toss (about) / [**in** (prep) - on (with Acc)] / **totus**, a, um - entire, whole / **aequor**, oris (n) - (body of) ocean, sea / **longe** (adv) - at a distance, far (off) / [**e** (prep) - from (with Abl)] / **Latium**, i (n) - Latium / **erro** (1) - wander / **per** (prep) - through (with Acc) / **multus**, a, um - many / **annus**, i (m) - year / **ago**, agere (3), egi, actus - drive on, force, pursue / [**a** (prep) - by (with Abl)] / **Fatum**, i (n) - destiny, fate; (pl) "the Fates" / **circum** (prep) - around (with Acc) / **omnis**, e - all, every / **mare**, maris (n) - sea

(D) **tantus**, a, um - so great, such / **moles**, molis (f) - difficulty, (toilsome) effort / **condo**, condere (3), condidi, conditus - establish, found / **Romanus**, a, um - Roman / **gens**, gentis (f) - nation, people, race

GRAMMATICAL NOTES: 3. *animō* (Abl of Separation); 5. *altā mente* (Abl of Place Where); 7. *hīs* (Abl of Cause or Means); 10. *totō aequore* (Abl of Place Where); 11. *Latiō* (Abl of Separation); 12. *Fatīs* (Abl of Agent); 13. *tantae molis* (Gen of Quality in the Predicate, "it was of such difficulty..."). | **HISTORICAL AND MYTHOLOGICAL NOTES**: 1. "Saturnia" (lit., "daughter of Saturn") is a common ancient epithet of Juno. | 2. The most famous ancient sanctuary to Hera was located in the Peloponnesus just north of Argos, which Homer claims was one of the goddess' favorite cities (*Il.* 4.51-2); the site's earliest temple likely dates from the eighth century, and a later structure housed the celebrated chryselephantine statue fashioned by Polyclitus (Paus. 2.17.3-4). | 4. Paris, son of Hecuba and King Priam of Troy, sparked the Trojan War by abducting Helen from her husband Menelaus (king of Sparta and brother of Agamemnon). The story of the *Judgment of Paris* relates that Paris, selected by Jupiter to resolve a quarrel initiated by Eris (the goddess of Strife) at Peleus' marriage feast as to which goddess was the fairest, chose Venus in return for the promise that he wed Helen and thereby incurred the enmity of her rivals Juno and Athena who had respectively offered him royal power and victory in war (sources incl. Hom., *Il.* 24.25-30, 763-64; Epic Cycle's *Cypria* 1; Eur. *Tro.* 924f); note that the version most familiar to modern readers in which an uninvited Eris tossed a Golden Apple inscribed with the phrase "To the Fairest" among the wedding guests first appears recorded in the second century AD (Apollod. *Epit.* 3.1-2; Hyg., *Fab.* 92). | 6. Ganymede, son of the eponymous Trojan king Tros, was carried off by Jupiter (who in later accounts assumed the form of an eagle) on account of his great beauty and made cupbearer on Olympus where he was beloved by all the gods save the envious Juno, whose jealousy arose from not only resentment at the honor bestowed upon a descendant of the hated Dardanus (Jupiter's son by Atlas' daughter Electra and progenitor of Troy's royal house) but also the slight to her daughter Hebe who had been dismissed from the position for clumsiness (note that some versions, however, hold that Hebe had relinquished it willingly upon her marriage to Hercules). | 8. The Greeks are often referred to as the *Danaans* after their ancestor Danaus (son of Belus and twin brother of Aegyptus), an Egyptian prince who fled to Argos with his fifty daughters and assumed control of the kingdom which was thereafter ruled by his descendants. | 9. Achilles, son of Peleus and the nymph Thetis, was the king of Phthia and greatest of the Greek heroes in the Trojan War; he was mortally wounded when Paris, aided by Apollo, pierced his heel with an arrow.

FULLY PARSED (1.23-33)

(A) **Saturnia** (fem nom sing); **metuens** (prsnt actv indic, fem nom sing); **id** (neut acc sing); **memor** (fem nom sing); **veteris** (neut gen sing); **belli** (neut gen sing); **quod** (neut acc sing); **[ipsa]** (fem nom sing); **prima** (fem nom sing); **gesserat** (pluperf actv indic 3 sing); **Troiam** (fem acc sing); **carīs** (masc abl pl); **Argīs** (masc abl pl); **causae** (fem nom pl); **irarum** (fem gen pl); **saevi** (masc nom pl); **dolores** (masc nom pl); **exciderant** (pluperf actv indic 3 pl); **animō** (masc abl sing).

(B) **iudicium** (neut nom sing); **Paridis** (masc gen sing); **manet** (prsnt actv indic 3 sing); **repos[i]tum** (perf pssv prcpl, neut nom sing; sync. *repositum*); **altā** (fem abl sing); **mente** (fem abl sing); **iniuria** (fem nom sing); **spretae** (perf pssv prcpl, fem gen sing); **formae** (fem gen sing); **invisum** (perf pssv prcpl, neut nom sing); **genus** (neut nom sing); **honores** (masc nom pl); **rapti** (perf pssv prcpl, masc gen sing); **Ganymedis** (masc gen sing).

(C) **[Iuno]** (fem nom sing); **accensa** (perf pssv prcpl, fem nom sing); **hīs** (neut abl pl); **arcebat** (impf actv indic 3 sing); **Troas** (masc acc pl); **reliquias** (fem acc pl); **Dana[or]um** (masc gen pl); **inmitis** (masc gen sing); **Achilli** (masc gen sing); **iactatos** (perf

---

Quick Reference, COMMON PRONOUNS: **hic**, haec, hoc (dem. pron.) - this; he, she, it | **ille**, illa, illud (dem. pron.) - that; that (famous) one (yonder); he, she, it | **ipse**, ipsa, ipsum (intnsv. pron.) - (one's own) self; very | **is**, ea, id (dem. pron.) - this, that; (of) such (a kind); he, she, it | **qui**, quae, quod (rel. pron.) - who, which; that

pssv prcpl, masc acc pl); **totō** (neut abl sing); **aequore** (neut abl sing); **Latiō** (neut abl sing); **errabant** (impf actv indic 3 pl); **multos** (masc acc pl); **annos** (masc acc pl); **acti** (perf pssv prcpl, masc nom pl); **Fatīs** (neut abl pl); **omnia** (neut acc pl); **maria** (neut acc pl).

(D) **erat** (impf actv indic 3 sing); **tantae** (fem gen sing); **molis** (fem gen sing); **condere** (prsnt actv infin); **Romanam** (fem acc sing); **gentem** (fem acc sing).

* * * * * * * * * * * * * * * * * * *

Vergil's **ORIGINAL TEXT (1.34-41)**. **(34)** Vix e conspectu Siculae telluris in altum | **(35)** vela dabant laeti et spumas salis aere ruebant, | **(36)** cum Juno aeternum servans sub pectore vulnus | **(37)** haec secum: "Mene incepto desistere victam | **(38)** nec posse Italia Teucrorum avertere regem? | **(39)** Quippe vetor fatis. Pallasne exurere classem | **(40)** Argivum atque ipsos potuit submergere ponto | **(41)** unius ob noxiam et furias Aiacis Oilei?"

SUGGESTED WORD ORDER (1.34-41). **(A)** Vix e conspectū Siculae telluris, laeti [Troies] dabant vela in altum et ruebant spumas salis aere,[1] cum Iuno servans aeternum vulnus sub pectore [dixit] haec cum sē: **(B)** "Me-ne, victam, desistere[2] [a meō] inceptō[3] [et] nec posse[4] avertere regem Teucrorum[4] [ab] Italiā?[5] Quippe vetor [a] Fatīs.[6] **(C)** Pallas-ne[7] potuit exurere classem Argiv[or]um atque submergere ipsos [in] pontō[8] ob noxam et furias unius [viri], Aiacis,[9] [fili] Oilei?"

1.34 **VOCABULARY SECTIONS (1.34-41)**

(A) **vix** (adv) - hardly, scarcely / **e** (prep) - out of (with Abl) / **conspectus**, us (m) - sight, view / **Siculus**, a, um - Sicilian / **tellus**, uris (f) - land, country / **laetus**, a, um - cheerful, joyful / [**Tros**, Trois (m) - a Trojan] / **do**, dare (1), dedi, datus - give (with *vela*, "to set, spread sails") / **velum**, i (n) - sail / **in** (prep) - onto (with Acc) / **altum**, i (n) - (the deep) sea / **ruo**, ruere (3), rui, rutus - plow, turn up / **spuma**, ae (f) - foam, froth / **sal**, salis (n) - salt (water), sea / **aes**, aeris (n) - bronze (prow) / **cum** (conj) - when / **Iuno**, Iunonis (f) - Juno / **servo** (1) - nurse, preserve / **aeternus**, a, um - eternal, undying / **vulnus**, vulneris (n) - wound / **sub** (prep) - under (with Abl) / **pectus**, oris (n) - breast / [**dico**, dicere (3), dixi, dictus - discuss, say, speak] / **cum** (prep) - with (with Abl)

(B) **vinco**, vincere (3), vici, victus - defeat, overcome / **desisto**, desistere (3), destiti, destitus - abandon, desist from (with Abl) / [**a** or **ab** (prep) - from (with Abl)] / [**meus**, a, um - my] / **inceptum**, i (n) - plan, undertaking / **possum**, posse, potui - be able / **averto**, avertere (3), averti, aversus - turn aside, ward off / **rex**, regis (m) - king / **Teucri**, orum (m) - Teucrians (i.e., "Trojans") / [**ab** *iterum*] / **Italia**, ae (f) - Italy / **quippe** (adv) - indeed, obviously / **veto**, vetare (1), vetui, vetitus - forbid, prevent / [**a** (prep) - by (with Abl)] / **Fatum**, i (n) - destiny, fate; (pl) "the Fates"

(C) **Pallas**, adis (f) - Pallas (i.e., Minerva) / **possum**, posse, potui - be able / **exuro**, exurere (3), exussi, exustus - burn (up), consume / **classis**, is (f) - fleet / **Argivus**, a, um - Argive (i.e., "Greek") / **submergo**, submergere (3), submersi, submursus - drown, sink / [**in** (prep) - in (with Abl)] / **pontus**, i (m) - (deep) sea / **ob** (prep) - on account of (with Acc) / **noxa**, ae (f) - crime, offence / **furiae**, arum (f) - madness, rage / **unus**, a, um - one, single / [**vir**, viri (m) - man] / **Aiax**, acis (m) - Ajax (Greek hero) / [**filius**, i (m) - son] / **Oileus**, ei (m) - Oileus (father of "Ajax the Lesser")

GRAMMATICAL NOTES: **1.** *aere* (Abl of Means); **2** and **4.** *desistere...posse* (Infinitives of Exclamation with Acc Subject *me* in an Exclamatory Question); **3.** *meō inceptō* (Abl of Separation); **5.** *Italiā* (Abl of Separation); **6.** *Fatīs* (Abl of Agent); **8.** *pontō* (Abl of Place Where). | **HISTORICAL AND MYTHOLOGICAL NOTES**: **4.** The Trojans are often referred to as the *Teucri* in memory of their ancestor Teucer (son of the river Scamander and the nymph Idaea), whose kingdom eventually passed to his daughter's husband Dardanus; one should not confuse this ancestor with his namesake sired several generations later by Telamon and Hesione (daughter of Laomedon and Priam's sister). | **7.** "Pallas" was an epithet of Athena (whom the Romans identified as Minerva) which either was derived from the name of the giant Pallas whose flayed skin she used as protection while fighting Enceladus (Apollod. *Bibl.* 1.6.2) or

Quick Reference, COMMON PRONOUNS: **hic**, haec, hoc (dem. pron.) - this; he, she, it | **ille**, illa, illud (dem. pron.) - that; that (famous) one (yonder); he, she, it | **ipse**, ipsa, ipsum (intnsv. pron.) - (one's own) self; very | **is**, ea, id (dem. pron.) - this, that; (of) such (a kind); he, she, it | **qui**, quae, quod (rel. pron.) - who, which; that

commemorated a childhood companion of the same name whom the goddess accidentally killed and subsequently honored by fashioning the wooden Palladium in her likeness (Apollod. *Bibl.* 3.12.3); subsequent accounts maintain that the statue (which depicted a fully-armed Athena) had fallen from the sky and its possession would ensure Troy's survival, that Odysseus and Diomedes penetrated the Trojan citadel and removed the sacred image from Athena's shrine, and that Aeneas later reclaimed the object and bore it to Lavinium, whence it eventually reached Rome (Verg., *Aen.* 2.163-168; Ov., *Fast.* 6.419-436; Dion. Hal. 1.68, 2.66). | 9. According to Homer, Oileus' son Ajax "the Lesser" (so named to differentiate him from the Greater Ajax, son of Telemon) was hated by Athena and shipwrecked by Poseidon for blasphemy (*Od.* 4.499-511); in the *Sack of Ilium* (1), however, he incurred Athena's wrath (as well as that of his fellow Greeks who almost stoned him to death for his sacrilege) by damaging the statue of the goddess to which the prophetess Cassandra (Priam's daughter and Athena's priestess) clung in desperation as Ajax dragged her away.

FULLY PARSED (1.34-41)

(A) **conspectū** (masc abl sing); **Siculae** (fem gen sing); **telluris** (fem gen sing); **laeti** (masc nom pl); **[Troies]** (masc nom pl); **dabant** (impf actv indic 3 pl); **vela** (neut acc pl); **altum** (neut acc sing); **ruebant** (impf actv indic 3 pl); **spumas** (fem acc pl); **salis** (neut gen sing); **aere** (neut abl sing); **Iuno** (fem nom sing); **servans** (prsnt actv prcpl, fem nom sing); **aeternum** (neut acc sing); **vulnus** (neut acc sing); **pectore** (neut abl sing); **[dixit]** (perf actv indic 3 sing); **haec** (neut acc pl); **sē** (3 pers. reflxv. pron., fem abl sing).

(B) **me** (1 pers. pron., fem acc sing); **victam** (perf pssv prcpl, fem acc sing); **desistere** (prsnt actv infin); **[meō]** (neut abl sing); **inceptō** (neut abl sing); **posse** (prsnt actv infin); **avertere** (prsnt actv infin); **regem** (masc acc sing); **Teucrorum** (masc gen pl); **Italiā** (fem abl sing); **vetor** (prsnt pssv indic 1 sing); **Fatīs** (neut abl pl).

(C) **Pallas** (fem nom sing); **potuit** (perf actv indic 3 sing); **exurere** (prsnt actv infin); **classem** (fem acc sing); **Argiv|or|um** (masc gen pl); **submergere** (prsnt actv infin); **ipsos** (masc acc pl); **pontō** (neut abl sing); **noxam** (fem acc sing); **furias** (fem acc pl); **unius** (masc gen sing); **[viri]** (masc gen sing); **Aiacis** (masc gen sing); **[filii]** (masc gen sing); **Oilei** (masc gen sing).

* * * * * * * * * * * * * * * * * * *

Vergil's **ORIGINAL TEXT (1.42-54)**. **(42)** "Ipsa Iovis rapidum iaculata e nubibus ignem | **(43)** disiecitque rates evertitque aequora ventis, | **(44)** illum exspirantem transfixo pectore flammas | **(45)** turbine corripuit scopuloque infixit acuto; | **(46)** ast ego, quae divum incedo regina Iovisque | **(47)** et soror et coniunx, una cum gente tot annos | **(48)** bella gero. Et quisquam numen Iunonis adorat | **(49)** praeterea aut supplex aris imponet honorem?" | **(50)** Talia flammato secum dea corde volutans | **(51)** nimborum in patriam, loca feta furentibus Austris, | **(52)** Aeoliam venit. Hic vasto rex Aeolus antro | **(53)** luctantis ventos tempestatesque sonoras | **(54)** imperio premit ac vinclis et carcere frenat.

SUGGESTED WORD ORDER (1.42-54). **(A)** "[Minerva] ipsa iaculata [i.e., iaculata est] rapidum ignem Iovis e nubibus [et] disiecit rates [et] evertit aequora ventīs,[1] [et] turbine[2] corripuit illum exspirantem flammas [e] transfixō pectore[3] [et] infixit [eum in] acutō scopulō;[4] **(B)** ast ego, quae incedo regina div[or]um et soror et coniunx Iovis, gero bella cum unā gente tot annos.[5] Et praeterea quisquam adorat[6] numen Iunonis aut supplex imponet honorem [in] arīs?"[7] **(C)** Volutans talia cum sē [in] flammatō corde,[8] dea venit in Aeoliam, patriam nimborum, loca feta furentibus Austrīs.[9] **(D)** Hic rex Aeolus[10] premit luctantis ventos [et] sonoras tempestates [in] vastō antrō[11] imperiō[12] ac frenat [illos] vinclīs[13] et carcere.[14]

1.42 **VOCABULARY SECTIONS (1.42-54)**

(A) [**Minerva**, ae (f) - Minerva] / **iaculor**, iaculari (1), iaculatus - cast, hurl, throw / **rapidus**, a, um - (rapidly) consuming, (fiercely) swift / **ignis**, is (m) - fire (i.e., "lightning") / **Iuppiter**, Iovis (m) - Jupiter / **e** (prep) - from, out of (with Abl) / **nubes**, is (f) - (thunder) cloud / **disicio**, disicere (3), disieci, disiectus - disperse, scatter / **ratis**, is (f) - ship / **everto**,

Quick Reference, **COMMON PRONOUNS**: **hic**, haec, hoc (dem. pron.) - this; he, she, it | **ille**, illa, illud (dem. pron.) - that; that (famous) one (yonder); he, she, it | **ipse**, ipsa, ipsum (intnsv. pron.) - (one's own) self; very | **is**, ea, id (dem. pron.) - this, that; (of) such (a kind); he, she, it | **qui**, quae, quod (rel. pron.) - who, which; that

evertere (3), everti, eversus - overthrow, upheave / **aequor**, oris (n) - sea / **ventus**, i (m) - wind / **turbo**, inis (m) - storm, whirlwind / **corripio**, corripere (3), corripui, correptus - seize, snatch / **exspiro** (1) - exhale / **flamma**, ae (f) - flame / [**e** *iterum*] / **transfigo**, transfigere (3), transfixi, transfixus - pierce, transfix / **pectus**, oris (n) - breast, heart / **infigo**, infigere (3), infixi, infixus - fix (upon), impale / [**in** (prep) - on (with Abl)] / **acutus**, a, um - sharp / **scopulus**, i (m) - crag, rock

(B)   **ast** (conj) - but / **incedo**, incedere (3), incessi, incessus - stride (with dignity), walk along (proudly) / **regina**, ae (f) - queen / **divus**, i (m) - god / **soror**, oris (f) - sister / **coniunx**, coniugis (f) - consort, spouse / **Iuppiter**, Iovis (m) - Jupiter / **gero**, gerere (3), gessi, gestus - carry (on), conduct, wage / **bellum**, i (n) - war / **cum** (prep) - with (with Abl) / **unus**, a, um - one (single) / **gens**, gentis (f) - nation, people, race / **tot** (indecl. num.) - so many / **annus**, i (m) - year / **praeterea** (adv) - henceforth / **quisquam**, quicquam (indef. pron.) - anyone, anything / **adoro** (1) - honor, worship / **numen**, inis (n) - (divine) majesty, power / **Iuno**, Iunonis (f) - Juno / **supplex**, icis (m) - a (humble) supplicant / **impono**, imponere (3), imposui, impositus - lay, place (upon) / **honor**, oris (m) - gift, sacrifice / [**in** (prep) - on, upon (with Abl)] / **ara**, ae (f) - altar

(C)   **voluto** (1) - consider, ponder / **talis**, e - such / **cum** (prep) - with (with Abl) / [**in** (prep) - in (with Abl)] / **flammo** (1) - inflame, kindle / **cor**, cordis (n) - breast, heart, mind / **dea**, ae (f) - goddess / **venio**, venire (4), veni, ventus - come, go / **in** (prep) - into (with Acc) / **Aeolia**, ae (f) - Aeolia / **patria**, ae (f) - country, dwelling place / **nimbus**, i (m) - (storm) cloud / **loca**, orum (n) - places, regions / **fetus**, a, um - filled, pregnant, teeming with (takes Abl) / **furens**, ntis - mad, raging, wild / **Auster**, tri (m) - the South Wind

(D)   **hic** (adv) - here / **rex**, regis (m) - king, ruler / **Aeolus**, i (m) - Aeolus (god of the Winds) / **premo**, premere (3), pressi, pressus - control, restrain / **luctor**, luctari (1), luctatus - struggle, wrestle / **ventus**, i (m) - wind / **sonorus**, a, um - howling, roaring / **tempestas**, atis (f) - storm, tempest / / [**in** (prep) - in (with Abl)] / **vastus**, a, um - enormous, huge / **antrum**, i (n) - cavern, grotto / **imperium**, i (n) - (authority of) command / **freno** (1) - curb, restrain / **vinclum**, i (n) - bond, chain / **carcer**, eris (m) - prison (a word also used idiomatically for "the starting-point in races")

GRAMMATICAL NOTES: **1.** *ventīs* (Abl of Means); **2.** *turbine* (Abl of Means); **3.** *transfixō pectore* (Abl of Separation); **4.** *acutō scopulō* (Abl of Place Where, or perhaps Dat after compound *infigo*); **5.** *tot annos* (Acc of Extent of Time); **6.** *adorat* (The Present Tense is awkward here, esp. with Future *imponet* following; best read with *praeterea quisquam* as "does anyone henceforth worship...?"); **7.** *arīs* (Abl of Place Where, or possibly Dat after compound *impono*); **8.** *flammatō corde* (Abl of Place Where, or if taken without *[in]* as Abl of Means); **9.** *furentibus Austrīs* (Abl of Means after *feta*; in pl., read as "(all sorts of) raging winds" rather than just the "South Winds" by metonomy); **11.** *vastō antrō* (Abl of Place Where); **12.** *imperiō* (Abl of Means); **13-14.** *vinclīs et carcere* (Ablatives of Means; these are linked by hendiadys and best read as "by the chains of their prison"). | **HISTORICAL AND MYTHOLOGICAL NOTES**: **10.** In Homer (*Od.* 10.1-76), Aeolus, son of Hippotas, was not the God of the Winds but rather an extraordinary mortal (identified as "dear to the immortal gods") to whom Zeus had entrusted their safekeeping; he lived on the floating island of Aeloia (which the ancients identified with the volcanic Lipari islands located northwest of Sicily) surrounded by a wall of unbreakable bronze with his spouse and children, six sons who lived in marital bliss with their own six sisters.

FULLY PARSED (1.42-54) _____

(A) [**Minerva**] (fem nom sing); **ipsa** (fem nom sing); **iaculata** (i.e., *iaculata est*, dep., perf pssv indic 3 sing); **rapidum** (masc acc sing); **ignem** (masc acc sing); **Iovis** (masc gen sing); **nubibus** (fem abl pl); **disiecit** (perf actv indic 3 sing); **rates** (fem acc pl); **evertit** (perf actv indic 3 sing); **aequora** (neut acc pl); **ventīs** (masc abl pl); **turbine** (masc abl sing); **corripuit** (perf actv indic 3 sing); **illum** (masc acc sing); **exspirantem** (prsnt actv prcpl, masc acc sing); **flammas** (fem acc pl); **transfixō** (perf pssv prcpl, neut abl sing); **pectore** (neut abl sing); **infixit** (perf actv indic 3 sing); [**eum**] (masc acc sing); **acutō** (masc abl sing); **scopulō** (masc abl sing).

_____

Quick Reference, COMMON PRONOUNS: **hic**, haec, hoc (dem. pron.) - this; he, she, it | **ille**, illa, illud (dem. pron.) - that; that (famous) one (yonder); he, she, it | **ipse**, ipsa, ipsum (intnsv. pron.) - (one's own) self; very | **is**, ea, id (dem. pron.) - this, that; (of) such (a kind); he, she, it | **qui**, quae, quod (rel. pron.) - who, which; that

(B) **ego** (1 pers. pron., fem nom sing); **quae** (fem nom sing); **incedo** (prsnt actv indic 1 sing); **regina** (fem nom sing); **div|or|um** (masc gen pl); **soror** (fem nom sing); **coniunx** (fem nom sing); **Iovis** (masc gen sing); **gero** (prsnt actv indic 1 sing); **bella** (neut acc pl); **unā** (fem abl sing); **gente** (fem abl sing); **annos** (masc acc pl); **quisquam** (masc nom sing); **adorat** (prsnt actv indic 3 sing); **numen** (neut acc sing); **Iunonis** (fem gen sing); **supplex** (masc nom sing); **imponet** (fut actv indic 3 sing); **honorem** (masc acc sing); **arīs** (fem abl pl).

(C) **volutans** (prsnt actv prcpl, fem nom sing); **talia** (neut acc pl); **sē** (3 pers. reflxv. pron., fem abl sing); **flammatō** (perf pssv prcpl, neut abl sing); **corde** (neut abl sing); **dea** (fem nom sing); **venit** (perf actv indic 3 sing); **Aeoliam** (fem acc sing); **patriam** (fem acc sing); **nimborum** (masc gen pl); **loca** (neut acc pl); **feta** (neut acc pl); **furentibus** (masc abl pl); **Austrīs** (masc abl pl).

(D) **rex** (masc nom sing); **Aeolus** (masc nom sing); **premit** (prsnt actv indic 3 sing); **luctantis** (prsnt actv prcpl, masc acc pl); **ventos** (masc acc pl); **sonoras** (fem acc pl); **tempestates** (fem acc pl); **vastō** (neut abl sing); **antrō** (neut abl sing); **imperiō** (neut abl sing); **frenat** (prsnt actv indic 3 sing); **[illos]** (masc acc pl); **vinclīs** (neut abl pl); **carcere** (masc abl pl).

* * * * * * * * * * * * * * * * * *

Vergil's **ORIGINAL TEXT (1.55-64)**. (55) Illi indignantes magno cum murmure montis | (56) circum claustra fremunt; celsa sedet Aeolus arce | (57) sceptra tenens mollitque animos et temperat iras. | (58) Ni faciat, maria ac terras caelumque profundum | (59) quippe ferant rapidi secum verrantque per auras; | (60) sed pater omnipotens speluncis abdidit atris | (61) hoc metuens molemque et montis insuper altos | (62) imposuit, regemque dedit qui foedere certo | (63) et premere et laxas sciret dare iussus habenas. | (64) Ad quem tum Iuno supplex his vocibus usa est:

SUGGESTED WORD ORDER (1.55-64). **(A)** Illi [venti], indignantes, fremunt circum claustra cum magnō murmure[1] montis; Aeolus[2] sedet [in] celsā arce[3] tenens sceptra[4] [et] mollit animos et temperat iras; **(B)** ni faciat[5] [hoc], quippe rapidi [venti] ferant[6] maria ac terras [et] profundum caelum cum sē [et] verrant[7] [haec] per auras. **(C)** Sed omnipotens pater metuens hoc abdidit [ventos in] atrīs speluncīs[8] [et] imposuit molem et altos montis insuper, [et] dedit regem [ventis] qui, iussus certō foedere,[9] sciret[10] et premere habenas et dare [eas] laxas. **(D)** Ad quem tum supplex Iuno usa est hīs vocibus.

1.55   **VOCABULARY SECTIONS (1.55-64)**

(A)   [**ventus**, i (m) - wind] / **indignor**, indignari (1), indignatus - be enraged, be resentful, chafe / **fremo**, fremere (3), fremui, fremitus - howl, rage, roar / **circum** (prep) - around (with Acc) / **claustrum**, i (n) - barrier, fortress / **cum** (prep) - with (with Abl) / **magnus**, a, um - great, powerful / **murmur**, uris (n) - groaning, rumbling / **mons**, montis (m) - mountain / **Aeolus**, i (m) - Aeolus (god of the Winds) / **sedeo**, sedēre (2), sedi, sessus - be seated, sit / [**in** (prep) - in (with Abl)] / **celsus**, a, um - high, lofty, towering / **arx**, arcis (f) - citadel, fortress / **teneo**, tenēre (2), tenui, tentus - grasp, hold (fast) / **sceptrum**, i (n) - scepter / **mollio**, mollire (4), molivi, molitus - assuage, soothe, tame / **animus**, i (m) - passion, wrath / **tempero** (1) - calm, control, restrain / **ira**, ae (f) - fury, passion

(B)   **ni** (conj) - if (not), unless / **facio**, facere (3), feci, factus - act (accordingly), undertake / **quippe** (adv) - indeed, surely / **rapidus**, a, um - swift, rushing, whirling / [**ventus**, i (m) - wind] / **fero**, ferre, tuli, latus - bear (away), carry (off) / **mare**, maris (n) - ocean, sea / **terra**, ae (f) - land, region (pl., the "whole earth") / **profundus**, a, um - high, vast / **caelum**, i (n) - heaven, sky / **cum** (prep) - with (with Abl) / **verro**, verrere (3), verri, versus - scour, sweep / **per** (prep) - through (with Acc) / **aura**, ae (f) - (upper) air, heaven

(C)   **omnipotens**, ntis - all-powerful / **pater**, patris (m) - father / **metuo**, metuere (3), metui - dread, fear / **abdo**, abdere (3), abdidi, abditus - conceal, hide / [**ventus**, i (m) - wind] / [**in** (prep) - in (with Abl)] / **ater**, atra, atrum - dark, gloomy / **spelunca**, ae (f) - cave, cavern / **impono**, imponere (3), imposui, impositus - place (upon), set (over) / **moles**, is (f) - (bulky) mass, (huge) weight / **altus**, a, um - high, tall, towering / **mons**, montis (m) - mountain / **insuper** (adv) - above,

Quick Reference, **COMMON PRONOUNS**: **hic**, haec, hoc (dem. pron.) - this; he, she, it | **ille**, illa, illud (dem. pron.) - that; that (famous) one (yonder); he, she, it | **ipse**, ipsa, ipsum (intnsv. pron.) - (one's own) self; very | **is**, ea, id (dem. pron.) - this, that; (of) such (a kind); he, she, it | **qui**, quae, quod (rel. pron.) - who, which; that

overhead / **do**, dare (1), dedi, datus - appoint, give / **rex**, regis (m) - king, ruler / [**ventus** *iterum*] / **iubeo**, iubēre (2), iussi, iussus - command, order / **certus**, a, um - established, fixed / **foedus**, eris (n) - covenant, treaty / **scio**, scire (4), scivi, scitus - know how (with Infin) / **premo**, premere (3), pressi, pressus - check, restrain / **habena**, ae (f) - rein / **do**, dare (1), dedi, datus - allow, make / **laxus**, a, um - free, loose (with *dare habenas*, "loosen, slacken the reins")

(D)   **ad** (prep) - to, toward (with Acc) / **tum** (adv) - at that time, then / **supplex**, icis - entreating, humble / **Iuno**, Iunonis (f) - Juno / **utor**, uti (3), usus - adopt, employ, use (with Abl) / **vox**, vocis (f) - voice; (pl) words, speech

GRAMMATICAL NOTES: **1**. *magnō murmure* (Abl of Manner); **3**. *celsā arce* (Abl of Place Where); **4**. *sceptra* (Poetic Plural; transl. as Singular); **5**. *faciat* (Present Subjunctive as Protasis in a Present Contrary-to-Fact Condition, often used for all "unreal conditions" in poetry instead of the Imperfect); **6-7**. *ferant...verrant* (Present Subjunctives as Apodosis in a Present Contrary-to-Fact Condition, a poetic substitution for the Imperfect); **8**. *atrīs speluncīs* (Abl of Place Where); **9**. *certō foedere* (Abl of Cause or Manner); **10**. *sciret* (Subjunctive in a Relative Clause of Characteristic or perhaps even Purpose). | **HISTORICAL AND MYTHOLOGICAL NOTES**: **2**. On Aeolus, see Section 1.42-54 (note 10).

FULLY PARSED (1.55-64) _____

(A) **illi** (masc nom pl); [**venti**] (masc nom pl); **indignantes** (dep., prsnt actv prcpl, masc nom pl); **fremunt** (prsnt actv indic 3 pl); **claustra** (neut acc pl); **magnō** (neut abl sing); **murmure** (neut abl sing); **montis** (masc gen sing); **Aeolus** (masc nom sing); **sedet** (prsnt actv indic 3 sing); **celsā** (fem abl sing); **arce** (fem abl sing); **tenens** (prsnt actv prcpl, masc nom sing); **sceptra** (neut acc pl); **mollit** (prsnt actv indic 3 sing); **animos** (masc acc pl); **temperat** (prsnt actv indic 3 sing); **iras** (fem acc pl).

(B) **faciat** (prsnt actv subjv 3 sing); [**hoc**] (neut acc sing); **rapidi** (masc nom pl); [**venti**] (masc nom pl); **ferant** (prsnt actv subjv 3 pl); **maria** (neut acc pl); **terras** (fem acc pl); **profundum** (neut acc sing); **caelum** (neut acc sing); **sē** (3 pers. reflxv. pron., masc abl pl); **verrant** (prsnt actv subjv 3 pl); [**haec**] (neut acc pl); **auras** (fem acc pl).

(C) **omnipotens** (masc nom sing); **pater** (masc nom sing); **metuens** (prsnt actv prcpl, masc nom sing); **hoc** (neut acc sing); **abdidit** (perf actv indic 3 sing); [**ventos**] (masc acc pl); **atrīs** (fem abl pl); **speluncīs** (fem abl pl); **imposuit** (perf actv indic 3 sing); **molem** (fem acc sing); **altos** (masc acc pl); **montis** (masc acc pl); **dedit** (perf actv indic 3 sing); **regem** (masc acc sing); [**ventis**] (masc dat pl); **qui** (masc nom sing); **iussus** (perf pssv prcpl, masc nom sing); **certō** (neut abl sing); **foedere** (neut abl sing); **sciret** (impf actv subjv 3 sing); **premere** (prsnt actv infin); **habenas** (fem acc pl); **dare** (prsnt actv infin); [**eas**] (fem acc pl); **laxas** (fem acc pl).

(D) **quem** (masc acc sing); **supplex** (fem nom sing); **Iuno** (fem nom sing); **usa est** (dep., perf pssv indic 3 sing); **hīs** (fem abl pl); **vocibus** (fem abl pl).

* * * * * * * * * * * * * * * * * * *

Vergil's **ORIGINAL TEXT (1.65-75)**. **(65)** "Aeole (namque tibi divum pater atque hominum rex | **(66)** et mulcere dedit fluctus et tollere vento), | **(67)** gens inimica mihi Tyrrhenum navigat aequor | **(68)** Ilium in Italiam portans victosque penatis: | **(69)** incute vim ventis submersasque obrue puppis, | **(70)** aut age diversos et dissice corpora ponto. | **(71)** Sunt mihi bis septem praestanti corpore nymphae, | **(72)** quarum quae forma pulcherrima Deiopea, | **(73)** conubio iungam stabili propriamque dicabo, | **(74)** omnis ut tecum meritis pro talibus annos | **(75)** exigat et pulchra faciat te prole parentem."

___

Quick Reference, COMMON PRONOUNS: **hic**, haec, hoc (dem. pron.) - this; he, she, it | **ille**, illa, illud (dem. pron.) - that; that (famous) one (yonder); he, she, it | **ipse**, ipsa, ipsum (intnsv. pron.) - (one's own) self; very | **is**, ea, id (dem. pron.) - this, that; (of) such (a kind); he, she, it | **qui**, quae, quod (rel. pron.) - who, which; that

SUGGESTED WORD ORDER (1.65-75). **(A)** "Aeole,[1] namque pater div[or]um atque rex hominum dedit tibi et mulcere et tollere fluctus ventō,[2] gens inimica mihi navigat Tyrrhenum aequor[3] portans Ilium [et] victos Penatis[4] in Italiam: **(B)** incute vim ventis [et] obrue submersas puppis, aut age [illos] diversos et disiice corpora [in] pontō.[5] **(C)** Sunt mihi[6] bis septem nymphae praestantī corpore,[7] quarum [ea] quae [est] pulcherrima formā,[8] Deiopea,[9] iungam [eam tibi] stabilī conubiō[10] [et] dicabo [eam esse tuam] propriam [uxorem], ut exigat[11] omnis annos[12] cum tē pro talibus meritīs et faciat[13] te parentem pulchrā prole."[14]

1.65 VOCABULARY SECTIONS (1.65-75)

(A) **Aeolus**, i (m) - Aeolus (god of the Winds) / **namque** (conj) - for, inasmuch as / **pater**, patris (m) - father / **deus**, i (m) - god / **rex**, regis (m) - king, ruler / **homo**, hominis (m) - man / **do**, dare (1), dedi, datus - assign, entrust, give / **mulceo**, mulcēre (2), mulsi, mulsus - calm, soothe / **tollo**, tollere (3), sustuli, sublatus - lift, raise / **fluctus**, us (m) - tide, wave / **ventus**, i (m) - wind / **gens**, gentis (f) - nation, people, race / **inimicus**, a, um - hostile, unfriendly / **navigo** (1) - sail / **Tyrrhenus**, a, um - Tyrrhenian / **aequor**, oris (n) - sea / **porto** (1) - bear, carry / **Ilium**, i (n) - Ilium (i.e., "Troy") / **vinco**, vincere (3), vici, victus - defeat, vanquish / **Penates**, ium (m) - household gods / **in** (prep) - into (with Acc) / **Italia**, ae (f) - Italy

(B) **incutio**, incutere (3), incussi, incussus - "strike (Acc) into (Dat)" / **vis**, vis (f) - fury, violence / **ventus**, i (m) - wind / **obruo**, obruere (3), obrui, obrutus - crush, overwhelm / **submergo** (3), submersi, submersus - drown, sink, submerge / **puppis**, is (f) - ship / **ago**, agere (3), egi, actus - drive, force, pursue / **diversus**, a, um - asunder, separated (in different directions) / **disicio**, disicere (3), disieci, disiectus - disperse, scatter / **corpus**, corporis (n) - body / [**in** (prep) - in, on (with Abl)] / **pontus**, i (m) - (deep) sea

(C) **bis** (adv) - twice / **septem** (indecl. num.) - seven / **nympha**, ae (f) - nymph / **praestans**, antis - surpassing, wondrous / **corpus**, corporis (n) - (physical) beauty / **pulcher**, pulchra, pulchrum - beautiful, fair / **forma**, ae (f) - form, shape / **Deiopea**, ae (f) - Deiopea / **iungo**, iungere (3), iunxi, iunctus - join (together), unite / **stabilis**, e - lasting, steadfast / **conubium**, i (n) - marriage / **dico** (1) - consecrate, dedicate; proclaim / [**tuus**, a, um - your] / **proprius**, a, um - (one's very) own, particular / [**uxor**, oris (f) - wife] / **exigo**, exigere (3), exegi, exactus - pass, spend (a period of time) / **omnis**, e - all, every / **annus**, i (m) - year / **cum** (prep) - with (with Abl) / **pro** (prep) - on behalf of (with Abl) / **talis**, e - of such a kind, so distinguished / **meritum**, i (n) - kindness, service / **facio**, facere (3), feci, factus - make, render / **parens**, entis (m) - parent / **pulcher** *iterum* / **proles**, is (f) - children, offspring

GRAMMATICAL NOTES: 2. *ventō* (Abl of Means); 5. *pontō* (Abl of Place Where); 6. *mihi* (Dat of Possession with *sunt*, "I have ... "); 7. *praestantī corpore* (Abl of Quality, "of surpassing beauty"); 8. *formā* (Abl of Respect); 10. *stabilī conubiō* (Abl of Manner or Means); 11. *exigat* (Subjunctive in a Purpose Clause, "that she might spend" or better yet "that she may live out her life"); 12. *omnis annos* (Acc of Extent of Time after *exigat*); 13. *faciat* (Subjunctive in a Purpose Clause, "she might make"); 14. *pulchrā prole* (Abl of Means or Quality, "of beautiful children"). | **HISTORICAL AND MYTHOLOGICAL NOTES**: 1. On Aeolus, see Section 1.42-54 (note 10). | 3. The Tyrrhenian Sea is that portion of the Mediterranean Sea which lies between Sicily and western Italy. | 4. The *penates* were Roman deities concerned with protecting the household, whose worship was eventually closely associated with both Vesta and the *lares* (each household also had its own protective *lar* appeased by the *pater familias* at a special shrine inside the home). Family members honored these guardian spirits with prayers as well as by placing the salt cellar and bowls of first fruits on the table and tossing a portion of every meal onto the hearth fire; on the Kalends (i.e., the first day of every month, on which the pontiffs publicly announced the new moon); the Nones (i.e., the seventh day of March, May, July and October but the fifth day of all other months); and the Ides (i.e., the official day of the full moon, which fell on the fifteenth for March, May, July and October but on the thirteenth for the remaining months) the family augmented the usual daily offerings by decorating the hearth with garlands. In return, the *lares* and *penates* safeguarded all aspects of daily family life (e.g., protecting family members while travelling, when undertaking new business ventures, upon participating in marriage ceremonies, etc.). Rome itself looked to protection from the *penates publici*, the state's public counterpart to the domestic spirits inhabiting individual households; upon taking office, Roman magistrates invested with *imperium* (i.e., the consuls, praetors, and dictators) made sacrifice on behalf of the state to Vesta and the *penates* in the ancient Latin city of Lanuvium. Other important sites sponsoring public worship of the *penates* included the temples of Vesta in Rome and

Quick Reference, COMMON PRONOUNS: **hic**, haec, hoc (dem. pron.) - this; he, she, it | **ille**, illa, illud (dem. pron.) - that; that (famous) one (yonder); he, she, it | **ipse**, ipsa, ipsum (intnsv. pron.) - (one's own) self; very | **is**, ea, id (dem. pron.) - this, that; (of) such (a kind); he, she, it | **qui**, quae, quod (rel. pron.) - who, which; that

at Lavinium, where Aeneas first landed in Latium and deposited the original Trojan *penates*. | **9.** The nymph Deiopea appears elsewhere in Vergil's *Georgics* as the attendant of another nymph, Cyrene (4.343).

FULLY PARSED (1.65-75)

(A) Aeole (masc voc sing); **pater** (masc nom sing); **div[or]um** (masc gen pl); **rex** (masc nom sing); **hominum** (masc gen pl); **dedit** (perf actv indic 3 sing); **tibi** (2 pers. pron., masc dat sing); **mulcere** (prsnt actv infin); **tollere** (prsnt actv infin); **fluctus** (masc acc pl); **ventō** (masc abl sing); **gens** (fem nom sing); **inimica** (fem nom sing); **mihi** (1 pers. pron., fem dat sing); **navigat** (prsnt actv indic 3 sing); **Tyrrhenum** (neut acc sing); **aequor** (neut acc sing); **portans** (prsnt actv prcpl, fem nom sing); **Ilium** (neut acc sing); **victos** (perf pssv prcpl, masc acc pl); **Penatis** (masc acc pl); **Italiam** (fem acc sing).

(B) incute (prsnt actv imper 2 sing); **vim** (fem acc sing); **ventis** (masc dat pl); **obrue** (prsnt actv imper 2 sing); **summersas** (perf pssv prcpl, fem acc pl); **puppis** (fem acc pl); **age** (prsnt actv imper 2 sing); **[illos]** (masc acc pl); **diversos** (masc acc pl); **disiice** (prsnt actv imper 2 sing); **corpora** (neut acc pl); **pontō** (masc abl sing).

(C) sunt (prsnt actv indic 3 pl); **mihi** (1 pers. pron., fem dat sing); **nymphae** (fem nom pl); **praestantī** (neut abl sing); **corpore** (neut abl sing); **quarum** (fem gen pl); **[ea]** (fem nom sing); **quae** (fem nom sing); **[est]** (prsnt actv indic 3 sing); **pulcherrima** (fem nom sing; supl. of *pulcher*); **formā** (fem abl sing); **Deiopea** (fem nom sing); **iungam** (fut actv indic 1 sing); **[eam]** (fem acc sing); **[tibi]** (2 pers. pron., masc dat sing); **stabilī** (neut abl sing); **conubiō** (neut abl sing); **dicabo** (fut actv indic 1 sing); **[eam]** (fem acc sing); **[esse]** (prsnt actv infin); **[tuam]** (fem acc sing); **propriam** (fem acc sing); **[uxorem]** (fem acc sing); **exigat** (prsnt actv subjv 3 sing); **omnis** (masc acc pl); **annos** (masc acc pl); **tē** (2 pers. pron., masc abl sing); **talibus** (neut abl pl); **meritīs** (neut abl pl); **faciat** (prsnt actv subjv 3 sing); **te** (masc acc sing); **parentem** (masc acc sing); **pulchrā** (fem abl sing); **prole** (fem abl sing)

* * * * * * * * * * * * * * * * * * *

Vergil's **ORIGINAL TEXT (1.76-86)**. **(76)** Aelous haec contra: "Tuus, O regina, quid optes | **(77)** explorare labor; mihi iussa capessere fas est. | **(78)** Tu mihi quodcumque hoc regni, tu sceptra Iovemque | **(79)** concilias, tu das epulis accumbere divum | **(80)** nimborumque facis tempestatumque potentem." | **(81)** Haec ubi dicta, cavum conversa cuspide montem | **(82)** impulit in latus; ac venti velut agmine facto, | **(83)** qua data porta, ruunt et terras turbine perflant. | **(84)** Incubuere mari totumque a sedibus imis | **(85)** una Eurusque Notusque ruunt creberque procellis | **(86)** Africus, et vastos voluunt ad litora fluctus.

SUGGESTED WORD ORDER (1.76-86). **(A)** Aelous[1] [dixit] haec contra: "O regina, [est] tuus labor[2] explorare quid optes;[3] [et] est fas mihi capessere [tua] iussa. **(B)** Tu concilias quodcumque hoc [est] regni[4] mihi,[5] [mea] sceptra[6] [et] Iovem; tu das [mihi] accumbere epulis div[or]um et facis [me] potentem nimborum [et] tempestatum." **(C)** Ubi haec dicta [i.e., dicta sunt], impulit cavum montem in latus cuspide conversā:[7] ac venti ruunt qua porta data [i.e., data est] et perflant terras turbine,[8] velut agmine factō.[9] **(D)** Incubuere [i.e., incubuerunt] mari una: Eurus [et] Notus et Africus creber procellīs,[10] ruunt totum [mare] a imīs sedibus et volvunt vastos fluctus ad litora.

1.76 **VOCABULARY SECTIONS (1.76-86)**

(A) **Aeolus**, i (m) - Aeolus (god of the Winds) / [**dico**, dicere (3), dixi, dictus - say, speak, utter] / **contra** (adv) - in reply / **regina**, ae (f) - queen / **tuus**, a, um - your / **labor**, oris (m) - endeavor, task / **exploro** (1) - discover, find, search out / **quis**, quid (indef. pron.) - who, what / **opto** (1) - desire, want / **fas** (n., indecl.) - (divine) duty, obligation (with *est*, "be lawful, proper for (Dat)") / **capesso**, capessere (3), capessivi, capessiturus - do, perform, undertake / [**tuus** *iterum*] / **iussum**, i (n) - command, order

(B) **concilio** (1) - procure, secure (favor) / **qui-**, **quae-**, **quodcumque** (indef. rel. adj.) - whoever, whatever / **regnum**, i (n) - kingdom, realm / [**meus**, a, um - my] / **sceptrum**, i (n) - scepter (i.e., "authority, dominion") / **Iuppiter**, Iovis (m) -

Quick Reference, COMMON PRONOUNS: **hic**, haec, hoc (dem. pron.) - this; he, she, it | **ille**, illa, illud (dem. pron.) - that; that (famous) one (yonder); he, she, it | **ipse**, ipsa, ipsum (intnsv. pron.) - (one's own) self; very | **is**, ea, id (dem. pron.) - this, that; (of) such (a kind); he, she, it | **qui**, quae, quod (rel. pron.) - who, which; that

Jupiter (with *concilio*, "Jupiter's favor") / **do**, dare (1), dedi, datus - "bestow, grant (Dat) the right to (with Infin)" / **accumbo**, accumbere (3), accubui, accubitus - recline at, take one's place at table for (with Dat) / **epulae**, arum (f) - banquet, feast / **divus**, i (m) - god / **facio**, facere (3), feci, factus - make / **potens**, entis - have power over (with Gen) / **nimbus**, i (m) - (storm) cloud / **tempestas**, atis (f) - storm, tempest

(C) **ubi** (adv) - as soon as, when / **dico**, dicere (3), dixi, dictus - say, speak, utter / **impello**, impellere (3), impuli, impulsus - strike / **cavus**, a, um - hollow / **mons**, montis (m) - mountain / **in** (prep) - upon (with Acc) / **latus**, eris (n) - side / **cuspis**, cuspidis (f) - spear (point) / **converto**, convertere (3), converti, conversus - reverse, turn (around completely) / **ventus**, i (m) - wind / **ruo**, ruere (3), rui, ruatus (fut prcpl *ruiturus*) - dash out, hasten, rush forth / **qua** (adv) - where / **porta**, ae (f) - outlet, passage / **do**, dare (1), dedi, datus - give, make, provide / **perflo** (1) - blow through / **terra**, ae (f) - land, region (pl, "the whole earth") / **turbo**, inis (m) - tempest, whirlwind / **velut** (adv) - just as, like / **agmen**, inis (n) - armed host, (battle) line / **facio**, facere (3), feci, factus - make (with *agmen*, "array, draw up")

(D) **incumbo**, incumbere (3), incubui, incubitus - brood over, fall upon (with Dat) / **mare**, maris (n) - sea / **una** (adv) - at the same time, together / **Eurus**, i (m) - the East Wind / **Notus**, i (m) - the South Wind / **Africus**, i (m) - the Southwest Wind / **creber**, crebra, crebrum - crowded, teeming / **procella**, ae (f) - (violent) gust, tempest / **ruo**, ruere (3), rui, ruatus (fut prcpl *ruiturus*) - churn up, upheave / **totus**, a, um - entire, whole / [**mare** *iterum*] / **a** (prep) - from (with Abl) / **imus**, a, um - deepest, lowest / **sedes**, sedis (f) - bottom (region), foundation / **volvo**, volvere (3), volvi, volutus - roll, sweep along / **vastus**, a, um - huge, immense / **fluctus**, us (m) - tide, wave / **ad** (prep) - toward (with Acc) / **litus**, litoris (n) - coast, shore

GRAMMATICAL NOTES: **2.** *[est] tuus labor* ("it is your task..."); **3.** *optes* (Subjunctive in an Indirect Question); **4.** *regni* (Partitive Genitive with *quodcumque hoc [est]*, "whatever this [is] of a kingdom..."); **5.** *mihi* (Dat of Reference, "for me"); **6.** *[mea] sceptra* (Poetic Plural; transl. as Singular); **7.** *cuspide conversā* (Abl of Means); **8.** *turbine* (Abl of Manner or Means); **9.** *velut agmine factō* (Abl Absol, "just as if a line of battle had been drawn up"); **10.** *procellīs* (Abl of Respect). | **HISTORICAL AND MYTHOLOGICAL NOTE**: **1.** On Aeolus, see Section 1.42-54 (note **10**).

FULLY PARSED (1.76-86)

(A) **Aelous** (masc nom sing); [**dixit**] (perf actv indic 3 sing); **haec** (neut acc pl); **regina** (fem voc sing); [**est**] (prsnt actv indic 3 sing); **tuus** (masc nom sing); **labor** (masc nom sing); **explorare** (prsnt actv infin); **quid** (neut acc sing); **optes** (prsnt actv subjv 2 sing); **est** (prsnt actv indic 3 sing); **fas** (neut, indecl.; read as neut nom sing); **mihi** (1 pers. pron., masc dat sing); **capessere** (prsnt actv infin); [**tua**] (neut acc pl); **iussa** (neut acc pl).

(B) **tu** (2 pers. pron., fem nom sing); **concilias** (prsnt actv indic 2 sing); **quodcumque** (neut acc sing); **hoc** (neut acc sing); [**est**] (prsnt actv indic 3 sing); **regni** (masc gen sing); **mihi** (1 pers. pron., masc dat sing); [**mea**] (neut acc pl); **sceptra** (neut acc pl); **Iovem** (masc acc sing); **tu** (2 pers. pron., fem nom sing); **das** (prsnt actv indic 2 sing); [**mihi**] (1 pers. pron., masc dat sing); **accumbere** (prsnt actv infin); **epulis** (fem dat pl); **div[or]um** (masc gen pl); **facis** (prsnt actv indic 2 sing); [**me**] (1 pers. pron., masc acc sing); **potentem** (masc acc sing); **nimborum** (masc gen pl); **tempestatum** (fem gen pl).

(C) **haec** (neut nom pl); **dicta** (i.e., *dicta sunt*, perf pssv indic 3 pl; neut nom); **impulit** (perf actv indic 3 sing); **cavum** (masc acc sing); **montem** (masc acc sing); **latus** (neut acc sing); **cuspide** (fem abl sing); **conversā** (perf pssv prcpl, fem abl sing); **venti** (masc nom pl); **ruunt** (prsnt actv indic 3 pl); **porta** (fem nom sing); **data** (i.e., *data est*, perf pssv indic 3 sing; fem nom); **perflant** (prsnt actv indic 3 pl); **terras** (fem acc pl); **turbine** (masc abl sing); **agmine** (neut abl sing); **factō** (perf pssv prcpl, neut abl sing).

(D) **incubuere** (i.e., *incubuerunt*, perf actv indic 3 pl); **mari** (neut dat sing); **Eurus** (masc nom sing); **Notus** (masc nom sing); **Africus** (masc nom sing); **creber** (masc nom sing); **procellīs** (fem abl pl); **ruunt** (prsnt actv indic 3 pl); **totum** (neut acc sing); [**mare**] (neut acc sing); **imīs** (fem abl pl); **sedibus** (fem abl pl); **volvunt** (prsnt actv indic 3 pl); **vastos** (masc acc pl); **fluctus** (masc acc pl); **litora** (neut acc pl).

Quick Reference, COMMON PRONOUNS: **hic**, haec, hoc (dem. pron.) - this; he, she, it | **ille**, illa, illud (dem. pron.) - that; that (famous) one (yonder); he, she, it | **ipse**, ipsa, ipsum (intnsv. pron.) - (one's own) self; very | **is**, ea, id (dem. pron.) - this, that; (of) such (a kind); he, she, it | **qui**, quae, quod (rel. pron.) - who, which; that

Vergil's ORIGINAL TEXT (1.87-101). (87) Insequitur clamorque virum stridorque rudentum; | (88) eripiunt subito nubes caelumque diemque | (89) Teucrorum ex oculis; ponto nox incubat atra; | (90) intonuere poli et crebris micat ignibus aether | (91) praesentemque viris intentant omnia mortem. | (92) Extemplo Aeneae solvuntur frigore membra; | (93) ingemit et duplicis tendens ad sidera palmas | (94) talia voce refert "O terque quaterque beati, | (95) quis ante ora patrum Troiae sub moenibus altis | (96) contigit oppetere! O Danaum fortissime gentis | (97) Tydide! mene Iliacis occumbere campis | (98) non potuisse tuaque animam hanc effundere dextra, | (99) saevus ubi Aeacidae telo iacet Hector, ubi ingens | (100) Sarpedon, ubi tot Simois correpta sub undis | (101) scuta virum galeasque et fortia corpora volvit!"

SUGGESTED WORD ORDER (1.87-101). (A) Insequitur¹ [et] clamor vir[or]um [et] stridor rudentum. Subito nubes eripiunt [et] caelum [et] diem ex oculīs Teucrorum;² atra nox incubat ponto. (B) Poli intonuere [i.e., intonuerunt] et aether micat crebīs ignibus³ [et] omnia intentant praesentem mortem virīs.⁴ (C) Extemplo membra Aeneae solvuntur frigore;⁵ ingemit et tendens duplicis palmas ad sidera refert talia voce:⁶ (D) "O [vos] ter [et] quater beati [viri], quis [i.e., quibus]⁷ contigit oppetere [mortem] ante ora patrum sub altīs moenibus Troiae! O Tydide,⁸ fortissime gentis Dana[or]um!⁹ (E) Me-ne non potuisse¹⁰ occumbere [in] Iliacīs campīs¹¹ [et] effundere hanc animam tuā dextrā,¹² ubi saevus Hector¹³ iacet telō¹⁴ Aeacidae,¹⁵ ubi ingens Sarpedon¹⁶ [iacet], ubi Simois volvit tot correpta scuta [et] galeas vir[or]um et fortia corpora sub undīs!"

1.87 VOCABULARY SECTIONS (1.87-101)

(A) **insequor**, insequi (3), insecutus - ensue, follow (impers., "arise") / **clamor**, oris (m) - cry, shout, wail / **vir**, viri (m) - man / **stridor**, oris (m) - creaking, groaning / **rudens**, entis (m) - cable, rope / **subito** (adv) suddenly / **nubes**, is (f) - cloud / **eripio**, eripere (3), eripui, ereptus - remove, snatch (away) / **caelum**, i (n) - sky / **dies**, diei (m) - day (light) / **ex** (prep) - from (with Abl) / **oculus**, i (m) - eye / **Teucri**, orum (m) - Teucrians (i.e., "Trojans") / **ater**, atra, atrum - black, dark / **nox**, noctis (f) - night / **incubo**, incubare (1), incubui, incubiturus - brood over, lie upon (with Dat) / **pontus**, i (m) - sea

(B) **polus**, i (m) - heaven, sky / **intono**, intonare (1), intonui - roar, thunder / **aether**, eris (m) - (upper) air, firmament / **mico**, micare (1), micui - flash, quiver / **creber**, crebra, crebrum - incessant, repeated / **ignis**, is (m) - fire, (lightning) flash / **omnis**, e - all, every / **intento** (1) - threaten / **praesens**, entis - immediate, instant / **mors**, mortis (f) - death / **vir**, viri (m) - man

(C) **extemplo** (adv) - immediately / **membrum**, i (n) - (bodily) limb / **Aeneas**, ae (m) - Aeneas (Trojan leader) / **solvo**, solvere (3), solvi, solutus - loosen, weaken / **frigus**, oris (n) - cold (here, "the chill of fear") / **ingemo**, ingemere (3), ingemui - groan / **tendo**, tendere (3), tetendi, tentus - extend, stretch out / **duplex**, icis - both / **palma**, ae (f) - palm (of the hand) / **ad** (prep) - toward (with Acc) / **sidus**, eris (n) - star / **refero**, referre, rettuli, relatus - assert, say / **talis**, e - such, the following / **vox**, vocis (f) - voice (here, the sense is "loud cry")

(D) **ter** (adv) - three times / **quater** (adv) - four times / **beatus**, a, um - blessed, fortunate / [**vir**, viri (m) - man] / **contingo**, contingere (3), contigi, contactus - befall, come to pass, happen / **oppeto**, oppetere (3), oppetivi, oppetitus - encounter, meet (sc. *mortem*, "die, perish") / [**mors**, mortis (f) - death] / **ante** (prep) - before, in front of (with Acc) / **os**, oris (n) - face / **pater**, patris (m) - father / **sub** (prep) - under (with Abl) / **altus**, a, um - high, lofty / **moenia**, ium (n) - ramparts, (fortified) walls / **Troia**, ae (f) - Troy / **Tydides**, ae (m) - "son of Tydeus" (i.e., "Diomedes") / **fortis**, e - brave / **gens**, gentis (f) - nation, race / **Danai**, orum (m) - Danaans (i.e., "the Greeks")

(E) **possum**, posse, potui - be able / **occumbo**, occumbere (3), occubui, occubiturus - be slain, die / [**in** (prep) - on (with Abl)] / **Iliacus**, a, um - of Ilium (i.e., "Trojan") / **campus**, i (m) - field, plain / **effundo**, effundere (3), effudi, effusus - pour out / **anima**, ae (f) - breath, life (blood) / **tuus**, a, um - your / **dextra**, ae (f) - (right) hand / **ubi** (adv) - where / **saevus**, a, um - fierce, stern / **Hector**, oris (m) - Hector (Trojan prince) / **iaceo**, iacēre (2), iacui, iaciturus - lie (dead) / **telum**, i (n) - spear, weapon / **Aeacides**, ae (m) - lit., "descendant of Aeacus" (i.e., "Achilles") / **ubi** *iterum* / **ingens**, ntis - great, powerful / **Sarpedon**, onis (m) - Sarpedon (Trojan ally) / [**iaceo** *iterum*] / **ubi** *iterum* / **Simois**, entis (m) -

Quick Reference, COMMON PRONOUNS: **hic**, haec, hoc (dem. pron.) - this; he, she, it | **ille**, illa, illud (dem. pron.) - that; that (famous) one (yonder); he, she, it | **ipse**, ipsa, ipsum (intnsv. pron.) - (one's own) self; very | **is**, ea, id (dem. pron.) - this, that; (of) such (a kind); he, she, it | **qui**, quae, quod (rel. pron.) - who, which; that

Simois (Trojan river) / **volvo**, volvere (3), volvi, volutus - roll, sweep along, tumble / **tot** (indecl. num.) - so many / **corripio**, corripere (3), correpui, correptus - collect, seize / **scutum**, i (n) - shield / **galea**, ae (f) - helmet / **vir**, viri (m) - man / **fortis**, e - brave / **corpus**, corporis (n) - body, corpse / **sub** (prep) - under (with Abl) / **unda**, ae (f) - wave

GRAMMATICAL NOTES: 1. *insequitur* (Impers., "then ensues, arises..."); 3. *crebrīs ignibus* (Abl of Manner or Means); 4. *viris* (Dat of Reference, "for the men [i.e., the Trojans]"); 5. *frigore* (Abl of Cause); 6. *voce* (Abl of Means); 7. *quis* (Vergil often uses the archaic monosyllabic form *quis* for the Dative and Ablative plural *quibus*); 9. *Dana[or]um* (Subjunctive Genitive or perhaps an Epexegetical Genitive [i.e., an adnominal Genitive of Specification rather than an appositional noun] after *gentis*, "of the race of the Danaans"); 10. *potuisse* (Infinitive of Exclamation with Acc Subject *me* in an Exclamatory Question, which governs both *occumbere* and *effundere*); 11. *Iliacīs campīs* (Abl of Place Where); 12. *tuā dextrā* (Abl of Means); 14. *telō* (Abl of Means); 2. 2. 2. | **HISTORICAL AND MYTHOLOGICAL NOTES**: 2. On the Teucrians, see Section 1.34-41 (note 4). | 8. Diomedes, son of Tydeus and Deipyle (daughter of Adrastus, King of Argos), was one of the greatest Greek heroes at Troy and leader of the forces from Argos and Tiryns. Though a wise counselor, he was most celebrated for his attack on the Trojans in which he killed Pandarus (son of Lycaon and Priam's grandson, who had under Athena's influence broken the truce by wounding Menelaus with his bow), and wounded both Aphrodite (who had arrived to rescue her son Aeneas from certain death on the battlefield) and even Ares himself; other exploits include winning the chariot race and spear contest at the funeral games for Patroclus, helping Odysseus to steal the Palladium from Athena's Trojan sanctuary (on the origin of the wooden statue upon which Troy's continued safety depended, see Section 1.34-41 note 7), and - again with his companion Odysseus - killing Priam's Thracian ally Rhesus in a night raid and making off with his splendid team of horses. Upon returning to Greece, he found that his wife Aegialea had been unfaithful during his absence and spent the remainder of his life as a guest of King Daunus in Italy. | 9. On the Danaans, see Section 1.23-33 (note 8). | 13. Hector, son of Hecuba and King Priam, was Paris' brother and the greatest of the Trojan warriors whose many exploits included leading the main attack against the beached Greek ships during Achilles' prolonged absence, killing Patroclus and then stripping Achilles' borrowed armor from his corpse. Following a lengthy chase on the following day, Hector was overtaken and killed in single combat by an enraged Achilles, who then dragged his body around Troy behind his chariot three times in full view of the dead hero's wife and parents; finally prevailed upon by a grief-stricken Priam, Achilles ransomed the body and agreed to a truce which enabled the Trojans to hold the funeral rites for Hector with which the *Iliad* concludes. | 15. The patronymic "Aeacides" refers to Achilles' forbear Aeacus (son of the nymph Aegina and Zeus), ruler of the Myrmidons (whom Zeus had transformed from ants into men; see Ov. *Met.* 7.622-657) whose sons Peleus (Achilles' sire) and Telamon (father of Ajax the Greater) were banished for killing their brother Phocus, whose athletic prowess they envied. Ironically, Pindar relates that Aeacus helped Apollo and Poseidon build the walls of Troy for Priam's father, Laomedon (*Ol.* 8). | 16. Sarpedon, son of Zeus and Bellerophon's daughter Laodamia (note Apollodorus' post-Homeric tradition that his mother was Europa, *Bibl.* 3.1), co-commanded Priam's Lycian allies with his cousin Glaucus and was, after Hector, the most prominent hero among the Trojans. Though Zeus declined to avert Sarpedon's fate to die at Patroclus' hands, he nonetheless honored his son by ordering Apollo to carry his corpse off the battlefield whence it was borne back to Lycia by Sleep and Death.

FULLY PARSED (1.87-101)

(A) **insequitur** (impers., dep., prsnt pssv indic 3 sing); **clamor** (masc nom sing); **vir[or]um** (masc gen pl); **stridor** (masc nom sing); **rudentum** (masc gen pl); **nubes** (fem nom pl); **eripiunt** (prsnt actv indic 3 pl); **caelum** (neut acc sing); **diem** (masc acc sing); **oculīs** (masc abl pl); **Teucrorum** (masc gen pl); **atra** (fem nom sing); **nox** (fem nom sing); **incubat** (prsnt actv indic 3 sing); **ponto** (masc dat sing).

(B) **poli** (masc nom pl); **intonuere** (i.e., *intonuerunt*, perf actv indic 3 pl); **aether** (masc nom sing); **micat** (prsnt actv indic 3 sing); **crebrīs** (masc abl pl); **ignibus** (masc abl pl); **omnia** (neut nom pl); **intentant** (prsnt actv indic 3 pl); **praesentem** (fem acc sing); **mortem** (fem acc sing); **viris** (masc dat pl).

(C) **membra** (neut nom pl); **Aeneae** (masc gen sing); **solvuntur** (prsnt pssv indic 3 pl); **frigore** (neut abl sing); **ingemit** (prsnt actv indic 3 sing); **tendens** (prsnt actv prcpl, masc nom sing); **duplicis** (fem acc pl); **palmas** (fem acc pl); **sidera** (neut acc pl); **refert** (prsnt actv indic 3 sing); **talia** (neut acc pl); **voce** (fem abl sing).

Quick Reference, COMMON PRONOUNS: **hic**, haec, hoc (dem. pron.) - this; he, she, it | **ille**, illa, illud (dem. pron.) - that; that (famous) one (yonder); he, she, it | **ipse**, ipsa, ipsum (intnsv. pron.) - (one's own) self; very | **is**, ea, id (dem. pron.) - this, that; (of) such (a kind); he, she, it | **qui**, quae, quod (rel. pron.) - who, which; that

(D) [**vos**] (2 pers. pron., masc voc pl); **beati** (masc voc pl); [**viri**] (masc voc pl); **quis** (i.e., *quibus*, masc dat pl); **contigit** (perf actv indic 3 sing); **oppetere** (prsnt actv infin); [**mortem**] (fem acc sing); **ora** (neut acc pl); **patrum** (masc gen pl); **altīs** (neut abl pl); **moenibus** (neut abl pl); **Troiae** (fem gen sing); **Tydide** (masc voc sing); **fortissime** (masc voc sing; supl. of *fortis*); **gentis** (fem gen sing); **Dana[or]um** (masc gen pl).

(E) **me** (1 pers. pron., masc acc sing); **potuisse** (perf actv infin); **occumbere** (prsnt actv infin); **Iliacīs** (masc abl pl); **campīs** (masc abl pl); **effundere** (prsnt actv infin); **hanc** (fem acc sing); **animam** (fem acc sing); **tuā** (fem abl sing); **dextrā** (fem abl sing); **saevus** (masc nom sing); **Hector** (masc nom sing); **iacet** (prsnt actv indic 3 sing); **telō** (neut abl sing); **Aeacidae** (masc gen sing); **ingens** (masc nom sing); **Sarpedon** (masc nom sing); [**iacet**] (prsnt actv indic 3 sing); **Simois** (masc nom sing); **volvit** (prsnt actv indic 3 sing); **correpta** (perf pssv prcpl, neut acc pl); **scuta** (neut acc pl); **galeas** (fem acc pl); **vir[or]um** (masc gen pl); **fortia** (neut acc pl); **corpora** (neut acc pl); **undīs** (fem abl pl).

* * * * * * * * * * * * * * * * * * *

Vergil's **ORIGINAL TEXT (1.102-112)**. **(102)** Talia iactanti stridens Aquilone procella | **(103)** velum adversa ferit, fluctusque ad sidera tollit. | **(104)** Franguntur remi, tum prora avertit et undis | **(105)** dat latus, insequitur cumulo praeruptus aquae mons. | **(106)** Hi summo in fluctu pendent; his unda dehiscens | **(107)** terram inter fluctus aperit, furit aestus harenis. | **(108)** Tris Notus abreptas in saxa latentia torquet | **(109)** (saxa vocant Itali mediis quae in fluctibus Aras, | **(110)** dorsum immane mari summo), tris Eurus ab alto | **(111)** in brevia et Syrtis urget, miserabile visu, | **(112)** inliditque vadis atque aggere cingit harenae.

SUGGESTED WORD ORDER (1.102-112). **(A)** Adversa procella, stridens [de] Aquilone,[1] ferit velum [Aeneae] iactanti[2] talia [dicta et] tollit fluctus ad sidera. **(B)** Remi franguntur, tum prora avertit et dat latus undis, [et] praeruptus mons aquae insequitur cumulō.[3] **(C)** Hi [viri] pendent in summō fluctū; his [virīs][4] dehiscens unda aperit terram inter fluctus, aestus furit harenīs.[5] **(D)** Notus torquet tris [naves] abreptas in latentia saxa (Itali vocant saxa quae [sunt] in mediīs fluctibus "Aras,"[6] immane dorsum [in] summō marī),[7] **(E)** [et] Eurus urget tris [naves] ab altō in brevia et syrtis, miserabile visū,[8] [et] inlidit vadis atque cingit [eas] aggere harenae.

1.102 **VOCABULARY SECTIONS (1.102-112)**

(A) **adversus**, a, um - adverse, hostile / **procella**, ae (f) - (violent) gust, tempest / **strido**, stridere (3), stridi - howl, roar, shriek / [**de** (prep) - from (with Abl)] / **Aquilo**, onis (m) - the North Wind (i.e., "the North") / **ferio**, ferire (4) - beat, strike / **velum**, i (n) - sail / [**Aeneas**, ae (m) - Aeneas (Trojan leader)] / **iacto** (1) - shout, speak, utter / **talis**, e - such / [**dictum**, i (n) - remark, word] / **tollo**, tollere (3), sustuli, sublatus - lift, raise / **fluctus**, us (m) - tide, wave / **ad** (prep) - (up) to, toward (with Acc) / **sidus**, eris (n) - star

(B) **remus**, i (m) - oar / **frango**, frangere (3), fregi, fractus - break, shatter / **tum** (adv) - then / **prora**, ae (f) - prow / **averto**, avertere (3), averti, aversus - turn (away) / **do**, dare (1), dedi, datus - give / **latus**, eris (n) - (ship's) side / **unda**, ae (f) - wave / **praeruptus**, a, um - steep, towering / **mons**, montis (m) - mountain / **aqua**, ae (f) - water / **insequor**, insequi (3), insecutus - follow / **cumulus**, i (m) - (great) heap, mass

(C) [**vir**, viri (m) - man] / **pendeo**, pendēre (2), pependi - hang / **in** (prep) - upon (with Abl) / **summus**, a, um - highest, uppermost / **fluctus**, us (m) - tide, wave / [**vir** *iterum*] / **dehisco**, dehiscere (3) - gape, split open, yawn / **unda**, ae (f) - wave / **aperio**, aperire (4), aperui, apertus - disclose, reveal / **terra**, ae (f) - (dry) ground, land / **inter** (prep) - among, between (with Acc) / **fluctus** *iterum* / **aestus**, us (m) - surge, tide / **furo**, furere (3), furui - rage (wildly), seethe / **harena**, ae (f) - sand

(D) **Notus**, i (m) - the South Wind / **torqueo**, torquēre (2), torsi, tortus - drive, twist, whirl / **tres**, tria (num. adj.) - three / [**navis**, is (f) - ship] / **abripio**, abripere (3), abripui, abreptus - carry off, snatch up / **in** (prep) - against, onto (with Acc) / **lateo**, latēre (2), latui - be concealed, lie hidden / **saxum**, i (n) - rock / **Itali**, orum (m) - the Italians / **voco** (1) - call /

Quick Reference, **COMMON PRONOUNS**: **hic**, haec, hoc (dem. pron.) - this; he, she, it | **ille**, illa, illud (dem. pron.) - that; that (famous) one (yonder); he, she, it | **ipse**, ipsa, ipsum (intnsv. pron.) - (one's own) self; very | **is**, ea, id (dem. pron.) - this, that; (of) such (a kind); he, she, it | **qui**, quae, quod (rel. pron.) - who, which; that

saxum *iterum* / **in** (prep) - in (with Abl) / **medius, a, um** - middle (of) / **fluctus, us** (m) - tide, wave / **Arae, arum** (f) - "the Altars" / **immanis, e** - huge, vast / **dorsum, i** (n) - ridge / [**in** (prep) - atop, on (with Abl)] / **summus, a, um** - highest, uppermost (thus with *mare*, "surface") / **mare, maris** (n) - sea

(E)   **Eurus, i** (m) - the East Wind / **urgeo, urgēre** (2), ursi - drive, force / **tres, tria** (num. adj.) - three / [**navis, is** (f) - ship] / **ab** (prep) - from (with Abl) / **altum, i** (n) - (the deep) sea / **in** (prep) - into, onto (with Acc) / **brevis, e** - shallow (neut pl *brevia*, "shoals") / **syrtis, is** (f) - reef, sand bar / **miserabilis, e** - wretched / **video, vidēre** (2), vidi, visus - see / **inlido, inlidere** (3), inlisi, inlisus - dash against (with Dat) / **vadum, i** (n) - shallow, shoal / **cingo, cingere** (3), cinxi, cinctus - encircle, surround / **agger, eris** (m) - mound, wall / **harena, ae** (f) - sand

GRAMMATICAL NOTES: 1. *Aquilone* (Abl of Place from Which); 2. *[Aeneae] iactanti* (Dat of Reference, "to [Aeneas] as he was shouting..."); 3. *cumulō* (Abl of Manner, "in a large heap"); 4. *his [viris]* (Dat of Reference; read *hi [viri]...his [viris]* as "some...for others"); 5. *harenīs* (Abl of Means); 7. *summō marī* (Abl of Place Where); 8. *visū* (Supine as Abl of Respect with *miserabile*, lit., "miserable in repect to seeing," thus "miserable to behold"). | **HISTORICAL AND MYTHOLOGICAL NOTE**: 6. According to Pliny (*HN* 5.7), "the Altars" are the two Aegimori islands (which he describes as "more rocks than islands") located in the Mediterranean Sea between Sicily and Sardinia opposite the Gulf of Carthage. Pliny also refers to two perilous regions of quicksands and rocky shoals off the northern coast of Africa well to the east of Carthage known as "the Greater and Lesser Syrtes" (*HN* 5.3-4), which should not be confused with Vergil's mention of *syrtis* (line 111) in such close association with the *Arae* (line 109).

FULLY PARSED (1.102-112)

(A) **adversa** (fem nom sing); **procella** (fem nom sing); **stridens** (prsnt actv prcpl, fem nom sing); **Aquilone** (masc abl sing); **ferit** (prsnt actv indic 3 sing); **velum** (neut acc sing); **[Aeneae]** (masc dat sing); **iactanti** (prsnt actv prcpl, masc dat sing); **talia** (neut acc pl); **[dicta]** (neut acc pl); **tollit** (prsnt actv indic 3 sing); **fluctus** (masc acc pl); **sidera** (neut acc pl).

(B) **remi** (masc nom pl); **franguntur** (prsnt pssv indic 3 pl); **prora** (fem nom sing); **avertit** (prsnt actv indic 3 sing); **dat** (prsnt actv indic 3 sing); **latus** (neut acc sing); **undis** (fem dat pl); **praeruptus** (masc nom sing); **mons** (masc nom sing); **aquae** (fem gen sing); **insequitur** (dep., prsnt pssv indic 3 sing); **cumulō** (masc abl sing).

(C) **hi** (masc nom pl); **[viri]** (masc nom pl); **pendent** (prsnt actv indic 3 pl); **summō** (masc abl sing); **fluctū** (masc abl sing); **his** (masc dat pl); **[viris]** (masc dat pl); **dehiscens** (prsnt actv prcpl, fem nom sing); **unda** (fem nom sing); **aperit** (prsnt actv indic 3 sing); **terram** (fem acc sing); **fluctus** (masc acc pl); **aestus** (masc nom sing); **furit** (prsnt actv indic 3 sing); **harenīs** (fem abl pl).

(D) **Notus** (masc nom sing); **torquet** (prsnt actv indic 3 sing); **tris** (fem acc pl); **[naves]** (fem acc pl); **abreptas** (perf pssv prcpl, fem acc pl); **latentia** (prsnt actv prcpl, neut acc pl); **saxa** (neut acc pl); **Itali** (masc nom pl); **vocant** (prsnt actv indic 3 pl); **saxa** (neut acc pl); **quae** (neut nom pl); **[sunt]** (prsnt actv indic 3 pl); **mediīs** (masc abl pl); **fluctibus** (masc abl pl); **Aras** (fem acc pl); **immane** (neut acc sing); **dorsum** (neut acc sing); **summō** (neut abl sing); **marī** (neut abl sing).

(E) **Eurus** (masc nom sing); **urget** (prsnt actv indic 3 sing); **tris** (fem acc pl); **[naves]** (fem acc pl); **altō** (neut abl sing); **brevia** (neut acc pl); **syrtis** (fem acc pl); **miserabile** (neut nom sing); **visū** (Supine; perf pssv prcpl, neut abl sing); **inlidit** (prsnt actv indic 3 sing); **vadis** (neut dat pl); **cingit** (prsnt actv indic 3 sing); **[eas]** (fem acc pl); **aggere** (masc abl sing); **harenae** (fem gen sing).

* * * * * * * * * * * * * * * * * * *

Quick Reference, COMMON PRONOUNS: **hic, haec, hoc** (dem. pron.) - this; he, she, it | **ille, illa, illud** (dem. pron.) - that; that (famous) one (yonder); he, she, it | **ipse, ipsa, ipsum** (intnsv. pron.) - (one's own) self; very | **is, ea, id** (dem. pron.) - this, that; (of) such (a kind); he, she, it | **qui, quae, quod** (rel. pron.) - who, which; that

Vergil's **ORIGINAL TEXT (1.113-123)**. **(113)** Unam, quae Lycios fidumque vehebat Oronten, | **(114)** ipsius ante oculos ingens a vertice pontus | **(115)** in puppim ferit; excutitur pronusque magister | **(116)** volvitur in caput, ast illam ter fluctus ibidem | **(117)** torquet agens circum et rapidus vorat aequore vertex. | **(118)** Apparent rari nantes in gurgite vasto, | **(119)** arma virum tabulaeque et Troia gaza per undas. | **(120)** Iam validam Ilionei navem, iam fortis Achatae, | **(121)** et qua vectus Abas, et qua grandaevus Aletes, | **(122)** vicit hiems; laxis laterum compagibus omnes | **(123)** accipiunt inimicum imbrem rimisque fatiscunt.

SUGGESTED WORD ORDER (1.113-123). **(A)** Ingens pontus ferit unam [navem], quae vehebat Lycios [et] fidum Oronten, in puppim a vertice¹ ante oculos ipsius [i.e., Aeneae]: **(B)** magister excutitur [e navī] [et] volvitur pronus in caput; ast fluctus torquet illam [navem], agens [illam] circum ter ibidem, et rapidus vertex vorat [navem] aequore.² **(C)** Nantes [viri] apparent rari in vastō gurgite, [et] arma vir[or]um [et] tabulae et Troia gaza [apparent] per undas. **(D)** Iam hiems vicit validam navem Ilionei, iam [navem] fortis Achatae, et [naves] quā³ Abas vectus [i.e., vectus est] et quā⁴ grandaevus Aletes [vectus est]; **(E)** compagibus laterum laxīs,⁵ omnes [naves] accipiunt inimicum imbrem [et] fatiscunt rimīs.⁶

1.113   VOCABULARY SECTIONS (1.113-123)

(A)   **ingens**, ntis - enormous, great / **pontus**, i (m) - sea / **ferio**, ferire (4) - beat, strike / **unus**, a, um - one / [**navis**, is (f) - ship] / **veho**, vehere (3), vexi, vectus - bear, carry / **Lycii**, orum (m) - the Lycians / **fidus**, a, um - faithful, loyal / **Orontes**, is (m) - Orontes (a Trojan) / **in** (prep) - against, upon (with Acc) / **puppis**, is (f) - poop, stern (Acc *puppim*) / **a** (prep) - from (with Abl) / **vertex**, icis (m) - peak, summit / **ante** (prep) - before (with Acc) / **oculus**, i (m) - eye / **ipse**, ipsa, ipsum - self (as subst., "the master") / [**Aeneas**, ae (m) - Aeneas (Trojan leader)]

(B)   **magister**, magistri (m) - helmsman, (ship's) pilot / **excutio**, excutere (3), excussi, excussus - cast out, dislodge, shake off / [**e** (prep) - from, out of (with Abl)] / [**navis**, is (f) - ship] / **volvo**, volvere (3), volvi, volutus - sweep along (intrans. Pssv. "roll along") / **pronus**, a, um - (bending) forward (with *in caput*, "forward headlong") / **in** (prep) - onto (with Acc) / **caput**, capitis (n) - head / **ast** (conj) - but, meanwhile / **fluctus**, us (m) - tide, wave / **torqueo**, torquēre (2), torsi, tortus - turn, twist / [**navis** *iterum*] / **ago**, agere (3), egi, actus - drive / **circum** (adv) - around (i.e., "in a circle") / **ter** (adv) - three times / **ibidem** (adv) - in the same place / **rapidus**, a, um - (rapidly) consuming, (fiercely) swift / **vertex**, icis (m) - whirlpool / **voro** (1) - engulf, swallow (up) / **aequor**, oris (n) - sea

(C)   **no** (1) - float, swim / [**vir**, viri (m) - man] / **appareo**, apparēre (2), apparui, apparitus - appear / **rarus**, a, um - far apart, scattered / **in** (prep) - in, upon (with Abl) / **vastus**, a, um - immense, monstrous / **gurges**, itis (m) - (seething) abyss, whirlpool / **arma**, orum (n) - weapons / **vir** *iterum* / **tabula**, ae (f) - (wooden) board, plank / **Troius**, a, um - Trojan / **gaza**, ae (f) - treasure, wealth / **per** (prep) - among, through (with Acc) / **unda**, ae (f) - wave

(D)   **iam** (adv) - now / **hiems**, hiemis (f) - storm / **vinco**, vincere (3), vici, victus - overcome, vanquish / **validus**, a, um - strong, sturdy / **navis**, is (f) - ship / **Ilioneus**, ei (m) - Ilioneus (a Trojan) / **iam** *iterum* / [**navis** *iterum*] / **fortis**, e - brave / **Achates**, ae (m) - Achates (a Trojan) / [**navis** *iterum*] / **Abas**, Abantis (m) - Abas (a Trojan) / **veho**, vehere (3), vexi, vectus - bear, carry (Pssv as Middle, "sail") / **grandaevus**, a, um - aged, old / **Aletes**, ae (m) - Aletes (a Trojan) / [**veho** *iterum*]

(E)   **compages**, is (f) - joint, seam / **latus**, eris (n) - (ship's) side / **laxo** (1) - expand, loosen, open / **omnis**, e - all, every / [**navis**, is (f) - ship] / **accipio**, accipere (3), accepi, acceptus - admit, let in, receive / **inimicus**, a, um - hostile, injurious / **imber**, imbris (m) - flood, (sea) water / **fatisco**, fatiscere (3) - fall apart, split open / **rima**, ae (f) - crack, fissure

GRAMMATICAL NOTES: **1.** *a vertice* ("from high above"); **2.** *aequore* (Abl of Means, or perhaps Place Where); **3-4.** *quā* (Ablatives of Means, "by which..."); **5.** *compagibus laterum laxīs* (Abl Absol, "with the seams of the ships' sides having been loosened"); **6.** *rimīs* (Abl of Means or Manner).

Quick Reference, COMMON PRONOUNS: **hic**, haec, hoc (dem. pron.) - this; he, she, it | **ille**, illa, illud (dem. pron.) - that; that (famous) one (yonder); he, she, it | **ipse**, ipsa, ipsum (intnsv. pron.) - (one's own) self; very | **is**, ea, id (dem. pron.) - this, that; (of) such (a kind); he, she, it | **qui**, quae, quod (rel. pron.) - who, which; that

FULLY PARSED (1.113-123)

(A) **ingens** (masc nom sing); **pontus** (masc nom sing); **ferit** (prsnt actv indic 3 sing); **unam** (fem acc sing); **[navem]** (fem acc sing); **quae** (fem nom sing); **vehebat** (impf actv indic 3 sing); **Lycios** (masc acc pl); **fidum** (masc acc sing); **Oronten** (masc acc sing); **puppim** (fem acc sing); **vertice** (masc abl sing); **oculos** (masc acc pl); **ipsius** (masc gen sing); **[Aeneae]** (masc gen sing).

(B) **magister** (masc nom sing); **excutitur** (prsnt pssv indic 3 sing); **[navī]** (fem abl sing); **volvitur** (prsnt pssv indic 3 sing); **pronus** (masc nom sing); **caput** (neut acc sing); **fluctus** (masc nom sing); **torquet** (prsnt actv indic 3 sing); **illam** (fem acc sing); **[navem]** (fem acc sing); **agens** (prsnt actv prcpl, masc nom sing); **[illam]** (fem acc sing); **rapidus** (masc nom sing); **vertex** (masc nom sing); **vorat** (prsnt actv indic 3 sing); **[navem]** (fem acc sing); **aequore** (neut abl sing).

(C) **nantes** (prsnt actv prcpl, masc nom pl); **[viri]** (masc nom pl); **apparent** (prsnt actv indic 3 pl); **rari** (masc nom pl); **vastō** (masc abl sing); **gurgite** (masc abl sing); **arma** (neut nom pl); **vir|or|um** (masc gen pl); **tabulae** (fem nom pl); **Troia** (fem nom sing); **gaza** (fem nom sing); **[apparent]** (prsnt actv indic 3 pl); **undas** (fem acc pl).

(D) **hiems** (fem nom sing); **vicit** (perf actv indic 3 sing); **validam** (fem acc sing); **navem** (fem acc sing); **Ilionei** (masc gen sing); **[navem]** (fem acc sing); **fortis** (masc gen sing); **Achatae** (masc gen sing); **[naves]** (fem acc pl); **quā** (fem abl sing); **Abas** (masc nom sing); **vectus** (i.e., *vectus est*, perf pssv indic 3 sing; masc nom); **quā** (fem abl sing); **grandaevus** (masc nom sing); **Aletes** (masc nom sing); **[vectus est]** (perf pssv indic 3 sing; masc nom).

(E) **compagibus** (fem abl pl); **laterum** (neut gen pl); **laxīs** (perf pssv prcpl, fem abl pl); **omnes** (fem nom pl); **[naves]** (fem nom pl); **accipiunt** (prsnt actv indic 3 pl); **inimicum** (masc acc sing); **imbrem** (masc acc sing); **fatiscunt** (prsnt actv indic 3 pl); **rimīs** (fem abl pl).

* * * * * * * * * * * * * * * * * * *

Vergil's **ORIGINAL TEXT (1.124-131)**. (124) Interea magno misceri murmure pontum | (125) emissamque hiemem sensit Neptunus et imis | (126) stagna refusa vadis, graviter commotus, et alto | (127) prospiciens summa placidum caput extulit unda. | (128) Disiectam Aeneae toto videt aequore classem, | (129) fluctibus oppressos Troas caelique ruina; | (130) nec latuere doli fratrem Iunonis et irae. | (131) Eurum ad se Zephyrumque vocat, dehinc talia fatur:

SUGGESTED WORD ORDER (1.124-131). **(A)** Interea Neptunus sensit pontum misceri magnō murmure[1] [et] hiemem emissam [i.e., emissam esse] et stagna refusa [i.e., refusa esse] [ex] imīs vadīs;[2] **(B)** et graviter commotus, prospiciens altō[3] extulit placidum caput [e] summā undā.[4] **(C)** Videt classem Aeneae disiectam [in] totō aequore[5] [et] Troas oppressos fluctibus[6] [et] ruinā[7] caeli. **(D)** Nec doli et irae Iunonis latuere [i.e., latuerunt] fratrem. Vocat Eurum [et] Zephyrum ad se [et] dehinc fatur talia:

1.124 VOCABULARY SECTIONS (1.124-131)

(A) **interea** (adv) - meanwhile / **Neptunus**, i (m) - Neptune (god of the Sea) / **sentio**, sentire (4), sensi, sensus - feel, notice, perceive / **pontus**, i (m) - sea / **misceo**, miscēre (2), miscui, mixtus - disturb, throw into confusion / **magnus**, a, um - great / **murmur**, uris (n) - roar, rumble, uproar / **hiems**, hiemis (f) - storm / **emitto**, emittere (3), emisi, emissus - release, send forth / **stagnum**, i (n) - (calm) water / **refundo**, refundere (3), refudi, refusus - surge back, upheave / [**ex** (prep) - from, out of (with Abl)] / **imus**, a, um - deepest, lowest / **vadum**, i (n) - depth, foundation (of the sea)

(B) **graviter** (adv) - deeply, seriously / **commoveo**, commovēre (2), commovi, commotus - agitate, disturb, trouble / **prospicio**, prospicere (3), prospexi, prospectus - gaze over, look upon (here with Abl) / **altum**, i (n) - (the deep) sea / **effero**, efferre, extuli, elatus - lift up, raise / **placidus**, a, um - calm, serene / **caput**, capitis (n) - head (i.e., "face") / [**e** (prep) - from, out of (with Abl)] / **summus**, a, um - highest, uppermost / **unda**, ae (f) - wave

Quick Reference, COMMON PRONOUNS: **hic**, haec, hoc (dem. pron.) - this; he, she, it | **ille**, illa, illud (dem. pron.) - that; that (famous) one (yonder); he, she, it | **ipse**, ipsa, ipsum (intnsv. pron.) - (one's own) self; very | **is**, ea, id (dem. pron.) - this, that; (of) such (a kind); he, she, it | **qui**, quae, quod (rel. pron.) - who, which; that

(C) **video**, vidēre (2), vidi, visus - see / **classis**, is (f) - fleet / **Aeneas**, ae (m) - Aeneas (Trojan leader) / **disicio**, disicere (3), disieci, disiectus - disperse, scatter / [**in** (prep) - on, over (with Abl)] / **totus**, a, um - entire, whole / **aequor**, oris (n) - sea / **Tros**, Trois (m) - a Trojan / **opprimo**, opprimere (3), oppressi, oppressus - crush, overwhelm / **fluctus**, us (m) - tide, wave / **ruina**, ae (f) - downfall / **caelum**, i (n) - heaven, sky

(D) **dolus**, i (m) - deceit, trick / **ira**, ae (f) - fury, passion / **Iuno**, Iunonis (f) - Juno / **lateo**, latēre (2), latui - escape the notice of (with Acc) / **frater**, fratris (m) - brother / **voco** (1) - call, summon / **Eurus**, i (m) - the East Wind / **Zephyrus**, i (m) - the West Wind / **ad** (prep) - to (with Acc) / **dehinc** (adv) - then / **for**, fari (1), fatus (defect. dep.) - speak / **talis**, e - such as this, the following

GRAMMATICAL NOTES: 1. *magnō murmure* (Abl of Manner); 2. *imīs vadis* (Abl of Separation); 3. *altō* (Abl of Place Where or Over Which); 4. *summā undā* (Abl of Separation); 5. *totō aequore* (Abl of Place Where); 6-7. *fluctibus [et] ruinā* (Ablatives of Means).

FULLY PARSED (1.124-131)

(A) **Neptunus** (masc nom sing); **sensit** (perf actv indic 3 sing); **pontum** (masc acc sing); **misceri** (prsnt pssv infin); **magnō** (neut abl sing); **murmure** (neut abl sing); **hiemem** (fem acc sing); **emissam** (i.e., *emissam esse*, perf pssv infin; fem acc sing); **stagna** (neut acc pl); **refusa** (i.e., *refusa esse*, perf pssv infin; neut acc pl); **imīs** (neut abl pl); **vadīs** (neut abl pl).

(B) **commotus** (perf pssv prcpl, masc nom sing); **prospiciens** (prsnt actv prcpl, masc nom sing); **altō** (neut abl sing); **extulit** (perf actv indic 3 sing); **placidum** (neut acc sing); **caput** (neut acc sing); **summā** (fem abl sing); **undā** (fem abl sing).

(C) **videt** (prsnt actv indic 3 sing); **classem** (fem acc sing); **Aeneae** (masc gen sing); **disiectam** (perf pssv prcpl, fem acc sing); **totō** (neut abl sing); **aequore** (neut abl sing); **Troas** (masc acc pl); **oppressos** (perf pssv prcpl, masc acc pl); **fluctibus** (masc abl pl); **ruinā** (fem abl sing); **caeli** (neut gen sing).

(D) **doli** (masc nom pl); **irae** (fem nom pl); **Iunonis** (fem gen sing); **latuere** (i.e., *latuerunt*, perf actv indic 3 pl); **fratrem** (masc acc sing); **vocat** (prsnt actv indic 3 sing); **Eurum** (masc acc sing); **Zephyrum** (masc acc sing); **se** (3 pers. reflxv. pron., masc acc sing); **fatur** (defect. dep., prsnt pssv indic 3 sing); **talia** (neut acc pl).

* * * * * * * * * * * * * * * * * * *

Vergil's ORIGINAL TEXT (1.132-141). (132) "Tantane vos generis tenuit fiducia vestri? | (133) Iam caelum terramque meo sine numine, venti, | (134) miscere et tantas audetis tollere moles? | (135) Quos ego! Sed motos praestat componere fluctus. | (136) Post mihi non simili poena commissa luetis. | (137) Maturate fugam regique haec dicite vestro: | (138) non illi imperium pelagi saevumque tridentem, | (139) sed mihi sorte datum. Tenet ille immania saxa, | (140) vestras, Eure, domos; illa se iactet in aula | (141) Aeolus et clauso ventorum carcere regnet."

SUGGESTED WORD ORDER (1.132-141). (A) "Tanta-ne fiducia vestri generis[1] tenuit vos? Venti, iam audetis miscere caelum [et] terram sine meō numine et tollere tantas moles? (B) Quos ego .... ![2] Sed praestat componere motos fluctus. Post luetis commissa mihi[3] non similī poenā.[4] (C) Maturate [vestram] fugam [et] dicite haec vestro regi: imperium pelagi [et] saevum tridentem non datum [i.e., datum esse] illi, sed sorte mihi. (D) Ille tenet immania saxa, Eure, vestras domos; Aeolus[5] iactet[6] se in illā aulā et regnet[7] [in] clausō carcere[8] ventorum."

1.132 VOCABULARY SECTIONS (1.132-141)

(A) **tantus**, a, um - so great, such / **fiducia**, ae (f) - (presumptious) confidence / **vester**, vestra, vestrum - your (own) / **genus**, generis (n) - descent, lineage, (family) origin / **teneo**, tenēre (2), tenui, tentus - control, possess / **ventus**, i (m) -

Quick Reference, COMMON PRONOUNS: **hic**, haec, hoc (dem. pron.) - this; he, she, it | **ille**, illa, illud (dem. pron.) - that; that (famous) one (yonder); he, she, it | **ipse**, ipsa, ipsum (intnsv. pron.) - (one's own) self; very | **is**, ea, id (dem. pron.) - this, that; (of) such (a kind); he, she, it | **qui**, quae, quod (rel. pron.) - who, which; that

wind / **iam** (adv) - now / **audeo**, audēre (2), ausus sum - dare, venture / **misceo**, miscēre (2), miscui, mixtus - disturb, mingle (violently) / **caelum**, i (n) - heaven, sky / **terra**, ae (f) - earth, (dry) land / **sine** (prep) - without (with Abl) / **meus**, a, um - my / **numen**, inis (n) - (divine) authority / **tollo**, tollere (3), sustuli, sublatus - raise, stir up / **tantus** *iterum* / **moles**, is (f) - confusion, disturbance, turmoil

(B) **praesto**, praestare (1), praestiti, praestitus - be preferable, more advantageous / **compono**, componere (3), composui, compositus - calm, compose, quiet / **moveo**, movēre (2), movi, motus - agitate, disturb, trouble / **fluctus**, us (m) - wave / **post** (adv) - afterwards / **luo**, luere (3), lui - atone, pay a penalty for / **commissum**, i (n) - offense, transgression / **similis**, e - similar / **poena**, ae (f) - punishment

(C) **maturo** (1) - hasten / [**vester**, vestra, vestrum - your (own)] / **fuga**, ae (f) - flight / **dico**, dicere (3), dixi, dictus - say, relate, speak / **vester** *iterum* / **rex**, regis (m) - king / **imperium**, i (n) - authority, dominion / **pelagus**, i (n) - sea / **saevus**, a, um - fierce, terrible / **tridens**, entis (m) - trident / **do**, dare (1), dedi, datus - entrust, give / **sors**, sortis (f) - (decision by) lot

(D) **teneo**, tenēre (2), tenui, tentus - occupy, possess / **immanis**, e - monstrous, savage / **saxum**, i (n) - rock / **Eurus**, i (m) - the East Wind / **vester**, vestra, vestrum - your (own) / **domus**, i (f) - dwelling / **Aeolus**, i (m) - Aeolus (god of the Winds) / **iacto** (1) - toss about, shake (with *se*, "boast proudly, make a spectacle of oneself") / **in** (prep) - in (with Abl) / **aula**, ae (f) - court, hall / **regno** (1) - exercise dominion, rule / [**in** *iterum*] / **claudo**, claudere (3), clausi, clausus - enclose, hem in / **carcer**, carceris (m) - prison / **ventus**, i (m) - wind

GRAMMATICAL NOTES: 1. *tanta-ne fiducia vestri generis* ("Does such confidence in your ancestry..."); 2. *Quos ego ... !* ("Whom I [should] ... !", an example of *aposiopesis*, a device in which the speaker suddenly breaks off in mid-sentence as if unwilling to continue; here, Vergil leaves Neptune's unexpressed threat of punishment to one's imagination); 3. *mihi* (Dat of Interest, for Disadvantage); 4. *non similī poenā* (Abl of Means and a fine example of *litotes*, "by no similar punishment," i.e., "by a much more severe one"); 6. *iactet* (Hortatory Subjunctive with *Aeolus*, "let Aeolus boast proudly..."); 7. *regnet* (Hortatory Subjunctive with *Aeolus*, "let Aeolus rule..."); 8. *clausō carcere* (Abl of Place Where). | **HISTORICAL AND MYTHOLOGICAL NOTES**: 5. On Aeolus, see Section 1.42-54 (note **10**).

FULLY PARSED (1.132-141)

(A) **tanta** (fem nom sing); **fiducia** (fem nom sing); **vestri** (neut gen sing); **generis** (neut gen sing); **tenuit** (perf actv indic 3 sing); **vos** (2 pers. pron., masc acc pl); **venti** (masc voc pl); **audetis** (prsnt actv indic 2 pl); **miscere** (prsnt actv infin); **caelum** (neut acc sing); **terram** (fem acc sing); **meō** (neut abl sing); **numine** (neut abl sing); **tollere** (prsnt actv infin); **tantas** (fem acc pl); **moles** (fem acc pl).

(B) **quos** (masc acc pl); **ego** (1 pers. pron., masc nom sing); **praestat** (impers., prsnt actv indic 3 sing); **componere** (prsnt actv infin); **motos** (perf pssv prcpl, masc acc pl); **fluctus** (masc acc pl); **luetis** (fut actv indic 2 pl); **commissa** (neut acc pl); **mihi** (1 pers. pron., masc dat sing); **similī** (fem abl sing); **poenā** (fem abl sing).

(C) **maturate** (prsnt actv imper 2 pl); [**vestram**] (fem acc sing); **fugam** (fem acc sing); **dicite** (prsnt actv imper 2 pl); **haec** (neut acc pl); **vestro** (masc dat sing); **regi** (masc dat sing); **imperium** (neut acc sing); **pelagi** (neut gen sing); **saevum** (masc acc sing); **tridentem** (masc acc sing); **datum** (i.e., *datum esse*, perf pssv infin; masc acc sing); **illi** (masc dat sing); **sorte** (fem abl sing); **mihi** (1 pers. pron., masc dat sing).

(D) **ille** (masc nom sing); **tenet** (prsnt actv indic 3 sing); **immania** (neut acc pl); **saxa** (neut acc pl); **Eure** (masc voc sing); **vestras** (fem acc pl); **domos** (fem acc pl); **Aeolus** (masc nom sing); **iactet** (prsnt actv subjv 3 sing); **se** (3 pers. reflxv. pron., masc acc sing); **illā** (fem abl sing); **aulā** (fem abl sing); **regnet** (prsnt actv subjv 3 sing); **clausō** (perf pssv prcpl, masc abl sing); **carcere** (masc abl sing); **ventorum** (masc gen pl).

Quick Reference, COMMON PRONOUNS: **hic**, haec, hoc (dem. pron.) - this; he, she, it | **ille**, illa, illud (dem. pron.) - that; that (famous) one (yonder); he, she, it | **ipse**, ipsa, ipsum (intnsv. pron.) - (one's own) self; very | **is**, ea, id (dem. pron.) - this, that; (of) such (a kind); he, she, it | **qui**, quae, quod (rel. pron.) - who, which; that

Vergil's ORIGINAL TEXT (1.142-156). (142) Sic ait, et dicto citius tumida aequora placat, | (143) collectasque fugat nubis solemque reducit. | (144) Cymothoe simul et Triton adnixus acuto | (145) detrudunt navis scopulo; levat ipse tridenti; | (146) et vastas aperit syrtis et temperat aequor, | (147) atque rotis summas levibus perlabitur undas. | (148) Ac veluti magno in populo cum saepe coorta est | (149) seditio, saevitque animis ignobile vulgus, | (150) iamque faces et saxa volant (furor arma ministrat), | (151) tum pietate gravem ac meritis si forte virum quem | (152) conspexere, silent arrectisque auribus astant; | (153) ille regit dictis animos et pectora mulcet; | (154) sic cunctus pelagi cecidit fragor, aequora postquam | (155) prospiciens genitor caeloque invectus aperto | (156) flectit equos, curruque volans dat lora secundo.

SUGGESTED WORD ORDER (1.142-156). (A) Sic ait et citius dictō¹ placat tumida aequora [et] fugat collectas nubes [et] reducit solem. (B) Cymothoe² et Triton³ adnixus simul detrudunt navis [de] acutō scopulō;⁴ ipse levat [navis] tridentī⁵ et aperit vastas syrtis⁶ et temperat aequor atque perlabitur summas undas levibus rotīs.⁷ (C) Ac veluti cum seditio saepe coorta est in magnō populō [et] ignobile vulgus saevit animīs,⁸ [et] iam faces et saxa volant (furor ministrat arma); (D) tum si forte⁹ conspexere [i.e., conspexerunt] quem virum gravem pietate¹⁰ ac meritīs,¹¹ silent [et] astant arrectīs auribus;¹² ille regit animos dictīs¹³ et mulcet pectora: (E) sic cunctus fragor pelagi cecidit, postquam genitor prospiciens aequora [et] invectus [sub] apertō caelō¹⁴ flectit equos [et] volans dat lora secundo curru.

1.142   VOCABULARY SECTIONS (1.142-156)

(A) sic (adv) - thus / aio (defect.) - assert, say (Prsnt Actv Indic 3 sing, *ait*) / cito (adv) - quickly / dictum, i (n) - command, remark / placo (1) - calm, quiet / tumidus, a, um - enraged, swollen / aequor, oris (n) - ocean, sea / fugo (1) - banish, chase away / colligo, colligere (3), collegi, collectus - collect, gather (together) / nubes, is (f) - (storm) cloud / reduco, reducere (3), reduxi, reductus - bring back, restore / sol, solis (m) - sun

(B) Cymothoe, es (f) - Cymothoe (a sea nymph) / Triton, onis (m) - Triton (a sea god) / adnitor, adniti (3), adnixus - exert oneself, strive / simul (adv) - at the same time, together / detrudo, detrudere (3), detrusi, detrusus - dislodge, thrust off / navis, is (f) - ship / acutus, a, um - jagged, sharp / scopulus, i (m) - crag, rock / levo (1) - heave, lift, raise / [navis *iterum*] / tridens, entis (m) - trident / aperio, aperire (4), aperui, apertus - lay bare, reveal, uncover / vastus, a, um - huge, immense / syrtis, is (f) - reef, sand bar / tempero (1) - calm, quiet, restrain / aequor, oris (n) - ocean, sea / perlabor, perlabi (3), perlapsus - glide over / summus, a, um - highest, uppermost / unda, ae (f) - wave / levis, e - light, swift / rota, ae (f) - wheel (e.g., of a chariot)

(C) veluti (adv) - just as / cum (conj) - when / seditio, onis (f) - (civil) discord, unrest / saepe (adv) - often / coörior, coöriri (4), coörtus - arise, break forth / in (prep) - in, within (with Abl) / magnus, a, um - great / populus, i (m) - crowd / ignobilis, e - base-born, common / vulgus, i (n) - mob, rabble / saevio, saevire (4), saevii, saevitus - be furious, rage (unpredictably) / animus, i (m) - heart, mind / iam (adv) - now, thereupon / fax, facis (f) - firebrand, torch / saxum, i (n) - rock / volo (1) - fly, speed (i.e., "be hurled") / furor, oris (m) - madness, passion / ministro (1) - furnish, supply / arma, orum (n) - weapons

(D) tum (adv) - then / si (conj) - if / fors, fortis (f) - chance (Abl *forte* as Adv, "by chance") / conspicio (3), conspexi, conspectus - catch sight of, see / qui, qua, quod (indef. adj.) - any, some / vir, viri (m) - man / gravis, e - distinguished, revered / pietas, atis (f) - devotion (to duty), loyalty / meritum, i (n) - service / sileo, silēre (2), silui - be silent, still / asto, astare (1), astiti - stand (by, near) / arrigo, arrigere (3), arrexi, arrectus - raise, uplift (perf pssv prcpl, "attentive, eager, excited") / auris, is (f) - ear / rego, regere (3), rexi, rectus - direct, guide / animus, i (m) - (violent) passion, wrath / dictum, i (n) - command, remark, word / mulceo, mulcēre (2), mulsi, mulsus - calm, soothe / pectus, oris (n) - mind, spirit

(E) sic (adv) - thus / cunctus, a, um - entire, whole / fragor, oris (m) - din, uproar / pelagus, i (n) - sea / cado, cadere (3), cecidi, casus - fall, subside / postquam (adv) - as soon as, when / genitor, oris (m) - master, sire / prospicio, prospicere (3), prospexi, prospectus - look out upon / aequor, oris (n) - ocean, sea / inveho, invehere (3), invexi, invectus - carry,

---

Quick Reference, COMMON PRONOUNS: hic, haec, hoc (dem. pron.) - this; he, she, it | ille, illa, illud (dem. pron.) - that; that (famous) one (yonder); he, she, it | ipse, ipsa, ipsum (intnsv. pron.) - (one's own) self; very | is, ea, id (dem. pron.) - this, that; (of) such (a kind); he, she, it | qui, quae, quod (rel. pron.) - who, which; that

convey / [**sub** (prep) - underneath (with Abl)] / **apertus**, a, um - clear, open / **caelum**, i (n) - heaven, sky / **flecto**, flectere (3), flexi, flexus - guide, turn / **equus**, i (m) - horse / **volo** (1) - fly, speed forth / **do**, dare (1), dedi, datus - give / **lorum**, i (n) - bridle, rein / **secundus**, a, um - obedient, willing / **currus**, us (m) - chariot (Dat often *curru* as if Abl)

GRAMMATICAL NOTES: **1**. *dictō* (Abl of Comparison after Comparative *citius*); **4**. *acutō scopulō* ("Figurative" Abl of Separation); **5**. *tridentī* (Abl of Means); **7**. *levibus rotīs* (Abl of Means); **8**. *animīs* (Abl of Place Where, an idiomatic expression best read with *saevit* as "with violent intentions"); **9**. *forte* (Abl of Manner); **10-11**. *pietate ac meritīs* (Ablatives of Cause, or perhaps Respect); **12**. *arrectīs auribus* (Abl of Manner, "with attentive ears"); **13**. *dictīs* (Abl of Means); **14**. *apertō caelō* (Abl of Place Where). | **HISTORICAL AND MYTHOLOGICAL NOTES**: **2**. Cymothoe was a *nereid* (or "sea nymph"), one of the fifty daughters of Doris and Nereus (the prophetic "Old Man of the Sea"). | **3**. The sea-god Triton, son of Neptune and the *nereid* Amphitrite, was a fish-tailed merman renowed for his ability to play the trumpet-like conch shell through which he often exercised his power (Ov., *Met*. 1.333-342; Verg., *Aen*. 6.171-174). | **6**. Vergil likely uses *syrtis* here in a general sense to conjure up random images of treacherous reefs, though he may well intend for his audience to envision those perilous regions of quicksands and rocky shoals located off the northern African coast known as "the Greater and Lesser Syrtes" (Plin., *HN* 5.3-4).

FULLY PARSED (1.142-156)

(A) **ait** (defect., prsnt actv indic 3 sing); **citius** (comp. of *cito*); **dictō** (neut abl sing); **placat** (prsnt actv indic 3 sing); **tumida** (neut acc pl); **aequora** (neut acc pl); **fugat** (prsnt actv indic 3 sing); **collectas** (perf pssv prcpl, fem acc pl); **nubes** (fem acc pl); **reducit** (prsnt actv indic 3 sing); **solem** (masc acc sing).

(B) **Cymothoe** (fem nom sing); **Triton** (masc nom sing); **adnixus** (dep., perf pssv prcpl, masc nom sing); **detrudunt** (prsnt actv indic 3 pl); **navis** (fem acc pl); **acutō** (masc abl sin); **scopulō** (masc abl sing); **ipse** (masc nom sing); **levat** (prsnt actv indic 3 sing); [**navis**] (fem acc pl); **tridentī** (masc abl sing); **aperit** (prsnt actv indic 3 sing); **vastas** (fem acc pl); **syrtis** (fem acc pl); **temperat** (prsnt actv indic 3 sing); **aequor** (neut acc sing); **perlabitur** (dep., prsnt pssv indic 3 sing); **summas** (fem acc pl); **undas** (fem acc pl); **levibus** (fem abl pl); **rotīs** (fem abl pl).

(C) **seditio** (fem nom sing); **coörta est** (dep., perf pssv indic 3 sing; fem nom); **magnō** (masc abl sing); **populō** (masc abl sing); **ignobile** (neut nom sing); **vulgus** (neut nom sing); **saevit** (prsnt actv indic 3 sing); **animīs** (masc abl pl); **faces** (fem nom pl); **saxa** (neut nom pl); **volant** (prsnt actv indic 3 pl); **furor** (masc nom sing); **ministrat** (prsnt actv indic 3 sing); **arma** (neut acc pl).

(D) **forte** (fem abl sing); **conspexere** (i.e., *conspexerunt*, perf actv indic 3 pl); **quem** (masc acc sing); **virum** (masc acc sing); **gravem** (masc acc sing); **pietate** (fem abl sing); **meritīs** (neut abl pl); **silent** (prsnt actv indic 3 pl); **astant** (prsnt actv indic 3 pl); **arrectīs** (perf pssv prcpl, fem abl pl); **auribus** (fem abl pl); **ille** (masc nom sing); **regit** (prsnt actv indic 3 sing); **animos** (masc acc pl); **dictīs** (neut abl pl); **mulcet** (prsnt actv indic 3 sing); **pectora** (neut acc pl).

(E) **cunctus** (masc nom sing); **fragor** (masc nom sing); **pelagi** (neut gen sing); **cecidit** (perf actv indic 3 sing); **genitor** (masc nom sing); **prospiciens** (prsnt actv prcpl, masc nom sing); **aequora** (neut acc pl); **invectus** (perf pssv prcpl, masc nom sing); **apertō** (neut abl sing); **caelō** (neut abl sing); **flectit** (prsnt actv indic 3 sing); **equos** (masc acc pl); **volans** (prsnt actv prcpl, masc nom sing); **dat** (prsnt actv indic 3 sing); **lora** (neut acc pl); **secundo** (masc dat sing); **curru** (masc dat sing).

* * * * * * * * * * * * * * * * * * *

Quick Reference, COMMON PRONOUNS: **hic**, haec, hoc (dem. pron.) - this; he, she, it | **ille**, illa, illud (dem. pron.) - that; that (famous) one (yonder); he, she, it | **ipse**, ipsa, ipsum (intnsv. pron.) - (one's own) self; very | **is**, ea, id (dem. pron.) - this, that; (of) such (a kind); he, she, it | **qui**, quae, quod (rel. pron.) - who, which; that

Vergil's ORIGINAL TEXT (1.157-169). (157) Defessi Aeneadae, quae proxima litora, cursu | (158) contendunt petere, et Libyae vertuntur ad oras. | (159) Est in secessu longo locus: insula portum | (160) efficit obiectu laterum, quibus omnis ab alto | (161) frangitur inque sinus scindit sese unda reductos. | (162) Hinc atque hinc vastae rupes geminique minantur | (163) in caelum scopuli, quorum sub vertice late | (164) aequora tuta silent; tum silvis scaena coruscis | (165) desuper, horrentique atrum nemus imminet umbra. | (166) Fronte sub adversa scopulis pendentibus antrum, | (167) intus aquae dulces, vivoque sedilia saxo, | (168) nympharum domus. Hic fessas non vincula navis | (169) ulla tenent, unco non alligat ancora morsu.

SUGGESTED WORD ORDER (1.157-169). (A) Defessi Aeneadae[1] contendunt petere litora quae [sunt] proxima cursū[2] et vertuntur ad oras Libyae. (B) Est locus in longō secessū, [ubi] insula efficit portum obiectū[3] laterum quibus[4] omnis unda ab altō frangitur [et] scindit sese in reductos sinus.[5] (C) Hinc atque hinc vastae rupes [et] gemini scopuli minantur in caelum, sub vertice quorum tuta aequora silent late; (D) tum desuper [est] scaena coruscīs silvīs[6] [et] nemus, atrum horrentī umbrā,[7] imminet; sub adversā fronte [est] antrum pendentibus scopulīs[8] [et] intus [sunt] dulces aquae [et] sedilia [in] vivō saxō,[9] domus nympharum. (E) Hic non ulla vincula tenent fessas navis, ancora non alligat [eas] uncō morsū.[10]

1.157 VOCABULARY SECTIONS (1.157-169)

(A) **defessus**, a, um - exhausted, weary / **Aeneadae**, arum (m) - "the descendants of Aeneas" (i.e., Aeneas' followers, "the Trojans") / **contendo**, contendere (3), contendi, contentus - hasten, strive / **peto**, petere (3), petivi, petitus - make for, seek out, steer toward / **litus**, litoris (n) - coast, shore / **proximus**, a, um - closest, nearest / **cursus**, us (m) - (swift) course (Abl *cursū* as Adv, "swiftly") / **verto**, vertere (3), verti, versus - turn about / **ad** (prep) - toward (with Acc) / **ora**, ae (f) - coast, shore / **Libya**, ae (f) - Libya (i.e., "Africa")

(B) **locus**, i (m) - place, site / **in** (prep) - in (with Abl) / **longus**, a, um - distant, remote / **secessus**, us (m) - inlet, ravine / [**ubi** (adv) - where] / **insula**, ae (f) - island / **efficio**, efficere (3), effeci, effectus - form, make / **portus**, us (m) - harbor, port / **obiectus**, us (m) - (sheltering) projection / **latus**, eris (n) - side / **omnis**, e - all, every / **unda**, ae (f) - wave / **ab** (prep) - from (with Abl) / **altum**, i (n) - (the deep) sea / **frango**, frangere (3), fregi, fractus - break, shatter / **scindo**, scindere (3), scidi, scissus - divide, separate / **in** (prep) - into, toward (with Acc) / **reductus**, a, um - lonely, remote / **sinus**, us (m) - curve, fold (i.e., "the bend of a coastal shore")

(C) **hinc** (adv) - here, on this side (*hinc atque hinc*, "on both sides") / **vastus**, a, um - enormous, huge / **rupes**, is (f) - cliff, rock / **geminus**, a, um - twin / **scopulus**, i (m) - cliff, crag / **minor**, minari (1), minatus - jut forth, rise (threateningly) / **in** (prep) - into (with Acc) / **caelum**, i (n) - heaven, sky / **sub** (prep) - under (with Abl) / **vertex**, icis (m) - crest, summit, top / **tutus**, a, um - secure, sheltered / **aequor**, oris (n) - level (sea) surface / **sileo**, silēre (2), silui - be silent, lie still / **late** (adv) - far and wide

(D) **tum** (adv) - moreover / **desuper** (adv) - above, overhead / **scaena**, ae (f) - (scenic) background / **coruscus**, a, um - quivering, shimmering, waving / **silva**, ae (f) - forest, woodland / **nemus**, oris (n) - (forest) grove / **ater**, atra, atrum - dark, gloomy / **horreo**, horrēre (2), horrui - bristle, shudder / **umbra**, ae (f) - shade, shadow / **immineo**, imminēre (2) - hang down / **sub** (prep) - under (with Abl) / **adversus**, a, um - facing, opposite / **frons**, frontis (f) - façade, front / **antrum**, i (n) - cavern, grotto / **pendeo**, pendēre (2), pependi - be suspended, hang down / **scopulus**, i (m) - ledge, rock / **intus** (adv) - inside, within / **dulcis**, e - fresh, sweet / **aqua**, ae (f) - water / **sedile**, is (n) - bench, seat / [**in** (prep) - in (with Abl)] / **vivus**, a, um - living / **saxum**, i (n) - rock / **domus**, i (f) - dwelling (place), haunt / **nympha**, ae (f) - nymph

(E) **hic** (adv) - here, in this place / **ullus**, a, um - any / **vinculum**, i (n) - cable, chain / **teneo**, tenēre (2), tenui, tentus - hold, restrain / **fessus**, a, um - exhausted, weary / **navis**, is (f) - ship / **ancora**, ae (f) - anchor / **alligo** (1) - hold fast, secure / **uncus**, a, um - curved, hooked / **morsus**, us (m) - (act of) biting, seizing

---

Quick Reference, COMMON PRONOUNS: **hic**, haec, hoc (dem. pron.) - this; he, she, it | **ille**, illa, illud (dem. pron.) - that; that (famous) one (yonder); he, she, it | **ipse**, ipsa, ipsum (intnsv. pron.) - (one's own) self; very | **is**, ea, id (dem. pron.) - this, that; (of) such (a kind); he, she, it | **qui**, quae, quod (rel. pron.) - who, which; that

GRAMMATICAL NOTES: **2.** *cursū* (Abl of Manner, "swiftly"); **3.** *obiectū* (Abl of Means); **4.** *quibus* (Abl of Means); **5.** *in reductos sinus* (One may read this phrase as either "toward the lonely shores" or the more poetical "into receding ripples"); **6.** *coruscīs silvīs* (Abl of Quality, "of shimmering woodlands"); **7.** *horrentī umbrā* (Abl of Manner, "with bristling shade," an expression which poetically transfers an aspect of the *nemus* itself to the *umbra* (i.e., the bristling foilage of the grove modifies the gloomy shade which it has created); one may also, however, read the phrase as "with awe-inspiring, terrible darkness" in accordance with another acceptable usage of the verb); **8.** *pendentibus scopulīs* (Abl of Quality, "fashioned of hanging rocks"); **9.** *vivō saxō* (Abl of Place Where); **10.** *uncō morsū* (Abl of Means, "with hooked bite," i.e., "by means of the [anchor's] curved fluke"). | **HISTORICAL AND MYTHOLOGICAL NOTE**: **1.** The Trojans are here referred to as the *Aeneadae* (lit., "descendants of Aeneas"), a collective patronymic derived from Aeneas' role as the paternalistic leader of his people.

FULLY PARSED (1.157-169)

(A) **defessi** (masc nom pl); **Aeneadae** (masc nom pl); **contendunt** (prsnt actv indic 3 pl); **petere** (prsnt actv infin); **litora** (neut acc pl); **quae** (neut nom pl); **[sunt]** (prsnt actv indic 3 pl); **proxima** (neut nom pl); **cursū** (masc abl sing); **vertuntur** (prsnt pssv indic 3 pl); **oras** (fem acc pl); **Libyae** (fem gen sing).

(B) **est** (prsnt actv indic 3 sing); **locus** (masc nom sing); **longō** (masc abl sing); **secessū** (masc abl sing); **insula** (fem nom sing); **efficit** (prsnt actv indic 3 sing); **portum** (masc acc sing); **obiectū** (masc abl sing); **laterum** (neut gen pl); **quibus** (neut abl pl); **omnis** (fem nom sing); **unda** (fem nom sing); **altō** (neut abl sing); **frangitur** (prsnt pssv indic 3 sing); **scindit** (prsnt actv indic 3 sing); **sese** (3 pers. reflxv. pron., fem acc sing); **reductos** (masc acc pl); **sinus** (masc acc pl).

(C) **vastae** (fem nom pl); **rupes** (fem nom pl); **gemini** (masc nom pl); **scopuli** (masc nom pl); **minantur** (dep., prsnt pssv indic 3 pl); **caelum** (neut acc sing); **vertice** (masc abl sing); **quorum** (masc gen pl); **tuta** (neut nom pl); **aequora** (neut nom pl); **silent** (prsnt actv indic 3 pl).

(D) **[est]** (prsnt actv indic 3 sing); **scaena** (fem nom sing); **coruscīs** (fem abl pl); **silvīs** (fem abl pl); **nemus** (neut nom sing); **atrum** (neut nom sing); **horrentī** (prsnt actv prcpl, fem abl sing); **umbrā** (fem abl sing); **imminet** (prsnt actv indic 3 sing); **adversā** (fem abl sing); **fronte** (fem abl sing); **[est]** (prsnt actv indic 3 sing); **antrum** (neut nom sing); **pendentibus** (prsnt actv prcpl, masc abl pl); **scopulīs** (masc abl pl); **[sunt]** (prsnt actv indic 3 pl); **dulces** (fem nom pl); **aquae** (fem nom pl); **sedilia** (neut nom pl); **vivō** (neut abl sing); **saxō** (neut abl sing); **domus** (fem nom sing); **nympharum** (fem gen pl).

(E) **ulla** (neut nom pl); **vincula** (neut nom pl); **tenent** (prsnt actv indic 3 pl); **fessas** (fem acc pl); **navis** (fem acc pl); **ancora** (fem nom sing); **alligat** (prsnt actv indic 3 sing); **[eas]** (fem acc pl); **uncō** (masc abl sing); **morsū** (masc abl sing).

* * * * * * * * * * * * * * * * * *

Vergil's ORIGINAL TEXT (1.170-183). **(170)** Huc septem Aeneas collectis navibus omni | **(171)** ex numero subit, ac, magno telluris amore | **(172)** egressi, optata potiuntur Troes harena, | **(173)** et sale tabentis artus in litore ponunt. | **(174)** Ac primum silici scintillam excudit Achates | **(175)** suscepitque ignem foliis, atque arida circum | **(176)** nutrimenta dedit, rapuitque in fomite flammam. | **(177)** Tum Cererem corruptam undis Cerealiaque arma | **(178)** expediunt, fessi rerum, frugesque receptas | **(179)** et torrere parant flammis et frangere saxo. | **(180)** Aeneas scopulum interea conscendit, et omnem | **(181)** prospectum late pelago petit, Anthea si quem | **(182)** iactatum vento videat Phrygiasque biremis, | **(183)** aut Capyn, aut celsis in puppibus arma Caici.

Quick Reference, COMMON PRONOUNS: **hic**, haec, hoc (dem. pron.) - this; he, she, it | **ille**, illa, illud (dem. pron.) - that; that (famous) one (yonder); he, she, it | **ipse**, ipsa, ipsum (intnsv. pron.) - (one's own) self; very | **is**, ea, id (dem. pron.) - this, that; (of) such (a kind); he, she, it | **qui**, quae, quod (rel. pron.) - who, which; that

SUGGESTED WORD ORDER (1.170-183). **(A)** Huc Aeneas subit, septem navibus collectīs ex omnī numerō;[1] ac egressi magnō amore[2] telluris, Troes potiuntur optatā harenā et ponunt artus tabentis sale[3] in litore. **(B)** Ac primum Achates excudit scintillam silicī[4] [et] suscepit ignem foliīs[5] atque dedit arida nutrimenta circum [et] rapuit flammam in fomite. **(C)** Tum, fessi rerum,[6] expediunt Cererem corruptam undīs[7] [et] arma Cerealia [e navibus], [et] parant torrere fruges receptas [e marī] flammīs[8] et frangere [fruges] saxō.[9] **(D)** Interea Aeneas conscendit scopulum et petit omnem prospectum late [in] pelagō,[10] si videat[11] quem[12] Anthea iacatum ventō[13] [et] Phrygias biremis aut Capyn aut arma Caici in celsīs puppibus.

1.170 VOCABULARY SECTIONS (1.170-183)

(A) **huc** (adv) - here, hither / **Aeneas**, ae (m) - Aeneas (Trojan leader) / **subeo**, subire (4), subii, subitus - come, enter / **septem** (indecl. num.) - seven / **navis**, is (f) - ship / **colligo**, colligere (3), collegi, collectus - collect, gather (together) / **ex** (prep) - out of (with Abl) / **omnis**, e - entire, whole / **numerus**, i (m) - multitude, number / **egredior**, egredi (3), egressus - disembark / **magnus**, a, um - considerable, great / **amor**, oris (m) - desire, yearning / **tellus**, uris (f) - (dry) land / **Tros**, Trois (m) - a Trojan / **potior**, potiri (4), potitus - gain possession of, occupy (with Abl) / **opto** (1) - desire, long (for) / **harena**, ae (f) - beach, sand / **pono**, ponere (3), posui, positus - place, set down / **artus**, uum (m) - (bodily) limbs / **tabeo**, tabēre (2) - be dripping, be soaked / **sal**, salis (n) - brine, salt (water) / **in** (prep) - on, onto (with Abl) / **litus**, litoris (n) - coast, shore

(B) **primum** (adv) - at once, before all else / **Achates**, ae (m) - Achates (a Trojan) / **excudo**, excudere (3), excudi, excusus - strike / **scintilla**, ae (f) - spark / **silex**, silicis (m) - flint (stone) / **suscipio**, suscipere (3), suscepi, susceptus - catch / **ignis**, is (m) - fire, flame / **folium**, i (n) - leaf / **do**, dare (1), dedi, datus - fling, place, spread / **aridus**, a, um - dry / **nutrimentum**, i (n) - fuel / **circum** (adv) - (all) about, around / **rapio**, rapere (3), rapui, raptus - snatch (up), whirl / **flamma**, ae (f) - flame / **in** (prep) - amid, on (with Abl) / **fomes**, itis (m) - kindling-wood, tinder

(C) **tum** (adv) - then / **fessus**, a, um - exhausted, weary / **res**, rei (f) - (unfortunate) circumstance; (pl) condition, situation / **expedio**, expedire (4), expedivi, expeditus - bring (forth) / **Ceres**, Cereris (f) - Ceres (goddess of Grain; thus "grain" by metonymy) / **corrumpo**, corrumpere (3), corrupi, corruptus - ruin, spoil / **unda**, ae (f) - wave / **arma**, orum (n) - implements, tools, utensils / **Cerealis**, e - "of Ceres, pertaining to Ceres" / [**e** or **ex** (prep) - from, out of (with Abl)] / [**navis**, is (f) - ship] / **paro** (1) - prepare / **torreo**, torrēre (2), torrui, tostus - parch, roast / **frux**, frugis (f) - corn, grain / **recipio**, recipere (3), recepi, receptus - recover / [**e** *iterum*] / [**mare**, maris (n) - sea] / **flamma**, ae (f) - flame **frango**, frangere (3), fregi, fractus - crush, grind / [**frux** *iterum*] / **saxum**, i (n) - rock, stone

(D) **interea** (adv) - in the meanwhile / **Aeneas**, ae (m) - Aeneas (Trojan leader) / **conscendo**, conscendere (3), conscendi, conscensus - climb, mount / **scopulus**, i (m) - (rock) cliff, peak / **peto**, petere (3), petivi, petitus - seek (out) / **omnis**, e - complete, full / **prospectus**, us (m) - prospect, view / **late** (adv) - far and wide / [**in** (prep) - upon, over (with Abl)] / **pelagus**, i (n) - sea / **si** (conj) - if (only), whether / **video**, vidēre (2), vidi, visus - catch sight of, see / **qui**, qua, quod (indef. adj.) - any, some / **Antheus**, ei (m) - Antheus (a Trojan; Acc *Anthea*) / **iacto** (1) - drive (hither and thither), toss (about) / **ventus**, i (m) - (storm) wind / **Phrygius**, a, um - Phrygian (i.e., "Trojan") / **biremis**, is (f) - bireme / **Capys**, Capyos (m) - Capys (a Trojan; Acc *Capyn*) / **arma**, orum (n) - armor, weapons / **Caicus**, i (m) - Caicus (a Trojan) / **in** (prep) - in (with Abl) / **celsus**, a, um - high, lofty / **puppis**, is (f) - poop, stern

GRAMMATICAL NOTES: **1.** *septem navibus collectīs ex omnī numerō* (Abl Absol, "with seven ships having been gathered together from the whole multitude"); **2.** *magnō amore* (Abl of Manner, "with a great yearning..."); **3.** *sale* (Abl of Means); **4.** *silicī* (Abl of Separation, though arguably perhaps a Dat of Separation after a verb compounded with *ex*-); **5.** *foliīs* (Abl of Means); **6.** *rerum* (Objective Genitive, "from [their] set of unfortunate circumstances"); **7.** *undīs* (Abl of Means); **8.** *flammīs* (Abl of Means); **9.** *saxō* (Abl of Means); **10.** *pelagō* (Abl of Place Where or Over Which); **11.** *videat* (Subjunctive in an Indirect Question expressing Purpose); **12.** *quem* (The Indef. Adj. is best read here as "aught of..." or "anything of..."); **13.** *ventō* (Abl of Means).

Quick Reference, COMMON PRONOUNS: **hic**, haec, hoc (dem. pron.) - this; he, she, it | **ille**, illa, illud (dem. pron.) - that; that (famous) one (yonder); he, she, it | **ipse**, ipsa, ipsum (intnsv. pron.) - (one's own) self; very | **is**, ea, id (dem. pron.) - this, that; (of) such (a kind); he, she, it | **qui**, quae, quod (rel. pron.) - who, which; that

FULLY PARSED (1.170-183)

(A) **Aeneas** (masc nom sing); **subit** (prsnt actv indic 3 sing); **navibus** (fem abl pl); **collectīs** (perf pssv prcpl, fem abl pl); **omnī** (masc abl sing); **numerō** (masc abl sing); **egressi** (dep., perf pssv prcpl, masc nom pl); **magnō** (masc abl sing); **amore** (masc abl sing); **telluris** (fem gen sing); **Troes** (masc nom pl); **potiuntur** (dep., prsnt pssv indic 3 pl); **optatā** (perf pssv prcpl, fem abl sing); **harenā** (fem abl sing); **ponunt** (prsnt actv indic 3 pl); **artus** (masc acc pl); **tabentis** (prsnt actv prcpl, masc acc pl); **sale** (neut abl sing); **litore** (neut abl sing).

(B) **Achates** (masc nom sing); **excudit** (perf actv indic 3 sing); **scintillam** (fem acc sing); **silicī** (masc abl sing); **suscepit** (perf actv indic 3 sing); **ignem** (masc acc sing); **foliīs** (neut abl pl); **dedit** (perf actv indic 3 sing); **arida** (neut acc pl); **nutrimenta** (neut acc pl); **rapuit** (perf actv indic 3 sing); **flammam** (fem acc sing); **fomite** (masc abl sing).

(C) **fessi** (masc nom pl); **rerum** (fem gen pl); **expediunt** (prsnt actv indic 3 pl); **Cererem** (fem acc sing); **corruptam** (perf pssv prcpl, fem abl pl); **undīs** (fem abl pl); **arma** (neut acc pl); **Cerealia** (neut acc pl); **[navibus]** (fem abl pl); **parant** (prsnt actv indic 3 pl); **torrere** (prsnt actv infin); **fruges** (fem acc pl); **receptas** (perf pssv prcpl, fem acc pl); **[marī]** (neut abl sing); **flammīs** (fem abl pl); **frangere** (prsnt actv infin); **[fruges]** (fem acc pl); **saxō** (neut abl sing).

(D) **Aeneas** (masc nom sing); **conscendit** (prsnt actv indic 3 sing); **scopulum** (masc acc sing); **petit** (prsnt actv indic 3 sing); **omnem** (masc acc sing); **prospectum** (masc acc sing); **pelagō** (neut abl sing); **videat** (prsnt actv subjv 3 sing); **quem** (masc acc sing); **Anthea** (masc acc sing); **iacatum** (perf pssv prcpl, masc acc sing); **ventō** (masc abl sing); **Phrygias** (fem acc pl); **biremis** (fem acc pl); **Capyn** (masc acc sing); **arma** (neut acc pl); **Caici** (masc gen sing); **celsīs** (fem abl pl); **puppibus** (fem abl pl).

* * * * * * * * * * * * * * * * * * *

Vergil's ORIGINAL TEXT (1.184-197). (184) Navem in conspectu nullam, tris litore cervos | (185) prospicit errantis; hos tota armenta sequuntur | (186) a tergo, et longum per vallis pascitur agmen. | (187) Constitit hic, arcumque manu celerisque sagittas | (188) corripuit, fidus quae tela gerebat Achates, | (189) ductoresque ipsos primum capita alta ferentis | (190) cornibus arboreis sternit, tum vulgus, et omnem | (191) miscet agens telis nemora inter frondea turbam, | (192) nec prius absistit quam septem ingentia victor | (193) corpora fundat humi, et numerum cum navibus aequet. | (194) Hinc portum petit, et socios partitur in omnis. | (195) Vina bonus quae deinde cadis onerarat Acestes | (196) litore Trinacrio, dederatque abeuntibus heros, | (197) dividit, et dictis maerentia pectora mulcet:

SUGGESTED WORD ORDER (1.184-197). (A) Prospicit nullam navem in conspectū [sed] tris cervos errantis [in] litore;[1] tota armenta sequuntur hos [cervos] a tergō et longum agmen[2] pascitur per vallis. (B) Constitit hic [et] corripuit arcum [et] celeris sagittas manū,[3] tela quae fidus Achates gerebat, [et] primum sternit ductores ipsos, ferentis alta capita arboreīs cornibus,[4] et tum miscet vulgus agens omnem turbam inter frondea nemora telīs;[5] (C) nec absistit priusquam victor fundat septem ingentia corpora humi[6] et aequet numerum [cervorum] cum navibus. Hinc petit portum et partitur [cervos] in omnis socios. (D) Deinde dividit vina quae bonus Acestes[7] onera[ve]rat cadis [in] Trinacriō[8] litore [et quae ille] heros[9] dederat abeuntibus [Troibus], et mulcet maerentia pectora dictīs:[10]

1.184   VOCABULARY SECTIONS (1.184-197)

(A) **prospicio**, prospicere (3), prospexi, prospectus - observe, see / **nullus**, a, um - none, not (any) / **navis**, is (f) - ship / **in** (prep) - in (with Abl) / **conspectus**, us (m) - sight, view / **tres**, tria (num. adj.) - three / **cervus**, i (m) - deer, stag / **erro** (1) - roam, wander / **[in** (prep) - on (with Abl)] / **litus**, litoris (n) - coast, shore / **totus**, a, um - all, entire, whole / **armentum**, i (n) - drove, herd / **sequor**, sequi (3), secutus - accompany, follow / **[cervus** *iterum*] / **a** (prep) - from (with Abl) / **tergum**, i (n) - back, rear (with *ab*, "behind, in the rear") / **longus**, a, um - long / **agmen**, inis (n) - column, line / **pasco**, pascere (3), pavi, pastus - feed (Pssv. as if Middle, "graze") / **per** (prep) - through (with Acc) / **vallis**, is (f) - valley

Quick Reference, COMMON PRONOUNS: **hic**, haec, hoc (dem. pron.) - this; he, she, it | **ille**, illa, illud (dem. pron.) - that; that (famous) one (yonder); he, she, it | **ipse**, ipsa, ipsum (intnsv. pron.) - (one's own) self; very | **is**, ea, id (dem. pron.) - this, that; (of) such (a kind); he, she, it | **qui**, quae, quod (rel. pron.) - who, which; that

(B) **consisto**, consistere (3), constiti, constitus - halt, stop / **hic** (adv) - here / **corripio**, corripere (3), corripui, correptus - seize, snatch / **arcus**, us (m) - bow / **celer**, celeris, celere - quick, swift / **sagitta**, ae (f) - arrow / **manus**, us (f) - hand / **telum**, i (n) - dart, missile / **fidus**, a, um - faithful, trustworthy / **Achates**, ae (m) - Achates (a Trojan) / **gero**, gerere (3), gessi, gestus - bear, carry / **primum** (adv) - at once, first / **sterno**, sternere (3), stravi, stratus - lay low (i.e., "slay") / **ductor**, oris (m) - leader / **fero**, ferre, tuli, latus - bear, support / **altus**, a, um - lofty, proud / **caput**, capitis (n) - head / **arboreus**, a, um - branching, tree-like / **cornu**, us (n) - antler, horn / **tum** (adv) - then / **misceo**, miscēre (2), miscui, mixtus - disturb, throw into confusion / **vulgus**, i (n) - (common) herd / **ago**, agere (3), egi, actus - drive / **omnis**, e - entire, whole / **turba**, ae (f) - (common) herd / **inter** (prep) - amid, between (with Acc) / **frondeus**, a, um - leafy / **nemus**, oris (n) - (forest) grove / **telum** *iterum*

(C) **absisto**, absistere (3), abstiti - cease, stop / **priusquam** (adv) - before, until / **victor**, oris (m) - conqueror (in appos., "victorious") / **fundo**, fundere (3), fudi, fusus - cast down, hurl / **septem** (indecl. num.) - seven / **ingens**, ntis - huge, powerful / **corpus**, corporis (n) - body / **humus**, i (f) - ground / **aequo** (1) - (make) equal, match / **numerus**, i (m) - number / [**cervus**, i (m) - deer] / **cum** (prep) - with (with Abl) / **navis**, is (f) - ship / **hinc** (adv) - hence / **peto**, petere (3), petivi, petitus - make for, seek out / **portus**, us (m) - harbor / **partior**, partiri (4), partitus - distribute, share / [**cervus** *iterum*] / **in** (prep) - among (with Acc) / **omnis**, e - all / **socius**, i (m) - companion

(D) **deinde** (adv) - next, then / **divido**, dividere (3), divisi, divisus - distribute / **vinum**, i (n) - wine / **bonus**, a, um - good, noble / **Acestes**, ae (m) - Acestes (Sicilian king) / **onero** (1) - fill, store / **cadus**, i (m) - jug, urn / **Trinacrius**, a, um - Trinacrian (i.e., "Sicilian") / **litus**, litoris (n) - coast, shore / **heros**, herois (m) - hero / **do**, dare (1), dedi, datus - give, provide / **abeo**, abire (4), abii, abitus - depart / [**Tros**, Trois (m) - a Trojan] / **mulceo**, mulcēre (2), mulsi, mulsus - calm, soothe / **maereo**, maerēre (2) - grieve, mourn / **pectus**, oris (n) - heart, mind / **dictum**, i (n) - remark, word

<u>**GRAMMATICAL NOTES**</u>: **1.** *litore* (Abl of Place Where); **2.** *longum agmen* (Though the nominative subject, best read as "in a long column"); **3.** *manū* (Abl of Means); **4.** *arboreīs cornibus* (Abl of Quality, "with tree-like antlers"); **5.** *telīs* (Abl of Means); **6.** *humi* (Locative, "on the ground," though some mss. have *humō*, Abl of Place Where); **9.** *heros* (read as "in heroic fashion"); **10.** *dictīs* (Abl of Means). | <u>**HISTORICAL AND MYTHOLOGICAL NOTES**</u>: **7.** Acestes, son of the Sicilian river-god Crinisus and the Trojan maiden Segesta, had hosted the Trojans in Sicily throughout the previous winter and provisioned Aeneas' fleet upon its departure; those Trojans too weary to continue the journey remained among his people in the newly-founded settlement of Acesta (Verg., *Aen.* 5.35-41, 711-718). | **8.** Sicily was called *Trinacria* (lit., "three corners") because of its three promontories: Pachynus, Pelorus, and Lilybaeum.

<u>**FULLY PARSED (1.184-197)**</u>

(A) **prospicit** (prsnt actv indic 3 sing); **nullam** (fem acc sing); **navem** (fem acc sing); **conspectū** (masc abl sing); **tris** (masc acc pl); **cervos** (masc acc pl); **errantis** (prsnt actv prcpl, masc acc pl); **litore** (neut abl sing); **tota** (neut nom pl); **armenta** (neut nom pl); **sequuntur** (dep., prsnt pssv indic 3 pl); **hos** (masc acc pl); [**cervos**] (masc acc pl); **tergō** (neut abl sing); **longum** (neut nom sing); **agmen** (neut nom sing); **pascitur** (prsnt pssv indic 3 sing); **vallis** (fem acc pl).

(B) **constitit** (perf actv indic 3 sing); **corripuit** (perf actv indic 3 sing); **arcum** (masc acc sing); **celeris** (fem acc pl); **sagittas** (fem acc pl); **manū** (fem abl sing); **tela** (neut acc pl); **quae** (neut acc pl); **fidus** (masc nom sing); **Achates** (masc nom sing); **gerebat** (impf actv indic 3 sing); **sternit** (prsnt actv indic 3 sing); **ductores** (masc acc pl); **ipsos** (masc acc pl); **ferentis** (prsnt actv prcpl, masc acc pl); **alta** (neut acc pl); **capita** (neut acc pl); **arboreīs** (neut abl pl); **cornibus** (neut abl pl); **miscet** (prsnt actv indic 3 sing); **vulgus** (neut acc sing); **agens** (prsnt actv prcpl, masc nom sing); **omnem** (fem acc sing); **turbam** (fem acc sing); **frondea** (neut acc pl); **nemora** (neut acc pl); **telīs** (neut abl pl).

(C) **absistit** (prsnt actv indic 3 sing); **victor** (masc nom sing); **fundat** (prsnt actv indic 3 sing); **ingentia** (neut acc pl); **corpora** (neut acc pl); **humi** (fem loc sing); **aequet** (prsnt actv indic 3 sing); **numerum** (masc acc sing); [**cervorum**] (masc gen pl); **navibus** (fem

---

<u>Quick Reference, COMMON PRONOUNS</u>: **hic**, haec, hoc (dem. pron.) - this; he, she, it | **ille**, illa, illud (dem. pron.) - that; that (famous) one (yonder); he, she, it | **ipse**, ipsa, ipsum (intnsv. pron.) - (one's own) self; very | **is**, ea, id (dem. pron.) - this, that; (of) such (a kind); he, she, it | **qui**, quae, quod (rel. pron.) - who, which; that

abl pl); **petit** (prsnt actv indic 3 sing); **portum** (masc acc sing); **partitur** (dep., prsnt pssv indic 3 sing); [**cervos**] (masc acc pl); **omnis** (masc acc pl); **socios** (masc acc pl).

(D) **dividit** (prsnt actv indic 3 sing); **vina** (neut acc pl); **quae** (neut acc pl); **bonus** (masc nom sing); **Acestes** (masc nom sing); **onera|ve|rat** (pluperf actv indic 3 sing); **cadis** (masc dat pl); **Trinacriō** (neut abl sing); **litore** (neut abl sing); [**quae**] (neut acc pl); [**ille**] (masc nom sing); **heros** (masc nom sing); **dederat** (pluperf actv indic 3 sing); **abeuntibus** (prsnt actv prcpl, masc dat pl); [**Troibus**] (masc dat pl); **mulcet** (prsnt actv indic 3 sing); **maerentia** (prsnt actv prcpl, neut acc pl); **pectora** (neut acc pl); **dictīs** (neut abl pl).

* * * * * * * * * * * * * * * * * *

<u>Vergil's **ORIGINAL TEXT (1.198-209)**</u>. **(198)** "O socii, neque enim ignari sumus ante malorum, | **(199)** O passi graviora, dabit deus his quoque finem. | **(200)** Vos et Scyllaeam rabiem penitusque sonantis | **(201)** accestis scopulos, vos et Cyclopia saxa | **(202)** experti; revocate animos, maestumque timorem | **(203)** mittite; forsan et haec olim meminisse iuvabit. | **(204)** Per varios casus, per tot discrimina rerum | **(205)** tendimus in Latium, sedis ubi Fata quietas | **(206)** ostendunt; illic fas regna resurgere Troiae. | **(207)** Durate, et vosmet rebus servate secundis." | **(208)** Talia voce refert, curisque ingentibus aeger | **(209)** spem vultu simulat, premit altum corde dolorem.

SUGGESTED WORD ORDER (1.198-209). **(A)** "O socii (enim neque ante sumus ignari malorum), O [vos] passi graviora, deus quoque dabit finem his [malis]. **(B)** Et vos accestis [i.e., accessistis] <u>Scyllaeam rabiem</u>[1] [et] scopulos sonantis penitus, et vos experti [i.e., experti estis] <u>Cyclopia saxa</u>:[2] revocate [vestros] animos [et] mittite maestum timorem; forsan et olim iuvabit [nos] meminisse haec. **(C)** Per varios casus [et] per tot <u>discrimina rerum</u>,[3] tendimus in Latium ubi Fata ostendunt quietas sedes; illic [est] <u>fas regna Troiae resurgere</u>.[4] **(D)** Durate et servate vosmet secundis rebus." Refert talia <u>voce</u>[5] [et] aeger <u>ingentibus curīs</u>[6] simulat spem [in] <u>vultū</u>,[7] [et] premit dolorem altum [in] <u>corde</u>.[8]

1.198 **VOCABULARY SECTIONS (1.198-209)**

(A) **socius**, i (m) - companion, comrade / **enim** (conj) - for / **ante** (adv) - beforehand, previously / **ignarus**, a, um - ignorant of, unfamiliar with (with Gen) / **malum**, i (n) - misfortune, trouble / **patior**, pati (3), passus - endure, suffer / **gravis**, e - grievous, serious / **deus**, i (m) - god / **quoque** (conj) - also, too / **do**, dare (1), dedi, datus - bestow, grant, provide / **finis**, is (m) - end, termination / [**malum** *iterum*]

(B) **accedo**, accedere (3), accessi, accessus - approach, draw near to / **rabies**, ei (f) - madness, rage / **Scyllaeus**, a, um - Scyllaean (i.e., "of Scylla") / **scopulus**, i (m) - crag, rock / **sono**, sonare (1), sonui, sonitus - resound, roar / **penitus** (adv) - deeply (within) / **experior**, experiri (4), expertus - endure, (know by) experience / **Cyclopius**, a, um - Cyclopean (i.e., "of the Cyclopes") / **saxum**, i (n) - rock / **revoco** (1) - recall, restore / **animus**, i (m) - courage / **mitto**, mittere (3), misi, missus - banish, dismiss / **maestus**, a, um - gloomy, melancholy / **timor**, oris (m) - dread, fear / **forsan** (adv) - perhaps (ellipt. for *forsitan*) / **olim** (adv) - hereafter, one day / **iuvo**, iuvare (1), iuvi, iutus - benefit, gratify, please (with Acc and Infin) / **memini**, meminisse (defect.) - recall, remember

(C) **per** (prep) - through (with Acc) / **varius**, a, um - different / **casus**, us (m) - calamity, misfortune / **per** *iterum* / **tot** (indecl. num.) - so many / **discrimen**, inis (n) - crisis, danger / **res**, rei (f) - circumstance, event / **tendo**, tendere (3), tetendi, tentus - endeavor, push on, strive / **in** (prep) - toward (with Acc) / **Latium**, i (n) - Latium / **ubi** (adv) - where / **fatum**, i (n) - destiny, fate; (pl) "the Fates" / **ostendo**, ostendere (3), ostendi, ostentus - reveal, show / **quietus**, a, um - peaceful, tranquil / **sedes**, is (f) - abode, dwelling-place, settlement / **illic** (adv) - there, yonder / **fas** (n., indecl.) - divine will (with *est*, "it is ordained, permitted that ... ") / **regnum**, i (n) - realm; (pl) power, sovereignty / **Troia**, ae (f) - Troy / **resurgo**, resurgere (3), resurrexi, resurrectus - rise again

---

Quick Reference, COMMON PRONOUNS: **hic**, haec, hoc (dem. pron.) - this; he, she, it | **ille**, illa, illud (dem. pron.) - that; that (famous) one (yonder); he, she, it | **ipse**, ipsa, ipsum (intnsv. pron.) - (one's own) self; very | **is**, ea, id (dem. pron.) - this, that; (of) such (a kind); he, she, it | **qui**, quae, quod (rel. pron.) - who, which; that

(D) **duro** (1) - endure, persevere / **servo** (1) - preserve / **secundus**, a, um - favorable, prosperous / **res**, rei (f) - affair, event (with *secunda*, "prosperity, happy times") / **refero**, referre, rettuli, relatus - assert, say / **talis**, e - such / **vox**, vocis (f) - voice / **aeger**, aegra, aegrum - weary / **ingens**, ntis - great, overwhelming / **cura**, ae (f) - care, concern / **simulo** (1) - assume the appearance of, feign / **spes**, ei (f) - hope / [**in** (prep) - in, on (with Abl)] / **vultus**, us (m) - face / **premo**, premere (3), pressi, pressus - conceal, suppress / **dolor**, oris (m) - distress, grief / **altum** (adv) - deeply / [**in** *iterum*] / **cor**, cordis (n) - heart

GRAMMATICAL NOTES: 3. *discrimina rerum* (lit. "perils of things," better read as "crises of fortune"); 4. *[est] fas regna Troiae resurgere* (Read as Indirect Speech, "it is ordained that the power of Troy will rise again"); 5. *voce* (Abl of Means); 6. *ingentibus curīs* (Abl of Cause, "because of, or with overwhelming cares"); 7. *vultū* (Abl of Means or Place Where); 8. *corde* (Abl of Means or Place Where). | HISTORICAL AND MYTHOLOGICAL NOTES: 1. Vergil's Scylla was a terrifying sea-monster who scavenged the sea lanes on one side of the narrow passage through the Straits of Messina opposite her counterpart, the whirlpool Charybdis. Though her torso was that of a maiden, Scylla had several heads atop long necks and a lower body comprised of dolphins' tails grafted onto a belly of ravenous wolves whose fearful baying echoed among the treacherous rocks (*Aen.* 3.420-432; cf. Homer's different description of her monstrous form, *Od.* 12.85-97). Warned by the Trojan seer Helenus to avoid sailing too closely near the cavern in which her lower body was confined, Aeneas' fleet actually struggled more against the danger posed by Charybdis during their voyage through the passage (*Aen.* 3.554-569). | 2. Following their harrowing passage between Scylla and Charybdis, the Trojans drifted to that portion of the Sicilian shore near Mt. Aetna where the one-eyed, giant Cyclopes lived. Having drawn their ships ashore for the night, they are met the next morning by the terrified castaway Achaemenides (one of Ulysses' companions inadvertently abandoned during the Greeks' escape from Polyphemus' cave who has been living off the land while hiding from the roaming Cyclopes), who begs them for safe passage and implores them to sail away immediately. As soon as he finishes his tale, the Trojans catch sight of blind Polyphemus making his way down to the shore and they run to launch their ships, escaping just moments before other Cyclopes appear on the beach (*Aen.* 3.570-683).

FULLY PARSED (1.198-209) _____

(A) **socii** (masc voc pl); **sumus** (prsnt actv indic 1 pl); **ignari** (masc nom pl); **malorum** (neut gen pl); **[vos]** (2 pers. pron., masc voc pl); **passi** (dep., perf pssv prcpl, masc voc pl); **graviora** (neut acc pl; comp. of *gravis*); **deus** (masc nom sing); **dabit** (fut actv indic 3 sing); **finem** (masc acc sing); **his** (neut dat pl); **[malis]** (neut dat pl).

(B) **vos** (2 pers. pron., masc nom pl); **accestis** (i.e., *accessistis*, perf actv indic 2 pl); **Scyllaeam** (fem acc sing); **rabiem** (fem acc sing); **scopulos** (masc acc pl); **sonantis** (prsnt actv prcpl, masc acc pl); **vos** (2 pers. pron., masc nom pl); **experti** (i.e., *experti estis*, dep., perf pssv indic 2 pl; masc nom); **Cyclopia** (neut acc pl); **saxa** (neut acc pl); **revocate** (prsnt actv imper 2 pl); **[vestros]** (masc acc pl); **animos** (masc acc pl); **mittite** (prsnt actv imper 2 pl); **maestum** (masc acc sing); **timorem** (masc acc sing); **iuvabit** (fut actv indic 3 sing); **[nos]** (1 pers. pron., masc acc pl); **meminisse** (defect,, perf actv infin); **haec** (neut acc pl).

(C) **varios** (masc acc pl); **casus** (masc acc pl); **discrimina** (neut acc pl); **rerum** (fem gen pl); **tendimus** (prsnt actv indic 1 pl); **Latium** (neut acc sing); **Fata** (neut nom pl); **ostendunt** (prsnt actv indic 3 pl); **quietas** (fem acc pl); **sedes** (fem acc pl); **[est]** (prsnt actv indic 3 sing); **fas** (neut, indecl.; read as neut nom sing); **regna** (neut acc pl); **Troiae** (fem gen sing); **resurgere** (prsnt actv infin).

(D) **durate** (prsnt actv imper 2 pl); **servate** (prsnt actv imper 2 pl); **vos** (2 pers. reflxv. pron., masc acc pl with intensive suffix *-met*); **secundis** (fem dat pl); **rebus** (fem dat pl); **refert** (prsnt actv indic 3 sing); **talia** (neut acc pl); **voce** (fem abl sing); **aeger** (masc nom sing); **ingentibus** (fem abl pl); **curīs** (fem abl pl); **simulat** (prsnt actv indic 3 sing); **spem** (fem acc sing); **vultū** (masc abl sing); **premit** (prsnt actv indic 3 sing); **dolorem** (masc acc sing); **corde** (neut abl sing).

* * * * * * * * * * * * * * * * * * *

Quick Reference, COMMON PRONOUNS: **hic**, haec, hoc (dem. pron.) - this; he, she, it | **ille**, illa, illud (dem. pron.) - that; that (famous) one (yonder); he, she, it | **ipse**, ipsa, ipsum (intnsv. pron.) - (one's own) self; very | **is**, ea, id (dem. pron.) - this, that; (of) such (a kind); he, she, it | **qui**, quae, quod (rel. pron.) - who, which; that

Vergil's ORIGINAL TEXT (1.418-429). (418) Corripuere viam interea, qua semita monstrat. | (419) Iamque ascendebant collem, qui plurimus urbi | (420) imminet, adversasque aspectat desuper arcis. | (421) Miratur molem Aeneas, magalia quondam, | (422) miratur portas, strepitumque, et strata viarum. | (423) Instat ardentes Tyrii, pars ducere muros | (424) molirique arcem et manibus subvolvere saxa, | (425) pars optare locum tecto et concludere sulco; | (426) iura magistratusque legunt sanctumque senatum; | (427) hic portus alii effodiunt, hic alta theatri | (428) fundamenta locant alii, immanisque columnas | (429) rupibus excidunt, scaenis decora alta futuris.

SUGGESTED WORD ORDER (1.418-429). (A) Interea corripuere [i.e., corripuerunt] viam qua semita monstrat; [et] iam ascendebant collem, qui plurimus[1] imminet urbi [et] aspectat adversas arces desuper. (B) Aeneas miratur molem, quondam magalia, miratur portas [et] strepitum [et] strata viarum.[2] (C) Tyrii instant ardentes: pars ducere muros [et] moliri arcem et subvolvere saxa manibus,[3] pars optare locum tecto[4] et concludere [locum] sulcō;[5] legunt iura [et] magistratus [et] sanctum senatum. (D) Hic alii effodiunt portus, hic alii locant alta fundamenta theatri [et] excidunt immanis columnas [ex] rupibus,[6] alta decora futuris scaenis.

1.418 **VOCABULARY SECTIONS (1.418-429)**

(A) **interea** (adv) - meanwhile / **corripio**, corripere (3), corripui, correptus - hasten along over / **via**, ae (f) - course, road / **qua** (adv) - where / **semita**, ae (f) - (foot) path / **monstro** (1) - guide, lead / **iam** (adv) - now / **ascendo**, ascendere (3), ascendi, ascensus - climb, scale / **collis**, is (m) - hill / **plurimus**, a, um - very massive / **immineo**, imminēre (2) - loom over, overhang (with Dat) / **urbs**, urbis (f) - city / **aspecto** (1) - look towards, overlook / **adversus**, a, um - facing, opposite / **arx**, arcis (f) - citadel, fortress, tower / **desuper** (adv) - from above

(B) **Aeneas**, ae (m) - Aeneas (Trojan leader) / **miror**, mirari (1), miratus - gaze in admiration upon, marvel at / **moles**, is (f) - mass (of buildings) / **quondam** (adv) - formerly, once / **magalia**, ium (n) - hovels, huts / **miror** *iterum* / **porta**, ae (f) - gate, portal / **strepitus**, us (m) - din, noise, uproar / **sterno**, sternere (3), stravi, stratus - make level, spread out, strew / **via**, ae (f) - road, street

(C) **Tyrii**, orum (m) - the Tyrians (i.e., "the Carthaginians") / **insto**, instare (1), institi - persist, press on / **ardeo**, ardēre (2), arsi, arsus - be eager, burn with zeal / **pars**, partis (f) - portion (of a group) / **duco**, ducere (3), duxi, ductus - construct, extend / **murus**, i (m) - rampart, (city) wall / **molior**, moliri (4), molitus - build, erect / **arx**, arcis (f) - citadel, fortress, tower / **subvolvo**, subvolvere (3), subvolvi, subvolutus - roll up / **saxum**, i (n) - rock, stone / **manus**, us (f) - hand / **pars** *iterum* / **opto** (1) - choose, select / **locus**, i (m) - location, place, site / **tectum**, i (n) - (covered) dwelling, house / **concludo**, concludere (3), conclusi, conclusus - enclose / [**locus** *iterum*] / **sulcus**, i (m) - ditch, furrow / **lego**, legere (3), legi, lectus - choose, ordain, select / **ius**, iuris (n) - (court of) justice, law / **magistratus**, us (m) - magistrate, (legal) official / **sanctus**, a, um - hallowed, inviolable / **senatus**, us (m) - council, senate

(D) **hic** (adv) - here / **alius**, alia, aliud - other, some (*alii...alii*, "some...others") / **effodio**, effodere (3), effodi, effossus - dig, excavate / **portus**, us (m) - harbor, port / **hic** *iterum* / **alius** *iterum* / **loco** (1) - establish, fix, place / **altus**, a, um - deep / **fundamentum**, i (n) - foundation / **theatrum**, i (n) - (public) theater / **excido**, excidere (3), excidi, excisus - cut out, hew, quarry / **immanis**, e - huge, vast / **columna**, ae (f) - column, pillar / [**ex** (prep) - from, out of (with Abl)] / **rupes**, is (f) - cliff, rock / **altus**, a, um - high, lofty / **decus**, oris (n) - adornment, decoration / **futurus**, a, um - coming, future / **scaena**, ae (f) - (theatrical) stage

GRAMMATICAL NOTES: **1.** *plurimus* (A superlative form serving as an adverbial attribute, best read as "in a great mass" or "with imposing size"); **2.** *strata viarum* (lit., "the strewn-out leveled things of the streets," an awkward phrase best read as if *stratas vias*, i.e., "paved streets." Note that *strata* is not from "*stratum, i* (n) - covering," cf. usage in Lucr., 1.315, 4.415); **3.** *manibus* (Abl of Means); **4.** *tecto* (Dat of Purpose, "for a house"); **5.** *sulcō* (Abl of Means); **6.** *rupibus* (Abl of Separation).

Quick Reference, COMMON PRONOUNS: **hic**, haec, hoc (dem. pron.) - this; he, she, it | **ille**, illa, illud (dem. pron.) - that; that (famous) one (yonder); he, she, it | **ipse**, ipsa, ipsum (intnsv. pron.) - (one's own) self; very | **is**, ea, id (dem. pron.) - this, that; (of) such (a kind); he, she, it | **qui**, quae, quod (rel. pron.) - who, which; that

FULLY PARSED (1.418-429)

(A) **corripuere** (i.e., *corripuerunt*, perf actv indic 3 pl); **viam** (fem acc sing); **semita** (fem nom sing); **monstrat** (prsnt actv indic 3 sing); **ascendebant** (impf actv indic 3 pl); **collem** (masc acc sing); **qui** (masc nom sing); **plurimus** (masc nom sing; supl. of *multus*); **imminet** (prsnt actv indic 3 sing); **urbi** (fem dat sing); **aspectat** (prsnt actv indic 3 sing); **adversas** (fem acc pl); **arces** (fem acc pl).

(B) **Aeneas** (masc nom sing); **miratur** (dep., prsnt pssv indic 3 sing); **molem** (fem acc sing); **magalia** (neut acc pl); **miratur** (dep., prsnt pssv indic 3 sing); **portas** (fem acc pl); **strepitum** (masc acc sing); **strata** (perf pssv prcpl, neut acc pl); **viarum** (fem gen pl).

(C) **Tyrii** (masc nom pl); **instant** (prsnt actv indic 3 pl); **ardentes** (prsnt actv prcpl, masc nom pl); **pars** (fem nom sing); **ducere** (prsnt actv infin); **muros** (masc acc pl); **moliri** (dep., prsnt pssv infin); **arcem** (fem acc sing); **subvolvere** (prsnt actv infin); **saxa** (neut acc pl); **manibus** (fem abl pl); **pars** (fem nom sing); **optare** (prsnt actv infin); **locum** (masc acc sing); **tecto** (neut dat sing); **concludere** (prsnt actv infin); **[locum]** (masc acc sing); **sulcō** (masc abl sing); **legunt** (prsnt actv indic 3 pl); **iura** (neut acc pl); **magistratus** (masc acc pl); **sanctum** (masc acc sing); **senatum** (masc acc sing).

(D) **alii** (masc nom pl); **effodiunt** (prsnt actv indic 3 pl); **portus** (masc acc pl); **alii** (masc nom pl); **locant** (prsnt actv indic 3 pl); **alta** (neut acc pl); **fundamenta** (neut acc pl); **theatri** (neut gen sing); **excidunt** (prsnt actv indic 3 pl); **immanis** (fem acc pl); **columnas** (fem acc pl); **rupibus** (fem abl pl); **alta** (neut acc pl); **decora** (neut acc pl); **futuris** (fem dat pl); **scaenis** (fem dat pl).

* * * * * * * * * * * * * * * * * * *

Vergil's **ORIGINAL TEXT (1.430-440)**. **(430)** Qualis apes aestate nova per florea rura | **(431)** exercet sub sole labor, cum gentis adultos | **(432)** educunt fetus, aut cum liquentia mella | **(433)** stipant, et dulci distendunt nectare cellas, | **(434)** aut onera accipiunt venientum, aut agmine facto | **(435)** ignavum fucos pecus a praesaepibus arcent; | **(436)** fervet opus, redolentque thymo fragrantia mella. | **(437)** "O fortunati, quorum iam moenia surgunt!" | **(438)** Aeneas ait, et fastigia suspicit urbis. | **(439)** Infert se, saeptus nebula (mirabile dictu) | **(440)** per medios, miscetque viris, neque cernitur ulli.

SUGGESTED WORD ORDER (1.430-440). **(A)** Qualis[1] labor exercet apes novā aestate[2] per florea rura sub sole, cum educunt adultos fetus gentis, aut cum stipant liquentia mella[3] et distendunt cellas dulcī nectare,[4] **(B)** aut accipiunt onera venient[i]um [apium], aut agmine factō[5] arcent fucos, ignavum pecus, a praesepibus; opus fervet [et] fragrantia mella redolent thymō.[6] **(C)** Aeneas ait "O fortunati [Tyrii], quorum moenia iam surgunt!" et suspicit fastigia urbis. Saeptus nebulā[7] (mirabile dictū!)[8] infert se per medios [viros[9] et] miscet [se] viris[10] [sed] neque cernitur ulli.[11]

1.430 VOCABULARY SECTIONS (1.430-440)

(A) **qualis**, e (rel. adj.) - just as, of such a sort / **labor**, oris (m) - labor, toil / **exerceo**, exercēre (2), exercui, exercitus - employ, occupy / **apis**, is (f) - bee / **novus**, a, um - early / **aestas**, atis (f) - summer / **per** (prep) - among (with Acc) / **floreus**, a, um - burgeoning, flowery / **rus**, ruris (n) - field, countryside / **sub** (prep) - under (with Abl) / **sol**, solis (m) - sun / **cum** (conj) - when / **educo**, educere (3), eduxi, eductus - lead forth / **adultus**, a, um - mature / **fetus**, us (m) - offspring / **gens**, gentis (f) - nation, race / **cum** *iterum* / **stipo** (1) - cram, pack (together) / **liquor**, liqui (3) - flow, be liquid / **mel**, mellis (n) - honey / **distendo**, distendere (3), distendi, distentus - gorge, stretch (to the bursting point) / **cella**, ae (f) - cell, storeroom (i.e., "of the hive's honeycomb") / **dulcis**, e - fresh, sweet / **nectar**, aris (n) - nectar

(B) **accipio**, accipere (3), accepi, acceptus - accept, receive / **onus**, eris (n) - burden, load / **venio**, venire (4), veni, ventus - arrive, come / [**apis**, is (f) - bee] / **agmen**, inis (n) - (armed) column, (battle) line / **facio**, facere (3), feci, factus - make (with *agmen*, "array, draw up") / **arceo**, arcēre (2), arcui - keep away, ward off / **fucus**, i (m) - drone / **ignavus**, a, um - idle, lazy / **pecus**, oris (n) - swarm / **a** (prep) - from (with Abl) / **praesepe**, is (n) - hive / **opus**, eris (n) - labor, toil, work / **ferveo**, fervēre (2) - boil, be in a ferment / **fragrans**, antis - fragrant, sweet-smelling / **mel**, mellis (n) - honey /

Quick Reference, COMMON PRONOUNS: **hic**, haec, hoc (dem. pron.) - this; he, she, it | **ille**, illa, illud (dem. pron.) - that; that (famous) one (yonder); he, she, it | **ipse**, ipsa, ipsum (intnsv. pron.) - (one's own) self; very | **is**, ea, id (dem. pron.) - this, that; (of) such (a kind); he, she, it | **qui**, quae, quod (rel. pron.) - who, which; that

redoleo, redolēre (2), redolui - bear the scent of, smell like (with Abl) / **thymum**, i (n) - thyme

(C) **Aeneas**, ae (m) - Aeneas (Trojan leader) / **aio** (defect.) - assert, say (Prsnt Actv Indic 3 sing, *ait*) / **fortunatus**, a, um - blessed, fortunate / [**Tyrii**, orum (m) - the Tyrians (i.e., "the Carthaginians")] / **moenia**, ium (n) - ramparts, walls / **iam** (adv) - already, now / **surgo**, surgere (3), surrexi - rise, spring up / **suspicio**, suspicere (3), suspexi, suspectus - look up (at) / **fastigium**, i (n) - gable, roof (top) / **urbs**, urbis (f) - city / **saepio**, saepire (4), saepsi, saeptus - enclose, surround, veil / **nebula**, ae (f) - cloud, mist / **mirabilis**, e - marvelous, wonderful / **dico**, dicere (3), dixi, dictus - relate, say, tell / **infero**, inferre, intuli, inlatus - bring forward, carry in (with *se*, "betake oneself") / **per** (prep) - through (with Acc) / **medius**, a, um - middle, the midst (of) / [**vir**, viri (m) - man] / **misceo**, miscēre (2), miscui, mixtus - join, mingle / **vir** *iterum* / **cerno**, cernere (3), crevi, certus - perceive, see / **ullus**, a, um - any (one)

GRAMMATICAL NOTES: **1.** *qualis* (Vergil compresses the full grammatical construction *talis labor est qualis [labor] exercet apes...*, i.e., "the work is such as the work is which busily employs the bees..." by omitting the correlative dem. adj. *talis*; used here to introduce a simile, *qualis* is perhaps best read as "just as, like"); **2.** *novā aestate* (Abl of Time When); **3.** *liquentia mella* (Poetic Plural; transl. as Singular); **4.** *dulcī nectare* (Abl of Means); **5.** *agmine factō* (Abl Absol, "as if arrayed in an armed column"); **6.** *thymō* (Abl of Means); **7.** *nebulā* (Abl of Means); **8.** *dictū* (Supine as Abl of Respect with *mirabile*, lit., "wonderful in repect to speaking," thus "marvelous to relate"); **9.** *per medios [viros]* ("through the midst of the crowd"); **10.** *viris* (Poetic Dative used instead of *cum viris*, "among, with the men"); **11.** *ulli* (Dat of Agent).

FULLY PARSED (1.430-440) _____

(A) **qualis** (masc nom sing); **labor** (masc nom sing); **exercet** (prsnt actv indic 3 sing); **apes** (fem acc pl); **novā** (fem abl sing); **aestate** (fem abl sing); **florea** (neut acc pl); **rura** (neut acc pl); **sole** (masc abl sing); **educunt** (prsnt actv indic 3 pl); **adultos** (masc acc pl); **fetus** (masc acc pl); **gentis** (fem gen sing); **stipant** (prsnt actv indic 3 pl); **liquentia** (prsnt actv prcpl, neut acc pl); **mella** (neut acc pl); **distendunt** (prsnt actv indic 3 pl); **cellas** (fem acc pl); **dulcī** (neut abl sing); **nectare** (neut abl sing).

(B) **accipiunt** (prsnt actv indic 3 pl); **onera** (neut acc pl); **venient[i]um** (prsnt actv prcpl, fem gen pl); [**apium**] (fem gen pl); **agmine** (neut abl sing); **factō** (perf pssv prcpl, neut abl sing); **arcent** (prsnt actv indic 3 pl); **fucos** (masc acc pl); **ignavum** (neut acc sing); **pecus** (neut acc sing); **praesepibus** (neut abl pl); **opus** (neut nom sing); **fervet** (prsnt actv indic 3 sing); **fragrantia** (neut nom pl); **mella** (neut nom pl); **redolent** (prsnt actv indic 3 pl); **thymō** (neut abl sing).

(C) **Aeneas** (masc nom sing); **ait** (defect., prsnt actv indic 3 sing); **fortunati** (masc voc pl); [**Tyrii**] (masc voc pl); **quorum** (masc gen pl); **moenia** (neut nom pl); **surgunt** (prsnt actv indic 3 pl); **suspicit** (prsnt actv indic 3 sing); **fastigia** (neut acc pl); **urbis** (fem gen sing); **saeptus** (perf pssv prcpl, masc nom sing); **nebulā** (fem abl sing); **mirabile** (neut nom sing); **dictū** (Supine; perf pssv prcpl, neut abl sing); **infert** (prsnt actv indic 3 sing); **se** (3 pers. reflxv. pron., masc acc sing); **medios** (masc acc pl); [**viros**] (masc acc pl); **miscet** (prsnt actv indic 3 sing); [**se**] (3 pers. reflxv. pron., masc acc sing); **viris** (masc dat pl); **cernitur** (prsnt pssv indic 3 sing); **ulli** (masc dat sing).

* * * * * * * * * * * * * * * * * *

Vergil's ORIGINAL TEXT (1.494-506). **(494)** Haec dum Dardanio Aeneae miranda videntur, | **(495)** dum stupet, obtutuque haeret defixus in uno, | **(496)** regina ad templum, forma pulcherrima Dido, | **(497)** incessit, magna iuvenum stipante caterva. | **(498)** Qualis in Eurotae ripis aut per iuga Cynthi | **(499)** exercet Diana choros, quam mille secutae | **(500)** hinc atque hinc glomerantur Oreades; illa pharetram | **(501)** fert umero, gradiensque deas supereminet omnis | **(502)** (Latonae tacitum pertemptant gaudia pectus); | **(503)** talis erat Dido, talem se laeta ferebat | **(504)** per medios, instans operi, regnisque futuris. | **(505)** Tum foribus divae, media testudine templi, | **(506)** saepta armis, solioque alte subnixa resedit.

Quick Reference, COMMON PRONOUNS: **hic**, haec, hoc (dem. pron.) - this; he, she, it | **ille**, illa, illud (dem. pron.) - that; that (famous) one (yonder); he, she, it | **ipse**, ipsa, ipsum (intnsv. pron.) - (one's own) self; very | **is**, ea, id (dem. pron.) - this, that; (of) such (a kind); he, she, it | **qui**, quae, quod (rel. pron.) - who, which; that

SUGGESTED WORD ORDER (1.494-506). **(A)** Dum haec miranda videntur Dardanio Aeneae,[1] dum stupet [et] haeret defixus in unō obtutū,[2] Dido, regina pulcherrima formā,[3] incessit ad templum magnā catervā iuvenum stipante.[4] **(B)** Qualis Diana[5] exercet choros in ripīs Eurotae[6] aut per iuga Cynthi,[7] quam mille secutae Oreades glomerantur[8] hinc atque hinc; **(C)** illa fert pharetram [in] umerō [et] gradiens supereminet omnis deas (gaudia pertemptant tacitum pectus Latonae):[9] talis erat Dido, laeta ferebat se talem per medios [viros] instans operi [et] futuris regnis. **(D)** Tum saepta armīs[10] [et] subnixa alte solio resedit foribus divae,[11] [sub] mediā testudine[12] templi.

1.494 VOCABULARY SECTIONS (1.494-506)

(A) **dum** (conj) - while / **mirandus**, a, um - marvelous, wonderful / **video**, vidēre (2), vidi, visus - observe, perceive, view / **Dardanius**, a, um - Dardanian, of Dardanus (i.e., "Trojan") / **Aeneas**, ae (m) - Aeneas (Trojan leader) / **dum** *iterum* / **stupeo**, stupēre (2), stupui - be astounded, be lost in wonder / **haereo**, haerēre (2), haesi, haesus - linger, remain, stay / **defigo**, defigere (3), defixi, defixus - astonish, render immovable / **in** (prep) - in (with Abl) / **unus**, a, um - one, single / **obtutus**, us (m) - (act of) staring, (a sustained) gaze / **regina**, ae (f) - queen / **Dido**, onis (f) - Dido (Queen of Carthage) / **pulcher**, pulchra, pulchrum - beautiful, fair / **forma**, ae (f) - form, shape / **incedo**, incedere (3), incessi, incessus - march, stride (with majesty) / **ad** (prep) - to, toward (with Acc) / **templum**, i (n) - sanctuary, temple / **magnus**, a, um - great, large / **caterva**, ae (f) - company, crowd, throng / **iuvenis**, is (m) - a youth / **stipo** (1) - accompany, escort, surround

(B) **qualis**, e (rel. adj.) - just as / **Diana**, ae (f) - Diana (the goddess of Hunting) / **exerceo**, exercēre (2), exercui, exercitus - direct, lead / **choros**, i (m) - choral band (i.e., of dancing and singing revelers) / **in** (prep) - on (with Abl) / **ripa**, ae (f) - (river) bank, shore / **Eurotas**, ae (m) - Eurotas (a Greek river) / **per** (prep) - across, along (with Acc) / **iugum**, i (n) - (mountain) ridge / **Cynthus**, i (m) - Mt. Cynthus (a sacred mountain on Delos) / **mille** (num. adj.) - a thousand / **sequor**, sequi (3), secutus - accompany, follow / **Oreas**, adis (f) - an Oread (a mountain nymph) / **glomero** (1) - collect, gather / **hinc** (adv) - here, on this side (*hinc...hinc*, "on this side...on that side")

(C) **fero**, ferre, tuli, latus - bear, carry / **pharetra**, ae (f) - quiver / **umerus**, i (m) - shoulder / **gradior**, gradi (3), gressus - stride, walk / **superemineo**, supereminēre (2) - rise above, tower over / **omnis**, e - all, every / **dea**, ae (f) - goddess / **gaudium**, i (n) - joy / **pertempto** (1) - affect deeply, overwhelm / **tacitus**, a, um - silent, still / **pectus**, oris (n) - breast, heart / **Latona**, ae (f) - Latona (mother of Apollo and Diana) / **talis**, e - of such a (distinguished) kind, in such a manner / **Dido**, onis (f) - Dido (Queen of Carthage) / **laetus**, a, um - cheerful, joyful / **fero** *iterum* / **talis** *iterum* / **per** (prep) - through (with Acc) / **medius**, a, um - middle, the midst (of) / [**vir**, viri (m) - man] / **insto**, instare (1), insteti - be intent upon, urge forward (with Dat) / **opus**, eris (n) - labor, work / **futurus**, a, um - future, rising / **regnum**, i (n) - kingdom

(D) **tum** (adv) - then / **saepio**, saepire (4), saepsi, saeptus - encircle, surround / **arma**, orum (n) - arms, weapons / **subnixus**, a, um - resting upon (with Dat) / **alte** (adv) - loftily / **solium**, i (n) - (official) seat, throne / **resido**, residere (3), resedi - sit down, take a seat / **foris**, is (f) - door, entrance / **diva**, ae (f) - goddess / [**sub** (prep) - below, underneath (with Abl)] / **medius**, a, um - central, middle / **testudo**, inis (f) - arch, dome, vault / **templum**, i (n) - sanctuary, temple

GRAMMATICAL NOTES: 1. *Dardanio Aeneae* (Dat of Agent); 2. *in unō obtutū* (here, *unō* suggests that Aeneas, transfixed and unable to direct his sight elsewhere, studied the images "in one long gaze"); 3. *formā* (Abl of Respect); 4. *magnā catervā iuvenum stipante* (Abl Absol, "with a large company of youths accompanying her"); 8. *glomerantur* (Read as if a Reflexive Deponent form, "gather themselves together around"); 10. *armīs* (Abl of Means); 11. *foribus divae* (Abl of Place Where, "by the doors of the goddess," i.e., the gates of the temple's inner chamber where the goddess' statue was enshrined); 12. *mediā testudine* (Abl of Place Where). |
HISTORICAL AND MYTHOLOGICAL NOTES: 1. The Trojans are often referred to as the *Dardanides* (lit., "descendants of Dardanus"), and thus here Aeneas individually as *Dardanius*, in memory of their famous ancestor Dardanus (Jupiter's son by Atlas' daughter Electra), the progenitor of the Trojan royal family who inherited his kingdom from his wife's father, Teucer (son of the river Scamander and the nymph Idaea). | 5. Diana was the daughter of Jupiter and Latona (on whom see note 9 below), and the elder sister of Apollo; originally an Italian goddess of the moon (and thus likely serving as a fertilty or "Mother Goddess"), she was identified by the Romans with Olympian Artemis and therefore chiefly associated not only with the wilderness and hunting but also

Quick Reference, COMMON PRONOUNS: **hic**, haec, hoc (dem. pron.) - this; he, she, it | **ille**, illa, illud (dem. pron.) - that; that (famous) one (yonder); he, she, it | **ipse**, ipsa, ipsum (intnsv. pron.) - (one's own) self; very | **is**, ea, id (dem. pron.) - this, that; (of) such (a kind); he, she, it | **qui**, quae, quod (rel. pron.) - who, which; that

with the protection of women (particularly during their transition from maidenhood into marriage and in childbirth). As a virgin huntress, she was often accompanied by a retinue of woodland nymphs such as the Oreades. | **6.** A Peloponnesian river which flows through Laconia beside Sparta, the Eurotas was a favorite haunt of Diana. | **7.** Mt. Cynthus is a high mountain ridge on the island of Delos, birthplace of both Apollo and Diana; accordingly, Apollo was often called *Cynthius* and his sister Diana was referred to by the epithet *Cynthia*. | **9.** Latona (known to the Greeks as Leto) was the daughter of the Titans Coeus and Phoebe, and the mother of Apollo and Diana; seduced by Jupiter because of her great beauty, she was subsequently pursued by a wrathful Juno but delivered by Neptune, who fixed the floating island of Delos in its current location as her home.

FULLY PARSED (1.494-506)

(A) **haec** (neut nom pl); **miranda** (neut nom pl); **videntur** (prsnt pssv indic 3 pl); **Dardanio** (masc dat sing); **Aeneae** (masc dat sing); **stupet** (prsnt actv indic 3 sing); **haeret** (prsnt actv indic 3 sing); **defixus** (perf pssv prcpl, masc nom sing); **unō** (masc abl sing); **obtutū** (masc abl sing); **Dido** (fem nom sing); **regina** (fem nom sing); **pulcherrima** (fem nom sing; supl. of *pulchra*); **formā** (fem abl sing); **incessit** (perf actv indic 3 sing); **templum** (neut acc sing); **magnā** (fem abl sing); **catervā** (fem abl sing); **iuvenum** (masc gen pl); **stipante** (prsnt actv prcpl, fem abl sing).

(B) **qualis** (fem nom sing); **Diana** (fem nom sing); **exercet** (prsnt actv indic 3 sing); **choros** (masc acc pl); **ripīs** (fem abl pl); **Eurotae** (masc gen sing); **iuga** (neut acc pl); **Cynthi** (masc gen sing); **quam** (fem acc sing); **secutae** (dep., perf pssv prcpl, fem nom pl); **Oreades** (fem nom pl); **glomerantur** (prsnt pssv indic 3 pl).

(C) **illa** (fem nom sing); **fert** (prsnt actv indic 3 sing); **pharetram** (fem acc sing); **umerō** (masc abl sing); **gradiens** (prsnt actv prcpl, fem nom sing); **supereminet** (prsnt actv indic 3 sing); **omnis** (fem acc pl); **deas** (fem acc pl); **gaudia** (neut nom pl); **pertemptant** (prsnt actv indic 3 pl); **tacitum** (neut acc sing); **pectus** (neut acc sing); **Latonae** (fem gen sing); **talis** (fem nom sing); **erat** (impf actv indic 3 sing); **Dido** (fem nom sing); **laeta** (fem nom sing); **ferebat** (impf actv indic 3 sing); **se** (3 pers. reflxv. pron., fem acc sing); **talem** (fem acc sing); **medios** (masc acc pl); **[viros]** (masc acc pl); **instans** (prsnt actv prcpl, fem nom sing); **operi** (neut dat sing); **futuris** (neut dat pl); **regnis** (neut dat pl).

(D) **saepta** (perf pssv prcpl, fem nom sing); **armīs** (neut abl pl); **subnixa** (fem nom sing); **solio** (neut dat sing); **resedit** (perf actv indic 3 sing); **foribus** (fem abl pl); **divae** (fem gen sing); **mediā** (fem abl sing); **testudine** (fem abl sing); **templi** (neut gen sing).

* * * * * * * * * * * * * * * * * *

Vergil's ORIGINAL TEXT (1.507-519). **(507)** Iura dabat legesque viris, operumque laborem | **(508)** partibus aequabat iustis aut sorte trahebat, | **(509)** cum subito Aeneas concursu accedere magno | **(510)** Anthea Sergestumque videt, fortemque Cloanthum, | **(511)** Teucrorumque alios, ater quos aequore turbo | **(512)** dispulerat penitusque alias avexerat oras. | **(513)** Obstipuit simul ipse, simul percussus Achates | **(514)** laetitiaque metuque; avidi coniungere dextras | **(515)** ardebant, sed res animos incognita turbat. | **(516)** Dissimulant, et nube cava speculantur amicti | **(517)** quae fortuna viris, classem quo litore linquant, | **(518)** quid veniant, cunctis nam lecti navibus ibant, | **(519)** orantes veniam, et templum clamore petebant.

SUGGESTED WORD ORDER (1.507-519). **(A)** [Dido] dabat iura[1] [et] leges viris, aequabat laborem operum iustīs partibus[2] aut trahebat [laborem] sorte;[3] cum subito Aeneas videt Anthea [et] Sergestum [et] fortem Cloanthum [et] alios Teucrorum[4] accedere magnō concursū,[5] quos ater turbo dispulerat aequore[6] [et] avexerat penitus [ad] alias oras. **(B)** Simul [Aeneas] ipse obstipuit, simul Achates percussus [i.e., percussus est], [et] laetitiā[7] [et] metū,[8] avidi, ardebant coniungere dextras, sed incognita res turbat animos [eorum]. **(C)** Dissimulant [animos] et amicti cavā nube[9] speculantur quae fortuna [sit][10] viris,[11] [in] quō litore[12] linquant[13] classem, quid[14] veniant;[15] nam [viri] lecti [ex] cunctīs navibus[16] ibant orantes veniam et petebant templum clamore.[17]

Quick Reference, COMMON PRONOUNS: hic, haec, hoc (dem. pron.) - this; he, she, it | **ille**, illa, illud (dem. pron.) - that; that (famous) one (yonder); he, she, it | **ipse**, ipsa, ipsum (intnsv. pron.) - (one's own) self; very | **is**, ea, id (dem. pron.) - this, that; (of) such (a kind); he, she, it | **qui**, quae, quod (rel. pron.) - who, which; that

1.507   VOCABULARY SECTIONS (1.507-519)

(A) [**Dido**, onis (f) - Dido (Queen of Carthage)] / **do**, dare (1), dedi, datus - appoint, give / **ius**, iuris (n) - law (i.e., "a legal code"); (pl) legal institutions / **lex**, legis (f) - decree, ordinance / **vir**, viri (m) - man / **aequo** (1) - distribute (equally) / **labor**, oris (m) - exertion, hardship, toil / **opus**, eris (n) - labor, work / **iustus**, a, um - equitable, fair / **pars**, partis (f) - part, portion / **traho**, trahere (3), traxi, tractus - ascribe, draw / [**labor** *iterum*] / **sors**, sortis (f) - chance, (decision by) lot / **cum** (conj) - when / **subito** (adv) suddenly / **Aeneas**, ae (m) - Aeneas (Trojan leader) / **video**, vidēre (2), vidi, visus - see / **Antheus**, ei (m) - Antheus (a Trojan; Acc *Anthea*) / **Sergestus**, i (m) - Sergestus (a Trojan) / **fortis**, e - brave, dauntless, sturdy / **Cloanthus**, i (m) - Cloanthus (a Trojan) / **alius**, alia, aliud - other / **Teucri**, orum (m) - Teucrians (i.e., "Trojans") / **accedo**, accedere (3), accessi, accessus - approach, draw near / **magnus**, a, um - large / **concursus**, us (m) - crowd, throng / **ater**, atra, atrum - black, dark, gloomy / **turbo**, inis (m) - storm, whirlwind / **dispello**, dispellere (3), dispuli, dispulsus - disperse, scatter / **aequor**, oris (n) - ocean, sea / **aveho**, avehere (3), avexi, avectus - carry off, drive away, separate / **penitus** (adv) - far (away), widely / [**ad** (prep) - to, toward (with Acc)] / **alius** *iterum* / **ora**, ae (f) - coast

(B) **simul** (adv) - simultaneously (*simul...simul*, "not only...but at the same time") / **obstipesco**, obstipescere (3), obstipui - be amazed, stand in astonishment / **Achates**, ae (m) - Achates (a Trojan) / **percutio**, percutere (3), percussi, percussus - be astounded, shocked / **laetitia**, ae (f) - delight, joy / **metus**, us (m) - anxiety, dread / **avidus**, a, um - eager, longing / **ardeo**, ardēre (2), arsi, arsus - desire / **coniungo**, coniungere (3), coniunxi, coniunctus - clasp, join, unite / **dextra**, ae (f) - (right) hand / **incognitus**, a, um - uncertain, unknown / **res**, rei (f) - circumstance, situation / **turbo** (1) - confuse, perplex, trouble / **animus**, i (m) - mind

(C) **dissimulo** (1) - conceal / [**animus**, i (m) - mind; (pl) emotions, thoughts] / **amicio**, amicire (4), amicui, amictus - cover, surround / **cavus**, a, um - enfolding, enveloping / **nubes**, is (f) - cloud / **speculor**, speculari (1), speculatus - observe, watch / **quis**, quid (interrog. adj.) - who? what? / **fortuna**, ae (f) - fortune / **vir**, viri (m) - man / [**in** (prep) - on (with Abl)] / **quis** *iterum* / **litus**, litoris (n) - coast, shore / **linquo**, linquere (3), liqui, lictus - leave (behind) / **classis**, is (f) - fleet / **quis** *iterum* (neut *quid* as interrog. adv., "why?") / **venio**, venire (4), veni, ventus - arrive, come / [**vir** *iterum*] / **lego**, legere (3), lexi, lectus - choose, pick, select / [**ex** (prep) - from, out of (with Abl)] / **cunctus**, a, um - all, every / **navis**, is (f) - ship / **eo**, ire, ii, iturus - advance, come / **oro** (1) - plead (for), request / **venia**, ae (f) - aid, favor, relief / **peto**, petere (3), petivi, petitus - make for, seek (out) / **templum**, i (n) - sanctuary, temple / **clamor**, oris (m) - (loud) cry, shout

GRAMMATICAL NOTES: 1. *dabat iura* (This phrase indicates that Dido was establishing legal institutions rather than dispensing justice, for which the Romans used the formulaic expression *ius dicebat*); 2. *iustīs partibus* (Abl of Manner); 3. *sorte* (Abl of Means); 5. *magnō concursū* (Abl of Manner); 6. *aequore* (Abl of Place Where or Over Which; cf. *altō* in Section 1.124-131, note **3**); 7-8. *laetitiā [et] metū* (Ablatives of Means or Cause); 9. *cavā nube* (Abl of Means); 10. *[sit]* (Subjunctive in an Indirect Question); 11. *viris* (Dat of Possession with *[sit]*, thus read *quae fortuna sit viris* as "what the men's fate might be"); 12. *quō litore* (Abl of Place Where); 13. *linquant* (Subjunctive in an Indirect Question); 14. *quid* (Adverbial Accusative of the Interrog. *quis* introducing an Indirect Question); 15. *veniant* (Subjunctive in an Indirect Question, "why they have come"); 16. *cunctīs navibus* (Abl of Separation); 17. *clamore* (Abl of Manner, read as "with great shouting" if construed as produced by the Trojans during their entrance or as "amid shouting" if regarded as a feature of the bustling city itself). | **HISTORICAL AND MYTHOLOGICAL NOTE**: 4. On the Teucrians, see Section 1.34-41 (note **4**).

FULLY PARSED (1.507-519) _____

(A) [**Dido**] (fem nom sing); **dabat** (impf actv indic 3 sing); **iura** (neut acc pl); **leges** (fem acc pl); **viris** (masc dat pl); **aequabat** (impf actv indic 3 sing); **laborem** (masc acc sing); **operum** (neut gen pl); **iustīs** (fem abl pl); **partibus** (fem abl pl); **trahebat** (impf actv indic 3 sing); [**laborem**] (masc acc sing); **sorte** (fem abl sing); **Aeneas** (masc nom sing); **videt** (prsnt actv indic 3 sing); **Anthea** (masc acc sing); **Sergestum** (masc acc sing); **fortem** (masc acc sing); **Cloanthum** (masc acc sing); **alios** (masc acc pl); **Teucrorum**

Quick Reference, COMMON PRONOUNS: **hic**, haec, hoc (dem. pron.) - this; he, she, it | **ille**, illa, illud (dem. pron.) - that; that (famous) one (yonder); he, she, it | **ipse**, ipsa, ipsum (intnsv. pron.) - (one's own) self; very | **is**, ea, id (dem. pron.) - this, that; (of) such (a kind); he, she, it | **qui**, quae, quod (rel. pron.) - who, which; that

(masc gen pl); **accedere** (prsnt actv infin); **magnō** (masc abl sing); **concursū** (masc abl sing); **quos** (masc acc pl); **ater** (masc nom sing); **turbo** (masc nom sing); **dispulerat** (pluperf actv indic 3 sing); **aequore** (neut abl sing); **avexerat** (pluperf actv indic 3 sing); **alias** (fem acc pl); **oras** (fem acc pl).

(B) [**Aeneas**] (masc nom sing); **ipse** (masc nom sing); **obstipuit** (perf actv indic 3 sing); **Achates** (masc nom sing); **percussus** (i.e., *percussus est*, perf pssv indic 3 sing; masc nom); **laetitiā** (fem abl sing); **metū** (masc abl sing); **avidi** (masc nom pl); **ardebant** (impf actv indic 3 pl); **coniungere** (prsnt actv infin); **dextras** (fem acc pl); **incognita** (fem nom sing); **res** (fem nom sing); **turbat** (prsnt actv indic 3 sing); **animos** (masc acc pl); [**eorum**] (masc gen pl).

(C) **dissimulant** (prsnt actv indic 3 pl); [**animos**] (masc acc pl); **amicti** (perf pssv prcpl, masc nom pl); **cavā** (fem abl sing); **nube** (fem abl sing); **speculantur** (dep., prsnt pssv indic 3 pl); **quae** (fem nom sing); **fortuna** (fem nom sing); [**sit**] (prsnt actv subjv 3 sing); **viris** (masc dat pl); **quō** (neut abl sing); **litore** (neut abl sing); **linquant** (prsnt actv subjv 3 pl); **classem** (fem acc sing); **quid** (neut acc sing of *quis* as adv.); **veniant** (prsnt actv subjv 3 pl); [**viri**] (masc nom pl); **lecti** (perf pssv prcpl, masc nom pl); **cunctīs** (fem abl pl); **navibus** (fem abl pl); **ibant** (impf actv indic 3 pl); **orantes** (prsnt actv prcpl, masc nom pl); **veniam** (fem acc sing); **petebant** (impf actv indic 3 pl); **templum** (neut acc sing); **clamore** (masc abl sing).

* * * * * * * * * * * * * * * * * * *

Vergil's ORIGINAL TEXT (1.520-533). **(520)** Postquam introgressi, et coram data copia fandi, | **(521)** maximus Ilioneus placido sic pectore coepit: | **(522)** "O regina, novam cui condere Iuppiter urbem | **(523)** iustitiaque dedit gentis frenare superbas, | **(524)** Troes te miseri, ventis maria omnia vecti, | **(525)** oramus: prohibe infandos a navibus ignis, | **(526)** parce pio generi, et propius res aspice nostras. | **(527)** Non nos aut ferro Libycos populare Penatis | **(528)** venimus, aut raptas ad litora vertere praedas; | **(529)** non ea vis animo, nec tanta superbia victis. | **(530)** Est locus (Hesperiam Graii cognomine dicunt), | **(531)** terra antiqua, potens armis atque ubere glaebae: | **(532)** Oenotri coluere viri; nunc fama minores | **(533)** Italiam dixisse ducis de nomine gentem."

SUGGESTED WORD ORDER (1.520-533). **(A)** Postquam [Teucri],[1] introgressi [i.e., introgressi sunt] et copia fandi[2] coram[3] [reginā] data [i.e., data est], Ilioneus, maximus [natū],[4] coepit [dicere] sic placidō pectore:[5] **(B)** "O regina, cui Iuppiter dedit condere novam urbem [et] frenare superbas gentis iustitiā,[6] [nos] miseri Troes, vecti [per] omnia maria[7] ventīs,[8] oramus te: prohibe infandos ignis a [nostrīs] navibus,[9] parce pio generi et aspice nostras res propius. **(C)** Nos non venimus aut populare Libycos Penatis[10] ferrō[11] aut vertere raptas praedas ad litora; non [est] ea vis [nostro] animo[12] nec [est] tanta superbia victis.[13] **(D)** Est locus, [quem] Graii dicunt 'Hesperiam'[14] cognomine,[15] antiqua terra, potens armīs[16] atque ubere[17] glaebae. **(E)** Oenotri[18] viri coluere [i.e., coluerunt], [sed] nunc [est] fama[19] minores dixisse gentem 'Italiam'[20] de nomine ducis."

1.520 **VOCABULARY SECTIONS (1.520-533)**

(A) **postquam** (adv) - when / [**Teucri**, orum (m) - Teucrians (i.e., "Trojans")] / **introgredior**, introgredi (3), introgressus - enter / **copia**, ae (f) - means, opportunity / **for**, fari (1), fatus - speak / **coram** (prep) - before, in the presence of (with Abl) / [**regina**, ae (f) - queen] / **do**, dare (1), dedi, datus - allow, bestow, grant / **Ilioneus**, ei (m) - Ilioneus (a Trojan) / **maximus**, a, um - greatest, most senior / [**natus**, us (m) - age, birth (Abl with *maximus*, "oldest")] / **coepio**, coepere (3), coepi, coeptus - begin / [**dico**, dicere (3), dixi, dictus - speak] / **sic** (adv) - in such a way, thus / **placidus**, a, um - dignified, gracious, serene / **pectus**, oris (n) - bearing, disposition, manner

(B) **regina**, ae (f) - queen / **Iuppiter**, Iovis (m) - Jupiter / **do**, dare (1), dedi, datus - allow, grant / **condo**, condere (3), condidi, conditus - establish, found / **novus**, a, um - new / **urbs**, urbis (f) - city / **freno** (1) - check, govern, restrain / **superbus**, a, um - haughty, proud / **gens**, gentis (f) - people, nation / **iustitia**, ae (f) - justice / **miser**, misera, miserum - unfortunate, wretched / **Troes**, Troum (m) - the Trojans / **veho**, vehere (3), vexi, vectus - bear, carry / [**per** (prep) - across, over (with Acc)] / **omnis**, e - all, every / **mare**, maris (n) - sea / **ventus**, i (m) - wind / **oro** (1) - beg, beseech, entreat / **prohibeo**, prohibēre (2), prohibui, prohibitus - hold back, ward off / **infandus**, a, um - accursed, dreadful /

Quick Reference, COMMON PRONOUNS: **hic**, haec, hoc (dem. pron.) - this; he, she, it | **ille**, illa, illud (dem. pron.) - that; that (famous) one (yonder); he, she, it | **ipse**, ipsa, ipsum (intnsv. pron.) - (one's own) self; very | **is**, ea, id (dem. pron.) - this, that; (of) such (a kind); he, she, it | **qui**, quae, quod (rel. pron.) - who, which; that

ignis, is (m) - fire, flame / **a** (prep) - from (with Abl) / [**noster**, nostra, nostrum - our] / **navis**, is (f) - ship / **parco**, parcere (3), peperci, parsus - preserve, spare (with Dat) / **pius**, a, um - dutiful, faithful, loyal / **genus**, generis (n) - race / **aspicio**, aspicere (3), aspexi, aspectus - consider, look (upon), regard / **noster** *iterum* / **res**, rei (f) - affair, circumstance / **propius** (adv) - more closely (i.e., "more favorably")

(C) **venio**, venire (4), veni, ventus - arrive, come / **populo** (1) - plunder, ravage / **Libycus**, a, um - Libyan (i.e., "African") / **Penates**, ium (m) - household gods / **ferrum**, i (n) - iron (sword) / **verto**, vertere (3), verti, versus - direct, drive (away) / **rapio**, rapere (3), rapui, raptus - capture, plunder, seize / **praeda**, ae (f) - booty, spoil / **ad** (prep) - toward (with Acc) / **litus**, litoris (n) - coast, shore / **vis**, vis (f) - force, violence / [**noster**, nostra, nostrum - our] / **animus**, i (m) - mind / **tantus**, a, um - so great, such / **superbia**, ae (f) - haughtiness, pride / **vinco**, vincere (3), vici, victus - conquer, vanquish

(D) **locus**, i (m) - place, region / **Graii**, orum (m) - the Greeks / **dico**, dicere (3), dixi, dictus - call, name / **Hesperia**, ae (f) - Hesperia (i.e., "Italy") / **cognomen**, inis (n) - name / **antiquus**, a, um - ancient, old / **terra**, ae (f) - land / **potens**, ntis - mighty, powerful / **arma**, orum (n) - (feats of) arms, weapons / **uber**, eris (n) - abundance, fruitfulness / **glaeba**, ae (f) - land, soil

(E) **Oenotrius**, a, um - Oenotrian, of Oenotria (i.e., "Italian") / **vir**, viri (m) - man / **colo**, colere (3), colui, cultus - dwell, inhabit / **nunc** (adv) - now / **fama**, ae (f) - report, rumor / **minores**, um (m) - descendants, posterity / **dico**, dicere (3), dixi, dictus - call, name / **gens**, gentis (f) - country, region / **Italia**, ae (f) - Italy / **de** (prep) - (derived) from (with Abl) / **nomen**, inis (n) - name / **dux**, ducis (m) - leader

GRAMMATICAL NOTES: 2. *fandi* (Gerund, "of speaking"); 3. *coram* (More likely an adverbial form than a preposition, best read as "openly"); 4. *natū* (Abl of Respect with *maximus*, "the greatest with respect to birth," i.e., "the oldest"); 5. *placidō pectore* (Abl of Manner); 6. *iustitiā* (Abl of Means); 7. *omnia maria* (Acc of Extent of Space); 8. *ventīs* (Abl of Means); 9. *[nostrīs] navibus* (Abl of Separation); 11. *ferrō* (Abl of Means); 12. *[nostro] animo* (Dat of Possession with *[est]*, thus read *non [est] ea vis [nostro] animo* as "our mind contains no such violence"); 13. *victis* (Dat of Possession with *[est]*, thus read *nec [est] tanta superbia victis* as "nor do the vanquished have such pride"); 15. *cognomine* (Abl of Manner or Respect); 16-17. *armīs atque ubere* (Ablatives of Respect or Cause); 19. *[est] fama* ("it is said that..."). | **HISTORICAL AND MYTHOLOGICAL NOTES**: 1. On the Teucrians, see Section 1.34-41 (note **4**). | 10. On the significance of the *Penates* to a Roman audience, see Section 1.65-75 (note **4**). | 14. The Greeks referred to Italy as "Hesperia" (lit., "the Land of the West" or "the Evening Land"), a practice often followed by Vergil; note that the Romans themselves applied the term to Spain. | 18. Oenotria (lit., "the wine country") was a mountainous region in southern Italy (known afterward as Lucania) which derived its name from the hero Oenotrus, Lycaon's youngest son who with his Arcadian settlers founded there the first overseas Greek colony (see Paus. 8.3.5); Vergil uses the region poetically for the whole of Italy. | 20. Vergil here endorses the Aristotelian tradition that Italy was named for the hero Italus, a king of the Oenotrians (*Pol.* 7.9.2).

FULLY PARSED (1.520-533) _____

(A) [**Teucri**] (masc nom pl); **introgressi** (i.e., *introgressi sunt*, dep., perf pssv indic 3 pl; masc nom); **copia** (fem nom sing); **fandi** (Gerund; fut pssv prcpl, neut gen sing); [**reginā**] (fem abl sing); **data** (i.e., *data est*, perf pssv indic 3 sing; fem nom); **Ilioneus** (masc nom sing); **maximus** (masc nom sing; supl. of *magnus*); [**natū**] (masc abl sing); **coepit** (perf actv indic 3 sing); [**dicere**] (prsnt actv infin); **placidō** (neut abl sing); **pectore** (neut abl sing).

(B) **regina** (fem voc sing); **cui** (fem dat sing); **Iuppiter** (masc nom sing); **dedit** (perf actv indic 3 sing); **condere** (prsnt actv infin); **novam** (fem acc sing); **urbem** (fem acc sing); **frenare** (prsnt actv infin); **superbas** (fem acc pl); **gentis** (fem acc pl); **iustitiā** (fem abl sing); [**nos**] (1 pers. pron., masc nom pl); **miseri** (masc nom pl); **Troes** (masc nom pl); **vecti** (perf pssv prcpl, masc nom pl); **omnia** (neut acc pl); **maria** (neut acc pl); **ventīs** (masc abl pl); **oramus** (prsnt actv indic 1 pl); **te** (2 pers. pron., fem acc sing); **prohibe** (prsnt actv imper 2 sing); **infandos** (masc acc pl); **ignis** (masc acc pl); [**nostrīs**] (fem abl pl); **navibus** (fem abl pl); **parce** (prsnt actv imper 2 sing); **pio** (neut dat sing); **generi** (neut dat sing); **aspice** (prsnt actv imper 2 sing); **nostras** (fem acc pl); **res** (fem acc pl); **propius** (comp. of *prope*).

Quick Reference, COMMON PRONOUNS: **hic**, haec, hoc (dem. pron.) - this; he, she, it | **ille**, illa, illud (dem. pron.) - that; that (famous) one (yonder); he, she, it | **ipse**, ipsa, ipsum (intnsv. pron.) - (one's own) self; very | **is**, ea, id (dem. pron.) - this, that; (of) such (a kind); he, she, it | **qui**, quae, quod (rel. pron.) - who, which; that

(C) **nos** (1 pers. pron., masc nom pl); **venimus** (perf actv indic 1 pl); **populare** (prsnt actv infin); **Libycos** (masc acc pl); **Penatis** (masc acc pl); **ferrō** (neut abl sing); **vertere** (prsnt actv infin); **raptas** (perf pssv prcpl, fem acc pl); **praedas** (fem acc pl); **litora** (neut acc pl); **[est]** (prsnt actv indic 3 sing); **ea** (fem nom sing); **vis** (fem nom sing); **animo** (masc dat sing); **[est]** (prsnt actv indic 3 sing); **tanta** (fem nom sing); **superbia** (fem nom sing); **victis** (perf pssv prcpl, masc dat pl).

(D) **est** (prsnt actv indic 3 sing); **locus** (masc nom sing); **[quem]** (masc acc sing); **Graii** (masc nom pl); **dicunt** (prsnt actv indic 3 pl); **Hesperiam** (fem acc sing); **cognomine** (neut abl sing); **antiqua** (fem nom sing); **terra** (fem nom sing); **potens** (fem nom sing); **armīs** (neut abl pl); **ubere** (neut abl sing); **glaebae** (fem gen sing).

(E) **Oenotri** (masc nom pl); **viri** (masc nom pl); **coluere** (i.e., *coluerunt*, perf actv indic 3 pl); **[est]** (prsnt actv indic 3 sing); **fama** (fem non sing); **minores** (masc acc pl; comp. of *parvus*); **dixisse** (perf actv infin); **gentem** (fem acc sing); **Italiam** (fem acc sing); **nomine** (neut abl sing); **ducis** (masc gen sing).

* * * * * * * * * * * * * * * * * *

<u>Vergil's **ORIGINAL TEXT** (1.534-550)</u>. **(534)** "Hic cursus fuit, | **(535)** cum subito adsurgens fluctu nimbosus Orion | **(536)** in vada caeca tulit, penitusque procacibus Austris | **(537)** perque undas superante salo perque invia saxa | **(538)** dispulit; huc pauci vestris adnavimus oris. | **(539)** Quod genus hoc hominum, quaeve hunc tam barbara morem | **(540)** permittit patria? Hospitio prohibemur harenae; | **(541)** bella cient, primaque vetant consistere terra. | **(542)** Si genus humanum et mortalia temnitis arma, | **(543)** at sperate deos memores fandi atque nefandi. | **(544)** Rex erat Aeneas nobis, quo iustior alter | **(545)** nec pietate fuit nec bello maior et armis. | **(546)** Quem si Fata virum servant, si vescitur aura | **(547)** aetheria, neque adhuc crudelibus occubat umbris, | **(548)** non metus, officio nec te certasse priorem | **(549)** paeniteat. Sunt et Siculis regionibus urbes | **(550)** arvaque, Troianoque a sanguine clarus Acestes."

<u>**SUGGESTED WORD ORDER** (1.534-550)</u>. **(A)** "<u>Hic fuit cursus</u> [nobis],[1] cum subito nimbosus <u>Orion</u>[2] adsurgens <u>fluctū</u>[3] tulit [nos] in caeca vada [et], <u>salō superante</u> [nos],[4] dispulit [nos] penitus <u>procacibus Austrīs</u>[5] [et] per undas [et] per invia saxa. **(B)** Huc pauci adnavimus <u>vestris oris</u>.[6] Quod genus hominum [est] hoc? Quae-ve patria [est] tam barbara, permittit hunc morem? **(C)** Prohibemur [ab] <u>hospitiō</u>[7] harenae; cient bella [et] vetant [nos] consistere [in] <u>prīmā terrā</u>.[8] **(D)** Si temnitis humanum genus et mortalia arma, at sperate deos [esse] memores fandi atque nefandi. **(E)** Rex <u>nobis</u>[9] erat Aeneas, <u>quō</u>[10] alter [vir] fuit nec iustior <u>pietate</u>[11] nec maior <u>bellō</u>[12] et <u>armīs</u>.[13] **(F)** Quem virum, si Fata servant [illum], si vescitur aetheriā aurā neque adhuc occubat [in] crudelibus <u>umbrīs</u> [mortis], <u>non</u> [est] <u>metus</u> [nobis];[14] nec <u>paeniteat</u>[15] te certasse [i.e., certavisse] [esse] priorem <u>officiō</u>.[16] **(G)** Sunt [nobis][17] et urbes [et] <u>arma</u>,[18] [et] clarus <u>Acestes</u>[19] a Troianō sanguine, [in] Siculīs regionibus."

1.534 <u>**VOCABULARY SECTIONS (1.534-550)**</u>

(A) **hic** (adv) - hither / **cursus**, us (m) - course, way / **cum** (conj) - when / **subito** (adv) suddenly / **nimbosus**, a, um - stormy, tumultuous / **Orion**, onis (m) - Orion (i.e., the southern constellation) / **adsurgo**, adsurgere (3), adsurrexi, adsurrectus - rise (up), surge / **fluctus**, us (m) - (tidal) swell, wave / **fero**, ferre, tuli, latus - bear, carry / **in** (prep) - onto (with Acc) / **caecus**, a, um - hidden / **vadum**, i (n) - shallow, shoal / **sal**, salis (n) - salt (water), sea / **supero** (1) - overcome, rise above / **dispello**, dispellere (3), dispuli, dispulsus - disperse, scatter / **penitus** (adv) - afar, far away / **procax**, acis - boisterous, insolent / **Auster**, tri (m) - the South Wind / **per** (prep) - through (with Acc) / **unda**, ae (f) - wave / **per** *iterum* / **invius**, a, um - pathless, trackless / **saxum**, i (n) - rock

(B) **huc** (adv) - here, hither / **paucus**, a, um - few / **adno** (1) - drift, float to (with Dat) / **vester**, vestra, vestrum - your / **ora**, ae (f) - coast / **qui**, quae, quod (interrog. adj.) - who? what? / **genus**, generis (n) - race / **homo**, hominis (m) - man / **qui** *iterum* / **patria**, ae (f) - country, region / **tam** (adv) - so (very) / **barbarus**, a, um - barbarous, savage / **permitto**, permittere (3), permisi, permissus - allow, permit / **mos**, moris (m) - custom, practice

<u>Quick Reference, **COMMON PRONOUNS**</u>: **hic**, haec, hoc (dem. pron.) - this; he, she, it | **ille**, illa, illud (dem. pron.) - that; that (famous) one (yonder); he, she, it | **ipse**, ipsa, ipsum (intnsv. pron.) - (one's own) self; very | **is**, ea, id (dem. pron.) - this, that; (of) such (a kind); he, she, it | **qui**, quae, quod (rel. pron.) - who, which; that

(C) **prohibeo**, prohibēre (2), prohibui, prohibitus - keep away (Pssv, "be deprived of") / [**ab** (prep) - from (with Abl)] / **hospitium**, i (n) - haven, refuge / **harena**, ae (f) - beach, sand / **cieo**, ciēre (2), civi, citus - rouse, stir up / **bellum**, i (n) - war / **veto**, vetare (1), vetui, vetitus - forbid, oppose, prevent / **consisto**, consistere (3), constiti, constitus - stand, take position / [**in** (prep) - on (with Abl)] / **primus**, a, um - first (part of) / **terra**, ae (f) - country, land (with *prima*, "border")

(D) **si** (conj) - if / **temno**, temnere (3) - despise, scorn / **humanus**, a, um - human, mortal / **genus**, generis (n) - race / **mortalis**, e - human, mortal / **arma**, orum (n) - (feats of) arms, weapons / **spero** (1) - expect (action of) / **deus**, i (m) - god / **memor**, oris - mindful of (with Gen) / **fandum**, i (n) - justice, righteous (conduct) / **nefandum**, i (n) - abominable (conduct), impiety

(E) **rex**, regis (m) - king / **Aeneas**, ae (m) - Aeneas (Trojan leader) / **alter**, altera, alterum - (any) other / [**vir**, viri (m) - man] / **iustus**, a, um - proper, righteous, upright / **pietas**, atis (f) - devotion (to duty), loyalty / **magnus**, a, um - great / **bellum**, i (n) - war / **arma**, orum (n) - (feats of) arms, weapons

(F) **vir**, viri (m) - (heroic) man / **si** (conj) - if (only) / **fatum**, i (n) - destiny, fate; (pl) "the Fates" / **servo** (1) - preserve, protect / **si** *iterum* / **vescor**, vesci (3) - breathe in (as sustenance) (with Abl) / **aetherius**, a, um - heavenly, of the upper air / **aura**, ae (f) - breeze, wind / **adhuc** (adv) - still, yet / **occubo** (1) - lie (dead) / [**in** (prep) - among, in (with Abl)] / **crudelis**, e - bitter, cruel / **umbra**, ae (f) - shade, shadow / [**mors**, mortis (f) - death] / **metus**, us (m) - anxiety, fear / **paenitet**, paenitēre (2), paenituit (impers.) - "it causes regret, grieves" (with Acc of Person Affected) / **certo** (1) - contend, strive / **prior**, prius (Gen *prioris*) - first, foremost (in rank or status) / **officium**, i (n) - kindness

(G) **urbs**, urbis (f) - city / **arma**, orum (n) - arms, weapons (i.e., "military resources") / **clarus**, a, um - famed, renowed / **Acestes**, ae (m) - Acestes (Sicilian king) / **a** (prep) - from, of (with Abl) / **Troianus**, a, um - Trojan / **sanguis**, inis (m) - blood, descent / [**in** (prep) - in (with Abl)] / **Siculus**, a, um - Sicilian / **regio**, onis (f) - region, territory

GRAMMATICAL NOTES: **1**. *Hic fuit cursus [nobis]* (Sc. *nobis* as Dat of Possession, so "hither lay our course" (lit., "hither was the course for us"). Line 534 (*hic cursus fuit*) is a *hemistich*, one of the poem's fifty-five incomplete lines; though many scholars regard these half-lines as evidence that the epic remains unfinished, it is quite possible that Vergil included them purposely: in only one instance is the meaning of a *hemistich* uncertain (*Aen.* 3.340; note that it occurs here during a speech and its disruptive sense may therefore be intentional); in all other cases the incomplete lines lend force to the narrative's subject (e.g., *Aen.* 2.623); **3**. *fluctū* (Abl of Manner or even Place Where, "in the ocean's swell"); **4**. *salō superante [nos]* (Abl Absol, "with the sea overcoming or rising above [us]"); **5**. *procacibus Austrīs* (Abl of Means, a Poetic Plural with *Austrīs* representative of all winds in general); **6**. *vestris oris* (Dat of Direction); **7**. *hospitiō* (Abl of Separation); **8**. *primā terrā* (Abl of Place Where, read here as "shoreline"); **9**. *nobis* (Dat of Possession); **10**. *quō* (Abl of Comparison after *iustior* and *maior*; best lit. transl. of *quō...armīs* is "than whom any other [man] was neither more proper with respect to devotion to duty nor greater with respect to war and feats of arms"); **11-13**. *pietate...bellō et armīs* (Ablatives of Respect); **14**. *non [est] metus [nobis]* (lit., "there is no fear for us," best read after the *protases* as "...then we have no cause for fear"); **15**. *paeniteat* (Potential Subjunctive, "it would [not] cause [you] any regret..."); **16**. *officiō* (Abl of Respect); **17**. *[nobis]* (Dat of Possession); **18**. *arma* (Some texts read *arva* instead: "**arvum**, i (n) - (cultivated) field, land"). | **HISTORICAL AND MYTHOLOGICAL NOTES**: **2**. A mighty hunter and celebrated lover (who sired fifty sons by as many nymphs and even pursued the Pleiades, Merope and Artemis herself), the giant Orion was transformed after death into the southern constellation which bears his name. Orion sets in the autumn and was linked to the onset of winter storms, and therefore deemed hostile to sailors; here, Vergil associates Orion with the storm itself by use of metonymy and we should not read the passage as if the constellation is "rising" but rather identify it with the surging stormflood it causes. | **19**. On Acestes, see Section 1.184-197 (note 7).

FULLY PARSED (1.534-550)

(A) **fuit** (perf actv indic 3 sing); **cursus** (masc nom sing); **[nobis]** (1 pers. pron., masc dat pl); **nimbosus** (masc nom sing); **Orion** (masc nom sing); **adsurgens** (prsnt actv prcpl, masc nom sing); **fluctū** (masc abl sing); **tulit** (perf actv indic 3 sing); **[nos]** (1 pers. pron., masc acc pl); **caeca** (neut acc pl); **vada** (neut acc pl); **salō** (neut abl sing); **superante** (prsnt actv prcpl, neut abl sing); **[nos]** (1

Quick Reference, COMMON PRONOUNS: **hic**, haec, hoc (dem. pron.) - this; he, she, it | **ille**, illa, illud (dem. pron.) - that; that (famous) one (yonder); he, she, it | **ipse**, ipsa, ipsum (intnsv. pron.) - (one's own) self; very | **is**, ea, id (dem. pron.) - this, that; (of) such (a kind); he, she, it | **qui**, quae, quod (rel. pron.) - who, which; that

pers. pron., masc acc pl); **dispulit** (perf actv indic 3 sing); **[nos]** (1 pers. pron., masc acc pl); **procacibus** (masc abl pl); **Austrīs** (masc abl pl); **undas** (fem acc pl); **invia** (neut acc pl); **saxa** (neut acc pl).

(B) **pauci** (masc nom pl); **adnavimus** (perf actv indic 1 pl); **vestris** (fem dat pl); **oris** (fem dat pl); **quod** (neut nom sing); **genus** (neut nom sing); **hominum** (masc gen pl); **[est]** (prsnt actv indic 3 sing); **hoc** (neut nom sing); **quae** (fem nom sing); **patria** (fem nom sing); **[est]** (prsnt actv indic 3 sing); **barbara** (fem nom sing); **permittit** (prsnt actv indic 3 sing); **hunc** (masc acc sing); **morem** (masc acc sing).

(C) **prohibemur** (prst pssv indic 1 pl); **hospitiō** (neut abl sing); **harenae** (fem gen sing); **cient** (prsnt actv indic 3 pl); **bella** (neut acc pl); **vetant** (prsnt actv indic 3 pl); **[nos]** (1 pers. pron., masc acc pl); **consistere** (prsnt actv infin); **primā** (fem abl sing); **terrā** (fem abl sing).

(D) **temnitis** (prsnt actv indic 2 pl); **humanum** (neut acc sing); **genus** (neut acc sing); **mortalia** (neut acc pl); **arma** (neut acc sing); **sperate** (prsnt actv imper 2 pl); **deos** (masc acc pl); **[esse]** (prsnt actv infin); **memores** (masc acc pl); **fandi** (neut gen sing); **nefandi** (neut gen sing).

(E) **rex** (masc nom sing); **nobis** (1 pers. pron., masc dat pl); **erat** (impf actv indic 3 sing); **Aeneas** (masc nom sing); **quō** (masc abl sing); **alter** (masc nom sing); **[vir]** (masc nom sing); **fuit** (perf actv indic 3 sing); **iustior** (masc nom sing; comp. of *iustus*); **pietate** (fem abl sing); **maior** (masc nom sing; comp. of *magnus*); **bellō** (neut abl sing); **armīs** (neut abl pl).

(F) **quem** (masc acc sing); **virum** (masc acc sing); **Fata** (neut nom pl); **servant** (prsnt actv indic 3 pl); **[illum]** (masc acc sing); **vescitur** (dep., prsnt pssv indic 3 sing); **aetheriā** (fem abl sing); **aurā** (fem abl sing); **occubat** (prsnt actv indic 3 sing); **crudelibus** (fem abl pl); **umbrīs** (fem abl pl); **[mortis]** (fem gen sing); **[est]** (prsnt actv indic 3 sing); **metus** (masc nom sing); **[nobis]** (1 pers. pron., masc dat pl); **paeniteat** (impers., prsnt actv subjv 3 sing); **te** (2 pers. pron., fem acc sing); **certasse** (i.e., *certavisse*, perf actv infin); **[esse]** (prsnt actv infin); **priorem** (fem acc sing; comp. of *primus*); **officiō** (neut abl sing).

(G) **sunt** (prsnt actv indic 3 pl); **[nobis]** (1 pers. pron., masc dat pl); **urbes** (fem nom pl); **arma** (neut nom pl); **clarus** (masc nom sing); **Acestes** (masc nom sing); **Troianō** (masc abl sing); **sanguine** (masc abl sing); **Siculīs** (fem abl pl); **regionibus** (fem abl pl).

* * * * * * * * * * * * * * * * *

Vergil's ORIGINAL TEXT (1.551-564). (551) "Quassatam ventis liceat subducere classem, | (552) et silvis aptare trabes, et stringere remos, | (553) si datur Italiam sociis et rege recepto | (554) tendere ut Italiam laeti Latiumque petamus, | (555) sin absumpta salus, et te, pater optime Teucrum, | (556) pontus habet Libyae, nec spes iam restat Iuli, | (557) at freta Sicaniae saltem sedisque paratas, | (558) unde huc advecti, regemque petamus Acesten." | (559) Talibus Ilioneus; cuncti simul ore fremebant | (560) Dardanidae. | (561) Tum breviter Dido, vultum demissa, profatur: | (562) "Solvite corde metum, Teucri, secludite curas. | (563) Res dura et regni novitas me talia cogunt | (564) moliri, et late finis custode tueri."

SUGGESTED WORD ORDER (1.551-564). (A) "Liceat[1] [nobis] subducere classem quassatam ventīs[2] et aptare trabes [in] silvīs[3] et stringere remos, ut laeti petamus[4] Italiam [et] Latium [nostrīs] sociīs et rege receptō,[5] si datur [nobis][6] tendere [ad] Italiam;[7] (B) sin [nostra] salus absumpta [i.e., absumpta est] et pontus Libyae habet te, optime pater Teuc[ro]rum,[8] [et] iam spes Iuli[9] nec restat, at saltem petamus[10] freta Sicaniae [et] paratas sedes [et] regem Acesten, unde advecti [i.e., advecti sumus] huc." (C) Ilioneus [dixit] talibus [dictīs];[11] simul cuncti Dardanidae[12] fremebant ore.[13] Tum Dido demissa[14] vultum profatur breviter: (D) "Solvite metum corde, Teucri;[8] secludite curas. Dura res et novitas regni cogunt me moliri talia et tueri finis late custode."[15]

Quick Reference, COMMON PRONOUNS: **hic**, haec, hoc (dem. pron.) - this; he, she, it | **ille**, illa, illud (dem. pron.) - that; that (famous) one (yonder); he, she, it | **ipse**, ipsa, ipsum (intnsv. pron.) - (one's own) self; very | **is**, ea, id (dem. pron.) - this, that; (of) such (a kind); he, she, it | **qui**, quae, quod (rel. pron.) - who, which; that

1.551 VOCABULARY SECTIONS (1.551-564)

(A) **licet**, licēre (2), licuit, licitum est (impers.) - "it is permitted" (with Dat) / **subduco**, subducere (3), subduxi, subductus - beach, draw up / **classis**, is (f) - fleet / **quasso** (1) - batter, shake violently / **ventus**, i (m) - (storm) wind / **apto** (1) - fashion, prepare / **trabs**, trabis (f) - plank, timber / [**in** (prep) - in (with Abl)] / **silva**, ae (f) - forest, woodland / **stringo**, stringere (3), strinxi, strictus - cut away, trim / **remus**, i (m) - oar / **laetus**, a, um - cheerful, joyful / **peto**, petere (3), petivi, petitus - make for, seek out / **Italia**, ae (f) - Italy / **Latium**, i (n) - Latium / [**noster**, nostra, nostrum - our] / **socius**, i (m) - companion / **rex**, regis (m) - king / **recipio**, recipere (3), recepi, receptus - recover, regain / **si** (conj) - if / **do**, dare (1), dedi, datus - allow, grant / **tendo**, tendere (3), tetendi, tentus - hold a course, push on, steer / [**ad** (prep) - to, toward (with Acc)] / **Italia** *iterum*

(B) **sin** (conj) - but if / [**noster**, nostra, nostrum - our] / **salus**, salutis (f) - (hope, or means of) deliverance, safety / **absumo**, absumere (3), absumpsi, absumptus - destroy, take away / **pontus**, i (m) - sea / **Libya**, ae (f) - Libya (i.e., "Africa") / **habeo**, habēre (2), habui, habitus - hold, keep, possess / **optimus**, a, um - best, finest, noblest / **pater**, patris (m) - father / **Teucri**, orum (m) - Teucrians (i.e., "Trojans") / **iam** (adv) - now / **spes**, ei (f) - (expectation of) hope / **Iulus**, i (m) - Iulus (Aeneas' son Ascanius) / **resto**, restare (1), restiti - remain, survive / **saltem** (adv) - at (the very) least / **peto**, petere (3), petivi, petitus - make for, travel to / **fretum**, i (n) - sea, strait / **Sicania**, ae (f) - Sicily / **paro** (1) - make ready, prepare / **sedes**, is (f) - dwelling-place, settlement / **rex**, regis (m) - king / **Acestes**, ae (m) - Acestes (Sicilian king) / **unde** (adv) - whence / **adveho**, advehere (3), advexi, advectus - bring, carry / **huc** (adv) - hither

(C) **Ilioneus**, ei (m) - Ilioneus (a Trojan) / **talis**, e - such / [**dictum**, i (n) - word] / **simul** (adv) - simultaneously, together / **cunctus**, a, um - all / **Dardanides**, ae (m) - lit., "descendant of Dardanus" (i.e., "a Trojan") / **fremo**, fremere (3), fremui, fremitus - roar, shout (assent) / **os**, oris (n) - mouth (i.e., "voice") / **tum** (adv) - then / **Dido**, onis (f) - Dido (Queen of Carthage) / **demitto**, demittere (3), demisi, demissus - drop, lower / **vultus**, us (m) - countenance, face; (pl) "eyes" / **profor**, profari (1), profatus - speak / **breviter** (adv) - briefly

(D) **solvo**, solvere (3), solvi, solutus - dismiss / **metus**, us (m) - anxiety, fear / **cor**, cordis (n) - heart / **Teucri**, orum (m) - Teucrians (i.e., "Trojans") / **secludo**, secludere (3), seclusi, seclusus - banish, cast aside / **cura**, ae (f) - care, concern / **durus**, a, um - harsh, unyielding / **res**, rei (f) - necessity / **novitas**, atis (f) - newness / **regnum**, i (n) - kingdom / **cogo**, cogere (3), coegi, coactus - compel, require / **molior**, moliri (4), molitus - accomplish, undertake / **talis**, e - such / **tueor**, tueri (2), tutus - protect, safeguard, watch over / **finis**, is (m) - border, territory / **late** (adv) - far and wide / **custos**, odis (m) - guard, (vigilant) watch

GRAMMATICAL NOTES: **1.** *liceat* (Hortatory Subjunctive, lit., "let it be granted [for us] ... ," best read as "allow us..."); **2.** *ventīs* (Abl of Means); **3.** *silvīs* (Abl of Place Where); **4.** *petamus* (Subjunctive in a Purpose Clause, "that we might seek out"); **5.** *[nostrīs] sociīs et rege receptō* (Abl Absol, "with [our] companions and king having been recovered," note that *receptō* agrees with singular *rege* but also qualifies plural *sociīs*); **6.** *si datur [nobis]* (Impers., "if it is permitted [for us] ..."); **7.** *Italiam* (Acc of Place to Which); **9.** *Iuli* (Objective Genitive after *spes*, "hope in Iulus"); **10.** *petamus* (Hortatory Subjunctive, "let us seek out, travel to..."); **11.** *talibus [dictīs]* (Abl of Means); **12.** *Dardanidae* (Line 560 is another of the *Aeneid*'s half-lines; see Section 534-550, note 1 for further discussion); **13.** *ore* (Abl of Means); **14.** *demissa* (construe with *vultum* as if in Middle Voice, "having lowered her face, with downcast glance"); **15.** *custode* (Abl of Means). | **HISTORICAL AND MYTHOLOGICAL NOTES**: **8.** On the Teucrians, see Section 1.34-41 (note 4). | **9.** Vergil uses the Greek name "Ascanius" as well as the Roman form "Iulus" for Aeneas' son; the latter name is associated etymologically with Ilium (i.e., Troy) and also draws a connection with the Roman gens *Iulia*, whose leading members (e.g., Julius Caesar and Augustus) sought to promote their legendary Trojan origins and divine descent from Venus. | **12.** On the Dardanidae, see Section 1.494-506 (note 1).

Quick Reference, COMMON PRONOUNS: **hic**, haec, hoc (dem. pron.) - this; he, she, it | **ille**, illa, illud (dem. pron.) - that; that (famous) one (yonder); he, she, it | **ipse**, ipsa, ipsum (intnsv. pron.) - (one's own) self; very | **is**, ea, id (dem. pron.) - this, that; (of) such (a kind); he, she, it | **qui**, quae, quod (rel. pron.) - who, which; that

FULLY PARSED (1.551-564)

(A) **liceat** (impers., prsnt actv subjv 3 sing); **[nobis]** (1 pers. pron., masc dat pl); **subducere** (prsnt actv infin); **classem** (fem acc sing); **quassatam** (perf pssv prcpl, fem acc sing); **ventīs** (masc abl pl); **aptare** (prsnt actv infin); **trabes** (fem acc pl); **silvīs** (fem abl pl); **stringere** (prsnt actv infin); **remos** (masc acc pl); **laeti** (masc nom pl); **petamus** (prsnt actv subjv 1 pl); **Italiam** (fem acc sing); **Latium** (neut acc sing); **[nostrīs]** (masc abl pl); **sociīs** (masc abl pl); **rege** (masc abl sing); **receptō** (perf pssv prcpl, masc abl sing); **datur** (impers., prsnt pssv indic 3 sing); **[nobis]** (1 pers. pron., masc dat pl); **tendere** (prsnt actv infin); **Italiam** (fem acc sing).

(B) **[nostra]** (fem nom sing); **salus** (fem nom sing); **absumpta** (i.e., *absumpta est*, perf pssv indic 3 sing; fem nom); **pontus** (masc nom sing); **Libyae** (fem gen sing); **habet** (prsnt actv indic 3 sing); **te** (1 pers. pron., masc acc sing); **optime** (masc voc sing; supl. of *bonus*); **pater** (masc voc sing); **Teuc[ro]rum** (masc gen pl); **spes** (fem nom sing); **Iuli** (masc gen sing); **restat** (prsnt actv indic 3 sing); **petamus** (prsnt actv subjv 1 pl); **freta** (neut acc pl); **Sicaniae** (fem gen sing); **paratas** (perf pssv prcpl, fem acc pl); **sedes** (fem acc pl); **regem** (masc acc sing); **Acesten** (masc acc sing); **advecti** (i.e., *advecti sumus*, perf pssv indic 1 pl; masc nom).

(C) **Ilioneus** (masc nom sing); **[dixit]** (perf actv indic 3 sing); **talibus** (neut abl pl); **[dictīs]** (neut abl pl); **cuncti** (masc nom pl); **Dardanidae** (masc nom pl); **fremebant** (impf actv indic 3 pl); **ore** (neut abl sing); **Dido** (fem nom sing); **demissa** (perf pssv prcpl, fem nom sing); **vultum** (masc acc sing); **profatur** (dep., prsnt pssv indic 3 sing).

(D) **solvite** (prsnt actv imper 2 pl); **metum** (masc acc sing); **corde** (neut abl sing); **Teucri** (masc voc pl); **secludite** (prsnt actv imper 2 pl); **curas** (fem acc pl); **dura** (fem nom sing); **res** (fem nom sing); **novitas** (fem nom sing); **regni** (neut gen sing); **cogunt** (prsnt actv indic 3 pl); **me** (1 pers. pron., fem acc sing); **moliri** (dep., prsnt pssv infin); **talia** (neut acc pl); **tueri** (dep., prsnt pssv infin); **finis** (masc acc pl); **custode** (masc abl sing).

* * * * * * * * * * * * * * * * *

Vergil's ORIGINAL TEXT (1.565-578). **(565)** "Quis genus Aeneadum, quis Troiae nesciat urbem, | **(566)** virtutesque, virosque, aut tanti incendia belli? | **(567)** Non obtunsa adeo gestamus pectora Poeni, | **(568)** nec tam aversus equos Tyria Sol iungit ab urbe. | **(569)** Seu vos Hesperiam magnam Saturniaque arva | **(570)** sive Erycis finis regemque optatis Acesten, | **(571)** auxilio tutos dimittam, opibusque iuvabo. | **(572)** Vultis et his mecum pariter considere regnis? | **(573)** Urbem quam statuo, vestra est: subducite navis; | **(574)** Tros Tyriusque mihi nullo discrimine agetur. | **(575)** Atque utinam rex ipse, Noto compulsus eodem, | **(576)** adforet Aeneas! Equidem per litora certos | **(577)** dimittam, et Libyae lustrare extrema iubebo, | **(578)** si quibus eiectus silvis aut urbibus errat."

SUGGESTED WORD ORDER (1.565-578). **(A)** "Quis nesciat[1] genus Aenead[ar]um,[2] quis [nesciat] urbem [et] virtutes [et] viros Troiae aut incendia tanti belli? **(B)** [Nos] Poeni non gestamus adeo obtunsa pectora, nec Sol[3] iungit equos tam aversus ab Tyriā urbe. **(C)** Seu optatis magnam Hesperiam[4] [et] Saturnia[5] arva sive finis Erycis[6] [et] regem Acesten,[7] dimittam [vos] tutos auxiliō[8] [et] iuvabo [vos] opibus.[9] **(D)** Et vultis considere cum mē pariter [in] hīs regnīs?[10] Urbem[11] [i.e., Urbs] quam statuo, est vestra; subducite navis; Tros [et] Tyrius agetur mihi[12] nullō discrimine.[13] **(E)** Atque utinam rex, Aeneas ipse, adforet[14] compulsus eōdem Notō![15] **(F)** Equidem dimittam certos [viros] per litora et iubebo [eos] lustrare extrema[16] Libyae, si eiectus errat [in] quibus silvīs[17] aut urbibus."[18]

1.565 **VOCABULARY SECTIONS (1.565-578)**

(A) **quis**, quid (interrog. pron.) - who? what? / **nescio**, nescire (4), nescivi - be ignorant of, not know / **genus**, generis (n) - nation, race / **Aeneadae**, arum (m) - "the descendants of Aeneas" (i.e., Aeneas' followers, "the Trojans") / **quis** *iterum* / [**nescio** *iterum*] / **urbs**, urbis (f) - city / **virtus**, utis (f) - (moral) excellence, valor / **vir**, viri (m) - man / **Troia**, ae (f) - Troy / **incendium**, i (n) - conflagration (i.e., "fiery devastation") / **tantus**, a, um - so great, such / **bellum**, i (n) - war

---

Quick Reference, COMMON PRONOUNS: **hic**, haec, hoc (dem. pron.) - this; he, she, it | **ille**, illa, illud (dem. pron.) - that; that (famous) one (yonder); he, she, it | **ipse**, ipsa, ipsum (intnsv. pron.) - (one's own) self; very | **is**, ea, id (dem. pron.) - this, that; (of) such (a kind); he, she, it | **qui**, quae, quod (rel. pron.) - who, which; that

(B) **Poeni**, orum (m) - the Phoenicians (i.e., "Carthaginians") / **gesto** (1) - bear, have, possess / **adeo** (adv) - so (very), such / **obtunsus**, a, um - dull, insensible / **pectus**, oris (n) - heart, mind / **Sol**, Solis (m) - Sol (an Italian sun god) / **iungo**, iungere (3), iunxi, iunctus - harness, join together, yoke / **equus**, i (m) - horse / **tam** (adv) - so (very) / **aversus**, a, um - alienated, withdrawn (with *tam*, "so very remote from") / **ab** (prep) - (away) from (with Abl) / **Tyrius**, a, um - Tyrian (i.e., "of Tyre") / **urbs**, urbis (f) - city

(C) **seu** or **sive** (conj) - or (if), whether (*seu...sive*, "whether...or") / **opto** (1) - choose / **magnus**, a, um - great, vast / **Hesperia**, ae (f) - Hesperia (i.e., "Italy") / **Saturnius**, a, um - Saturnian (i.e., "of Saturn") / **arvum**, i (n) - field, land / **seu** or **sive** *iterum* / **finis**, is (m) - border, territory / **Eryx**, Erycis (m) - Eryx (Aeneas' half-brother) / **rex**, regis (m) - king / **Acestes**, ae (m) - Acestes (Sicilian king) / **dimitto**, dimittere (3), demisi, demissus - send (away) / **tutus**, a, um - safe, well-guarded / **auxilium**, i (n) - escort, protection / **iuvo**, iuvare (1), iuvi, iutus - assist, help / **ops**, opis (f) - resources, support, wealth

(D) **et** (conj) - moreover (here with disjunctive force, "or if") / **volo**, velle, volui - be willing, wish / **consido**, considere (3), consedi, consessus - settle (down) / **cum** (prep) - with (with Abl) / **pariter** (adv) - together (equally, on equal terms) / [**in** (prep) - in (with Abl)] / **regnum**, i (n) - kingdom, realm / **urbs**, urbis (f) - city / **statuo**, statuere (3), statui, statutus - build, establish / **vester**, vestra, vestrum - your (own) / **subduco**, subducere (3), subduxi, subductus - beach, draw up / **navis**, is (f) - ship / **Tros**, Trois (m) - a Trojan / **Tyrius**, i (m) - a Tyrian (lit., "a man of Tyre," thus "a Carthaginian") / **ago**, agere (3), egi, actus - consider, regard / **nullus**, a, um - none, not any / **discrimen**, inis (n) - difference, distinction

(E) **utinam** (adv) - "if only, would that..." (with Subjv) / **rex**, regis (m) - king / **Aeneas**, ae (m) - Aeneas (Trojan leader) / **adsum**, adesse, adfui - be present / **compello**, compellere (3). compuli, compulsus - drive, force / **idem**, eadem, idem - same / **Notus**, i (m) - the South Wind

(F) **equidem** (adv) - indeed, surely / **dimitto**, dimittere (3), demisi, demissus - send (forth) / **certus**, a, um - faithful, reliable, trustworthy / [**vir**, viri (m) - man] / **per** (prep) - along, throughout (with Acc) / **litus**, litoris (n) - coast, shore / **iubeo**, iubēre (2), iussi, iussus - command, order / **lustro** (1) - search, survey, traverse / **extremus**, a, um - furthest, outermost / **Libya**, ae (f) - Libya (i.e., "Africa") / **si** (conj) - if (by any chance) / **eicio**, eicere (3), eieci, eiectus - cast (ashore), shipwrecked / **erro** (1) - roam, wander / [**in** (prep) - in (with Abl)] / **qui**, qua, quod (indef. adj.) - any, some / **silva**, ae (f) - forest, woodland / **urbs**, urbis (f) - city

<u>GRAMMATICAL NOTES</u>: **1**. *nesciat* (Deliberative Subjunctive with *quis*, "who would not know..."); **8**. *auxiliō* (Abl of Manner, or perhaps Abl of Means); **9**. *opibus* (Abl of Means); **10**. *[in] hīs regnīs* (Abl of Place Where, and a Poetic Plural; transl. as Singular); **11**. *urbem* (an instance of "Inverse Attraction" in which the antecedent is attracted to the case of the relative pronoun; transl. as if nominative *urbs*); **12**. *mihi* (Dat of Agent); **13**. *nullō discrimine* (Abl of Manner, "with no distinction"); **14**. *adforet* (Optative Subjunctive after *utinam*); **15**. *eōdem Notō* (Abl of Means); **16**. *extrema* (i.e., "the uttermost parts..."); **17-18**. *[in] quibus silvīs aut urbibus* (Ablatives of Place Where). | <u>HISTORICAL AND MYTHOLOGICAL NOTES</u>: **2**. On the Aeneadae, see Section 1.157-169 (note 1). | **3**. Sol was a solar deity whom the early Romans honored with festivals and cultic worship (a temple to Sol and Luna on the southwestern side of the Circus Maximus likely dates to the first century BC though evidence suggests that the cult was much older) and who is probably to be identified with Sol Indiges (an early Roman sun god celebrated in a number of annual festivals whose temple was located on the Quirinal Hill); at any rate, Sol was eventually associated by Roman poets with the Greek sun god Helios (the son of Hyperion and Theia, and brother of the moon goddess Selene / Luna and the goddess of the dawn, Eos / Aurora), whose primary duty was to drive the Chariot of the Sun. Having witnessed everything which took place below his chariot during his daily progress across the sky, Helios was regarded as an essentially omniscient deity (e.g., he informed Hephaestus of Aphrodite's betrayal, and told Demeter about her daughter's abduction by Hades); this attribute explains Dido's assertion *nec Sol iungit equos tam aversus ab Tyriā urbe* in line 568 (i.e., "we are not so far removed from the main path of civilization that we haven't heard of such great events!"). | **4**. On Hesperia, see Section 1.520-533 (note 14). | **5**. Saturn was an ancient Italian god of agriculture whom the Romans worshipped each winter solstice at the "Saturnalia" (a major festival marked by sacrifice, the cessation of business, public feasting, and an inversion of household formality in which slaves were often relieved of duties and even waited upon by their

<u>Quick Reference, COMMON PRONOUNS</u>: **hic**, haec, hoc (dem. pron.) - this; he, she, it | **ille**, illa, illud (dem. pron.) - that; that (famous) one (yonder); he, she, it | **ipse**, ipsa, ipsum (intnsv. pron.) - (one's own) self; very | **is**, ea, id (dem. pron.) - this, that; (of) such (a kind); he, she, it | **qui**, quae, quod (rel. pron.) - who, which; that

masters), though he was also identified with the Greek god Cronus. One legend popular among the Romans held that the Titan Cronus, having been usurped by Zeus and the Olympians, was not confined in Tartarus but rather permitted a realm in Italy which he cultivated and civilized to such a degree that his reign was called "the Golden Age," an era in which men lived without strife and harvested an abundance of crops and produce without toil; thus, the poets often referred to the fertile fields of the Italian landscape as "Saturnian." | 6. Mt. Eryx, located in northwestern Sicily near Drepanum, received its name from Eryx (the son of Aphrodite and Butes and therefore Aeneas' half-brother, though a few generations removed: Butes, a son of Poseidon who sailed with the Argonauts, was saved by an adoring Aphrodite after he alone of the crew had jumped overboard in response to the Sirens' beguiling song) and was the site of a famous temple originally dedicated to the Phoenician fertility goddess Astarte and eventually associated with Aphrodite / Venus. Eryx ruled in Sicily and was renowned for his immense strength and success against all opponents in wrestling matches or bouts with the *caestus* (i.e., straps of bull's hide loaded with lead or iron wound about one's hands and arms as boxing gloves), but was himself overcome by Heracles during the course of the hero's Tenth Labor and buried on the mountain which thereafter bore his name. | 7. On Acestes, see Section 1.184-197 (note 7).

FULLY PARSED (1.565-578) _____

(A) **quis** (masc nom sing); **nesciat** (prsnt actv subjv 3 sing); **genus** (neut acc sing); **Aenead|ar|um** (masc gen pl); **quis** (masc nom sing); **[nesciat]** (prsnt actv subjv 3 sing); **urbem** (fem acc sing); **virtutes** (fem acc pl); **viros** (masc acc pl); **Troiae** (fem gen sing); **incendia** (neut acc pl); **tanti** (neut gen sing); **belli** (neut gen sing).

(B) **[nos]** (1 pers. pron., masc nom pl); **Poeni** (masc nom pl); **gestamus** (prsnt actv indic 1 pl); **obtunsa** (neut acc pl); **pectora** (neut acc pl); **Sol** (masc nom sing); **iungit** (prsnt actv indic 3 sing); **equos** (masc acc pl); **aversus** (masc nom sing); **Tyriā** (fem abl sing); **urbe** (fem abl sing).

(C) **optatis** (prsnt actv indic 2 pl); **magnam** (fem acc sing); **Hesperiam** (fem acc sing); **Saturnia** (neut acc pl); **arva** (neut acc pl); **finis** (masc acc pl); **Erycis** (masc gen sing); **regem** (masc acc sing); **Acesten** (masc acc sing); **dimittam** (fut actv indic 1 sing); **[vos]** (2 pers. pron., masc acc pl); **tutos** (masc acc pl); **auxiliō** (neut abl sing); **iuvabo** (fut actv indic 1 sing); **[vos]** (2 pers. pron., masc acc pl); **opibus** (fem abl pl).

(D) **vultis** (prsnt actv indic 2 pl); **considere** (prsnt actv infin); **mē** (1 pers. pron., fem abl sing); **hīs** (neut abl pl); **regnīs** (neut abl pl); **urbem** (fem acc sing); **quam** (fem acc sing); **statuo** (prsnt actv indic 1 sing); **est** (prsnt actv indic 3 sing); **vestra** (fem nom sing); **subducite** (prsnt actv imper 2 pl); **navis** (fem acc pl); **Tros** (masc nom sing); **Tyrius** (masc nom sing); **agetur** (fut pssv indic 3 sing); **mihi** (1 pers. pron., fem dat sing); **nullō** (neut abl sing); **discrimine** (neut abl sing).

(E) **rex** (masc nom sing); **Aeneas** (masc nom sing); **ipse** (masc nom sing); **adforet** (impf actv subjv 3 sing); **compulsus** (perf pssv prcpl, masc nom sing); **eōdem** (masc abl sing); **Notō** (masc abl sing).

(F) **dimittam** (fut actv indic 1 sing); **certos** (masc acc pl); **[viros]** (masc acc pl); **litora** (neut acc pl); **iubebo** (fut actv indic 1 sing); **[eos]** (masc acc pl); **lustrare** (prsnt actv infin); **extrema** (neut acc pl; supl. of *exter*); **Libyae** (fem gen sing); **eiectus** (perf pssv prcpl, masc nom sing); **errat** (prsnt actv indic 3 sing); **quibus** (fem abl pl); **silvīs** (fem abl pl); **urbibus** (fem abl pl).

* * * * * * * * * * * * * * * * * *

_____

Quick Reference, COMMON PRONOUNS: **hic**, haec, hoc (dem. pron.) - this; he, she, it | **ille**, illa, illud (dem. pron.) - that; that (famous) one (yonder); he, she, it | **ipse**, ipsa, ipsum (intnsv. pron.) - (one's own) self; very | **is**, ea, id (dem. pron.) - this, that; (of) such (a kind); he, she, it | **qui**, quae, quod (rel. pron.) - who, which; that

Book Two

(Lines 40-56, 201-249, 268-297, 559-620)

Vergil's **ORIGINAL TEXT (2.40-56)**. **(40)** "Primus ibi ante omnis, magna comitante caterva, | **(41)** Laocoon ardens summa decurrit ab arce, | **(42)** et procul: 'O miseri, quae tanta insania, cives? | **(43)** Creditis avectos hostis, aut ulla putatis | **(44)** dona carere dolis Danaum? Sic notus Ulixes? | **(45)** Aut hoc inclusi ligno occultantur Achivi, | **(46)** aut haec in nostros fabricata est machina muros, | **(47)** inspectura domos venturaque desuper urbi, | **(48)** aut aliquis latet error; equo ne credite, Teucri. | **(49)** Quidquid id est, timeo Danaos et dona ferentis.' | **(50)** Sic fatus, validis ingentem viribus hastam | **(51)** in latus inque feri curvam compagibus alvum | **(52)** contorsit. Stetit illa tremens, uteroque recusso, | **(53)** insonuere cavae gemitumque dedere cavernae; | **(54)** et, si fata deum, si mens non laeva fuisset, | **(55)** impulerat ferro Argolicas foedare latebras, | **(56)** Troiaque nunc staret, Priamique arx alta, maneres."

SUGGESTED WORD ORDER (2.40-56). **(A)** "Ibi primus ante omnis, magnā catervā comitante,[1] Laocoon[2] ardens decurrit ab summā arce et [exclamat] procul: 'O miseri cives, quae [est] tanta insania?[3] **(B)** Creditis hostis avectos [i.e., avectos esse]? Aut putatis ulla dona Dana[or]um[4] carere dolīs?[5] Sic [est] Ulixes notus?[6] **(C)** Aut Achivi, inclusi, occultantur hōc lignō,[7] aut haec machina [belli] fabricata est in nostros muros, inspectura[8] [nostras] domos [et] ventura[9] urbi[10] desuper, aut aliquis error latet; ne credite equo, Teucri.[11] **(D)** Quidquid id est, timeo Danaos[4] et ferentis dona.' Fatus sic, contorsit ingentem hastam validīs viribus[12] in latus feri [et] in alvum, curvam compagibus.[13] **(E)** Illa tremens [hasta] stetit, [et] uterō recussō[14] cavae cavernae insonuere [i.e., insonuerunt] [et] dedere [i.e., dederunt] gemitum. **(F)** Et si fata de[or]um [et] si mens [deorum] non fuisset[15] laeva, [Laocoon] impulerat[16] [nos] foedare Argolicas latebras ferrō, [et] Troia nunc staret[17] [et tu], alta arx Priami, maneres."[18]

2.40 VOCABULARY SECTIONS (2.40-56)

(A) **ibi** (adv) - then / **primus**, a, um - first, foremost / **ante** (prep) - before, in front of (with Acc) / **omnis**, e - all, every / **magnus**, a, um - great, large / **caterva**, ae (f) - crowd, throng / **comito** (1) - accompany, follow / **Laocoon**, ontis (m) - Laocoön (a Trojan priest) / **ardeo**, ardēre (2), arsi, arsus - be eager, burn with passion / **decurro**, decurrere (3), decurri, decursus - hasten, run down / **ab** (prep) - from (with Abl) / **summus**, a, um - highest, uppermost / **arx**, arcis (f) - citadel, fortress / [**exclamo** (1) - cry out, shout] / **procul** (adv) - at a distance, from afar / **miser**, misera, miserum - unfortunate, wretched / **cives**, is (m) - citizen / **quis**, quae, quod (interrog. adj.) - who? what? / **tantus**, a, um - all this, so very great / **insania**, ae (f) - folly, madness

(B) **credo**, credere (3), credidi, creditus - believe, think / **hostis**, is (m) - enemy / **aveho**, avehere (3), avexi, avectus - carry away (in Pssv with *navis*, "sail away") / **puto** (1) - suppose, think / **ullus**, a, um - any / **donum**, i (n) - gift, offering / **Danai**, orum (m) - Danaans (i.e., "the Greeks") / **careo**, carēre (2), carui, caritus - be free from, devoid of (with Abl) / **dolus**, i (m) - deceit, trickery / **sic** (adv) - in such a manner, thus / **Ulixes**, i (m) - Ulysses (Greek leader) / **notus**, a, um - (notoriously) familiar, (well) known

(C) **Achivi**, orum (m) - the Achaeans (i.e., "the Greeks") / **includo**, includere (3), inclusi, inclusus - confine, enclose / **occulto** (1) - conceal, hide / **lignum**, i (n) - wood, timber / **machina**, ae (f) - device, engine / [**bellum**, i (n) - war] / **fabrico** (1) - build, fashion / **in** (prep) - against (with Acc) / **noster**, nostra, nostrum - our / **murus**, i (m) - rampart, (city) wall / **inspicio**, inspicere (3), inspexi, inspectus - examine, look into / [**noster** *iterum*] / **domus**, i (f) - dwelling, home / **venio**, venire (4), veni, ventus - come / **urbs**, urbis (f) - city / **desuper** (adv) - from above / **aliquis**, aliqua, aliquid - any, some / **error**, oris (m) - deception, trick / **lateo**, latēre (2), latui - hide, lurk / **credo**, credere (3), credidi, creditus - confide in, trust (with Dat) / **equus**, i (m) - horse / **Teucri**, orum (m) - Teucrians (i.e., "Trojans")

(D) **quisquis**, quidquid (indef. rel. pron.) - whoever, whatever / **timeo**, timēre (2), timui - dread, fear / **Danai**, orum (m) - Danaans (i.e., "the Greeks") / **et** (adv) - even (while) / **fero**, ferre, tuli, latus - bear / **donum**, i (n) - (sacred) gift, (dedicatory) offering / **for**, fari (1), fatus (defect. dep.) - speak / **sic** (adv) - in such a manner, thus / **contorqueo**, contorquēre (2), contorsi, contortus - hurl / **ingens**, ntis - great, massive / **hasta**, ae (f) - spear / **validus**, a, um - mighty,

---

Quick Reference, COMMON PRONOUNS: **hic**, haec, hoc (dem. pron.) - this; he, she, it | **ille**, illa, illud (dem. pron.) - that; that (famous) one (yonder); he, she, it | **ipse**, ipsa, ipsum (intnsv. pron.) - (one's own) self; very | **is**, ea, id (dem. pron.) - this, that; (of) such (a kind); he, she, it | **qui**, quae, quod (rel. pron.) - who, which; that

powerful / **vis**, vis (f) - force, power; (pl) strength / **in** (prep) - against, at, into (with Acc) / **latus**, eris (n) - flank, side / **ferus**, i (m) - beast / **in** *iterum* / **alvus**, i (f) - bowels, womb / **curvus**, a, um - curved / **compages**, is (f) - joint, seam (i.e., "frame-work")

(E) **tremo**, tremere (3), tremui - quiver, tremble / [**hasta**, ae (f) - spear] / **sto**, stare (1), steti, status - remain (fixed), stand (firm) / **uterus**, i (m) - belly, womb / **recutio**, recutere (3), recussi, recussus - shake (violently) / **cavus**, a, um - hollow, vaulted / **caverna**, ae (f) - cavern / **insono**, insonare (1), insonui - echo, resound / **do**, dare (1), dedi, datus - emit, give / **gemitus**, us (m) - groan, moan

(F) **si** (conj) - if / **fatum**, i (n) - decree / **deus**, i (m) - god / **si** *iterum* / **mens**, mentis (f) - heart, mind (here, "intention, purpose") / [**deus** *iterum*] / **laevus**, a, um - hostile, unfavorable / [**Laocoon**, ontis (m) - Laocoön (a Trojan priest)] / **impello**, impellere (3), impuli, impulsus - incite, persuade / **foedo** (1) - disfigure, mutilate / **Argolicus**, a, um - Argive (i.e., "Greek") / **latebra**, ae (f) - hiding-place / **ferrum**, i (n) - iron (sword) / **Troia**, ae (f) - Troy / **nunc** (adv) - now / **sto**, stare (1), steti, status - stand (firm) / **altus**, a, um - high, lofty / **arx**, arcis (f) - citadel, fortress / **Priamus**, i (m) - Priam (king of Troy) / **maneo**, manēre (2), mansi, mansus - remain, survive

GRAMMATICAL NOTES: **1**. *magnā catervā comitante* (Abl Absol, "with a great throng following after"); **3**. *quae [est] tanta insania?* ("what is all this great madness?"); **5**. *dolīs* (Abl of Separation); **6**. *sic [est] Ulixes notus* (lit., "in this manner is Ulysses known?," i.e., "is this what you know about Ulysses?"); **7**. *hōc lignō* (Abl of Means, or perhaps Abl of Place Where); **8**. *inspectura* (Future Participle denotes Purpose, "in order to look into..."); **9**. *ventura* (Future Participle denotes Purpose, "in order to come..."); **10**. *urbi* (Dat of Direction, "into the city"); **12**. *validīs viribus* (Abl of Manner); **13**. *compagibus* (Abl of Manner or Respect); **14**. *uterō recussō* (Abl Absol, "with the belly having been shaken violently"); **15**. *fuisset* (Pluperfect Subjunctive as the Protasis of a Mixed Contrary-to-Fact Condition denotes what is Past Contrafactual); **16**. *impulerat* (Pluperfect Indicative in the Apodosis of a Mixed Contrary-to-Fact Condition; Vergil uses this form rather than the expected Pluperfect Subjunctive *impulisset* to convey past time more vividly in an unfulfilled condition: "if the decrees of the gods and if the purpose of the gods had not been unfavorable, Laocoon would have persuaded us"); **17-18**. *staret...maneres* (Imperfect Subjunctives in the Apodosis of a Mixed Contrary-to-Fact Condition denote what is contrafactual in the Present, "would (even now) be standing...you would (still) remain"). | **HISTORICAL AND MYTHOLOGICAL NOTES**: **2**. Laocoön was a son of Priam, Anchises' brother and priest of both Apollo and Neptune (according to Servius, the priest of Neptune had been killed and Laocoön- already in Apollo's service - was chosen to replace him; tradition held that these two gods were Troy's guardian deities and had worked together to build the city's walls), who attempted to dissuade the Trojans from admitting the Wooden Horse into the city; as Vergil relates (*Aen.* 2.199-231), Laocoön and his sons were killed as they were sacrificing to Neptune by a pair of serpents sent by Minerva in response to his hostility and sacrilegious blow against the sacred Horse with his spear. | **4**. On the Danaans, see Section 1.23-33 (note **8**). | **6**. Ulysses (i.e., Greek "Odysseus"), the son of Anticlea and Laertes and husband of Penelope, was king of Ithaca and one of the greatest Greek chieftains of the Trojan War; though Homer's hero was renowned for his courage, shrewd counsel, and resourcefulness, later traditions were less favorable and tended to stress his deceitfulness, cunning guile, and untrustworthiness. Thus Laocoön, certain that the Horse is some sort of trick, simply assumes that Ulysses must have been responsible for its construction. | **11**. On the Teucrians, see Section 1.34-41 (note **4**).

FULLY PARSED (2.40-56)

(A) **primus** (masc nom sing); **omnis** (masc acc pl); **magnā** (fem abl sing); **catervā** (fem abl sing); **comitante** (prsnt actv prcpl, fem abl sing); **Laocoon** (masc nom sing); **ardens** (prsnt actv prcpl, masc nom sing); **decurrit** (prsnt actv indic 3 sing); **summā** (fem abl sing); **arce** (fem abl sing); **[exclamat]** (prsnt actv indic 3 sing); **miseri** (masc voc pl); **cives** (masc voc pl); **quae** (fem nom sing); **[est]** (prsnt actv indic 3 sing); **tanta** (fem nom sing); **insania** (fem nom sing).

(B) **creditis** (prsnt actv indic 2 pl); **hostis** (masc acc pl); **avectos** (i.e., *avectos esse*, perf pssv infin; masc acc pl); **putatis** (prsnt actv indic 2 pl); **ulla** (neut acc pl); **dona** (neut acc pl); **Dana[or]um** (masc gen pl); **carere** (prsnt actv infin); **dolīs** (masc abl pl); **[est]** (prsnt actv indic 3 sing); **Ulixes** (masc nom sing); **notus** (masc nom sing).

Quick Reference, COMMON PRONOUNS: **hic**, haec, hoc (dem. pron.) - this; he, she, it | **ille**, illa, illud (dem. pron.) - that; that (famous) one (yonder); he, she, it | **ipse**, ipsa, ipsum (intnsv. pron.) - (one's own) self; very | **is**, ea, id (dem. pron.) - this, that; (of) such (a kind); he, she, it | **qui**, quae, quod (rel. pron.) - who, which; that

(C) **Achivi** (masc nom pl); **inclusi** (perf pssv prcpl, masc nom pl); **occultantur** (prsnt pssv indic 3 pl); **hōc** (neut abl sing); **lignō** (neut abl sing); **haec** (fem nom sing); **machina** (fem nom sing); **[belli]** (neut gen sing); **fabricata est** (perf pssv indic 3 sing; fem nom); **nostros** (masc acc pl); **muros** (masc acc pl); **inspectura** (fut actv prcpl, fem nom sing); **[nostras]** (fem acc pl); **domos** (fem acc pl); **ventura** (fut actv prcpl, fem nom sing); **urbi** (fem dat sing); **aliquis** (masc nom sing); **error** (masc nom sing); **latet** (prsnt actv indic 3 sing); **credite** (prsnt actv imper 2 pl); **equo** (masc dat sing); **Teucri** (masc voc pl).

(D) **quidquid** (neut nom sing); **id** (neut nom sing); **est** (prsnt actv indic 3 sing); **timeo** (prsnt actv indic 1 sing); **Danaos** (masc acc pl); **ferentis** (prsnt actv prcpl, masc acc pl); **dona** (neut acc pl); **fatus** (dep., perf pssv prcpl, masc nom sing); **contorsit** (perf actv indic 3 sing); **ingentem** (fem acc sing); **hastam** (fem acc sing); **validīs** (fem abl pl); **viribus** (fem abl pl); **latus** (neut acc sing); **feri** (masc gen sing); **alvum** (fem acc sing); **curvam** (fem acc sing); **compagibus** (fem abl pl).

(E) **illa** (fem nom sing); **tremens** (prsnt actv prcpl, fem nom sing); **[hasta]** (fem nom sing); **stetit** (perf actv indic 3 sing); **uterō** (masc abl sing); **recussō** (perf pssv prcpl, masc abl sing); **cavae** (fem nom pl); **cavernae** (fem nom pl); **insonuere** (i.e., *insonuerunt*, perf actv indic 3 pl); **dedere** (i.e., *dederunt*, perf actv indic 3 pl); **gemitum** (masc acc sing).

(F) **fata** (neut nom pl); **de[or]um** (masc gen pl); **mens** (fem nom sing); **[deorum]** (masc gen pl); **fuisset** (pluperf actv subjv 3 sing); **laeva** (fem nom sing); **[Laocoon]** (masc nom sing); **impulerat** (pluperf actv subjv 3 sing); **[nos]** (1 pers. pron., masc acc pl); **foedare** (prsnt actv infin); **Argolicas** (fem acc pl); **latebras** (fem acc pl); **ferrō** (neut abl sing); **Troia** (fem nom sing); **staret** (impf actv subjv 3 sing); **[tu]** (2 pers. pron., fem voc sing); **alta** (fem voc sing); **arx** (fem voc sing); **Priami** (masc gen sing); **maneres** (impf actv subjv 2 sing).

* * * * * * * * * * * * * * * * * *

Vergil's <u>ORIGINAL TEXT (2.201-211)</u>. (201) Laocoon, ductus Neptuno sorte sacerdos, | (202) sollemnis taurum ingentem mactabat ad aras. | (203) Ecce autem gemini a Tenedo tranquilla per alta | (204) (horresco referens) immensis orbibus angues | (205) incumbunt pelago, pariterque ad litora tendunt, | (206) pectora quorum inter fluctus arrecta iubaeque | (207) sanguineae superant undas; pars cetera pontum | (208) pone legit, sinuatque immensa volumine terga. | (209) Fit sonitus spumante salo, iamque arva tenebant, | (210) ardentisque oculos suffecti sanguine et igni | (211) sibila lambebant linguis vibrantibus ora."

SUGGESTED WORD ORDER (2.201-211). **(A)** "<u>Laocoon</u>,[1] ductus <u>sorte</u>[2] [esse] sacerdos <u>Neptuno</u>,[3] mactabat ingentem taurum ad sollemnis aras. **(B)** Ecce, autem, gemini angues <u>immensīs orbibus</u>[4] [venientes] per tranquilla alta a Tenedō - horresco referens [haec]! - incumbunt pelago [et] tendunt pariter ad litora; **(C)** quorum pectora arrecta inter fluctus [et] sanguineae iubae superant undas; cetera pars legit pontum pone [et] immensa terga sinuat <u>volumine</u>.[5] **(D)** Sonitus fit <u>spumante salō</u>,[6] [et] iam tenebant arva [et], <u>suffecti</u>[7] <u>ardentis oculos</u>[8] <u>sanguine</u>[9] et <u>ignī</u>,[10] lambebant sibila ora <u>vibrantibus linguīs</u>." [11]

2.201 <u>VOCABULARY SECTIONS (2.201-211)</u>

(A) **Laocoon**, ontis (m) - Laocoön (a Trojan priest) / **duco**, ducere (3), duxi, ductus - choose, drawn / **sors**, sortis (f) - chance, (decision by) allotment / **sacerdos**, otis (m) - priest / **Neptunus**, i (m) - Neptune (god of the Sea) / **macto** (1) - sacrifice, slaughter / **ingens**, ntis - enormous, powerful / **taurus**, i (m) - bull, ox / **ad** (prep) - at, near (with Acc) / **sollemnis**, e - appointed, customary / **ara**, ae (f) - altar

(B) **ecce** (dem. adv.) - "behold...!" / **autem** (conj) - however / **geminus**, a, um - paired, twin / **anguis**, is (m) - serpent / **immensus**, a, um - immeasurable, vast / **orbis**, is (m) - coil, fold / [**venio**, venire (4), veni, ventus - come] / **per** (prep) - across, over (with Acc) / **tranquillus**, a, um - calm, peaceful / **altum**, i (n) - (the deep) sea / **a** (prep) - from (with Abl) / **Tenedos**, i (f) - Tenedos (island near Troy) / **horresco**, horrescere (3), horrui - shudder, tremble / **refero**, referre, rettuli, relatus - report, tell / **incumbo**, incumbere (3), incubui, incubitus - bear down upon (with Dat) / **pelagus**, i (n) - sea / **tendo**, tendere (3), tetendi, tentus - hold a course, make one's way / **pariter** (adv) - side-by-side, together / **ad** (prep) -

---

Quick Reference, COMMON PRONOUNS: **hic**, haec, hoc (dem. pron.) - this; he, she, it | **ille**, illa, illud (dem. pron.) - that; that (famous) one (yonder); he, she, it | **ipse**, ipsa, ipsum (intnsv. pron.) - (one's own) self; very | **is**, ea, id (dem. pron.) - this, that; (of) such (a kind); he, she, it | **qui**, quae, quod (rel. pron.) - who, which; that

toward (with Acc) / **litus**, litoris (n) - coast, shore

(C) **pectus**, oris (n) - underbelly / **arrigo**, arrigere (3), arrexi, arrectus - raise, rear (up) / **inter** (prep) - amid (with Acc) / **fluctus**, us (m) - surge, wave / **sanguineus**, a, um - blood-colored / **iuba**, ae (f) - crest, mane / **supero** (1) - rise above, surmount / **unda**, ae (f) - wave / **ceterus**, a, um - other / **pars**, partis (f) - part, portion / **lego**, legere (3), legi, lectus - pass over, skim, traverse / **pontus**, i (m) - sea / **pone** (adv) - after, behind / **immensus**, a, um - enormous, mighty, vast / **tergum**, i (n) - back / **sinuo** (1) - arch, curve, twist / **volumen**, inis (n) - (writhing) coil, fold

(D) **sonitus**, us (m) - noise, sound / **fio**, fieri, factus - arise, be made, occur / **spumo** (1) - foam, froth / **salum**, i (n) - (salty) sea / **iam** (adv) - already, (even) now / **teneo**, tenēre (2), tenui, tentus - attain, reach / **arvum**, i (n) - (plowed) field / **sufficio**, sufficere (3), suffeci, suffectus - suffuse, tinge (used here as if Middle) / **ardeo**, ardēre (2), arsi, arsus - blaze, burn / **oculus**, i (m) - eye / **sanguis**, inis (m) - blood / **ignis**, is (m) - fire, flame / **lambo**, lambere (3), lambi - lick / **sibilus**, a, um - hissing / **os**, oris (n) - mouth; (pl) lips / **vibro** (1) - dart, quiver, tremble / **lingua**, ae (f) - tongue

GRAMMATICAL NOTES: 2. *sorte* (Abl of Means); 3. *Neptuno* (Dat of Reference, "for, of Neptune"); 4. *immensīs orbibus* (Abl of Description or Manner); 5. *volumine* (Abl of Manner or Respect); 6. *spumante salō* (Abl Absol, "with the sea foaming," or perhaps an Abl of Place from Which, "from the frothing sea"); 7. *suffecti* (Vergil often uses the perfect passive participle to imitate a Greek construction in which an Accusative of Respect essentially serves as the object of a verb in the Greek Middle Voice, which like the Latin deponent verb has actively-translated passive forms but which also conveys a reflexive sense (i.e., the subject not only performs but also experiences the action); thus, one should render *suffecti* as "having suffused..." (Middle) rather than as "having been suffused..." (Passive); 8. *ardentis oculos* (Acc of Respect denoting the Part Affected after the Middle Participle *suffecti*, the so-called "Greek Accusative" construction in which an accusative serves as the object of a perfect passive participle translated actively with reflexive force as if it were in the Greek Middle Voice; thus, *suffecti ardentis oculos* translates literally as "having tinged [their] blazing eyes...," though it might perhaps be better read as "[their] burning eyes suffused..."); 9-10. *sanguine et ignī* (Ablatives of Means); 11. *vibrantibus linguīs* (Abl of Means). | **HISTORICAL AND MYTHOLOGICAL NOTE**: 1. On Laocoön, see Section 2.40-56 (note 2).

FULLY PARSED (2.201-211)

(A) **Laocoon** (masc nom sing); **ductus** (perf pssv prcpl, masc nom sing); **sorte** (fem abl sing); **[esse]** (prsnt actv infin); **sacerdos** (masc nom sing); **Neptuno** (masc dat sing); **mactabat** (impf actv indic 3 sing); **ingentem** (masc acc sing); **taurum** (masc acc sing); **sollemnis** (fem acc pl); **aras** (fem acc pl).

(B) **gemini** (masc nom pl); **angues** (masc nom pl); **immensīs** (masc abl pl); **orbibus** (masc abl pl); **[venientes]** (prsnt actv prcpl, masc nom pl); **tranquilla** (neut acc pl); **alta** (neut acc pl); **Tenedō** (fem abl sing); **horresco** (prsnt actv indic 1 sing); **referens** (prsnt actv prcpl, masc nom sing); **[haec]** (neut acc pl); **incumbunt** (prsnt actv indic 3 pl); **pelago** (neut dat sing); **tendunt** (prsnt actv indic 3 pl); **litora** (neut acc pl).

(C) **quorum** (masc gen pl); **pectora** (neut nom pl); **arrecta** (perf pssv prcpl, neut nom pl); **fluctus** (masc acc pl); **sanguineae** (fem nom pl); **iubae** (fem nom pl); **superant** (prsnt actv indic 3 pl); **undas** (fem acc pl); **cetera** (fem nom sing); **pars** (fem nom sing); **legit** (prsnt actv indic 3 sing); **pontum** (masc acc sing); **immensa** (neut nom pl); **terga** (neut nom pl); **sinuat** (prsnt actv indic 3 sing); **volumine** (neut abl sing).

(D) **sonitus** (masc nom sing); **fit** (prsnt actv indic 3 sing); **spumante** (prsnt actv prcpl, neut abl sing); **salō** (neut abl sing); **tenebant** (impf actv indic 3 pl); **arva** (neut acc pl); **suffecti** (perf pssv prcpl, masc nom pl); **ardentis** (prsnt actv prcpl, masc acc pl); **oculos** (masc acc pl); **sanguine** (masc abl sing); **ignī** (masc abl sing); **lambebant** (impf actv indic 3 pl); **sibila** (neut acc pl); **ora** (neut acc pl); **vibrantibus** (prsnt actv prcpl, fem abl pl); **linguīs** (fem abl pl).

Quick Reference, COMMON PRONOUNS: **hic**, haec, hoc (dem. pron.) - this; he, she, it | **ille**, illa, illud (dem. pron.) - that; that (famous) one (yonder); he, she, it | **ipse**, ipsa, ipsum (intnsv. pron.) - (one's own) self; very | **is**, ea, id (dem. pron.) - this, that; (of) such (a kind); he, she, it | **qui**, quae, quod (rel. pron.) - who, which; that

Vergil's **ORIGINAL TEXT (2.212-227)**. **(212)** "Diffugimus, visu exsangues. Illi agmine certo | **(213)** Laocoonta petunt, et primum parva duorum | **(214)** corpora natorum serpens amplexus uterque | **(215)** implicat, et miseros morsu depascitur artus; | **(216)** post ipsum auxilio subeuntem et tela ferentem | **(217)** corripiunt, spirisque ligant ingentibus; et iam | **(218)** bis medium amplexi, bis collo squamea circum | **(219)** terga dati superant capite et cervicibus altis. | **(220)** Ille simul manibus tendit divellere nodos, | **(221)** perfusus sanie vittas atroque veneno, | **(222)** clamores simul horrendos ad sidera tollit; | **(223)** qualis mugitus, fugit cum saucius aram | **(224)** taurus et incertam excussit cervice securim. | **(225)** At gemini lapsu delubra ad summa dracones | **(226)** diffugiunt, saevaeque petunt Tritonidis arcem, | **(227)** sub pedibusque deae clipeique sub orbe teguntur."

SUGGESTED WORD ORDER (2.212-227). **(A)** "Exsangues visū,[1] diffugimus. Illi petunt Laocoonta[2] certō agmine;[3] et primum uterque serpens amplexus [eos] implicat parva corpora duorum natorum et depascitur miseros artus morsū;[4] **(B)** post corripiunt [Laocoonta][2] ipsum subeuntem auxilio[5] ac ferentem tela [et] ligant [eum] ingentibus spirīs;[6] **(C)** et iam bis amplexi medium, [et] bis circumdati[7] squamea terga[8] collo, superant [illum] capite[9] et altīs cervicibus.[10] **(D)** Simul ille tendit divellere nodos manibus,[11] perfusus[12] vittas[13] sanie[14] [et] atrō venenō,[15] simul tollit horrendos clamores ad sidera: [hi clamores sunt tales] qualis mugitus cum saucius taurus fugit aram et excussit incertam securim [a] cervice. **(E)** At gemini dracones effugiunt lapsū[16] ad summa delubra [urbis] [et] petunt arcem saevae Tritonidis[17] [et] teguntur[18] sub pedibus deae [et] sub orbe clipei."

2.212 VOCABULARY SECTIONS (2.212-227)

(A) **exsanguis**, e - pale, wan (i.e., "stricken") / **visus**, us (m) - scene / **diffugio**, diffugere (3), diffugi - disperse, scatter / **peto**, petere (3), petivi, petitus - make for, seek out / **Laocoon**, ontis (m) - Laocoön (a Trojan priest; Acc *Laocoonta*) / **certus**, a, um - direct, fixed / **agmen**, inis (n) - course, route / **primum** (adv) - at first / **uterque**, utraque, utrumque - each / **serpens**, entis (m) - serpent, snake / **amplector**, amplecti (3), amplexus - encircle, enfold / **implico** (1) - envelop, grasp / **parvus**, a, um - small, young / **corpus**, corporis (n) - body / **duo**, ae, o (num. adj.) - two / **natus**, i (m) - son / **depascor**, depasci (3), depastus - devour, feed upon / **miser**, misera, miserum - unfortunate, wretched / **artus**, uum (m) - joints, (bodily) limbs / **morsus**, us (m) - bite (thus, "fangs, teeth")

(B) **post** (adv) - afterwards, next / **corripio**, corripere (3), corripui, correptus - grasp, seize, snatch up / [**Laocoon**, ontis (m) - Laocoön (a Trojan priest; Acc *Laocoonta*)] / **subeo**, subire (4), subii, subitus - approach, draw near / **auxilium**, i (n) - aid, assistance, help / **fero**, ferre, tuli, latus - bear, carry / **telum**, i (n) - spear, (missile) weapon / **ligo** (1) - bind, fasten / **ingens**, ntis - enormous, powerful / **spira**, ae (f) - coil, fold

(C) **iam** (adv) - now / **bis** (adv) - twice / **amplector**, amplecti (3), amplexus - encircle, enfold / **medius**, a, um - middle (as subst., "the waist") / **bis** *iterum* / **circumdo**, circumdare (1), circumdedi, circumdatus - enclose, surround (with Dat); used here as if Middle, so "place (Acc) around (Dat)" / **squameus**, a, um - scaly / **tergum**, i (n) - back / **collum**, i (n) - neck / **supero** (1) - rise above, surmount / **caput**, capitis (n) - head / **altus**, a, um - high, towering / **cervix**, icis (f) - neck

(D) **simul** (adv) - simultaneously (*simul...simul*, "not only...but at the same time") / **tendo**, tendere (3), tetendi, tentus - endeavor, strive / **divello**, divellere (3), divelli, divulsus - rend asunder, tear away, wrest / **nodus**, i (m) - coil, knot / **manus**, us (f) - hand / **perfundo**, perfundere (3), perfudi, perfusus - bathe, drench, soak / **vitta**, ae (f) - fillet (i.e., a priestly headband) / **sanies**, ei (f) - blood, gore / **ater**, atra, atrum - black, dark / **venenum**, i (n) - poison, venom / **simul** *iterum* / **tollo**, tollere (3), sustuli, sublatus - lift, raise / **horrendus**, a, um - dreadful, terrible / **clamor**, oris (m) - cry, shout / **ad** (prep) - to (with Acc) / **sidus**, eris (n) - star (in pl, "the heavens") / [**clamor** *iterum*] / [**talis**, e - of such a kind] / **qualis**, e (rel. adj.) - of such a kind (as); here, sc. correlatives *talis...qualis*, "of the same sort....as the kind of ") / **mugitus**, us (m) - (angry) bellowing, roar / **cum** (conj) - when / **saucius**, a, um - wounded / **taurus**, i (m) - bull, ox / **fugio**, fugere (3), fugi, fugiturus - escape, flee (from) / **ara**, ae (f) - altar / **excutio**, excutere (3), excussi, excussus - shake off / **incertus**, a, um - ill-aimed / **securis**, is (f) - axe, cleaver; death-blow (Acc *securim*) / [**a** (prep) - from (with Abl)] / **cervix**, icis (f) - neck

---

Quick Reference, COMMON PRONOUNS: **hic**, haec, hoc (dem. pron.) - this; he, she, it | **ille**, illa, illud (dem. pron.) - that; that (famous) one (yonder); he, she, it | **ipse**, ipsa, ipsum (intnsv. pron.) - (one's own) self; very | **is**, ea, id (dem. pron.) - this, that; (of) such (a kind); he, she, it | **qui**, quae, quod (rel. pron.) - who, which; that

(E) **geminus**, a, um - twin (here, "pair of") / **draco**, onis (m) - dragon, serpent / **effugio**, effugere (3), effugi - escape, flee / **lapsus**, us (m) - gliding (motion) / **ad** (prep) - to, toward (with Acc) / **summus**, a, um - highest, uppermost / **delubrum**, i (n) - shrine, temple / [**urbs**, urbis (f) - city] / **peto**, petere (3), petivi, petitus - make for, seek out / **arx**, arcis (f) - citadel, fortress / **saevus**, a, um - fierce, hostile / **Tritonis**, idis (f) - Tritonis (an epithet of Minerva) / **tego**, tegere (3), texi, tectus - conceal, cover / **sub** (prep) - under (with Abl) / **pes**, pedis (m) - foot / **dea**, ae (f) - goddess / **sub** *iterum* / **orbis**, is (m) - circle (i.e., "circular edge") / **clipeus**, i (m) - (round) shield

GRAMMATICAL NOTES: **1.** *visū* (Abl of Cause); **3.** *certō agmine* (Abl of Manner or Means); **4.** *morsū* (Abl of Means); **5.** *auxilio* (Dat of Purpose, "to render help"); **6.** *ingentibus spirīs* (Abl of Means); **7.** *circumdati* (Vergil often uses the perfect passive participle to imitate a Greek construction in which an Accusative of Respect essentially serves as the object of a verb in the Greek Middle Voice, which like the Latin deponent verb has actively-translated passive forms but which also conveys a reflexive sense (i.e., the subject not only performs but also experiences the action); thus, render *circumdati* as "surrounding..." (Middle) rather than as "having been surrounded..." (Passive); **8.** *squamea terga* (Acc of Respect denoting the Part Affected after the Middle Participle *circumdati*, the so-called "Greek Accusative" construction in which an accusative serves as the object of a perfect passive participle translated actively with reflexive force as if it were in the Greek Middle Voice; thus, *circumdati squamea terga collo* (lit., "having surrounded [his] neck with respect to [their] scaly backs") is best read as "they enclosed their scaly backs around his neck..."); **9-10.** *capite et altīs cervicibus* (Ablatives of Means); **11.** *manibus* (Abl of Means); **12.** *perfusus* (As above in note 7, Vergil again employs the perfect passive participle to imitate a Greek construction in which an Accusative of Respect serves as the object of a verb form in the Greek Middle Voice; thus, render *perfusus* as "having drenched..." (Middle) as opposed to "having been drenched..." (Passive); **13.** *vittas* (Acc of Respect denoting the Part Affected after the Middle Participle *perfusus*; see note 8 above on the "Greek Accusative" and read *perfusus vittas* as "having drenched [his] priestly headband..."); **14-15.** *sanie [et] atrō venenō* (Ablatives of Means); **16.** *lapsū* (Abl of Manner or Means); **18.** *teguntur* (translate as if in the Greek Middle Voice, i.e., *tegunt se*: "they conceal themselves"). |
HISTORICAL AND MYTHOLOGICAL NOTES: **2.** On Laocoön, see Section 2.40-56 (note 2). | **17.** Minerva frequently bore the epithets *Tritonia* and *Tritonis*, derived from the similarly-named Libyan lake whose nymph gave birth to Athena by Neptune (Herodotus 4.180) or near which Pallas first visited following her divine birth (Lucan 9.354).

FULLY PARSED (2.212-227)

(A) **exsangues** (masc nom pl); **visū** (masc abl sing); **diffugimus** (prsnt actv indic 1 pl); **illi** (masc nom pl); **petunt** (prsnt actv indic 3 pl); **Laocoonta** (masc acc sing); **certō** (neut abl sing); **agmine** (neut abl sing); **uterque** (masc nom sing); **serpens** (masc nom sing); **amplexus** (dep., perf pssv prcpl, masc nom sing); **[eos]** (masc acc pl); **implicat** (prsnt actv indic 3 sing); **parva** (neut acc pl); **corpora** (neut acc pl); **duorum** (masc gen pl); **natorum** (masc gen pl); **depascitur** (dep., prsnt pssv indic 3 sing); **miseros** (masc acc pl); **artus** (masc acc pl); **morsū** (masc abl sing).

(B) **corripiunt** (prsnt actv indic 3 pl); **[Laocoonta]** (masc acc sing); **ipsum** (masc acc sing); **subeuntem** (prsnt actv prcpl, masc acc sing); **auxilio** (neut dat sing); **ferentem** (prsnt actv prcpl, masc acc sing); **tela** (neut acc pl); **ligant** (prsnt actv indic 3 pl); **[eum]** (masc acc sing); **ingentibus** (fem abl pl); **spirīs** (fem abl pl).

(C) **amplexi** (dep., perf pssv prcpl, masc nom pl); **medium** (neut acc sing); **circumdati** (perf pssv prcpl, masc nom pl); **squamea** (neut acc pl); **terga** (neut acc pl); **collo** (neut dat sing); **superant** (prsnt actv indic 3 pl); **[illum]** (masc acc sing); **capite** (neut abl sing); **altīs** (fem abl pl); **cervicibus** (fem abl pl).

(D) **ille** (masc nom sing); **tendit** (prsnt actv indic 3 sing); **divellere** (prsnt actv infin); **nodos** (masc acc pl); **manibus** (fem abl pl); **perfusus** (perf pssv prcpl, masc nom sing); **vittas** (fem acc pl); **sanie** (fem abl sing); **atrō** (neut abl sing); **venenō** (neut abl sing); **tollit** (prsnt actv indic 3 sing); **horrendos** (masc acc pl); **clamores** (masc acc pl); **sidera** (neut acc pl); **[hi]** (masc nom pl); **[clamores]** (masc nom pl); **[sunt]** (prsnt actv indic 3 pl); **[tales]** (masc nom pl); **qualis** (masc nom sing); **mugitus** (masc nom sing); **saucius** (masc nom sing); **taurus** (masc nom sing); **fugit** (perf actv indic 3 sing); **aram** (fem acc sing); **excussit** (perf actv indic 3 sing); **incertam** (fem acc sing); **securim** (fem acc sing); **cervice** (fem abl sing).

Quick Reference, COMMON PRONOUNS: **hic**, haec, hoc (dem. pron.) - this; he, she, it | **ille**, illa, illud (dem. pron.) - that; that (famous) one (yonder); he, she, it | **ipse**, ipsa, ipsum (intnsv. pron.) - (one's own) self; very | **is**, ea, id (dem. pron.) - this, that; (of) such (a kind); he, she, it | **qui**, quae, quod (rel. pron.) - who, which; that

(E) gemini (masc nom pl); **dracones** (masc nom pl); **effugiunt** (prsnt actv indic 3 pl); **lapsū** (masc abl sing); **summa** (neut acc pl); **delubra** (neut acc pl); **[urbis]** (fem gen sing); **petunt** (prsnt actv indic 3 pl); **arcem** (fem acc sing); **saevae** (fem gen sing); **Tritonidis** (fem gen sing); **teguntur** (prsnt pssv indic 3 pl); **pedibus** (masc abl pl); **deae** (fem gen sing); **orbe** (masc abl sing); **clipei** (masc gen sing).

* * * * * * * * * * * * * * * * * * *

<u>Vergil's **ORIGINAL TEXT** (2.228-240)</u>. **(228)** "Tum vero tremefacta novus per pectora cunctis | **(229)** insinuat pavor, et scelus expendisse merentem | **(230)** Laocoonta ferunt, sacrum qui cuspide robur | **(231)** laeserit, et tergo sceleratam intorserit hastam. | **(232)** Ducendum ad sedis simulacrum orandaque divae | **(233)** numina conclamant. | **(234)** Dividimus muros, et moenia pandimus urbis. | **(235)** Accingunt omnes operi, pedibusque rotarum | **(236)** subiiciunt lapsus, et stuppea vincula collo | **(237)** intendunt. Scandit, fatalis machina muros, | **(238)** feta armis. Pueri circum innuptaeque puellae | **(239)** sacra canunt, funemque manu contingere gaudent; | **(240)** illa subit, mediaeque minans inlabitur urbi."

> **SUGGESTED WORD ORDER (2.228-240)**. **(A)** "Tum vero novus pavor insinuat [se] per tremefacta pectora <u>cunctis</u>,¹ et ferunt <u>Laocoonta</u>² merentem expendisse scelus, qui <u>laeserit</u>³ sacrum robur <u>cuspide</u>⁴ et <u>intorserit</u>⁵ sceleratam hastam <u>tergo</u>.⁶ **(B)** Conclamant simulacrum ducendum [i.e., ducendum esse] ad sedes [et] numina divae oranda [i.e., oranda esse]. **(C)** Dividimus muros et pandimus moenia urbis. **(D)** Omnes accingunt [se] <u>operi</u>⁷ [et] subiciunt lapsus <u>rotarum</u>⁸ pedibus, et intendunt stuppea vincula <u>collo</u>:⁹ fatalis machina scandit muros, feta <u>armīs</u>.¹⁰ **(E)** Circum [equum] pueri [et] innuptae puellae canunt sacra [carmina] [et] gaudent contingere funem <u>manū</u>:¹¹ illa subit [et] minans inlabitur mediae urbi."

2.228   VOCABULARY SECTIONS (2.228-240)

(A) **tum** (adv) - then / **vero** (adv) - indeed / **novus**, a, um - new, strange, unusual / **pavor**, oris (m) - anxiety, dread, terror / **insinuo** (1) - coil (inward), work one's way (into) / **per** (prep) - through (with Acc) / **tremefacio**, tremefacere (3), tremefeci, tremefactus - agitate, cause to tremble (Pssv, "shuddering") / **pectus**, oris (n) - breast, heart / **cunctus**, a, um - all, every / **fero**, ferre, tuli, latus - assert, report, say / **Laocoon**, ontis (m) - Laocoön (a Trojan priest; Acc *Laocoonta*) / **merens**, entis - deserving (with adverbial force, "deservedly, rightly") / **expendo**, expendere (3), expendi, expensus - atone (for), suffer / **scelus**, eris (n) - penalty (of a crime) / **laedo**, laedere (3), laesi, laesus - damage, offend, violate / **sacer**, sacra, sacrum - consecrated, sacred / **robur**, roboris (n) - oak (beams or timber) / **cuspis**, cuspidis (f) - spear / **intorqueo**, intorquēre (2), intorsi, intortus - "hurl (Acc) into (Dat)" / **sceleratus**, a, um - accursed, impious, wicked / **hasta**, ae (f) - spear / **tergum**, i (n) - back

(B) **conclamo** (1) - cry out, shout / **simulacrum**, i (n) - figure, statue / **duco**, ducere (3), duxi, ductus - conduct, draw, lead / **ad** (prep) - to (with Acc) / **sedes**, is (f) - abode, dwelling-place (i.e., temple) / **numen**, inis (n) - (divine) favor, majesty, power / **diva**, ae (f) - goddess / **oro** (1) - entreat, supplicate

(C) **divido**, dividere (3), divisi, divisus - part, separate / **murus**, i (m) - rampart, (city) wall / **pando**, pandere (3), pandi, passus - lay open / **moenia**, ium (n) - (fortified) ramparts, walls / **urbs**, urbis (f) - city

(D) **omnis**, e - all, every / **accingo**, accingere (3), accinxi, accinctus - equip, prepare / **opus**, eris (n) - labor, toil, work / **subicio**, subicere (3), subieci, subiectus - cast below, set beneath; here, "place (Acc) underneath (Dat)" / **lapsus**, us (m) - gliding (motion) / **rota**, ae (f) - wheel / **pes**, pedis (m) - foot / **intendo**, intendere (3), intendi, intentus - extend, fasten; here, "fasten (Acc) to (Dat)" / **stuppeus**, a, um - flaxen (i.e., made of flax or tow fiber) / **vinculum**, i (n) - bond, chain / **collum**, i (n) - neck / **fatalis**, e - deadly, fateful / **machina**, ae (f) - device, engine / **scando**, scandere (3) - ascend, climb, mount / **murus**, i (m) - rampart, (city) wall / **fetus**, a, um - filled, pregnant with (with Abl) / **arma**, orum (n) - armor, weapons (i.e., "armed men, soldiers")

> **Quick Reference, COMMON PRONOUNS**: **hic**, haec, hoc (dem. pron.) - this; he, she, it | **ille**, illa, illud (dem. pron.) - that; that (famous) one (yonder); he, she, it | **ipse**, ipsa, ipsum (intnsv. pron.) - (one's own) self; very | **is**, ea, id (dem. pron.) - this, that; (of) such (a kind); he, she, it | **qui**, quae, quod (rel. pron.) - who, which; that

(E) **circum** (adv) - (all) about; (prep) around, near (with Acc) / [**equus**, i (m) - horse] / **puer**, pueri (m) - (young) boy / **innuptus**, a, um - unmarried, virgin / **puella**, ae (f) - (young) girl / **cano**, canere (3), cecini, cantus - chant, sing / **sacer**, sacra, sacrum - holy, sacred (sc. *carmen*, although neut. subst. *sacra* often suggests a "prophetic or sacred hymn") / [**carmen**, inis (n) - hymn, song] / **gaudeo**, gaudēre (2), gavisus - be delighted, rejoice / **contingo**, contingere (3), contigi, contactus - lay hold of, touch / **funis**, is (m) - cable, rope / **manus**, us (f) - hand / **subeo**, subire (4), subii, subitus - approach, draw near / **minor**, minari (1), minatus - jut forth, menace, threaten / **inlabor**, inlabi (3), inlapsus - glide into (with Dat) / **medius**, a, um - the midst (of) / **urbs**, urbis (f) - city

GRAMMATICAL NOTES: **1.** *cunctis* (Dat of Reference for Disadvantage; read as if Possessive, "of all men"); **3.** *laeserit* (Subjunctive in a Causal Relative Clause, or perhaps of Characteristic with Causal Force); **4.** *cuspide* (Abl of Means); **5.** *intorserit* (Subjunctive in a Causal Relative Clause, or perhaps of Characteristic with Causal Force); **6.** *tergo* (Dat of Direction after *intorserit*, "at or into [its] back"); **7.** *operi* (Dat of Purpose, "for the work"); **8.** *lapsus rotarum* (best read as "gliding rollers" rather than as lit., "the gliding motions of wheels"); **9.** *collo* (Dat after compound verb *intendunt*, though some regard it as an Abl of Separation); **10.** *armīs* (Abl of Respect); **11.** *manū* (Abl of Means). | **HISTORICAL AND MYTHOLOGICAL NOTE**: **2.** On Laocoön, see Section 2.40-56 (note 2).

FULLY PARSED (2.228-240)

(A) **novus** (masc nom sing); **pavor** (masc nom sing); **insinuat** (prsnt actv indic 3 sing); **[se]** (3 pers. reflxv. pron., masc acc sing); **tremefacta** (perf pssv prcpl, neut acc pl); **pectora** (neut acc pl); **cunctis** (masc dat pl); **ferunt** (prsnt actv indic 3 pl); **Laocoonta** (masc acc sing); **merentem** (masc acc sing); **expendisse** (perf actv infin); **scelus** (neut acc sing); **qui** (masc nom sing); **laeserit** (perf actv subjv 3 sing); **sacrum** (neut acc sing); **robur** (neut acc sing); **cuspide** (fem abl sing); **intorserit** (perf actv subjv 3 sing); **sceleratam** (fem acc sing); **hastam** (fem acc sing); **tergo** (neut dat sing).

(B) **conclamant** (prsnt actv indic 3 pl); **simulacrum** (neut acc sing); **ducendum** (i.e., *ducendum esse*, perf pssv infin; neut acc sing); **sedes** (fem acc pl); **numina** (neut acc pl); **divae** (fem gen sing); **oranda** (i.e., *oranda esse*, perf pssv infin, neut acc pl).

(C) **dividimus** (prsnt actv indic 1 pl); **muros** (masc acc pl); **pandimus** (prsnt actv indic 1 pl); **moenia** (neut acc pl); **urbis** (fem gen sing).

(D) **omnes** (masc nom pl); **accingunt** (prsnt actv indic 3 pl); **[se]** (3 pers. reflxv. pron., masc acc pl); **operi** (neut dat sing); **subiciunt** (prsnt actv indic 3 pl); **lapsus** (masc acc pl); **rotarum** (fem gen pl); **pedibus** (fem dat pl); **intendunt** (prsnt actv indic 3 pl); **stuppea** (neut acc pl); **vincula** (neut acc pl); **collo** (neut dat sing); **fatalis** (fem nom sing); **machina** (fem nom sing); **scandit** (prsnt actv indic 3 sing); **muros** (masc acc pl); **feta** (fem nom sing); **armīs** (neut abl pl).

(E) **[equum]** (masc acc sing); **pueri** (masc nom pl); **innuptae** (fem nom pl); **puellae** (fem nom pl); **canunt** (prsnt actv indic 3 pl); **sacra** (neut acc pl); **[carmina]** (neut acc pl); **gaudent** (prsnt actv indic 3 pl); **contingere** (prsnt actv infin); **funem** (masc acc sing); **manū** (fem abl sing); **illa** (fem nom sing); **subit** (prsnt actv indic 3 sing); **minans** (dep., prsnt actv prcpl, fem nom sing); **inlabitur** (dep., prsnt pssv indic 3 sing); **mediae** (fem dat sing); **urbi** (fem dat sing).

* * * * * * * * * * * * * * * * * * *

Quick Reference, COMMON PRONOUNS: **hic**, haec, hoc (dem. pron.) - this; he, she, it | **ille**, illa, illud (dem. pron.) - that; that (famous) one (yonder); he, she, it | **ipse**, ipsa, ipsum (intnsv. pron.) - (one's own) self; very | **is**, ea, id (dem. pron.) - this, that; (of) such (a kind); he, she, it | **qui**, quae, quod (rel. pron.) - who, which; that

Vergil's **ORIGINAL TEXT (2.241-249)**. **(241)** "O patria, O divum domus Ilium, et incluta bello | **(242)** moenia Dardanidum! Quater ipso in limine portae | **(243)** substitit, atque utero sonitum quater arma dedere; | **(244)** instamus tamen immemores caecique furore, | **(245)** et monstrum infelix sacrata sistimus arce. | **(246)** Tunc etiam fatis aperit Cassandra futuris | **(247)** ora, dei iussu non umquam credita Teucris; | **(248)** nos delubra deum miseri, quibus ultimus esset | **(249)** ille dies, festa velamus fronde per urbem."

SUGGESTED WORD ORDER (2.241-249). **(A)** "O patria, O Ilium, domus div[or]um, et [O] moenia Dardanid[ar]um,[1] incluta bellō![2] **(B)** [Equus] substitit quater in ipsō limine portae atque quater arma dedere [i.e., dederunt] sonitum [ab] uterō;[3] **(C)** tamen instamus immemores [et] caeci furore et sistimus infelix monstrum [in] sacratā arce.[4] **(D)** Tunc etiam Cassandra[5] aperit ora futuris fatis,[6] [ora quae] non umquam credita [i.e., credita sunt] Teucris[7] iussū[8] dei. **(E)** Nos miseri, quibus ille dies esset[9] ultimus, velamus delubra de[or]um festā fronde[10] per urbem."

2.241 VOCABULARY SECTIONS (2.241-249)

(A) **patria**, ae (f) - country, fatherland / **Ilium**, i (n) - Ilium (i.e., "Troy") / **domus**, i (f) - dwelling / **divus**, i (m) - god / **moenia**, ium (n) - (fortified) ramparts, walls / **Dardanides**, ae (m) - lit., "descendant of Dardanus" (i.e., "a Trojan") / **inclutus**, a, um - famous, renowned / **bellum**, i (n) - war

(B) [**equus**, i (m) - horse] / **subsisto**, subsistere (3), substiti - halt, stop / **quater** (num. adv.) - four times / **in** (prep) - at, upon (with Abl) / **limen**, inis (n) - threshold / **porta**, ae (f) - gate / **quater** *iterum* / **arma**, orum (n) - armor, weapons / **do**, dare (1), dedi, datus - emit, produce / **sonitus**, us (m) - din, noise / [**ab** (prep) - from (with Abl)] / **uterus**, i (m) - belly, womb

(C) **tamen** (adv) - nevertheless / **insto**, instare (1), institi - press on (eagerly) / **immemor**, oris - heedless, unmindful / **caecus**, a, um - blind / **furor**, oris (m) - frenzy, madness / **sisto**, sistere (3), stiti, status - place, set / **infelix**, icis - calamitous, ill-omened, miserable / **monstrum**, i (n) - monstrosity, (dreadful) object / [**in** (prep) - atop, on (with Abl)] / **sacro** (1) - consecrate, hallow / **arx**, arcis (f) - citadel, fortress

(D) **tunc** (adv) - at that time, then / **etiam** (adv) - too / **Cassandra**, ae (f) - Cassandra (Trojan princess and prophetess) / **aperio**, aperire (4), aperui, apertus - open / **os**, oris (n) - mouth; (pl) lips / **futurus**, a, um - approaching, imminent / **fatum**, i (n) - destiny, doom, fate / [**os** *iterum*] / **umquam** (adv) - ever / **credo**, credere (3), credidi, creditus - believe, trust (with Dat) / **Teucri**, orum (m) - Teucrians (i.e., "Trojans") / **iussus**, us (m) - command, order (found only in Abl) / **deus**, i (m) - god

(E) **miser**, misera, miserum - unfortunate, wretched / **dies**, diei (m) - day / **ultimus**, a, um - final, last / **velo** (1) - bedeck, cover, drape / **delubrum**, i (n) - shrine, temple / **deus**, i (m) - god / **festus**, a, um - festive / **frons**, frondis (f) - bough, branch, garland / **per** (prep) - throughout (with Acc) / **urbs**, urbis (f) - city

GRAMMATICAL NOTES: **2.** *bellō* (Abl of Respect); **3.** *uterō* (Abl of Separation or Source); **4.** *sacratā arce* (Abl of Place Where); **6.** *futuris fatis* (Dat of Purpose, "in order to announce the approaching doom," though some identify the construction as an Abl of Manner, "with warnings of the future"); **7.** *Teucris* (Dat of Agent); **8.** *iussū* (Abl of Cause or Means); **9.** *esset* (Subjunctive in a Causal Relative Clause, though one might well read it as Concessive); **10.** *festā fronde* (Abl of Means). | **HISTORICAL AND MYTHOLOGICAL NOTES**: **1.** On the Dardanidae, see Section 1.494-506 (note **1**). | **5.** Cassandra, the most beautiful of Priam's fifty daughters, received prophetic powers from Apollo in return for her promise to return his love; when she refused to honor her vow, Apollo transformed his gift into a curse by ordaining that nobody would ever believe her prophecies, although true (Aesch., *Ag.* 1202-1212; note that Apollodorus (*Bibl.* 3.12.5) states that Apollo "deprived her prophecy of the power to persuade men."). During the sack of the city, Cassandra sought sanctuary in the temple of Athena but was pulled from the goddess' statue to which she clung and ravaged by Ajax the Lesser (on which see Section 1.34-41, note **9**); after Troy's fall she was given as booty to Agamemnon who took her to Mycenae as his concubine, where both were killed by his wife Clytemnestra despite Cassandra's warnings of impending doom. | **7.** On the Teucrians, see Section 1.34-41 (note **4**).

Quick Reference, COMMON PRONOUNS: **hic**, haec, hoc (dem. pron.) - this; he, she, it | **ille**, illa, illud (dem. pron.) - that; that (famous) one (yonder); he, she, it | **ipse**, ipsa, ipsum (intnsv. pron.) - (one's own) self; very | **is**, ea, id (dem. pron.) - this, that; (of) such (a kind); he, she, it | **qui**, quae, quod (rel. pron.) - who, which; that

FULLY PARSED (2.241-249)

(A) **patria** (fem voc sing); **Ilium** (neut voc sing); **domus** (fem voc sing); **div|or|um** (masc gen pl); **moenia** (neut voc pl); **Dardanid|ar|um** (masc gen pl); **incluta** (neut voc pl); **bellō** (neut abl sing).

(B) [**equus**] (masc nom sing); **substitit** (perf actv indic 3 sing); **ipsō** (neut abl sing); **limine** (neut abl sing); **portae** (fem gen sing); **arma** (neut nom pl); **dedere** (i.e., *dederunt*, perf actv indic 3 pl); **sonitum** (masc acc sing); **uterō** (masc abl sing).

(C) **instamus** (prsnt actv indic 1 pl); **immemores** (masc nom pl); **caeci** (masc nom pl); **furore** (masc abl sing); **sistimus** (prsnt actv indic 1 pl); **infelix** (neut acc sing); **monstrum** (neut acc sing); **sacratā** (perf pssv prcpl, fem abl sing); **arce** (fem abl sing).

(D) **Cassandra** (fem nom sing); **aperit** (prsnt actv indic 3 sing); **ora** (neut acc pl); **futuris** (neut dat pl); **fatis** (neut dat pl); [**ora**] (neut acc pl); [**quae**] (neut nom pl); **credita** (i.e., *credita sunt*, perf pssv indic 3 pl; neut nom); **Teucris** (masc dat pl); **iussū** (masc abl sing); **dei** (masc gen sing).

(E) **nos** (1 pers. pron., masc nom pl); **miseri** (masc nom pl); **quibus** (masc dat pl); **ille** (masc nom sing); **dies** (masc nom sing); **esset** (impf actv subjv 3 sing); **ultimus** (masc nom sing); **velamus** (prsnt actv indic 1 pl); **delubra** (neut acc pl); **de|or|um** (masc gen pl); **festā** (fem abl sing); **fronde** (fem abl sing); **urbem** (fem acc sing).

* * * * * * * * * * * * * * * * * * *

Vergil's **ORIGINAL TEXT (2.268-280)**. **(268)** "Tempus erat, quo prima quies mortalibus aegris | **(269)** incipit, et dono divum gratissima serpit. | **(270)** In somnis ecce ante oculos maestissimus Hector | **(271)** visus adesse mihi largosque effundere fletus, | **(272)** raptatus bigis, ut quondam, aterque cruento | **(273)** pulvere, perque pedes traiectus lora tumentis | **(274)** (ei mihi, qualis erat, quantum mutatus ab illo | **(275)** Hectore, qui redit exuvias indutus Achilli, | **(276)** vel Danaum Phrygios iaculatus puppibus ignis), | **(277)** squalentem barbam et concretos sanguine crinis | **(278)** vulneraque illa gerens, quae circum plurima muros | **(279)** accepit patrios! Ultro flens ipse videbar | **(280)** compellare virum et maestas expromere voces: "

SUGGESTED WORD ORDER (2.268-280). **(A)** "Erat tempus [in] quō[1] prima quies incipit aegris mortalibus[2] et, gratissima, serpit donō[3] div[or]um. **(B)** In somnīs,[4] ecce, Hector[5] visus [i.e., visus est] adesse mihi ante [meos] oculos [et] effundere largos fletus, maestissimus ut quondam [et] raptatus bigīs[6] [et] ater cruentō pulvere[7] [et] traiectus per tumentis pedes lora.[8] **(C)** Ei mihi,[9] qualis [ille] erat! Quantum mutatus ab illō Hectore[5] qui redit[10] indutus[11] exuvias Achilli,[12] vel [qui] iaculatus Phrygios ignis puppibus[13] Dana[or]um![14] **(D)** Gerens squalentem barbam et crinis concretos sanguine[15] [et] illa plurima vulnera quae accepit circum patrios muros. **(E)** Flens, [ego] ipse videbar ultro compellare virum et expromere maestas voces: "

2.268   VOCABULARY SECTIONS (2.268-280)

(A)   **tempus**, oris (n) - time (of day) / [**in** (prep) - in (with Abl)] / **primus**, a, um - first (part of) / **quies**, quietis (f) - sleep / **incipio**, incipere (3), incepi, inceptus - begin / **aeger**, aegra, aegrum - troubled, weary / **mortalis**, e - human, mortal / **gratus**, a, um - pleasing, welcome / **serpo**, serpere (3), serpsi, serptus - creep slowly, pass imperceptibly / **donum**, i (n) - (gracious) gift / **divus**, i (m) - god

(B)   **in** (prep) - in (with Abl) / **somnus**, i (m) - sleep / **ecce** (dem. adv) - "behold...!" / **Hector**, oris (m) - Hector (Trojan prince) / **video**, vidēre (2), vidi, visus - see (Pssv, "seem") / **adsum**, adesse, adfui - appear, be present / **ante** (prep) - before (with Acc) / [**meus**, a, um - my] / **oculus**, i (m) - eye / **effundo**, effundere (3), effudi, effusus - bring forth, shed (lit., "pour out") / **largus**, a, um - copious, plentiful (amount of) / **fletus**, us (m) - lamentation, weeping; (pl) tears / **maestus**, a, um - dejected, sorrowful (Supl, "in the deepest sorrow") / **ut** (adv) - (just) as / **quondam** (adv) - (once) formerly (with *ut*, "just as previously when...") / **rapto** (1) - carry off, drag / **bigae**, arum (f) - (two-horse) chariot /

Quick Reference, **COMMON PRONOUNS**: **hic**, haec, hoc (dem. pron.) - this; he, she, it | **ille**, illa, illud (dem. pron.) - that; that (famous) one (yonder); he, she, it | **ipse**, ipsa, ipsum (intnsv. pron.) - (one's own) self; very | **is**, ea, id (dem. pron.) - this, that; (of) such (a kind); he, she, it | **qui**, quae, quod (rel. pron.) - who, which; that

ater, atra, atrum - blackened, darkened / **cruentus**, a, um - bloody / **pulvis**, pulveris (m) - dust / **traicio**, traicere (3), traieci, traiectus - pierce / **per** (prep) - through (with Acc) / **tumeo**, tumēre (2) - bloat, swell up / **pes**, pedis (m) - foot / **lorum**, i (n) - (leather) strap, thong

(C) **ei** (interj.) - "alas!" (with Dat of Person Affected) / **qualis**, e (rel. adj.) - of such a kind (in exclamations, "what a...!") / **quantum** (adv) - how far, how greatly / **muto** (1) - change, transform / **ab** (prep) - from (with Abl) / **Hector**, oris (m) - Hector (Trojan prince) / **redeo**, redire (4), redii, reditus - return / **induo**, induere (3), indui, indutus - wear (as Middle, "clad oneself, put on") / **exuviae**, arum (f) - booty, spoils (here, "armor") / **Achilles**, is (m) - Achilles (Greek hero) / **iaculor**, iaculari (1), iaculatus - hurl, throw / **Phrygius**, a, um - Phrygian (i.e., "Trojan") / **ignis**, is (m) - fire (here, for "a flaming brand or torch") / **puppis**, is (f) - poop, stern (of a ship) / **Danai**, orum (m) - Danaans (i.e., "the Greeks")

(D) **gero**, gerere (3), gessi, gestus - bear, carry, wear / **squaleo**, squalēre (2), squalui - be filthy, be unkempt / **barba**, ae (f) - beard / **crinis**, is (m) - hair; (pl) locks / **concretus**, a, um - begrimed, congealed, matted / **sanguis**, inis (m) - blood / **plurimus**, a, um - (very) many / **vulnus**, vulneris (n) - wound / **accipio**, accipere (3), accepi, acceptus - receive / **circum** (prep) - around (with Acc) / **patrius**, a, um - ancestral / **murus**, i (m) - rampart, (city) wall

(E) **fleo**, flēre (2), flevi, fletus - cry, weep / **video**, vidēre (2), vidi, visus - see (Pssv, "appear, seem") / **ultro** (adv) - first (i.e., "spontaneously, without waiting to be prompted") / **compello** (1) - address, call upon / **vir**, viri (m) - man / **expromo**, expromere (3), exprompsi, expromptus - express, utter / **maestus**, a, um - sorrowful / **vox**, vocis (f) - voice; (pl) words

GRAMMATICAL NOTES: 1. *quō* (Abl of Time When); 2. *aegris mortalibus* (Dative of Interest, "for weary mortals"); 3. *dōnō* (Abl of Means); 4. *somnīs* (Abl of Time When; a Poetic Plural, transl. as Singular); 6. *bigīs* (Abl of Means); 7. *cruentō pulvere* (Abl of Cause or Means); 8. *lora* (Acc of Respect after *traiectus*, lit., "with respect to leather straps." Note that Vergil often uses a perfect passive participle in imitation of a Greek grammatical construction in which an Accusative of Respect essentially serves as the object of a verb form in the Middle Voice, which like the Latin deponent verb has actively-translated passive forms but which also usually carries a reflexive sense (e.g., see Sections 2.201-211 notes 7-8, and 2.212-227 notes 7-8); here, *traiectus* should be translated as a true passive which takes the same accusative object as might be expected if it were active: one should therefore freely read *traiectus per tumentis pedes lora* (lit., "peirced through [his] swollen feet with respect to leather straps") as "with leather straps pierced through his swollen feet"); 9. *mihi* (Dat of Interest; this phrase could be read freely as "Ah me, what a terrible sight [he] was!"); 10. *redit* (Vergil uses the "Historical Present" here since the past scene plays out vividly before Aeneas while speaking in the present); 11. *indutus* (read as if Middle, "having put on, or wearing..."); 12. *Achilli* (an irregular Genitive form); 13. *puppibus* (Dat of Direction, "against...," or "on the ships' sterns" since ancient vessels were beached with their prows facing the sea); 15. *sanguine* (Abl of Means). | **HISTORICAL AND MYTHOLOGICAL NOTES**: 5. On Hector, see Section 1.87-101 (note 13). | 12. On Achilles, see Section 1.23-33 (note 9). | 14. On the Danaans, see Section 1.23-33 (note 8).

FULLY PARSED (2.268-280)

(A) **erat** (impf actv indic 3 sing); **tempus** (neut nom sing); **quō** (neut abl sing); **prima** (fem nom sing); **quies** (fem nom sing); **incipit** (prsnt actv indic 3 sing); **aegris** (masc dat pl); **mortalibus** (masc dat pl); **gratissima** (fem nom sing; supl. of *grata*); **serpit** (prsnt actv indic 3 sing); **dōnō** (neut abl sing); **div[or]um** (masc gen pl).

(B) **somnīs** (masc abl pl); **Hector** (masc nom sing); **visus** (i.e., *visus est*, perf pssv indic 3 sing; masc nom); **adesse** (prsnt actv infin); **mihi** (1 pers. pron., masc dat sing); **[meos]** (masc acc pl); **oculos** (masc acc pl); **effundere** (prsnt actv infin); **largos** (masc acc pl); **fletus** (masc acc pl); **maestissimus** (masc nom sing; supl. of *maestus*); **raptatus** (perf pssv prcpl, masc nom sing); **bigīs** (fem abl pl); **ater** (masc nom sing); **cruentō** (masc abl sing); **pulvere** (masc abl sing); **traiectus** (perf pssv prcpl, masc nom sing); **tumentis** (prsnt actv prcpl, masc acc pl); **pedes** (masc acc pl); **lora** (neut acc pl).

(C) **mihi** (1 pers. pron., masc dat sing); **qualis** (masc nom sing); **[ille]** (masc nom sing); **erat** (impf actv indic 3 sing); **mutatus** (perf pssv prcpl, masc nom sing); **illō** (masc abl sing); **Hectore** (masc abl sing); **qui** (masc nom sing); **redit** (prsnt actv indic 3 sing);

Quick Reference, COMMON PRONOUNS: **hic**, haec, hoc (dem. pron.) - this; he, she, it | **ille**, illa, illud (dem. pron.) - that; that (famous) one (yonder); he, she, it | **ipse**, ipsa, ipsum (intnsv. pron.) - (one's own) self; very | **is**, ea, id (dem. pron.) - this, that; (of) such (a kind); he, she, it | **qui**, quae, quod (rel. pron.) - who, which; that

indutus (perf pssv prcpl, masc nom sing); **exuvias** (fem acc pl); **Achilli** (masc gen sing); [**qui**] (masc nom sing); **iaculatus** (dep., perf pssv prcpl, masc nom sing); **Phrygios** (masc acc pl); **ignis** (masc acc pl); **puppibus** (fem dat pl); **Dana[or]um** (masc gen pl).

(D) **gerens** (prsnt actv prcpl, masc nom sing); **squalentem** (prsnt actv prcpl, fem acc sing); **barbam** (fem acc sing); **crinis** (masc acc pl); **concretos** (masc acc pl); **sanguine** (masc abl sing); **illa** (neut acc pl); **plurima** (neut acc pl); **vulnera** (neut acc pl); **quae** (neut acc pl); **accepit** (perf actv indic 3 sing); **patrios** (masc acc pl); **muros** (masc acc pl).

(E) **flens** (prsnt actv prcpl, masc nom sing); [**ego**] (1 pers. pron., masc nom sing); **ipse** (masc nom sing); **videbar** (impf pssv indic 1 sing); **compellare** (prsnt actv infin); **virum** (masc acc sing); **expromere** (prsnt actv infin); **maestas** (fem acc pl); **voces** (fem acc pl).

* * * * * * * * * * * * * * * * * *

Vergil's **ORIGINAL TEXT (2.281-297)**. **(281)** " 'O lux Dardaniae, spes o fidissima Teucrum, | **(282)** quae tantae tenuere morae? Quibus, Hector, ab oris | **(283)** exspectate venis? Ut te post multa tuorum | **(284)** funera, post varios hominumque urbisque labores | **(285)** defessi aspicimus! Quae causa indigna serenos | **(286)** foedavit vultus, aut cur haec vulnera cerno? ' | **(287)** Ille nihil, nec me quaerentem vana moratur, | **(288)** sed, graviter gemitus imo de pectore ducens, | **(289)** 'Heu fuge, nate dea, teque his,' ait, 'eripe flammis. | **(290)** Hostis habet muros; ruit alto a culmine Troia. | **(291)** Sat patriae Priamoque datum; si Pergama dextra | **(292)** defendi possent, etiam hac defensa fuissent. | **(293)** Sacra suosque tibi commendat Troia Penatis: | **(294)** hos cape fatorum comites, his moenia quaere | **(295)** magna, pererrato statues quae denique ponto.' | **(296)** Sic ait, et manibus vittas Vestamque potentem | **(297)** aeternumque adytis effert penetralibus ignem."

SUGGESTED WORD ORDER (2.281-297). **(A)** " 'O lux Dardaniae,[1] O fidissima spes Teucr[or]um,[2] quae tantae morae tenuere [i.e., tenuerunt] [te]? **(B)** Ab quibus orīs, exspectate Hector,[3] venis? Ut [nos], defessi, aspicimus te post multa funera tuorum [cognatorum], post varios labores [et] hominum [et] urbis! **(C)** Quae indigna causa foedavit [tuos] serenos vultus? Aut cur [ego] cerno haec vulnera?' **(D)** Ille [respondet] nihil, nec moratur me quaerentem [haec] vana, sed ducens gemitus graviter de imō pectore ait, **(E)** 'Heu, nate deā,[4] fuge [et] eripe te hīs flammīs.[5] Hostis habet muros; Troia ruit ab altō culmine. **(F)** Sat datum [i.e., datum est][6] [a tē][7] patriae[8] [et] Priamo;[9] si Pergama possent[10] defendi [quā] dextrā,[11] etiam fuissent[12] defensa hāc [manū].[13] **(G)** Troia commendat [sua] sacra [et] suos Penatis[14] tibi; cape hos comites fatorum,[15] quaere moenia his,[16] magna [moenia] quae [tu] statues denique pontō pererratō.[17] **(H)** Sic ait, et effert vittas[18] [et] potentem Vestam[18] [et] aeternum ignem[18] manibus[19] [e] penetralibus adytīs."

2.281 **VOCABULARY SECTIONS (2.281-297)**

(A) **lux**, lucis (f) - light (here, "glory") / **Dardania**, ae (f) - lit., "the city of Dardanus" (i.e., "Troy") / **fidus**, a, um - faithful, sure / **spes**, ei (f) - hope / **Teucri**, orum (m) - Teucrians (i.e., "Trojans") / **qui**, quae, quod (interrog. adj.) - who? what kind of? / **tantus**, a, um - (so very) great / **mora**, ae (f) - hinderance, obstacle / **teneo**, tenēre (2), tenui, tentus - detain, restrain

(B) **ab** (prep) - from (with Abl) / **qui**, quae, quod (interrog. adj.) - who? what? / **ora**, ae (f) - coast, shore / **exspecto** (1) - (eagerly) await / **Hector**, oris (m) - Hector (Trojan prince) / **venio**, venire (4), veni, ventus - arrive, come / **ut** (adv) - how (as an exclamation, "how gladly") / **defessus**, a, um - exhausted, weary / **aspicio**, aspicere (3), aspexi, aspectus - behold, look upon / **post** (prep) - after, following (with Acc) / **multus**, a, um - (so) many / **funus**, eris (n) - death; (pl) funeral rites / **tuus**, a, um - your / [**cognatus**, i (m) - blood-relation, kinsman] / **post** iterum / **varius**, a, um - diverse / **labor**, oris (m) - hardship, suffering / **homo**, hominis (m) - man / **urbs**, urbis (f) - city

(C) **qui**, quae, quod (interrog. adj.) - who? what kind of? / **indignus**, a, um - cruel, shameful / **causa**, ae (f) - cause, reason / **foedo** (1) - befoul, mutilate / [**tuus**, a, um - your] / **serenus**, a, um - cheerful, fair, tranquil / **vultus**, us (m) - face; (pl) facial features / **cur** (adv) - why? / **cerno**, cernere (3), crevi, certus - perceive, see / **vulnus**, vulneris (n) - wound

Quick Reference, COMMON PRONOUNS: **hic**, haec, hoc (dem. pron.) - this; he, she, it | **ille**, illa, illud (dem. pron.) - that; that (famous) one (yonder); he, she, it | **ipse**, ipsa, ipsum (intnsv. pron.) - (one's own) self; very | **is**, ea, id (dem. pron.) - this, that; (of) such (a kind); he, she, it | **qui**, quae, quod (rel. pron.) - who, which; that

(D) [**respondeo**, respondēre (2), respondi, responsus - answer, say in reply] / **nihil** (n., indecl.) - nothing / **moror**, morari (1), moratus - heed, regard / **quaero**, quaerere (3), quaesivi, quaesitus - ask, demand / **vanus**, a, um - idle, useless, vain / **duco**, ducere (3), duxi, ductus - bring forth, draw out / **gemitus**, us (m) - groan, sigh / **graviter** (adv) - deeply, heavily / **de** (prep) - from (with Abl) / **imus**, a, um - deepest, innermost / **pectus**, oris (n) - chest / **aio** (defect.) - assert, say (Prsnt Actv Indic 3 sing, *ait*)

(E) **heu** (interj.) - "alas!" / **nascor**, nasci (3), natus - be born, descend from (thus, take subst. *natus* [lit., "the one born from..."] as "son") / **dea**, ae (f) - goddess / **fugio**, fugere (3), fugi, fugiturus - escape, flee / **eripio**, eripere (3), eripui, ereptus - deliver, free / **flamma**, ae (f) - fire, flame / **hostis**, is (m) - enemy, foe / **habeo**, habēre (2), habui, habitus - hold, occupy, possess / **murus**, i (m) - rampart, (city) wall / **Troia**, ae (f) - Troy / **ruo**, ruere (3), rui, ruatus - fall down (in ruin), sink / **ab** (prep) - from (with Abl) / **altus**, a, um - high, lofty (i.e., "topmost") / **culmen**, inis (n) - peak, summit

(F) **sat** or **satis** (n., indecl.) - enough / **do**, dare (1), dedi, datus - give / [**a** (prep) - by (with Abl)] / **patria**, ae (f) - country / **Priamus**, i (m) - Priam (king of Troy) / **si** (conj) - if / **Pergama**, orum (n) - Pergamum (Troy's citadel) / **possum**, posse, potui - be able / **defendo**, defendere (3), defendi, defensus - defend, protect / [**qui**, qua, quod (indef. adj.) - any, some] / **dextra**, ae (f) - (right) hand / **etiam** (adv) - likewise / **defendo** *iterum* / [**manus**, us (f) - hand]

(G) **Troia**, ae (f) - Troy / **commendo** (1) - commit, entrust / [**suus**, a, um - (one's) own] / **sacrum**, i (n) - sacred object / **suus** *iterum* / **Penates**, ium (m) - household gods / **capio**, capere (3), cepi, captus - seize, take / **comes**, itis (m) - companion, partner / **fatum**, i (n) - calamity, misfortune / **quaero**, quaerere (3), quaesivi, quaesitus - find, seek out / **moenia**, ium (n) - (fortified) ramparts, walls (i.e., "a fortified city") / **magnus**, a, um - great, mighty / [**moenia** *iterum*] / **statuo**, statuere (3), statui, statutus - build, establish, found / **denique** (adv) - at (long) last, finally / **pontus**, i (m) - sea / **pererro** (1) - roam over, traverse widely

(H) **sic** (adv) - thus / **aio** (defect.) - assert, say (Prsnt Actv Indic 3 sing, *ait*) / **effero**, efferre, extuli, elatus - bring forth, carry out / **vitta**, ae (f) - fillet (i.e., a priestly headband) / **potens**, entis - mighty, powerful / **Vesta**, ae (f) - Vesta (goddess of the Hearth) / **aeternus**, a, um - eternal, undying / **ignis**, is (m) - fire, flame / **manus**, us (f) - hand / [**e** (prep) - from, out of (with Abl)] / **penetralis**, e - innermost / **adytum**, i (n) - sanctuary, shrine

GRAMMATICAL NOTES: **4.** *deā* (Abl of Origin or Source; read with *nate* as "goddess-born"); **5.** *hīs flammīs* (Abl of Running from Fire or Separation); **6.** *sat datum [est]* (impers., "enough has been given, or done"); **7.** *[tē]* (Abl of Agent); **8-9.** *patriae [et] Priamo* (Datives of Interest); **10.** *possent* (Subjunctive as Protasis in a Mixed Contrary-to-Fact Condition, Present; "if Pergamum could be defended..."); **11.** *[quā] dextrā* (Abl of Means); **12.** *fuissent* (Subjunctive as Apodosis in a Mixed Contrary-to-Fact Condition, Past; "it would have been..."); **13.** *hāc [manū]* (Abl of Means); **15.** *cape hos comites fatorum* (note that *comites* is in apposition with *hos*, thus "take these [as] companions of [your] misfortunes"); **16.** *his* (Dat of Reference, "for these," i.e., "for the sacred objects and the Penates"); **17.** *pontō pererratō* (Abl Absol, "upon the sea having been widely traversed," better read as "once you have roamed far and wide over the sea"); **19.** *manibus* (Abl of Means). | **HISTORICAL AND MYTHOLOGICAL NOTES**: 1. On Dardanus, see Section 1.494-506 (note 1). | 2. On the Teucrians, see Section 1.34-41 (note 4). | 3. On Hector, see Section 1.87-101 (note 13). | 14. On the significance of both the *Penates* and Vesta to a Roman audience, see Section 1.65-75 (note 4). | 18. Vergil presents these sacred objects (i.e., the *sacra* referred to in line 293) as central to the favor and worship of Vesta, the goddess of hearth and home (whom the Romans identified with Hestia), which would be essential to Troy's rebirth on foreign soil. Closely associated with the *lares* and *penates* (see Section 1.65-75, note 4), Vesta was honored in every Roman household and the functions of her priestesses, the six Vestal Virgins, safeguarded the very stability of Rome's communal existence. Though Vergil here includes an image of Vesta among the sacred paraphernalia entrusted to Aeneas, Vesta was not represented by a statue (at least not until Augustus dedicated a statue to the goddess within his household shrine atop the Palatine in 12 BC) but was rather personified by the eternal flame which burned upon the hearth within her sanctuary (Ov., *Fast.* 6.295-298); attended by the Vestals, her sacred fire was never allowed to die and was the original source from which all Roman colonies obtained their own public hearth fires. One may conjecture that the image of which Aeneas dreamed was not a figure of Vesta but more likely the wooden Palladium (on which see Section 1.34-41,

---

Quick Reference, COMMON PRONOUNS: **hic**, haec, hoc (dem. pron.) - this; he, she, it | **ille**, illa, illud (dem. pron.) - that; that (famous) one (yonder); he, she, it | **ipse**, ipsa, ipsum (intnsv. pron.) - (one's own) self; very | **is**, ea, id (dem. pron.) - this, that; (of) such (a kind); he, she, it | **qui**, quae, quod (rel. pron.) - who, which; that

note 7), which the Vestals housed in the shrine's innermost chamber among other sacred objects (Liv. 26.27.14; Ov., *Fast*. 6.419-436). As for the *vittae*, the Vestals apparently wore priestly headbands as part of their official garb (Ov., Fast. 6.457-458).

FULLY PARSED (2.281-297)

(A) **lux** (fem voc sing); **Dardaniae** (fem gen sing); **fidissima** (fem voc sing; supl. of *fida*); **spes** (fem voc sing); **Teucr|or|um** (masc gen pl); **quae** (fem nom pl); **tantae** (fem nom pl); **morae** (fem nom pl); **tenuere** (i.e., *tenuerunt*, perf actv indic 3 pl); **[te]** (2 pers. pron., masc acc sing).

(B) **quibus** (fem abl pl); **orīs** (fem abl pl); **expectate** (perf pssv prcpl, masc voc sing); **Hector** (masc voc sing); **venis** (prsnt actv indic 2 sing); **[nos]** (1 pers. pron., masc nom pl); **defessi** (masc nom pl); **aspicimus** (prsnt actv indic 1 pl); **te** (2 pers. pron., masc acc sing); **multa** (neut acc pl); **funera** (neut acc pl); **tuorum** (masc gen pl); **[cognatorum]** (masc gen pl); **varios** (masc acc pl); **labores** (masc acc pl); **hominum** (masc gen pl); **urbis** (fem gen sing).

(C) **quae** (fem nom sing); **indigna** (fem nom sing); **causa** (fem nom sing); **foedavit** (perf actv indic 3 sing); **[tuos]** (masc acc pl); **serenos** (masc acc pl); **vultus** (masc acc pl); **[ego]** (1 pers. pron., masc nom sing); **cerno** (prsnt actv indic 1 sing); **haec** (neut acc pl); **vulnera** (neut acc pl).

(D) **ille** (masc nom sing); **[respondet]** (prsnt actv indic 3 sing); **nihil** (neut, indecl.; read as neut nom sing); **moratur** (dep., prsnt pssv indic 3 sing); **me** (1 pers. pron., masc acc sing); **quaerentem** (prsnt actv prcpl, masc acc sing); **[haec]** (neut acc pl); **vana** (neut acc pl); **ducens** (prsnt actv prcpl, masc nom sing); **gemitus** (masc acc pl); **imō** (neut abl sing); **pectore** (neut abl sing); **ait** (defect., prsnt actv indic 3 sing).

(E) **nate** (dep., perf pssv prcpl, masc voc sing); **deā** (fem abl sing); **fuge** (prsnt actv imper 2 sing); **eripe** (prsnt actv imper 2 sing); **te** (2 pers. reflxv. pron., masc acc sing); **hīs** (fem abl pl); **flammīs** (fem abl pl); **hostis** (masc nom sing); **habet** (prsnt actv indic 3 sing); **muros** (masc acc pl); **Troia** (fem nom sing); **ruit** (prsnt actv indic 3 sing); **altō** (neut abl sing); **culmine** (neut abl sing).

(F) **sat** (neut, indecl.; read as neut nom sing); **datum** (i.e., *datum est*, impers., perf pssv indic 3 sing; neut nom); **[tē]** (2 pers. pron., masc abl sing); **patriae** (fem dat sing); **Priamo** (masc dat sing); **Pergama** (neut nom pl); **possent** (impf actv subjv 3 pl); **defendi** (prsnt pssv infin); **[quā]** (fem abl sing); **dextrā** (fem abl sing); **fuissent** (pluperf actv subjv 3 pl); **defensa** (perf pssv prcpl, neut nom pl); **hāc** (fem abl sing); **[manū]** (fem abl sing).

(G) **Troia** (fem nom sing); **commendat** (prsnt actv indic 3 sing); **[sua]** (neut acc pl); **sacra** (neut acc pl); **suos** (masc acc pl); **Penatis** (masc acc pl); **tibi** (2 pers. pron., masc dat sing); **cape** (prsnt actv imper 2 sing); **hos** (masc acc pl); **comites** (masc acc pl); **fatorum** (neut gen pl); **quaere** (prsnt actv imper 2 sing); **moenia** (neut acc pl); **his** (masc dat pl); **magna** (neut acc pl); **[moenia]** (neut acc pl); **quae** (neut acc pl); **[tu]** (2 pers. pron., masc nom sing); **statues** (fut actv indic 2 sing); **pontō** (masc abl sing); **pererratō** (perf pssv prcpl, masc abl sing).

(H) **ait** (defect., prsnt actv indic 3 sing); **effert** (prsnt actv indic 3 sing); **vittas** (fem acc pl); **potentem** (fem acc sing); **Vestam** (fem acc sing); **aeternum** (masc acc sing); **ignem** (masc acc sing); **manibus** (fem abl pl); **penetralibus** (neut abl pl); **adytīs** (neut abl pl).

* * * * * * * * * * * * * * * * * * *

Quick Reference, COMMON PRONOUNS: **hic**, haec, hoc (dem. pron.) - this; he, she, it | **ille**, illa, illud (dem. pron.) - that; that (famous) one (yonder); he, she, it | **ipse**, ipsa, ipsum (intnsv. pron.) - (one's own) self; very | **is**, ea, id (dem. pron.) - this, that; (of) such (a kind); he, she, it | **qui**, quae, quod (rel. pron.) - who, which; that

Vergil's **ORIGINAL TEXT (2.559-574)**. **(559)** "At me tum primum saevus circumstetit horror. | **(560)** Obstipui; subiit cari genitoris imago, | **(561)** ut regem aequaevum crudeli vulnere vidi | **(562)** vitam exhalantem; subiit deserta Creusa | **(563)** et direpta domus et parvi casus Iuli. | **(564)** Respicio, et quae sit me circum copia lustro. | **(565)** Deseruere omnes defessi, et corpora saltu | **(566)** ad terram misere aut ignibus aegra dedere. | **(567)** Iamque adeo super unus eram, cum limina Vestae | **(568)** servantem et tacitam secreta in sede latentem | **(569)** Tyndarida aspicio; dant clara incendia lucem | **(570)** erranti passimque oculos per cuncta ferenti. | **(571)** Illa sibi infestos eversa ob Pergama Teucros | **(572)** et poenas Danaum et deserti coniugis iras | **(573)** praemetuens, Troiae et patriae communis Erinys, | **(574)** abdiderat sese atque aris invisa sedebat."

SUGGESTED WORD ORDER (2.559-574). **(A)** "At tum primum saevus horror circumstetit me. **(B)** Obstipui; imago cari genitoris subiit, ut vidi aequaevum regem exhalantem vitam [e] crudelī vulnere;[1] deserta Creusa[2] subiit et direpta domus et casus parvi Iuli. **(C)** Respicio et lustro quae copia sit[3] circum me: omnes, defessi, deseruere [i.e., deseruerunt] [me], et misere [i.e., miserunt] [sua] corpora ad terram saltū[4] aut dedere [i.e., dederunt] aegra [corpora] ignibus. **(D)** Iamque adeo [ego] unus supereram, cum aspicio Tyndarida[5] servantem limina Vestae[6] et latentem tacitam in secretā sede; clara incendia dant lucem [mihi] erranti [et] ferenti oculos per cuncta passim. **(E)** Illa, communis Erinys[7] Troiae et [suae] patriae, praemetuens infestos Teucros[8] ob Pergama eversa et poenas Dana[or]um[9] et iras deserti coniugis sibi,[10] abdiderat sese atque sedebat [in] arīs,[11] invisa [femina]."

2.559   **VOCABULARY SECTIONS (2.559-574)**

(A)   **tum** (adv) - at that time, then / **primum** (adv) - first / **saevus**, a, um - raging, terrible / **horror**, oris (m) - dread, terror / **circumsto**, circumstare (1), circumsteti - encompass, surround

(B)   **obstipesco**, obstipescere (3), obstipui - be astounded, struck dumb / **imago**, inis (f) - apparition, likeness / **carus**, a, um - beloved, dear / **genitor**, oris (m) - father / **subeo**, subire (4), subii, subitus - appear (in one's mind) / **ut** (adv) - when / **video**, vidēre (2), vidi, visus - see / **aequaevus**, a, um - of equal age / **rex**, regis (m) - king / **exhalo** (1) - breathe out, exhale, gasp / **vita**, ae (f) - life / [**e** (prep) - from, out of (with Abl)] / **crudelis**, e - bitter, cruel / **vulnus**, vulneris (n) - wound / **desertus**, a, um - abandoned, desolate, forlorn / **Creusa**, ae (f) - Creusa (Aeneas' wife) / **subeo** *iterum* / **diripio**, diripere (3), diripui, direptus - plunder, ravage / **domus**, i (f) - dwelling, household / **casus**, us (m) - (calamitous) fate, misfortune / **parvus**, a, um - small, young / **Iulus**, i (m) - Iulus (Ascanius' *cognomen*)

(C)   **respicio**, respicere (3), respexi, respectus - look back / **lustro** (1) - search for, survey / **qui**, quae, quod (interrog. adj.) - who? what (kind of) ? / **copia**, ae (f) - (armed) force / **circum** (prep) - around (with Acc) / **omnis**, e - all, every / **defessus**, a, um - exhausted, weary / **desero**, deserere (3), deserui, desertus - abandon, forsake / **mitto**, mittere (3), misi, missus - cast, hurl, throw / [**suus**, a, um - (one's) own] / **corpus**, corporis (n) - body / **ad** (prep) - to (with Acc) / **terra**, ae (f) - earth, ground / **saltus**, us (m) - jump, leap / **do**, dare (1), dedi, datus - give / **aeger**, aegra, aegrum - weary, wretched / [**corpus** *iterum*] / **ignis**, is (m) - fire, flame

(D)   **iam** (adv) - now / **adeo** (adv) - indeed, truly / **unus**, a, um - alone / **supersum**, superesse, superfui - remain, survive / **cum** (conj) - when / **aspicio**, aspicere (3), aspexi, aspectus - catch sight of, see / **Tyndaris**, idis (f) - lit., "daughter of Tyndareus" (i.e., "Helen") / **servo** (1) - keep to, remain near / **limen**, inis (n) - threshold (of a shrine) / **Vesta**, ae (f) - Vesta (goddess of the Hearth) / **lateo**, latēre (2), latui - lie hid, lurk / **tacitus**, a, um - silent, still / **in** (prep) - in (with Abl) / **secretus**, a, um - concealed, private / **sedes**, is (f) - abode, dwelling-place (i.e., temple) / **clarus**, a, um - clear, bright / **incendium**, i (n) - fire / **do**, dare (1), dedi, datus - give, provide / **lux**, lucis (f) - light / **erro** (1) - roam, wander / **fero**, ferre, tuli, latus - cast, direct / **oculus**, i (m) - eye / **per** (prep) - over (with Acc) / **cunctus**, a, um - all, every / **passim** (adv) - all about, in every direction

(E)   **communis**, e - common, mutual / **Erinys**, Erinyos (f) - an Erinys, one of the Erinyes or Furies (thus, "a curse, scourge") / **Troia**, ae (f) - Troy / [**suus**, a, um - (one's) own] / **patria**, ae (f) - country, fatherland / **praemetuo**, praemetuere (3) - be apprehensive (about), dread, fear / **infestus**, a, um - hostile, threatening / **Teucri**, orum (m) - Teucrians (i.e., "Trojans") / **ob** (prep) - on account of (with Acc) / **Pergama**, orum (n) - Pergamum (Troy's citadel) / **everto**, evertere (3), everti,

Quick Reference, COMMON PRONOUNS: **hic**, haec, hoc (dem. pron.) - this; he, she, it | **ille**, illa, illud (dem. pron.) - that; that (famous) one (yonder); he, she, it | **ipse**, ipsa, ipsum (intnsv. pron.) - (one's own) self; very | **is**, ea, id (dem. pron.) - this, that; (of) such (a kind); he, she, it | **qui**, quae, quod (rel. pron.) - who, which; that

eversus - destroy, overthrow / **poena**, ae (f) - penalty, punishment, retribution / **Danai**, orum (m) - Danaans (i.e., "the Greeks") / **ira**, ae (f) - anger, rage, wrath / **desertus**, a, um - abandoned, forsaken / **coniunx**, coniugis (m) - husband / **abdo**, abdere (3), abdidi, abditus - conceal, hide / **sedeo**, sedēre (2), sedi, sessus - delay, linger / [**in** (prep) - at, upon (with Abl)] / **ara**, ae (f) - altar / **invisus**, a, um - loathsome, malicious, odious / [**femina**, ae (f) - woman]

<u>GRAMMATICAL NOTES</u>: **1**. *crudelī vulnere* (Abl of Place from Which or of Separation); **3**. *sit* (Subjunctive in an Indirect Question); **4**. *saltū* (Abl of Manner or Means); **10**. *sibi* (Dat of Interest, "against herself"); **11**. *arīs* (Abl of Place Where). | <u>HISTORICAL AND MYTHOLOGICAL NOTES</u>: **2**. Creusa was one of Priam's daughters and Aeneas' beloved wife; though lost as she followed behind her husband during their escape from the burning city, her ghost appeared to Aeneas as he sought her amidst the rubble and urged him onward by prophesying about his eventual success (Verg., *Aen*. 2.730-795). | **5**. Helen often bore the patronymic title "daughter of Tyndareus," after Leda's mortal husband who according to some accounts was Helen's natural father rather than Zeus; at any rate, Tyndareus raised her as his own alongside his other children Clytemnestra and the Dioscuri, Castor and Pollux. Tyndareus made all of the many suitors for Helen's hand swear that they would safeguard the marriage-rights of her chosen husband, an arrangement which eventually compelled them to wage war against Troy when Paris abducted Helen from Menelaus' household. | **6**. On Vesta, see Sections 1.65-75 (note **4**), and 2.281-297 (note **18**). | **7**. The three Furies - Tisiphone, Megaera and Allecto (known collectively to the Greeks as the *Erinyes* and to the Romans as the *Dirae* and *Furiae*, lit. "the Relentless Ones" and "the Furies") - were avenging female spirits born of the drops of blood which fell to Earth from Uranus' severed genitals; charged with exacting divine vengeance upon mortals for transgressions against the gods as well as for the unlawful shedding of blood (especially that of family members), they rose from Hades to avenge the slain by pursuing the guilty without remorse and driving them insane. | **8**. On the Teucrians, see Section 1.34-41 (note **4**). | **9**. On the Danaans, see Section 1.23-33 (note **8**).

<u>**FULLY PARSED (2.559-574)**</u>

(A) **saevus** (masc nom sing); **horror** (masc nom sing); **circumstetit** (perf actv indic 3 sing); **me** (1 pers. pron., masc acc sing).

(B) **obstipui** (perf actv indic 1 sing); **imago** (fem nom sing); **cari** (masc gen sing); **genitoris** (masc gen sing); **subiit** (perf actv indic 3 sing); **vidi** (perf actv indic 1 sing); **aequaevum** (masc acc sing); **regem** (masc acc sing); **exhalantem** (prsnt actv prcpl, masc acc sing); **vitam** (fem acc sing); **crudeli** (neut abl sing); **vulnere** (neut abl sing); **deserta** (fem nom sing); **Creusa** (fem nom sing); **subiit** (perf actv indic 3 sing); **direpta** (perf pssv prcpl, fem nom sing); **domus** (fem nom sing); **casus** (masc nom sing); **parvi** (masc gen sing); **Iuli** (masc gen sing).

(C) **respicio** (prsnt actv indic 1 sing); **lustro** (prsnt actv indic 1 sing); **quae** (fem nom sing); **copia** (fem nom sing); **sit** (prsnt actv subjv 3 sing); **me** (1 pers. pron., masc acc sing); **omnes** (masc nom pl); **defessi** (masc nom pl); **deseruere** (i.e., *deseruerunt*, perf actv indic 3 pl); [**me**] (1 pers. pron., masc acc sing); **misere** (i.e., *miserunt*, perf actv indic 3 pl); [**sua**] (neut acc pl); **corpora** (neut acc pl); **terram** (fem acc sing); **saltū** (masc abl sing); **dedere** (i.e., *dederunt*, perf actv indic 3 pl); **aegra** (neut acc pl); [**corpora**] (neut acc pl); **ignibus** (masc dat pl).

(D) [**ego**] (1 pers. pron., masc nom sing); **unus** (masc nom sing); **supereram** (impf actv indic 1 sing); **aspicio** (prsnt actv indic 1 sing); **Tyndarida** (fem acc sing); **servantem** (prsnt actv prcpl, fem acc sing); **limina** (neut acc pl); **Vestae** (fem gen sing); **latentem** (prsnt actv prcpl, fem acc sing); **tacitam** (fem acc sing); **secretā** (fem abl sing); **sede** (fem abl sing); **clara** (neut nom pl); **incendia** (neut nom pl); **dant** (prsnt actv indic 3 pl); **lucem** (fem acc sing); [**mihi**] (1 pers. pron., masc dat sing); **erranti** (prsnt actv prcpl, masc dat sing); **ferenti** (prsnt actv prcpl, masc dat sing); **oculos** (masc acc pl); **cuncta** (neut acc pl).

(E) **illa** (fem nom sing); **communis** (fem nom sing); **Erinys** (fem nom sing); **Troiae** (fem gen sing); [**suae**] (fem gen sing); **patriae** (fem gen sing); **praemetuens** (prsnt actv prcpl, fem nom sing); **infestos** (masc acc pl); **Teucros** (masc acc pl); **Pergama** (neut acc pl); **eversa** (perf pssv prcpl, neut acc pl); **poenas** (fem acc pl); **Dana[or]um** (masc gen pl); **iras** (fem acc pl); **deserti** (masc gen sing); **coniugis** (masc gen sing); **sibi** (3 pers. reflxv. pron., fem dat sing); **abdiderat** (pluperf actv indic 3 sing); **sese** (3 pers. reflxv. pron., fem acc sing); **sedebat** (impf actv indic 3 sing); **arīs** (fem abl pl); **invisa** (fem nom sing); [**femina**] (fem nom sing).

<u>Quick Reference, **COMMON PRONOUNS**</u>: **hic**, haec, hoc (dem. pron.) - this; he, she, it | **ille**, illa, illud (dem. pron.) - that; that (famous) one (yonder); he, she, it | **ipse**, ipsa, ipsum (intnsv. pron.) - (one's own) self; very | **is**, ea, id (dem. pron.) - this, that; (of) such (a kind); he, she, it | **qui**, quae, quod (rel. pron.) - who, which; that

Vergil's ORIGINAL TEXT (2.575-587). (575) "Exarsere ignes animo; subit ira cadentem | (576) ulcisci patriam et sceleratas sumere poenas. | (577) 'Scilicet haec Spartam incolumis patriasque Mycenas | (578) aspiciet, partoque ibit regina triumpho, | (579) coniugiumque domumque patris natosque videbit, | (580) Iliadum turba et Phrygiis comitata ministris? | (581) Occiderit ferro Priamus? Troia arserit igni? | (582) Dardanium totiens sudarit sanguine litus? | (583) Non ita; namque etsi nullum memorabile nomen | (584) feminea in poena est nec habet victoria laudem, | (585) exstinxisse nefas tamen et sumpsisse merentis | (586) laudabor poenas, animumque explesse iuvabit | (587) ultricis flammae et cineres satiasse meorum.' "

SUGGESTED WORD ORDER (2.575-587). (A) "Ignes exarsere [i.e., exarserunt] [in meō] animō;¹ ira subit [me] ulcisci [meam] cadentem patriam et sumere sceleratas poenas.² (B) 'Scilicet haec [femina], incolumis, aspiciet Spartam [et] patrias Mycenas [et] ibit [velut] regina, triumphō partō? ³ (C) Videbit [et] coniugium [et] domum patris [et] natos, comitata turbā⁴ Iliadum et Phrygiīs ministrīs? ⁵ (D) Priamus occiderit ferrō? ⁶ Troia arserit [in] ignī? ⁷ Dardanium⁸ litus sudarit [i.e., sudaverit] sanguine⁹ totiens? Non [erit] ita! (E) Namque etsi est nullum memorabile nomen in femineā poenā,¹⁰ [et tanta] victoria nec habet laudem, tamen laudabor exstinxisse nefas et sumpsisse merentis poenas; (F) [et] iuvabit [me] explesse [i.e., explevisse] animum ultricis flammae¹¹ et satiasse [i.e., satiavisse] cineres meorum [cognatorum].' "

2.575 VOCABULARY SECTIONS (2.575-587)

(A) **ignis**, is (m) - fire, flame / **exardesco**, exardescere (3), exarsi, exarsus - blaze (up), kindle / [**in** (prep) - in (with Abl)] / [**meus**, a, um - my] / **animus**, i (m) - mind / **ira**, ae (f) - (furious) desire, (indignant) passion / **subeo**, subire (4), subii, subitus - come upon, overtake / **ulciscor**, ulcisci (3), ultus - avenge / [**meus** *iterum*] / **cado**, cadere (3), cecidi, casus - fall, perish / **patria**, ae (f) - country, fatherland / **sumo**, sumere (3), sumpsi, sumptus - assume, take (with *poenas*, "exact, inflict") / **sceleratus**, a, um - accursed, impious, wicked / **poena**, ae (f) - penalty, punishment

(B) **scilicet** (adv) - doubtless / [**femina**, ae (f) - woman] / **incolumis**, e - safe, unharmed / **aspicio**, aspicere (3), aspexi, aspectus - behold, see / **Sparta**, ae (f) - Sparta / **patrius**, a, um - ancestral, native / **Mycenae**, arum (f) - Mycenae / **eo**, ire, ii, itus - go (forth), leave / [**velut** (adv) - just as, like] / **regina**, ae (f) - queen / **triumphus**, i (m) - a Triumph (i.e., "a triumphal procession of victory") / **pario**, parere (3), peperi, partus - acquire, obtain

(C) **video**, vidēre (2), vidi, visus - see / **coniugium**, i (n) - marriage-partner, spouse / **domus**, i (f) - dwelling, household / **pater**, patris (m) - father / **natus**, i (m) - son; (pl) children / **comito** (1) - accompany / **turba**, ae (f) - crowd, multitude / **Ilias**, adis (f) - a Trojan woman / **Phrygius**, a, um - Phrygian (i.e., "Trojan") / **minister**, tri (m) - attendant, servant

(D) **Priamus**, i (m) - Priam (king of Troy) / **occido**, occidere (3), occidi, occasus - die, perish / **ferrum**, i (n) - iron (sword) / **Troia**, ae (f) - Troy / **ardeo**, ardēre (2), arsi, arsus - burn / [**in** (prep) - in (with Abl)] / **ignis**, is (m) - fire, flame / **Dardanius**, a, um - Dardanian, of Dardanus (i.e., "Trojan") / **litus**, litoris (n) - coast, shore / **sudo** (1) - be drenched / **sanguis**, inis (m) - blood / **totiens** (adv) - so many times / **ita** (adv) - in this manner, so, thus

(E) **namque** (conj) - for / **etsi** (conj) - although / **nullus**, a, um - no, not any / **memorabilis**, e - glorious, remarkable / **nomen**, inis (n) - fame / **in** (prep) - in (with Abl) / **femineus**, a, um - feminine / **poena**, ae (f) - penalty, punishment / [**tantus**, a, um - such] / **victoria**, ae (f) - triumph / **habeo**, habēre (2), habui, habitus - obtain, receive / **laus**, laudis (f) - glory / **tamen** (adv) - nevertheless / **laudo** (1) - honor, praise / **exstinguo**, exstinguere (3), exstinxi, exstinctus - destroy, slay / **nefas** (n., indecl.) - despicable, impious (wretch) / **sumo**, sumere (3), sumpsi, sumptus - assume, take (with *poenas*, "exact, inflict") / **merens**, entis - appropriate, deserving / **poena**, ae (f) - penalty, punishment

(F) **iuvo**, iuvare (1), iuvi, iutus - gratify, please (with Acc of Person) / **expleo**, explēre (2), explevi, expletus - "fill (Acc) with (Gen)" / **animus**, i (m) - mind / **ultrix**, icis - vengeful / **flamma**, ae (f) - flame / **satio** (1) - appease, avenge / **cinis**, eris (m) - ashes (of a cremated body) / **meus**, a, um - my / [**cognatus**, i (m) - blood-relation, kinsman]

Quick Reference, COMMON PRONOUNS: **hic**, haec, hoc (dem. pron.) - this; he, she, it | **ille**, illa, illud (dem. pron.) - that; that (famous) one (yonder); he, she, it | **ipse**, ipsa, ipsum (intnsv. pron.) - (one's own) self; very | **is**, ea, id (dem. pron.) - this, that; (of) such (a kind); he, she, it | **qui**, quae, quod (rel. pron.) - who, which; that

GRAMMATICAL NOTES: **1.** *[meō] animō* (Abl of Place Where); **2.** *sceleratas poenas* (sc. "accursed punishments" as "inappropriately impious punishments," which Aeneas himself makes clear in 2.583-584; note, however, that some suggest reading this as if *poenas sceleris*, "punishments for [her] wickednesses"); **3.** *triumphō partō* (Abl Absol, "as if with a Triumph having been won"); **4-5.** *turbā ... Phrygiīs ministrīs* (Ablatives of Accompaniment); **6.** *ferrō* (Abl of Means); **7.** *ignī* (Abl of Place Where); **9.** *sanguine* (Abl of Means); **10.** *in femineā poenā* (sc. the adjective as equivalent to a genitive noun, i.e., "in the punishment inflicted upon a woman"); **11.** *ultricis flammae* (i.e., "with the flame of vengeance"). | **HISTORICAL AND MYTHOLOGICAL NOTE**: **8.** On Dardanus, see Section 1.494-506 (note 1).

FULLY PARSED (2.575-587)

(A) **ignes** (masc nom pl); **exarsere** (i.e., *exarserunt*, perf actv indic 3 pl); **[meō]** (masc abl sing); **animō** (masc abl sing); **ira** (fem nom sing); **subit** (prsnt actv indic 3 sing); **[me]** (1 pers. pron., masc acc sing); **ulcisci** (dep., prsnt pssv infin); **[meam]** (fem acc sing); **cadentem** (prsnt actv prcpl, fem acc sing); **patriam** (fem acc sing); **sumere** (prsnt actv infin); **sceleratas** (fem acc pl); **poenas** fem acc pl).

(B) **haec** (fem nom sing); **[femina]** (fem nom sing); **incolumis** (fem nom sing); **aspiciet** (fut actv indic 3 sing); **Spartam** (fem acc sing); **patrias** (fem acc pl); **Mycenas** (fem acc pl); **ibit** (fut actv indic 3 sing); **regina** (fem nom sing); **triumphō** (masc abl sing); **partō** (perf pssv prcpl, masc abl sing).

(C) **videbit** (fut actv indic 3 sing); **coniugium** (neut acc sing); **domum** (fem acc sing); **patris** (masc gen sing); **natos** (masc acc pl); **comitata** (perf pssv prcpl, fem nom sing); **turbā** (fem abl sing); **Iliadum** (fem gen pl); **Phrygiīs** (masc abl pl); **ministrīs** (masc abl pl).

(D) **Priamus** (masc nom sing); **occiderit** (fut perf actv indic 3 sing); **ferrō** (neut abl sing); **Troia** (fem nom sing); **arserit** (fut perf actv indic 3 sing); **ignī** (masc abl sing); **Dardanium** (neut nom sing); **litus** (neut nom sing); **sudarit** (i.e., *sudaverit*, fut perf actv indic 3 sing); **sanguine** (masc abl sing); **[erit]** (fut actv indic 3 sing).

(E) **est** (prsnt actv indic 3 sing); **nullum** (neut nom sing); **memorabile** (neut nom sing); **nomen** (neut nom sing); **femineā** (fem abl sing); **poenā** (fem abl sing); **[tanta]** (fem nom sing); **victoria** (fem nom sing); **habet** (fem nom sing); **laudem** (fem acc sing); **laudabor** (fut pssv indic 1 sing); **exstinxisse** (perf actv infin); **nefas** (neut, indecl.; read as neut acc sing); **sumpsisse** (perf actv infin); **merentis** (fem acc pl); **poenas** (fem acc pl).

(F) **iuvabit** (impers., fut actv indic 3 sing); **[me]** (1 pers. pron., masc acc sing); **explesse** (i.e., *explevisse*, perf actv infin); **animum** (masc acc sing); **ultricis** (fem gen sing); **flammae** (fem gen sing); **satiasse** (i.e., *satiavisse*, perf actv infin); **cineres** (masc acc pl); **meorum** (masc gen pl); **[cognatorum]** (masc gen pl).

* * * * * * * * * * * * * * * * * *

Vergil's **ORIGINAL TEXT (2.588-603)**. **(588)** "Talia iactabam et furiata mente ferebar, | **(589)** cum mihi se, non ante oculis tam clara, videndam | **(590)** obtulit, et pura per noctem in luce refulsit | **(591)** alma parens, confessa deam qualisque videri | **(592)** caelicolis et quanta solet, dextraque prehensum | **(593)** continuit, roseoque haec insuper addidit ore: | **(594)** 'Nate, quis indomitas tantus dolor excitat iras? | **(595)** Quid furis, aut quonam nostri tibi cura recessit? | **(596)** Non prius aspicies ubi fessum aetate parentem | **(597)** liqueris Anchisen, superet coniunxne Creusa | **(598)** Ascaniusque puer? Quos omnis undique Graiae | **(599)** circum errant acies, et, ni mea cura resistat, | **(600)** iam flammae tulerint inimicus et hauserit ensis. | **(601)** Non tibi Tyndaridis facies invisa Lacaenae | **(602)** culpatusve Paris; divum inclementia, divum, | **(603)** has evertit opes sternitque a culmine Troiam.' "

Quick Reference, **COMMON PRONOUNS**: **hic**, haec, hoc (dem. pron.) - this; he, she, it | **ille**, illa, illud (dem. pron.) - that; that (famous) one (yonder); he, she, it | **ipse**, ipsa, ipsum (intnsv. pron.) - (one's own) self; very | **is**, ea, id (dem. pron.) - this, that; (of) such (a kind); he, she, it | **qui**, quae, quod (rel. pron.) - who, which; that

SUGGESTED WORD ORDER (2.588-603). **(A)** "Iactabam talia [dicta] et ferebar furiatā mente,[1] cum [mea] alma parens obtulit se mihi videndam,[2] non ante tam clara [meis] oculis, et refulsit in purā luce per noctem, **(B)** confessa [suam] deam [et] qualis et quanta[3] solet videri caelicolis,[4] [et] continuit [me] prehensum dextrā[5] [et] insuper addidit haec [dicta] roseō ore:[6] **(C)** "Nate, quis[7] tantus dolor excitat indomitas iras?[8] Quid furis aut quonam cura nostri tibi[9] recessit? **(D)** Non (i.e., non-ne) prius aspicies ubi liqueris[10] Anchisen, parentem fessum aetate,[11] coniunx-ne Creusa superet[12] [et] puer Ascanius? **(E)** Ni mea cura resistat[13] [hostes], et flammae iam tulerint[14] et inimicus ensis hauserit[15] omnis circum quos Graiae acies errant undique. **(F)** Inclementia div[or]um, div[or]um tibi,[16] evertit has opes [et] sternit Troiam a culmine, non invisa facies Lacaenae Tyndaridis[17] culpatus-ve Paris."[18]

2.588   VOCABULARY SECTIONS (2.588-603)

(A)   **iacto** (1) - speak, utter / **talis**, e - such / [**dictum**, i (n) - remark, word] / **fero**, ferre, tuli, latus - bear off, carry away / **furio** (1) - drive mad, enrage / **mens**, mentis (f) - mind / **cum** (conj) - when / [**meus**, a, um - my] / **almus**, a, um - dear, gracious, kind / **parens**, ntis (f) - mother / **offero**, offerre, obtuli, oblatus - present, reveal, show / **video**, vidēre (2), vidi, visus - behold, see / **ante** (adv) - formerly, previously (with *non*, "never before") / **tam** (adv) - so (very) / **clarus**, a, um - brilliant, illustrious / [**meus** *iterum*] / **oculus**, i (m) - eye / **refulgeo**, refulgēre (2), refulsi - gleam, shine / **in** (prep) - in (with Abl) / **purus**, a, um - bright, pure / **lux**, lucis (f) - light / **per** (prep) - through (with Acc) / **nox**, noctis (f) - night

(B)   **confiteor**, confiteri (2), confessus - demonstrate, manifest, reveal / [**suus**, a, um - (one's) own] / **dea**, ae (f) - divinity (i.e., "divine nature") / **qualis**, e (rel. adj.) - of such a kind (as) / **quantus**, a, um - as great as / **soleo**, solēre (2), solitus - be accustomed, wont / **video**, vidēre (2), vidi, visus - see / **caelicola**, ae (m) - deity, god (lit., "sky-dweller") / **contineo**, continēre (2), continui, contentus - check, restrain / **prehendo**, prehendere (3), prehendi, prehensus - grasp, lay hold of, seize / **dextra**, ae (f) - (right) hand / **addo**, addere (3), addidi, additus - add, impart / **insuper** (adv) - from above / **roseus**, a, um - pink, rosy / **os**, oris (n) - mouth

(C)   **natus**, i (m) - son / **quis**, quid (interrog. pron.) - who? what? / **tantus**, a, um - so very great / **dolor**, oris (m) - anguish, grief, passion / **excito** (1) - arouse, excite / **indomitus**, a, um - uncontrollable, ungovernable / **ira**, ae (f) - rage, wrath / **quis** *iterum* (neut *quid* as interrog. adv., "why?") / **furo**, furere (3), ferui - be furious, rage, seethe / **quonam** (interrog. adv.) - whither? / **cura**, ae (f) - (affectionate) care, concern, regard / **recedo**, recedere (3), recessi, recessus - depart, retreat, withdraw

(D)   [**nonne** (interrog. adv.) - not? (note interrog. enclitics *non-ne ... -ne*, "not...or whether")] / **prius** (adv) - rather, sooner / **aspicio**, aspicere (3), aspexi, aspectus - consider, observe / **ubi** (adv) - where / **linquo**, linquere (3), liqui, lictus - forsake, leave (behind) / **Anchises**, ae (m) - Anchises (Aeneas' father) / **parens**, entis (m) - father / **fessus**, a, um - exhausted, worn out / **aetas**, atis (f) - age / **coniunx**, coniugis (f) - spouse / **Creusa**, ae (f) - Creusa (wife of Aeneas) / **supero** (1) - remain (alive), survive / **puer**, pueri (m) - boy / **Ascanius**, i (m) - Ascanius (son of Aeneas)

(E)   **ni** (conj) - if not, unless / **meus**, a, um - my / **cura**, ae (f) - (benevolent) diligence, effort / **resisto**, resistere (3), restiti - oppose, withstand / [**hostis**, is (m) - enemy] / **flamma**, ae (f) - flame / **iam** (adv) - already / **fero**, ferre, tuli, latus - bear off, carry away / **inimicus**, a, um - hostile / **ensis**, is (m) - (two-edged) sword / **haurio**, haurire (4), hausi, haustus - destroy, kill (lit. sense is "drain, or shed the blood of") / **omnis**, e - all, every / **circum** (prep) - around (with Acc) / **Graius**, a, um - Greek / **acies**, ei (f) - armed (battle) line / **erro** (1) - roam about, wander / **undique** (adv) - on all sides

(F)   **inclementia**, ae (f) - harshness, unmercifulness / **divus**, i (m) - god / **everto**, evertere (3), everti, eversus - destroy, overthrow, ruin / **ops**, opis (f) - power; (pl) dominion, wealth / **sterno**, sternere (3), stravi, stratus - level, raze, topple / **Troia**, ae (f) - Troy / **a** (prep) - from (with Abl) / **culmen**, inis (n) - peak, summit / **invisus**, a, um - hated, loathsome, odious / **facies**, ei (f) - face, visage / **Lacaenus**, a, um - Laconian (i.e., "Spartan") / **Tyndaris**, idis (f) - lit., "daughter of Tyndarus" (i.e., "Helen") / **culpatus**, a, um - deserving reproach, wicked / **Paris**, idis (m) - Paris (Trojan prince)

Quick Reference, COMMON PRONOUNS: **hic**, haec, hoc (dem. pron.) - this; he, she, it | **ille**, illa, illud (dem. pron.) - that; that (famous) one (yonder); he, she, it | **ipse**, ipsa, ipsum (intnsv. pron.) - (one's own) self; very | **is**, ea, id (dem. pron.) - this, that; (of) such (a kind); he, she, it | **qui**, quae, quod (rel. pron.) - who, which; that

GRAMMATICAL NOTES: **1.** *furiatā mente* (Abl of Means); **2.** *videndam* (Gerundive of Purpose, "to be seen"); **3.** *qualis et quanta* ("of such beauty and of such great stature as..."); **4.** *caelicolis* (Dat of Agent); **5.** *dextrā* (Abl of Means); **6.** *roseō ore* (Abl of Manner or Means); **7.** *quis* (Vergil here uses *quis* instead of *qui*, the rightly-expected Interrogative Adjective); **8.** *indomitas iras* (Poetic Plural; transl. as Singular); **9.** *cura nostri tibi* (This phrase contains two noteworthy elements: (a) Venus uses the plural *nostri* of herself in chiding Aeneas for neglecting their family, which should be translated as singular; and (b) *tibi*, a Dative of Reference or an Ethical Dative, "for you." The entire phrase, lit., "care of me insofar as you are concerned," is perhaps best read as "your regard for me"); **10.** *liqueris* (Perfect Subjunctive in an Indirect Question, "where you have left..."); **11.** *aetate* (Abl of Means); **12.** *superet* (Present Subjunctive in an Indirect Question, "whether [*Creusa*; take also with *puer Ascanius*] remains alive..."); **13.** *resistat* (Subjunctive as the Protasis in a Mixed Contrary-to-Fact Condition, with the Present substituted for the Imperfect to show continued action: "but for the fact that my benevolent effort were not still opposing the enemy..."); **14-15.** *tulerint... hauserit* (Subjunctives as Apodoses in a Mixed Contrary-to-Fact Condition, with the Perfect vividly conveying actions imagined as already complete save for Venus' interference: "would have carried off ... would have destroyed ..."); **16.** *tibi* (Ethical Dative, "I assure you..."). | **HISTORICAL AND MYTHOLOGICAL NOTES**: **17.** On Helen as "the daughter of Tyndareus," see Section 2.559-574 (note 5). | **18.** On Paris, see Section 1.23-33 (note 4).

FULLY PARSED (2.588-603) _____

(A) iactabam (impf actv indic 1 sing); **talia** (neut acc pl); **[dicta]** (neut acc pl); **ferebar** (impf pssv indic 1 sing); **furiatā** (perf pssv prcpl, fem abl sing); **mente** (fem abl sing); **[mea]** (fem nom sing); **alma** (fem nom sing); **parens** (fem nom sing); **obtulit** (perf actv indic 3 sing); **se** (3 pers. reflxv. pron., fem acc sing); **mihi** (1 pers. pron., masc dat sing); **videndam** (Gerundive; fut pssv ptcpl, fem acc sing); **clara** (fem nom sing); **[meis]** (masc dat pl); **oculis** (masc dat pl); **refulsit** (perf actv indic 3 sing); **purā** (fem abl sing); **luce** (fem abl sing); **noctem** (fem acc sing).

(B) confessa (dep., perf pssv prcpl, fem nom sing); **[suam]** (fem acc sing); **deam** (fem acc sing); **qualis** (fem nom sing); **quanta** (fem nom sing); **solet** (prsnt actv indic 3 sing); **videri** (prsnt pssv infin); **caelicolis** (masc dat pl); **continuit** (perf actv indic 3 sing); **[me]** (1 pers. pron., masc acc sing); **prehensum** (perf pssv prcpl, masc acc sing); **dextrā** (fem abl sing); **addidit** (perf actv indic 3 sing); **haec** (neut acc pl); **[dicta]** (neut acc pl); **roseō** (neut abl sing); **ore** (neut abl sing).

(C) nate (masc voc sing); **quis** (masc nom sing); **tantus** (masc nom sing); **dolor** (masc nom sing); **excitat** (prsnt actv indic 3 sing); **indomitas** (fem acc pl); **iras** (fem acc pl); **furis** (prsnt actv indic 3 sing); **cura** (fem nom sing); **nostri** (1 pers. pron., fem gen pl); **tibi** (2 pers. pron., masc dat sing); **recessit** (perf actv indic 3 sing).

(D) aspicies (fut actv indic 2 sing); **liqueris** (perf actv subjv 2 sing); **Anchisen** (masc acc sing); **parentem** (masc acc sing); **fessum** (masc acc sing); **aetate** (fem abl sing); **coniunx** (fem nom sing); **Creusa** (fem nom sing); **superet** (prsnt actv subjv 3 sing); **puer** (masc nom sing); **Ascanius** (masc nom sing).

(E) mea (fem nom sing); **cura** (fem nom sing); **resistat** (prsnt actv subjv 3 sing); **[hostes]** (masc acc pl); **flammae** (fem nom pl); **tulerint** (perf actv subjv 3 pl); **inimicus** (masc nom sing); **ensis** (masc nom sing); **hauserit** (perf actv subjv 3 pl); **omnis** (masc acc pl); **quos** (masc acc pl); **Graiae** (fem nom pl); **acies** (fem nom pl); **errant** (prsnt actv indic 3 pl).

(F) inclementia (fem nom sing); **div[or]um** (masc gen pl); **div[or]um** (masc gen pl); **tibi** (2 pers. pron., masc dat sing); **evertit** (prsnt actv indic 3 sing); **has** (fem acc pl); **opes** (fem acc pl); **sternit** (prsnt actv indic 3 sing); **Troiam** (fem acc sing); **culmine** (neut abl sing); **invisa** (fem nom sing); **facies** (fem nom sing); **Lacaenae** (fem gen sing); **Tyndaridis** (fem gen sing); **culpatus** (masc nom sing); **Paris** (masc nom sing).

* * * * * * * * * * * * * * * * * * *

_____

Quick Reference, COMMON PRONOUNS: **hic**, haec, hoc (dem. pron.) - this; he, she, it | **ille**, illa, illud (dem. pron.) - that; that (famous) one (yonder); he, she, it | **ipse**, ipsa, ipsum (intnsv. pron.) - (one's own) self; very | **is**, ea, id (dem. pron.) - this, that; (of) such (a kind); he, she, it | **qui**, quae, quod (rel. pron.) - who, which; that

Vergil's ORIGINAL TEXT (2.604-620). **(604)** "Aspice! (namque omnem, quae nunc obducta tuenti | **(605)** mortalis hebetat visus tibi et umida circum | **(606)** caligat, nubem eripiam; tu ne qua parentis | **(607)** iussa time neu praeceptis parere recusa): | **(608)** hic, ubi disiectas molis avulsaque saxis | **(609)** saxa vides mixtoque undantem pulvere fumum, | **(610)** Neptunus muros magnoque emota tridenti | **(611)** fundamenta quatit totamque a sedibus urbem | **(612)** eruit; hic Iuno Scaeas saevissima portas | **(613)** prima tenet, sociumque furens a navibus agmen | **(614)** ferro accincta vocat. | **(615)** Iam summas arcis Tritonia, respice, Pallas | **(616)** insedit, nimbo effulgens et Gorgone saeva; | **(617)** ipse pater Danais animos virisque secundas | **(618)** sufficit, ipse deos in Dardana suscitat arma. | **(619)** Eripe, nate, fugam, finemque impone labori. | **(620)** Nusquam abero, et tutum patrio te limine sistam."

SUGGESTED WORD ORDER (2.604-620). **(A)** "Aspice! Namque [ego] eripiam omnem nubem quae, obducta <u>tibi tuenti</u>,¹ nunc hebetat mortalis visus et [quae] umida caligat circum [te]. **(B)** Tu, ne time qua iussa parentis neu recusa parere praeceptis. **(C)** Hic, ubi vides moles disiectas [et] saxa avulsa <u>saxīs</u>² [et] undantem fumum, <u>pulvere mixtō</u>,³ Neptunus⁴ quatit muros [et] fundamenta emota <u>magnō tridentī</u>⁵ [et] eruit totam urbem a sedibus. **(D)** Hic Iuno,⁶ saevissima, prima tenet Scaeas portas⁷ [et] furens, accincta <u>ferrō</u>,⁸ vocat agmen socium a navibus. **(E)** Iam, respice, Tritonia⁹ Pallas¹⁰ insedit summas arces, effulgens <u>nimbō</u>¹¹ et <u>saevā</u> <u>Gorgone</u>.¹² **(F)** Pater ipse [i.e., Iuppiter] sufficit <u>animos</u>¹³ [et] secundas viris Danais,¹⁴ ipse suscitat deos in Dardana¹⁵ arma. **(G)** Nate, eripe fugam [et] impone finem [tuo] labori; [ego] nusquam abero, et sistam te tutum [in] <u>patriō limine</u>." ¹⁶

2.604 VOCABULARY SECTIONS (2.604-620)

(A) **aspicio**, aspicere (3), aspexi, aspectus - behold, look / **namque** (conj) - for / **eripio**, eripere (3), eripui, ereptus - remove, snatch (away) / **omnis**, e - entire, whole / **nubes**, is (f) - cloud, mist / **obduco**, obducere (3), obduxi, obductus - draw over (as a cover) / **tueor**, tueri (2), tutus - look, watch / **nunc** (adv) - now / **hebeto** (1) - dim, weaken / **mortalis**, e - human, mortal / **visus**, us (m) - sight, vision / **umidus**, a, um - dank, dewy, moist / **caligo** (1) - cast darkness, gloom / **circum** (adv) - (all) about; (prep) around, near (with Acc)

(B) **timeo**, timēre (2), timui - dread, fear / **qui**, qua, quod (indef. adj.) - any, some / **iussum**, i (n) - command, order / **parens**, entis (f) - mother / **neu** (adv) - nor / **recuso** (1) - refuse / **pareo**, parēre (2), parui, paritus - obey (with Dat) / **praeceptum**, i (n) - advice, instruction

(C) **hic** (adv) - here / **ubi** (adv) - where / **video**, vidēre (2), vidi, visus - see / **moles**, is (f) - mass (of buildings) / **disicio**, disicere (3), disieci, disiectus - break up, scatter, tear to pieces / **saxum**, i (n) - rock / **avello**, avellere (3), avelli, avulsus - tear away (by force) / **saxum** *iterum* / **undo** (1) - rise in waves, surge / **fumus**, i (m) - smoke, vapor / **pulvis**, eris (m) - ash, dust / **misceo**, miscēre (2), miscui, mixtus - blend, mingle / **Neptunus**, i (m) - Neptune (god of the Sea) / **quatio**, quatere (3), quassus - shake, shatter, strike / **murus**, i (m) - rampart, (city) wall / **fundamentum**, i (n) - foundation / **emoveo**, emovēre (2), emovi, emotus - dislodge, remove, upheave / **magnus**, a, um - great, mighty / **tridens**, entis (m) - trident / **eruo**, eruere (3), erui, erutus - destroy, overthrow, root up / **totus**, a, um - entire, whole / **urbs**, urbis (f) - city / **a** (prep) - from (with Abl) / **sedes**, sedis (f) - (lowest) foundation

(D) **hic** (adv) - here / **Iuno**, Iunonis (f) - Juno / **saevus**, a, um - cruel, fierce / **primus**, a, um - first (in rank), foremost / **teneo**, tenēre (2), tenui, tentus - hold, occupy, possess / **Scaeus**, a, um - Scaean / **porta**, ae (f) - gate / **furo**, furere (3), ferui - be furious, rage / **accingo**, accingere (3), accinxi, accinctus - bind, gird on (here, Pssv as Middle, "equip oneself") / **ferrum**, i (n) - iron (sword) / **voco** (1) - call, summon / **agmen**, inis (n) - armed host, army / **socius**, i (m) - companion, comrade / **a** (prep) - from (with Abl) / **navis**, is (f) - ship

(E) **iam** (adv) - (even) now / **respicio**, respicere (3), respexi, respectus - look back (at) / **Tritonius**, a, um - Tritonian (an epithet of Minerva) / **Pallas**, adis (f) - Pallas (i.e., Minerva) / **insido**, insidere (3), insedi, insessus - occupy, settle upon / **summus**, a, um - highest, uppermost / **arx**, arcis (f) - citadel, fortress / **effulgeo**, effulgēre (2), effulsi - gleam, shine / **nimbus**, i (m) - (storm) cloud / **saevus**, a, um - cruel, fierce, grim-faced / **Gorgo**, onis (f) - Gorgon

---

Quick Reference, COMMON PRONOUNS: **hic**, haec, hoc (dem. pron.) - this; he, she, it | **ille**, illa, illud (dem. pron.) - that; that (famous) one (yonder); he, she, it | **ipse**, ipsa, ipsum (intnsv. pron.) - (one's own) self; very | **is**, ea, id (dem. pron.) - this, that; (of) such (a kind); he, she, it | **qui**, quae, quod (rel. pron.) - who, which; that

(F) **pater**, patris (m) - father / [**Iuppiter**, Iovis (m) - Jupiter] / **sufficio**, sufficere (3), suffeci, suffectus - give, supply / **animus**, i (m) - courage, passion / **secundus**, a, um - auspicious, propitious / **vis**, vis (f) - force, power; (pl) strength / **Danai**, orum (m) - Danaans (i.e., "the Greeks") / **suscito** (1) - arouse, incite, stir up / **deus**, i (m) - god / **in** (prep) - against (with Acc) / **Dardanus**, a, um - Dardanian, of Dardanus (i.e., "Trojan") / **arma**, orum (n) - arms, weapons

(G) **natus**, i (m) - son / **eripio**, eripere (3), eripui, ereptus - snatch away, wrest (with *fugam*, "hasten flight") / **fuga**, ae (f) - escape, flight / **impono**, imponere (3), imposui, impositus - give, impose, put / **finis**, is (m) - end, stop / [**tuus**, a, um - your] / **labor**, oris (m) - distress, suffering; toil / **nusquam** (adv) - never / **absum**, abesse, afui - be absent, (far) away / **sisto**, sistere (3), steti, status - place, set / **tutus**, a, um - safe, secure / [**in** (prep) - on (with Abl)] / **patrius**, a, um - ancestral, paternal / **limen**, inis (n) - threshold

GRAMMATICAL NOTES: 1. *tibi tuenti* (Dat of Reference, "for you watching" but best read with *obducta* as "having been drawn as a veil over your sight"); 2. *saxīs* (Abl of Separation); 3. *pulvere mixtō* (Abl Absol, "with ash having been mixed in," best taken as modifying *undantem fumum*: "rising smoke intermingled with ash"); 5. *magnō tridentī* (Abl of Means); 8. *ferrō* (Abl of Means with the Middle Participle *accincta*, "having armed herself with a sword"); 11. *nimbō* (Abl of Separation, "out from behind a storm cloud" rather than an Abl of Cause or Means); 12. *saevā Gorgone* (Abl of Means, "with the grim-faced Gorgon's head," though some read as *saeva Gorgone*, "fearsome with the Gorgon's head"); 13. *animos* (Poetic Plural; transl. as Singular); 16. *patriō limine* (Abl of Place Where). | **HISTORICAL AND MYTHOLOGICAL NOTES**: 4. Neptune's role in tearing up the city from its foundations is motivated by his desire to exact revenge for King Laomedon's treachery in the previous generation: after Neptune and Apollo (disguised as mortals, and perhaps assisted by Aeacus; see Section 1.87-101, note 15) had built Troy's formidable walls on behalf of Priam's father Laomedon (son of Ilus and Eurydice), the dishonest king unwisely cheated the gods of their promised payment. As punishment, Apollo visited plague upon the city and Poseidon sent a sea-monster to ravage its population; Heracles, however, killed the creature during the course of his ninth Labor and saved Laomedon's daughter Hesione from being sacrificed to appease it, though he eventually also slew the king and all of his sons (save Priam) since the treacherous Laomedon had in turn refused to pay the hero his promised reward. Thus deprived of his vengeance upon Laomedon, Neptune is now at least able to destroy the mighty fortifications which he was tricked into building. | 6. On the reasons for Juno's hatred of the Trojans, see Section 1.23-33 (note 4). | 7. The Scaean Gates (lit., "the left-hand," i.e., "the western gates") were the city's principal gates facing the Greek camp located on the shore. Laomedon's body was buried at the Gates and legend held that Troy would remain standing as long as his tomb lie undisturbed; one should note that this was in all likelihood the very point where the Trojans had dismantled the wall in order to drag the Horse inside. | 9. On Minerva's epithet *Tritonia*, see Section 2.212-227 (note 17). | 10. On Minerva's epithet *Pallas*, see Section 2.212-227 (note 17). | 12. Monstrous daughters of Phorcys and his sister Ceto (whose other progeny included the three Graeae, lit., "the Aged Ones," sisters who were old women from birth and shared a single eye and tooth amongst themselves), the Gorgons were three serpent-tressed sisters whose appearances were so terrifying that mortals who looked into their eyes were turned to stone, a power which Medusa's severed head still retained even after Perseus had decapitated her (note that the mythological tradition suggests that Medusa, the sole mortal Gorgon, had been born a beautiful maiden but was later transformed into a hideous monster by an outraged Athena for either dallying with Poseidon inside one of the goddess' temples or striving with the goddess herself in beauty; later authors also describe the Gorgons as having talons, sharp teeth, dragon scales and wings in addition to the writhing knot of snakes atop their heads). Athena affixed Medusa's head to her shield, the Aegis; similar to the goatskin cloak carried by (and perhaps simply borrowed from) Zeus, the hundred-tasseled Aegis was itself both ageless and immortal, endowed with the power to protect its bearer from all attacks (including Zeus' thunderbolt), summon thunderstorms, rout foes and bring victory to whichever side the bearer supported in battle. | 14. On the Danaans, see Section 1.23-33 (note 8). | 15. On Dardanus, see Section 1.494-506 (note 1).

FULLY PARSED (2.604-620) _____

(A) **aspice** (prsnt actv imper 2 sing); [**ego**] (1 pers. pron., fem nom sing); **eripiam** (fut actv indic 1 sing); **omnem** (fem acc sing); **nubem** (fem acc sing); **quae** (fem nom sing); **obducta** (perf pssv prcpl, fem nom sing); **tibi** (2 pers. pron., masc dat sing); **tuenti** (dep., prsnt actv prcpl, masc dat sing); **hebetat** (prsnt actv indic 3 sing); **mortalis** (masc acc pl); **visus** (masc acc pl); [**quae**] (fem nom sing); **umida** (fem nom sing); **caligat** (prsnt actv indic 3 sing); [**te**] (2 pers. pron., masc acc sing).

Quick Reference, COMMON PRONOUNS: **hic**, haec, hoc (dem. pron.) - this; he, she, it | **ille**, illa, illud (dem. pron.) - that; that (famous) one (yonder); he, she, it | **ipse**, ipsa, ipsum (intnsv. pron.) - (one's own) self; very | **is**, ea, id (dem. pron.) - this, that; (of) such (a kind); he, she, it | **qui**, quae, quod (rel. pron.) - who, which; that

(B) **tu** (2 pers. pron., masc voc sing); **time** (prsnt actv imper 2 sing); **qua** (neut acc pl); **iussa** (neut acc pl); **parentis** (fem gen sing); **recusa** (prsnt actv imper 2 sing); **parere** (prsnt actv infin); **praeceptis** (neut dat pl).

(C) **vides** (prsnt actv indic 2 sing); **moles** (fem acc pl); **disiectas** (perf pssv prcpl, fem acc pl); **saxa** (neut acc pl); **avulsa** (perf pssv prcpl, neut acc pl); **saxīs** (neut abl pl); **undantem** (prsnt actv prcpl, masc acc sing); **fumum** (masc acc sing); **pulvere** (masc abl sing); **mixtō** (perf pssv prcpl, masc abl sing); **Neptunus** (masc nom sing); **quatit** (prsnt actv indic 3 sing); **muros** (masc acc pl); **fundamenta** (neut acc pl); **emota** (perf pssv prcpl, neut acc pl); **magnō** (masc abl sing); **tridentī** (masc abl sing); **eruit** (prsnt actv indic 3 sing); **totam** (fem acc sing); **urbem** (fem acc sing); **sedibus** (fem abl pl).

(D) **Iuno** (fem nom sing); **saevissima** (fem nom sing; supl. of *saeva*); **prima** (fem nom sing); **tenet** (prsnt actv indic 3 sing); **Scaeas** (fem acc pl); **portas** (fem acc pl); **furens** (prsnt actv prcpl, fem nom sing); **accincta** (perf pssv prcpl, fem nom sing); **ferrō** (neut abl sing); **vocat** (prsnt actv indic 3 sing); **agmen** (neut acc sing); **socium** (masc gen pl); **navibus** (fem abl pl).

(E) **respice** (prsnt actv imper 2 sing); **Tritonia** (fem nom sing); **Pallas** (fem nom sing); **insedit** (perf actv indic 3 sing); **summas** (fem acc pl); **arces** (fem acc pl); **effulgens** (prsnt actv prcpl, fem nom sing); **nimbō** (masc abl sing); **saevā** (fem abl sing); **Gorgone** (fem abl sing).

(F) **pater** (masc nom sing); **ipse** (masc nom sing); **[Iuppiter]** (masc nom sing); **sufficit** (prsnt actv indic 3 sing); **animos** (masc acc pl); **secundas** (fem acc pl); **viris** (fem acc pl); **Danais** (masc dat pl); **ipse** (masc nom sing); **suscitat** (prsnt actv indic 3 sing); **deos** (masc acc pl); **Dardana** (neut acc pl); **arma** (neut acc pl).

(G) **nate** (masc voc sing); **eripe** (prsnt actv imper 2 sing); **fugam** (fem acc sing); **impone** (prsnt actv imper 2 sing); **finem** (masc acc sing); **[tuo]** (masc dat sing); **labori** (masc dat sing); **[ego]** (1 pers. pron., fem nom sing); **abero** (fut actv indic 1 sing); **sistam** (fut actv indic 1 sing); **te** (2 pers. pron., masc acc sing); **tutum** (masc acc sing); **patriō** (neut abl sing); **limine** (neut abl sing).

* * * * * * * * * * * * * * * * * *

Quick Reference, COMMON PRONOUNS: **hic**, haec, hoc (dem. pron.) - this; he, she, it | **ille**, illa, illud (dem. pron.) - that; that (famous) one (yonder); he, she, it | **ipse**, ipsa, ipsum (intnsv. pron.) - (one's own) self; very | **is**, ea, id (dem. pron.) - this, that; (of) such (a kind); he, she, it | **qui**, quae, quod (rel. pron.) - who, which; that

Book Four

(Lines 160-218, 259-361, 659-705)

Vergil's ORIGINAL TEXT (4.160-172). (160) Interea magno misceri murmure caelum | (161) incipit; insequitur commixta grandine nimbus, | (162) et Tyrii comites passim et Troiana iuventus | (163) Dardaniusque nepos Veneris diversa per agros | (164) tecta metu petiere; ruunt de montibus amnes. | (165) Speluncam Dido dux et Troianus eandem | (166) deveniunt. Prima et Tellus et pronuba Iuno | (167) dant signum; fulsere ignes et conscius aether | (168) conubiis, summoque ululaverunt vertice nymphae. | (169) Ille dies primus leti primusque malorum | (170) causa fuit; neque enim specie famave movetur, | (171) nec iam furtivum Dido meditatur amorem: | (172) coniugium vocat; hoc praetexit nomine culpam.

SUGGESTED WORD ORDER (4.160-172). **(A)** Interea caelum incipit misceri magnō murmure;[1] nimbus insequitur grandine commixtā,[2] et passim Tyrii comites et Troiana iuventus [et] Dardanius[3] nepos Veneris petiere [i.e., petierunt] diversa tecta per agros metū;[4] amnes ruunt de montibus. **(B)** Dido et Troianus dux deveniunt eandem speluncam. Prima Tellus[5] et pronuba Iuno dant signum; ignes fulsere [i.e., fulserunt] et aether [erat] conscius conubiis, [et] nymphae ululaverunt [i.e., ululaverunt] [in] summō vertice[6] [montis]. **(C)** Ille dies fuit primus leti, [ille] primus [dies fuit] causa malorum; enim Dido neque movetur speciē[7] famā[8]-ve nec iam meditatur furtivum amorem: vocat coniugium, [et] praetexit [suam] culpam hōc nomine.[9]

4.160 VOCABULARY SECTIONS (4.160-172)

(A) **interea** (adv) - in the meanwhile / **caelum**, i (n) - heaven, sky / **incipio**, incipere (3), incepi, inceptus - begin / **misceo**, miscēre (2), miscui, mixtus - disturb (violently), throw into turmoil / **magnus**, a, um - great, mighty / **murmur**, uris (n) - (thunderous) roar, rumble / **nimbus**, i (m) - rainstorm, (storm) cloud / **insequor**, insequi (3), insecutus - ensue, follow / **grando**, inis (f) - hail (storm) / **commisceo**, commiscēre (2), commiscui, commixtus - blend with, mingle together / **passim** (adv) - in every direction, scattered far and wide / **Tyrius**, a, um - Tyrian (i.e., "of Tyre") / **comes**, itis (m) - attendant, companion / **Troianus**, a, um - Trojan / **iuventus**, utis (f) - (band of) youth / **Dardanius**, a, um - Dardanian, of Dardanus (i.e., "Trojan") / **nepos**, otis (m) - grandson / **Venus**, eris (f) - Venus (goddess of love) / **peto**, petere (3), petii, petitus - make for, seek out / **diversus**, a, um - scattered, various / **tectum**, i (n) - shelter / **per** (prep) - through (with Acc) / **ager**, agri (m) - field, pasture / **metus**, us (m) - dread, fear / **amnis**, is (m) - (torrential) river, stream / **ruo**, ruere (3), rui, ruatus - hasten forth, rush down / **de** (prep) - from (with Abl) / **mons**, montis (m) - mountain

(B) **Dido**, onis (f) - Dido (Queen of Carthage) / **Troianus**, a, um - Trojan / **dux**, ducis (m) - leader / **devenio**, devenire (4), deveni, deventus - arrive (at) / **idem**, eadem, idem - same / **spelunca**, ae (f) - cave, cavern / **primus**, a, um - primal / **Tellus**, uris (f) - Earth / **pronuba**, ae (f) - (bride's) matron of honor / **Iuno**, Iunonis (f) - Juno / **do**, dare (1), dedi, datus - give / **signum**, i (n) - sign, token / **ignis**, is (m) - fire, (lightning) flash / **fulgeo**, fulgēre (2), fulsi - flash, gleam, shine / **aether**, eris (m) - (upper) air, firmament / **conscius**, i (m) - a witness (with Dat of Event) / **conubium**, i (n) - marriage (rite) / **nympha**, ae (f) - nymph / **ululo** (1) - utter excited cries / [**in** (prep) - atop, on (with Abl)] / **summus**, a, um - highest, uppermost / **vertex**, icis (m) - peak, summit / [**mons**, montis (m) - mountain]

(C) **dies**, diei (m) - day / **primus**, a, um - first / **letum**, i (n) - death / **primus** *iterum* / [**dies** *iterum*] / **causa**, ae (f) - cause, reason / **malus**, i (n) - calamity, mischief / **enim** (conj) - for / **Dido**, onis (f) - Dido (Queen of Carthage) / **moveo**, movēre (2), movi, motus - influence, move, trouble / **species**, ei (f) - appearance, semblance (of propriety) / **fama**, ae (f) - reputation / **iam** (adv) - now / **meditor**, meditari (1), meditatus - contemplate, plan / **furtivus**, a, um - hidden, secret / **amor**, oris (m) - desire, love, passion / **voco** (1) - call (by name) / **coniugium**, i (n) - marriage / **praetexo**, praetexere (3), praetexui, praetextus - conceal, disguise / [**suus**, a, um - (one's) own] / **culpa**, ae (f) - defect, guilt, weakness / **nomen**, inis (n) - name, pretext, title

---

Quick Reference, COMMON PRONOUNS: **hic**, haec, hoc (dem. pron.) - this; he, she, it | **ille**, illa, illud (dem. pron.) - that; that (famous) one (yonder); he, she, it | **ipse**, ipsa, ipsum (intnsv. pron.) - (one's own) self; very | **is**, ea, id (dem. pron.) - this, that; (of) such (a kind); he, she, it | **qui**, quae, quod (rel. pron.) - who, which; that

GRAMMATICAL NOTES: **1.** *magnō murmure* (Abl of Means); **2.** *grandine commixtā* (Abl Absol, "with hail having been mixed in," best taken as if Active modifying *nimbus*: "a rainstorm intermingled with hail"); **4.** *metū* (Abl of Cause); **6.** *summō vertice* (Abl of Place Where); **7-8.** *speciē famā-ve* (Ablatives of Means, "by [regard for] the appearance of propriety or by reputation"); **9.** *hōc nomine* (Abl of Means). | HISTORICAL AND MYTHOLOGICAL NOTES: **3.** On Dardanus, see Section 1.494-506 (note 1). | **5.** Tellus, also known as Tellus Mater (lit., "Mother Earth"), was an ancient Roman goddess who personified Earth's productive and nurturing powers (as distinct from Ceres, who as the patroness of cultivation represented the regenerative cycle of nature itself); though primarily worshipped in agricultural festivals, Tellus was also associated with marriage and its chief function, procreation. Vergil here includes Tellus among the elemental and supernatural participants who perform the spurious marriage rites for Aeneas and Dido, a parody of an actual Roman wedding ceremony by which Dido was persuaded to believe herself bound to Aeneas in wedlock: Tellus and Juno initiate the ceremony (*dant signum*), the former presiding as a surrogate parent and the latter sponsoring the bride as matron of honor (*pronuba*); those other deities in the heavens (*aether*) witness the event and thereby legitimize the union; the flashes of lightning (*ignes*) serve as wedding torches (*taeda*); and the nymphs atop the mountain provide the wedding hymn.

FULLY PARSED (4.160-172)

(A) **caelum** (neut nom sing); **incipit** (prsnt actv indic 3 sing); **misceri** (prsnt pssv infin); **magnō** (neut abl sing); **murmure** (neut abl sing); **nimbus** (masc nom sing); **insequitur** (dep., prsnt pssv indic 3 sing); **grandine** (fem abl sing); **commixtā** (perf pssv prcpl, fem abl sing); **Tyrii** (masc nom pl); **comites** (masc nom pl); **Troiana** (fem nom sing); **iuventus** (fem nom sing); **Dardanius** (masc nom sing); **nepos** (masc nom sing); **Veneris** (fem gen sing); **petiere** (i.e., *petierunt*, perf actv indic 3 pl); **diversa** (neut acc pl); **tecta** (neut acc pl); **agros** (masc acc pl); **metū** (masc abl sing); **amnes** (masc nom pl); **ruunt** (prsnt actv indic 3 pl); **montibus** (masc abl pl).

(B) **Dido** (fem nom sing); **Troianus** (masc nom sing); **dux** (masc nom sing); **deveniunt** (prsnt actv indic 3 pl); **eandem** (fem acc sing); **speluncam** (fem acc sing); **prima** (fem nom sing); **Tellus** (fem nom sing); **pronuba** (fem nom sing); **Iuno** (fem nom sing); **dant** (prsnt actv indic 3 pl); **signum** (neut acc sing); **ignes** (masc nom pl); **fulsere** (i.e., *fulserunt*, perf actv indic 3 pl); **aether** (masc nom sing); **[erat]** (impf actv indic 3 sing); **conscius** (masc nom sing); **conubiis** (neut dat pl); **nymphae** (fem nom pl); **ululārunt** (i.e., *ululaverunt*, perf actv indic 3 pl); **summō** (masc abl sing); **vertice** (masc abl sing); **[montis]** (masc gen sing).

(C) **ille** (masc nom sing); **dies** (masc nom sing); **fuit** (perf actv indic 3 sing); **primus** (masc nom sing); **leti** (neut gen sing); **[ille]** (masc nom sing); **primus** (masc nom sing); **[dies]** (masc nom sing); **[fuit]** (perf actv indic 3 sing); **causa** (fem nom sing); **malorum** (neut gen pl); **Dido** (fem nom sing); **movetur** (prsnt pssv indic 3 sing); **speciē** (fem abl sing); **famā** (fem abl sing); **meditatur** (dep., prsnt pssv indic 3 sing); **furtivum** (masc acc sing); **amorem** (masc acc sing); **vocat** (prsnt actv indic 3 sing); **coniugium** (neut acc sing); **praetexit** (prsnt actv indic 3 sing); **[suam]** (fem acc sing); **culpam** (fem acc sing); **hōc** (neut abl sing); **nomine** (neut abl sing).

* * * * * * * * * * * * * * * * * * *

Vergil's ORIGINAL TEXT (4.173-188). **(173)** Extemplo Libyae magnas it Fama per urbis, | **(174)** Fama, malum qua non aliud velocius ullum. | **(175)** Mobilitate viget virisque adquirit eundo; | **(176)** parva metu primo, mox sese attollit in auras, | **(177)** ingrediturque solo, et caput inter nubila condit. | **(178)** Illam Terra parens, ira inritata deorum, | **(179)** extremam, ut perhibent, Coeo Enceladoque sororem | **(180)** progenuit, pedibus celerem et pernicibus alis, | **(181)** monstrum horrendum, ingens, cui, quot sunt corpore plumae, | **(182)** tot vigiles oculi subter (mirabile dictu), | **(183)** tot linguae, totidem ora sonant, tot subrigit auris. | **(184)** Nocte volat caeli medio terraeque per umbram, | **(185)** stridens, nec dulci declinat lumina somno; | **(186)** luce sedet custos aut summi culmine tecti | **(187)** turribus aut altis, et magnas territat urbis, | **(188)** tam ficti pravique tenax quam nuntia veri.

Quick Reference, COMMON PRONOUNS: **hic**, haec, hoc (dem. pron.) - this; he, she, it | **ille**, illa, illud (dem. pron.) - that; that (famous) one (yonder); he, she, it | **ipse**, ipsa, ipsum (intnsv. pron.) - (one's own) self; very | **is**, ea, id (dem. pron.) - this, that; (of) such (a kind); he, she, it | **qui**, quae, quod (rel. pron.) - who, which; that

SUGGESTED WORD ORDER (4.173-188). (A) Extemplo Fama[1] it per magnas urbes Libyae, Fama,[1] quā[2] [est] non ullum aliud velocius malum. **(B)** Viget mobilitate[3] [et] adquirit viris eundō,[4] parva primo metū,[5] mox attollit sese in auras [et] ingreditur [in] solō[6] et condit caput inter nubila. **(C)** Parens Terra, ut perhibent, inritata irā[7] deorum, progenuit illam extremam, sororem Coeo [et] Encelado,[8] celerem pedibus[9] et pernicibus alīs,[10] ingens [et] horrendum monstrum cui[11] sunt quot plumae [in] corpore,[12] tot [sunt] vigiles oculi subter (mirabile dictū!),[13] tot linguae, totidem ora sonant, [et] subrigit tot auris. **(D)** Volat nocte,[14] stridens per umbram [in] mediō[15] caeli [et] terrae, nec declinat lumina dulci somnō;[16] luce,[17] sedet custos aut [in] culmine[18] summi tecti aut [in] altīs turribus,[19] et territat magnas urbes, tam[20] tenax nuntia ficti [et] pravi quam[20] veri.

4.173 VOCABULARY SECTIONS (4.173-188)

(A) **extemplo** (adv) - immediately / **Fama**, ae (f) - Rumor (personified here as a goddess) / **eo**, ire, ii, itus - go forth, rush / **per** (prep) - amid, through (with Acc) / **magnus**, a, um - great, large, powerful / **urbs**, urbis (f) - city / **Libya**, ae (f) - Libya (i.e., "Africa") / **Fama** *iterum* / **ullus**, a, um - any / **alius**, alia, aliud - other / **velox**, ocis - quick, swift / **malum**, i (n) - calamity, mischief, (evil) woe

(B) **vigeo**, vigēre (2), vigui - draw strength, thrive / **mobilitas**, atis (f) - speed / **adquiro**, adquirere (3), adquisivi, adquisitus - acquire, gain / **vis**, vis (f) - force, violence; (pl) strength / **eo**, ire, ii, itus - go forth, rush / **parvus**, a, um - little, small / **primo** (adv) - at first / **metus**, us (m) - dread, fear / **mox** (adv) - soon / **attollo**, attollere (3) - lift up, raise / **in** (prep) - into (with Acc) / **aura**, ae (f) - breeze, wind; (pl) heavens, (upper) air / **ingredior**, ingredi (3), ingressus - march forth, proceed / [**in** (prep) - on, upon (with Abl)] / **solum**, i (n) - earth, (solid) ground / **condo**, condere (3), condidi, conditus - conceal, hide / **caput**, capitis (n) - head / **inter** (prep) - among, between (with Acc) / **nubila**, orum (n) - clouds

(C) **parens**, entis (f) - mother / **Terra**, ae (f) - Earth / **ut** (adv) - (just) as / **perhibeo**, perhibēre (2), perhibui, perhibitus - assert, say / **inrito** (1) - enrage, provoke / **ira**, ae (f) - anger, rage, wrath / **deus**, i (m) - god / **progigno**, progignere (3), progenui - give birth to / **extremus**, a, um - last; also "vilest" / **soror**, oris (f) - sister / **Coeus**, i (m) - Coeus (a Titan) / **Enceladus**, i (m) - Enceladus (a Giant) / **celer**, celeris, celere - quick, swift / **pes**, pedis (m) - foot / **pernix**, icis - agile, nimble / **ala**, ae (f) - wing / **ingens**, ntis - enormous, huge / **horrendus**, a, um - dreadful, terrible / **monstrum**, i (n) - abomination, monstrosity / **quot** (indecl. adj.) - as many / **pluma**, ae (f) - feather / [**in** (prep) - on, upon (with Abl)] / **corpus**, corporis (n) - body / **tot** (indecl. num.) - so many as (with corresponding *quot*, "as many...as") / **vigil**, vigilis - sleepless, watchful / **oculus**, i (m) - eye / **subter** (adv) - below, underneath / **mirabilis**, e - marvelous, strange / **dico**, dicere (3), dixi, dictus - relate, say, tell / **tot** *iterum* / **lingua**, ae (f) - tongue / **totidem** (indecl. num.) - just as many / **os**, oris (n) - mouth; (pl) lips / **sono**, sonare (1), sonui, sonitus - cry out, make noise / **subrigo**, subrigere (3), surrectus - perk up, raise / **tot** *iterum* / **auris**, is (f) - ear

(D) **volo** (1) - fly / **nox**, noctis (f) - night / **strido**, stridere (3), stridi - screech, shriek (harshly) / **per** (prep) - through (with Acc) / **umbra**, ae (f) - darkness, shadow / [**in** (prep) - in (with Abl)] / **medium**, i (n) - middle (space) / **caelum**, i (n) - heaven, sky / **terra**, ae (f) - earth / **declino** (1) - close, lower / **lumen**, inis (n) - eye; (pl) gaze / **dulcis**, e - sweet / **somnus**, i (m) - sleep, slumber / **lux**, lucis (f) - day (light) / **sedeo**, sedēre (2), sedi, sessus - sit / **custos**, odis (m) - guard, sentinel / [**in** (prep) - atop, on (with Abl)] / **culmen**, inis (n) - peak, summit / **summus**, a, um - highest / **tectum**, i (n) - dwelling, house / [**in** *iterum*] / **altus**, a, um - high, lofty / **turris**, is (f) - tower, turret / **territo** (1) - frighten, terrify / **magnus**, a, um - great, large, powerful / **urbs**, urbis (f) - city / **tam** (adv) - as (ellipt. with *quam*, "as much a ... as") / **tenax**, acis - persistent, tenacious / **nuntia**, ae (f) - messenger / **fictum**, i (n) - deception, falsehood / **pravum**, i (n) - perversity, viciousness / **quam** (adv) - as / **verum**, i (n) - fact, truth

GRAMMATICAL NOTES: **2.** *quā* (Abl of Comparison with *velocius*; thus *quā...velocius*, "than whom [there is] not any other swifter calamity"); **3.** *mobilitate* (Abl of Source, "from speed"); **4.** *eundō* (Gerund, "by rushing forth"); **5.** *metū* (Abl of Cause, "through fear"); **6.** *solō* (Abl of Place Where); **7.** *irā* (Abl of Means); **9-10.** *pedibus et pernicibus alīs* (Ablatives of Respect after *celerem*, "swift with respect to feet and nimble wings," i.e., "with quick feet and swift agile wings"); **11.** *cui* (Dat of Possession with *sunt*, "for whom there were...," i.e., "who had... ." The possessive formula encompassing *quot...tot* is best read as "who had as many feathers

Quick Reference, COMMON PRONOUNS: **hic**, haec, hoc (dem. pron.) - this; he, she, it | **ille**, illa, illud (dem. pron.) - that; that (famous) one (yonder); he, she, it | **ipse**, ipsa, ipsum (intnsv. pron.) - (one's own) self; very | **is**, ea, id (dem. pron.) - this, that; (of) such (a kind); he, she, it | **qui**, quae, quod (rel. pron.) - who, which; that

on her body as there are sleepless eyes underneath each - strange to relate! - and as many tongues, etc."); **12.** *corpore* (Abl of Place Where); **13.** *dictū* (Supine as Abl of Respect with *mirabile*, lit., "wonderful in repect to speaking," thus best as "marvelous to relate"); **14.** *nocte* (Abl of Time When); **15.** *mediō* (Abl of Place Where, take here with *caeli [et] terrae* as "in between heaven and earth"); **16.** *dulci somno* (Dat of Purpose, "for the purpose of sweet slumber"); **17.** *luce* (Abl of Time When); **18-19.** *culmine... altīs turribus* (Ablatives of Place Where); **20.** *tam...quam* ("as much a ... as," thus read "as persistent a messenger of falsehood and viciousness as she was of the truth"). | **HISTORICAL AND MYTHOLOGICAL NOTES**: **1.** The notion that idle gossip and rumor were "almost divine" because of their ability to spread information among men so quickly and to have such a profound impact on their lives is as old as western literature itself: Homer refers to Rumor as "the messenger" and describes how swiftly she bore news throughout the city which the people heard all at once (*Od.* 24.413-15); and Hesiod reminds his reader that Rumor was indeed "another sort of divinity" because she was an easily-raised source of mischief who was hard to bear and difficult to eliminate (*Op.* 760-64). Vergil here introduces Rumor as the vilest daughter of Ge ("Mother Earth"), born to spite the Olympians for having vanquished her oldest progeny, the Titans and Giants; in the *Aeneid*, Rumor is an immortal monster who had an ever-watchful eye, a wagging tongue, a gibbering mouth and eavesdropping ear located underneath every feather on her body. | **8.** Coeus was one of the twelve Titans whom Uranus sired upon Ge ("Mother Earth"), while Enceladus was among the dreadful creatures she bore afterward when impregnated by drops of blood falling to earth from Uranus' severed genitals (e.g., just as the Furies; on whom see Section 2.559-74, note **7**). Enceladus' fellow brood of serpent-footed Giants were all killed while waging war upon the Olympians, though he himself fled when wounded by Zeus' lightning bolt and was overtaken by Athena, who buried him under Mt. Aetna on Sicily (Apollod., *Bibl.* 1.6.2; Verg., *Aen.* 3.578-82).

FULLY PARSED (4.173-188) _____

(A) Fama (fem nom sing); **it** (prsnt actv indic 3 sing); **magnas** (fem acc pl); **urbes** (fem acc pl); **Libyae** (fem gen sing); **Fama** (fem nom sing); **quā** (fem abl sing); **[est]** (prsnt actv indic 3 sing); **ullum** (neut nom sing); **aliud** (neut nom sing); **velocius** (neut nom sing; comp. of *velox*); **malum** (neut nom sing).

(B) viget (prsnt actv indic 3 sing); **mobilitate** (fem abl sing); **adquirit** (prsnt actv indic 3 sing); **viris** (fem acc pl); **eundō** (Gerund; fut pssv prcpl, neut abl sing); **parva** (fem nom sing); **metū** (masc abl sing); **attollit** (prsnt actv indic 3 sing); **sese** (3 pers. reflxv. pron., fem acc sing); **auras** (fem acc pl); **ingreditur** (dep., prsnt pssv indic 3 sing); **solō** (neut abl sing); **condit** (prsnt actv indic 3 sing); **caput** (neut acc sing); **nubila** (neut acc pl).

(C) parens (fem nom sing); **Terra** (fem nom sing); **perhibent** (prsnt actv indic 3 pl); **inritata** (perf pssv prcpl, fem nom sing); **irā** (fem abl sing); **deorum** (masc gen pl); **progenuit** (perf actv indic 3 sing); **illam** (fem acc sing); **extremam** (fem acc sing); **sororem** (fem acc sing); **Coeo** (masc dat sing); **Encelado** (masc dat sing); **celerem** (fem acc sing); **pedibus** (masc abl pl); **pernicibus** (fem abl pl); **alīs** (fem abl pl); **ingens** (neut acc sing); **horrendum** (neut acc sing); **monstrum** (neut acc sing); **cui** (fem dat sing); **sunt** (prsnt actv indic 3 pl); **plumae** (fem nom pl); **corpore** (neut abl sing); **[sunt]** (prsnt actv indic 3 pl); **vigiles** (masc nom pl); **oculi** (masc nom pl); **mirabile** (neut nom sing); **dictū** (Supine; perf pssv prcpl, neut abl sing); **[sunt]** (prsnt actv indic 3 pl); **linguae** (fem nom pl); **ora** (neut nom pl); **sonant** (prsnt actv indic 3 pl); **subrigit** (prsnt actv indic 3 sing); **auris** (fem acc pl).

(D) volat (prsnt actv indic 3 sing); **nocte** (fem abl sing); **stridens** (prsnt actv prcpl, fem nom sing); **umbram** (fem acc sing); **mediō** (neut abl sing); **caeli** (neut gen sing); **terrae** (fem gen sing); **declinat** (prsnt actv indic 3 sing); **lumina** (neut acc pl); **dulci** (masc dat sing); **somno** (masc dat sing); **luce** (fem abl sing); **sedet** (prsnt actv indic 3 sing); **custos** (masc nom sing); **culmine** (neut abl sing); **summi** (neut gen sing); **tecti** (neut gen sing); **altīs** (fem abl pl); **turribus** (fem abl pl); **territat** (prsnt actv indic 3 sing); **magnas** (fem acc pl); **urbes** (fem acc pl); **tenax** (fem nom sing); **nuntia** (fem nom sing); **ficti** (neut gen sing); **pravi** (neut gen sing); **veri** (neut gen sing).

* * * * * * * * * * * * * * * * * * *

Quick Reference, COMMON PRONOUNS: **hic**, haec, hoc (dem. pron.) - this; he, she, it | **ille**, illa, illud (dem. pron.) - that; that (famous) one (yonder); he, she, it | **ipse**, ipsa, ipsum (intnsv. pron.) - (one's own) self; very | **is**, ea, id (dem. pron.) - this, that; (of) such (a kind); he, she, it | **qui**, quae, quod (rel. pron.) - who, which; that

Vergil's ORIGINAL TEXT (4.189-202). (189) Haec tum multiplici populos sermone replebat | (190) gaudens, et pariter facta atque infecta canebat: | (191) venisse Aenean Troiano sanguine cretum, | (192) cui se pulchra viro dignetur iungere Dido; | (193) nunc hiemem inter se luxu, quam longa, fovere, | (194) regnorum immemores, turpique cupidine captos. | (195) Haec passim dea foeda virum diffundit in ora. | (196) Protinus ad regem cursus detorquet Iarban, | (197) incenditque animum dictis atque aggerat iras. | (198) Hic, Hammone satus rapta Garamantide nympha, | (199) templa Iovi centum latis immania regnis, | (200) centum aras posuit, vigilemque sacraverat ignem, | (201) excubias divum aeternas, pecudumque cruore | (202) pingue solum, et variis florentia limina sertis.

SUGGESTED WORD ORDER (4.189-202). **(A)** Tum haec [i.e., Fama],[1] gaudens, replebat populos multiplicī sermone[2] et canebat facta atque infecta[3] pariter: Aenean, cretum Troianō sanguine,[4] venisse cui virō[5] pulchra Dido dignetur[6] iungere se; **(B)** nunc [Aenean et Didonem] fovere hiemem[7] inter se luxū,[8] quam longa [sit],[9] immemores regnorum [et] captos turpī cupidine.[10] **(C)** Foeda dea diffundit haec passim in ora vir[or]um; protinus detorquet cursus ad regem Iarban[11] [et] incendit animum dictīs[12] atque aggerat iras.[13] **(D)** Hic, satus Hammone[14] [et] raptā Garamantide nymphā,[15] posuit centum immania templa [et] centum aras Iovi [in] latīs regnīs[16] [et] sacraverat vigilem ignem, aeternas excubias div[or]um; solum [erat] pingue cruore[17] pecudum et limina [erant] florentia variīs sertīs.[18]

4.189 VOCABULARY SECTIONS (4.189-202)

(A) tum (adv) - then / [**Fama**, ae (f) - Rumor (personified here as a goddess)] / **gaudeo**, gaudēre (2), gavisus sum - exult, rejoice / **repleo**, replēre (2), replevi, repletus - fill (up), satiate / **populus**, i (m) - nation, people / **multiplex**, icis - manifold, varied / **sermo**, onis (m) - (tale of) gossip, rumor / **cano**, canere (3), cecini, cantus - recount, sing (of) / **factum**, i (n) - (actual) deed, exploit / **infectum**, i (n) - (an unfinished) act, deed (i.e., "a falsehood") / **pariter** (adv) - equally, in like manner / **Aeneas**, ae (m) - Aeneas (Trojan leader) / **cresco**, crescere (3), crevi, cretus - arise (Perf. Pssv. with Abl, "born of ___") / **Troianus**, a, um - Trojan / **sanguis**, inis (m) - blood, race / **venio**, venire (4), veni, ventus - arrive, come / **vir**, viri (m) - husband / **pulcher**, pulchra, pulchrum - beautiful, fair / **Dido**, onis (f) - Dido (Queen of Carthage) / **dignor**, dignari (1), dignatus - condescend, deem worthy / **iungo**, iungere (3), iunxi, iunctus - join, unite

(B) **nunc** (adv) - now / **foveo**, fovēre (2), fovi, fotus - cherish, (keep) warm / **hiems**, hiemis (f) - winter / **inter** (prep) - among, between (with Acc) / **luxus**, us (m) - debauchery, indulgence, luxury / **quam** (adv) - as (to what extent) / **longus**, a, um - extended, prolonged / **immemor**, oris - heedless, unmindful / **regnum**, i (n) - kingdom, realm / **capio**, capere (3), cepi, captus - capture, enthrall, seize / **turpis**, e - disgraceful, shameful / **cupido**, inis (f) - desire, passion

(C) **foedus**, a, um - foul, loathsome, repulsive / **dea**, ae (f) - goddess / **diffundo**, diffundere (3), diffudi, diffusus - scatter, spread / **passim** (adv) - in every direction, far and wide / **in** (prep) - upon (with Acc) / **os**, oris (n) - mouth; (pl) lips / **vir**, viri (m) - man / **protinus** (adv) - immediately / **detorqueo**, detorquēre (2), detorsi, detortus - direct, turn aside / **cursus**, us (m) - (swift) course / **ad** (prep) - to, toward (with Acc) / **rex**, regis (m) - king, ruler / **Iarbas**, ae (m) - Iarbas (an African ruler) / **incendo**, incendere (3), incendi, incensus - inflame, kindle / **animus**, i (m) - heart, mind / **dictum**, i (n) - remark, word / **aggero** (1) - increase, pile up, stimulate / **ira**, ae (f) - anger, passion, wrath

(D) **sero**, serere (3), sevi, satus - beget, bring forth (Perf. Pssv. with Abl, "sired by ___") / **Hammon**, onis (m) - Ammon (an African god) / **rapio**, rapere (3), rapui, raptus - ravish / **Garamantis**, idis - Garamantian, of the Garamantes (an African tribe) / **nympha**, ae (f) - nymph / **pono**, ponere (3), posui, positus - build, erect, place / **centum** (indecl. num.) - one hundred / **immanis**, e - huge, vast / **templum**, i (n) - shrine, temple / **centum** *iterum* / **ara**, ae (f) - altar / **Iuppiter**, Iovis (m) - Jupiter / [**in** (prep) - in (with Abl)] / **latus**, a, um - broad, extensive, wide-ranging / **regnum**, i (n) - kingdom, realm / **sacro** (1) - consecrate / **vigil**, ilis - sleepless, watchful (with *ignis*, "perpetually burning") / **ignis**, is (m) - fire, flame / **aeternus**, a, um - eternal, undying / **excubiae**, arum (f) - guardian, sentinel / **divus**, i (m) - god / **solum**, i (n) - earth, ground / **pinguis**, e - (thickly) coated, (richly) soaked / **cruor**, oris (m) - blood, gore / **pecus**, udis (f) - (sacrificial) animal / **limen**, inis (n) - portal, threshold / **florens**, entis - blooming, flowering / **varius**, a, um - different, various / **serta**, orum (n) - garlands, wreaths (of flowers)

Quick Reference, COMMON PRONOUNS: **hic**, haec, hoc (dem. pron.) - this; he, she, it | **ille**, illa, illud (dem. pron.) - that; that (famous) one (yonder); he, she, it | **ipse**, ipsa, ipsum (intnsv. pron.) - (one's own) self; very | **is**, ea, id (dem. pron.) - this, that; (of) such (a kind); he, she, it | **qui**, quae, quod (rel. pron.) - who, which; that

GRAMMATICAL NOTES: 2. *multiplicī sermone* (Abl of Material or Source, "with various rumors." Note that some take this as the Abl object of *gaudens*, "rejoicing in manifold gossip"); 3. *facta atque infecta* (lit., "things done and things not done," best read as "fact and fiction"); 4. *Troianō sanguine* (Abl of Origin or Source, "from Trojan blood"); 5. *viro* ("as a husband"); 6. *dignetur* (Subjunctive in Indirect Discourse); 7. *fovere hiemem* (lit., "they keep the winter warm," best take *fovere...luxū* as "they while away the winter with one another in debauched luxury." Note that some regard *hiemem* as an Acc of Extent of Time.); 8. *luxū* (Abl of Manner, "amid indulgent luxury"); 9. *quam longa [sit]* (Subjunctive in Indirect Discourse, "however long the winter might be"); 10. *turpī cupidine* (Abl of Means); 12. *dictīs* (Abl of Means); 13. *iras* (Poetic Plural; transl. as Singular); 14-15. *Hammone...raptā Garamantide nymphā* (Ablatives of Origin or Source); 16. *latīs regnīs* (Abl of Place Where); 17. *cruore* (Abl of Cause or Description, "because of, or with the bloody gore"); 18. *variīs sertīs* (Abl of Description or Means, "with various garlands"). | **HISTORICAL AND MYTHOLOGICAL NOTES**: 1. On Rumor, see Section 4.173-188 (note 1). | 11. Iarbas, son of Jupiter Hammon by a Garamantian nymph, was the powerful ruler of the Gaetulians in northern Africa who had allowed Dido to have whatever amount of ground could be covered by a bull's hide as the site of her new settlement: Dido cut the hide into fine strips and therefore claimed a much larger tract of land than Iarbas had intended; he was thereafter one of her chief suitors and according to one tradition was so annoyingly persistent that she committed suicide to escape his advances (Just. *Epit.* 18.6). | 14. Ammon was either a local Libyan deity or perhaps even the great god Amun (the chief divinity within the highly-developed Egyptian pantheon whose worship was centered at Thebes but had spread throughout the Hellenized world), whom the Romans had identified with Jupiter (though Jupiter Hammon apparently had curved horns and did not brandish a thunderbolt); he also had a famous oracle at the oasis of Siwa in the Libyan desert among the native Garamantians (Herod. 1.46, 2.32 and 55; Lucan 9.511-16).

FULLY PARSED (4.189-202)

(A) **haec** (fem nom sing); **[Fama]** (fem nom sing); **gaudens** (prsnt actv prcpl, fem nom sing); **multiplicī** (masc abl sing); **sermone** (masc abl sing); **replebat** (impf actv indic 3 sing); **populos** (masc acc pl); **canebat** (impf actv indic 3 sing); **facta** (neut acc pl); **infecta** (neut acc pl); **Aenean** (masc acc sing); **cretum** (perf pssv prcpl, masc acc sing); **Troianō** (masc abl sing); **sanguine** (masc abl sing); **venisse** (perf actv infin); **cui** (masc dat sing); **viro** (masc dat sing); **pulchra** (fem nom sing); **Dido** (fem nom sing); **dignetur** (dep., prsnt pssv indic, 3 sing); **iungere** (prsnt actv infin); **se** (3 pers. reflxv. pron., fem acc sing).

(B) **[Aenean]** (masc acc sing); **[Didonem]** (fem acc sing); **fovere** (prsnt actv infin); **hiemem** (fem acc sing); **se** (3 pers. reflxv. pron., masc acc pl); **luxū** (masc abl sing); **longa** (fem nom sing); **[sit]** (prsnt actv subjv 3 sing); **immemores** (masc acc pl); **regnorum** (neut gen pl); **captos** (perf pssv prcpl, masc acc pl); **turpī** (fem abl sing); **cupidine** (fem abl sing).

(C) **foeda** (fem nom sing); **dea** (fem nom sing); **diffundit** (prsnt actv indic 3 sing); **haec** (neut acc pl); **ora** (neut acc pl); **vir|or|um** (masc gen pl); **detorquet** (prsnt actv indic 3 sing); **cursus** (masc acc sing); **regem** (masc acc sing); **Iarban** (masc acc sing); **incendit** (prsnt actv indic 3 sing); **animum** (masc acc sing); **dictīs** (neut abl pl); **aggerat** (prsnt actv indic 3 sing); **iras** (fem acc pl).

(D) **hic** (masc nom sing); **satus** (perf pssv prcpl, masc nom sing); **Hammone** (masc abl sing); **raptā** (perf pssv prcpl, fem abl sing); **Garamantide** (fem abl sing); **nymphā** (fem abl sing); **posuit** (perf actv indic 3 sing); **immania** (neut acc pl); **templa** (neut acc pl); **aras** (fem acc pl); **Iovi** (masc dat sing); **latīs** (neut abl pl); **regnīs** (neut abl pl); **sacraverat** (pluperf actv indic 3 sing); **vigilem** (masc acc sing); **ignem** (masc acc sing); **aeternas** (fem acc pl); **excubias** (fem acc pl); **div|or|um** (masc gen pl); **solum** (neut nom sing); **[erat]** (impf actv indic 3 sing); **pingue** (neut nom sing); **cruore** (masc abl sing); **pecudum** (fem gen pl); **limina** (neut nom pl); **[erant]** (impf actv indic 3 pl); **florentia** (neut nom pl); **variīs** (neut abl pl); **sertīs** (neut abl pl).

* * * * * * * * * * * * * * * * * * *

Vergil's **ORIGINAL TEXT (4.203-218)**. **(203)** Isque, amens animi, et rumore accensus amaro, | **(204)** dicitur ante aras media inter numina divum | **(205)** multa Iovem manibus supplex orasse supinis: | **(206)** "Iuppiter omnipotens, cui nunc Maurusia pictis | **(207)** gens epulata toris Lenaeum libat honorem, | **(208)** aspicis haec, an te, genitor, cum fulmina torques, | **(209)** nequiquam horremus, caecique in nubibus ignes | **(210)** terrificant animos et inania murmura miscent? | **(211)** Femina, quae nostris errans in finibus urbem |

Quick Reference, COMMON PRONOUNS: **hic**, haec, hoc (dem. pron.) - this; he, she, it | **ille**, illa, illud (dem. pron.) - that; that (famous) one (yonder); he, she, it | **ipse**, ipsa, ipsum (intnsv. pron.) - (one's own) self; very | **is**, ea, id (dem. pron.) - this, that; (of) such (a kind); he, she, it | **qui**, quae, quod (rel. pron.) - who, which; that

(212) exiguam pretio posuit, cui litus arandum | **(213)** cuique loci leges dedimus, conubia nostra | **(214)** reppulit, ac dominum Aenean in regna recepit. | **(215)** Et nunc ille Paris, cum semiviro comitatu, | **(216)** Maeonia mentum mitra crinemque madentem | **(217)** subnexus, rapto potitur: nos munera templis | **(218)** quippe tuis ferimus famamque fovemus inanem."

SUGGESTED WORD ORDER (4.203-218). **(A)** Is, dicitur,[1] amens animī[2] et accensus amarō rumore,[3] supplex ante aras [et] inter media numina div[or]um[4] orasse multa Iovem supinīs manibus:[5] **(B)** "Omnipotens Iuppiter, cui nunc Maurusia gens epulata [in] pictīs torīs[6] libat Lenaeum[7] honorem, aspicis haec? **(C)** An, genitor, horremus te nequiquam cum torques fulmina? caeci ignes in nubibus[8] terrificant [nostros] animos et miscent inania murmura? **(D)** Femina, quae errans in nostrīs finibus[9] posuit exiguam urbem pretiō,[10] cui dedimus litus arandum[11] [et] cui [dedimus] leges loci,[12] reppulit nostra conubia ac recepit Aenean dominum in [sua] regna. **(E)** Et nunc ille Paris cum semivirō comitatū, subnexus[13] mentum [et] madentem crinem Maeoniā mitrā,[14] potitur raptō: nos quippe[15] ferimus munera tuis templis [et] fovemus inanem famam [tui numinis]."

4.203 VOCABULARY SECTIONS (4.203-218)

(A) **dico**, dicere (3), dixi, dictus - say, tell / **amens**, amentis - distraught, frantic, out of one's senses / **animus**, i (m) - mind / **accendo**, accendere (3), accendi, accensus - enrage, inflame / **amarus**, a, um - bitter, unpleasant / **rumor**, oris (m) - gossip, rumor / **supplex**, icis - kneeling in entreaty / **ante** (prep) - before (with Acc) / **ara**, ae (f) - altar / **inter** (prep) - amid (with Acc) / **medius**, a, um - the center, middle (of) / **numen**, inis (n) - (divine) majesty, power / **divus**, i (m) - god / **oro** (1) - beg, plead (for); with Double Accusatives, "entreat (Acc) from (Acc)" / **multus**, a, um - many, much / **Iuppiter**, Iovis (m) - Jupiter / **supinus**, a, um - upturned / **manus**, us (f) - palm (of the hand)

(B) **omnipotens**, ntis - all-powerful / **Iuppiter**, Iovis (m) - Jupiter / **nunc** (adv) - now / **Maurusius**, a, um - Moorish (i.e., "of the Moors") / **gens**, gentis (f) - people, nation / **epulor**, epulari (1), epulatus - dine, feast / [**in** (prep) - on, upon (with Abl)] / **pingo**, pingere (3), pinxi, pictus - adorn, embroider, paint / **torus**, i (m) - (banqueting) couch / **libo** (1) - offer, pour out (as a libation) / **Lenaeus**, a, um - of Lenaeus, Lenaean (an epithet of Bacchus) / **honos**, honoris (m) - (honorary) gift, offering / **aspicio**, aspicere (3), aspexi, aspectus - notice, observe

(C) **genitor**, oris (m) - father / **horreo**, horrēre (2), horrui - dread, tremble at / **nequiquam** (adv) - in vain / **cum** (conj) - when / **torqueo**, torquēre (2), torsi, tortus - brandish, hurl / **fulmen**, inis (n) - thunderbolt / **caecus**, a, um - aimless, random / **ignis**, is (m) - fire (i.e., "lightning") / **in** (prep) - in (with Abl) / **nubes**, is (f) - cloud / **terrifico** (1) - alarm, frighten / [**noster**, nostra, nostrum - our] / **animus**, i (m) - mind / **misceo**, miscēre (2), miscui, mixtus - excite, stir up / **inanis**, e - meaningless, useless, vain / **murmur**, uris (n) - crash, roar, rumble (i.e., "a thunderclap")

(D) **femina**, ae (f) - woman / **erro** (1) - go astray, roam, wander / **in** (prep) - in (with Abl) / **noster**, nostra, nostrum - our / **finis**, is (m) - border, territory / **pono**, ponere (3), posui, positus - build, found, establish / **exiguus**, a, um - petty, small / **urbs**, urbis (f) - city / **pretium**, i (n) - (purchase) price / **do**, dare (1), dedi, datus - give / **litus**, litoris (n) - coast, shore / **aro** (1) - cultivate, plough / **lex**, legis (f) - condition, term / **locus**, i (m) - place, region / **repello**, repellere (3), reppuli, repulsus - reject / **noster** *iterum* / **conubium**, i (n) - (proposal of) marriage / **recipio**, recipere (3), recepi, receptus - receive, welcome / **Aeneas**, ae (m) - Aeneas (Trojan leader) / **dominus**, i (m) - master / **in** (prep) - into (with Acc) / [**suus**, a, um - (one's) own] / **regnum**, i (n) - kingdom, realm

(E) **nunc** (adv) - now / **Paris**, idis (m) - Paris (Trojan prince) / **cum** (prep) - with (with Abl) / **semivir**, viri - effeminate, unmanly / **comitatus**, us (m) - company, retinue / **subnecto**, subnectere (3), subnexus - bind, fasten, tie (used here as if Middle) / **mentum**, i (n) - chin (i.e., "beard") / **madeo**, madēre (2), madui - be moist, drip (here, "damp with perfume") / **crinis**, is (m) - hair / **Maeonius**, a, um - Maeonian (i.e., "Lydian") / **mitra**, ae (f) - headband, turban / **potior**, potiri (4), potitus - become master of, possess, seize (with Abl) / **raptum**, i (n) - booty, plunder / **quippe** (adv) - certainly, indeed / **fero**, ferre, tuli, latus - bring, carry / **munus**, eris (n) - gift, tribute / **tuus**, a, um - your / **templum**, i (n) - sanctuary, temple / **foveo**, fovēre (2), fovi, fotus - cherish, foster / **inanis**, e - idle, unsubstantial, vain / **fama**, ae (f) - report, story / [**tuus** *iterum*] / [**numen**, inis (n) - (divine) majesty, power]

Quick Reference, COMMON PRONOUNS: **hic**, haec, hoc (dem. pron.) - this; he, she, it | **ille**, illa, illud (dem. pron.) - that; that (famous) one (yonder); he, she, it | **ipse**, ipsa, ipsum (intnsv. pron.) - (one's own) self; very | **is**, ea, id (dem. pron.) - this, that; (of) such (a kind); he, she, it | **qui**, quae, quod (rel. pron.) - who, which; that

GRAMMATICAL NOTES: **1.** *dicitur* (Impers., "it is said"); **2.** *animī* (Locative with *amens*, "distraught in mind," though some construe this as an Objective Genitive); **3.** *amarō rumore* (Abl of Cause or Means); **4.** *inter media numina div[or]um* (the sense here is that Iarbas is literally "surrounded by the majestic presence of the gods"); **5.** *supinīs manibus* (Abl of Manner); **6.** *pictīs torīs* (Abl of Place Where); **8.** *nubibus* (Abl of Place Where); **9.** *nostrīs finibus* (Abl of Place Where); **10.** *pretiō* (Abl of Price, "for aspecified price"); **11.** *arandum* (Gerundive of Purpose, "to be plowed"); **12.** *leges loci* (read as "terms of tenure for the region"); **13.** *subnexus* (Vergil often uses the perfect passive participle to imitate a Greek construction in which an Accusative serves as the direct object of a verb in the Middle Voice, which like the Latin deponent verb has actively-translated passive forms but which also conveys a reflexive sense (i.e., the subject not only performs but also experiences the action); thus, one should render *subnexus* as (Middle) "having fastened..." rather than as (Passive) "having been bound..."); **14.** *Maeoniā mitrā* (Abl of Means); **15.** *quippe* (qualifies the entire clause with irony: "And now that Paris with his effeminate retinue, having fastened his beard and perfume-moistened hair with a Maeonian turban, has made himself master of the prize: while we, *to be quite sure*, keep on bringing gifts to your temples and cherish the unsubstantial story of your great divine power"). | HISTORICAL AND MYTHOLOGICAL NOTES: **7.** Lenaeus is an epithet of the god Dionysus, also known to the Romans as Bacchus; though the mystery religion associated with his cult featured secret ecstatic rituals which venerated his predominant role in the afterlife (quite possibly as as an agent of resurrection), Dionysus was first and foremost widely regarded as the god of the vine and therefore also of wine.

FULLY PARSED (4.203-218) _____

(A) **is** (masc nom sing); **dicitur** (impers., prsnt pssv indic 3 sing); **amens** (masc nom sing); **animī** (masc loc sing); **accensus** (perf pssv prcpl, masc nom sing); **amarō** (masc abl sing); **rumore** (masc abl sing); **supplex** (masc nom sing); **aras** (fem acc pl); **media** (neut acc pl); **numina** (neut acc pl); **div[or]um** (masc gen pl); **orasse** (perf actv infin); **multa** (neut acc pl); **Iovem** (masc acc sing); **supinīs** (fem abl pl); **manibus** (fem abl pl).

(B) **omnipotens** (masc voc sing); **Iuppiter** (masc voc sing); **cui** (masc dat sing); **Maurusia** (fem nom sing); **gens** (fem nom sing); **epulata** (dep., perf pssv prcpl, fem nom sing); **pictīs** (perf pssv prcpl, masc abl pl); **torīs** (masc abl pl); **libat** (prsnt actv indic 3 sing); **Lenaeum** (masc acc sing); **honorem** (masc acc sing); **aspicis** (prsnt actv indic 2 sing); **haec** (neut acc pl).

(C) **genitor** (masc voc sing); **horremus** (prsnt actv indic 1 pl); **te** (2 pers. pron., masc acc sing); **torques** (prsnt actv indic 2 sing); **fulmina** (neut acc pl); **caeci** (masc nom pl); **ignes** (masc nom pl); **nubibus** (fem abl pl); **terrificant** (prsnt actv indic 3 pl); **[nostros]** (masc acc pl); **animos** (masc acc pl); **miscent** (prsnt actv indic 3 pl); **inania** (neut acc pl); **murmura** (neut acc pl).

(D) **femina** (fem nom sing); **quae** (fem nom sing); **errans** (prsnt actv prcpl, fem nom sing); **nostrīs** (masc abl pl); **finibus** (masc abl pl); **posuit** (perf actv indic 3 sing); **exiguam** (fem acc sing); **urbem** (fem acc sing); **pretiō** (neut abl sing); **cui** (fem dat sing); **dedimus** (perf actv indic 1 pl); **litus** (neut acc sing); **arandum** (Gerundive; fut pssv ptcpl, neut acc sing); **cui** (fem dat sing); **[dedimus]** (perf actv indic 1 pl); **leges** (fem acc pl); **loci** (masc gen sing); **reppulit** (perf actv indic 3 sing); **nostra** (neut acc pl); **conubia** (neut acc pl); **recepit** (perf actv indic 3 sing); **Aenean** (masc acc sing); **dominum** (masc acc sing); **[sua]** (neut acc pl); **regna** (neut acc pl).

(E) **ille** (masc nom sing); **Paris** (masc nom sing); **semivirō** (masc abl sing); **comitatū** (masc abl sing); **subnexus** (perf pssv prcpl, masc nom sing); **mentum** (neut acc sing); **madentem** (prsnt actv prcpl, masc acc sing); **crinem** (masc acc sing); **Maeoniā** (fem abl sing); **mitrā** (fem abl sing); **potitur** (dep., prsnt pssv indic 3 sing); **raptō** (neut abl sing); **nos** (1 pers. pron., masc nom pl); **ferimus** (prsnt actv indic 1 pl); **munera** (neut acc pl); **tuis** (neut dat pl); **templis** (neut dat pl); **fovemus** (prsnt actv indic 1 pl); **inanem** (fem acc sing); **famam** (fem acc sing); **[tui]** (neut gen sing); **[numinis]** (neut gen sing).

* * * * * * * * * * * * * * * * * * *

_____

Quick Reference, COMMON PRONOUNS: **hic**, haec, hoc (dem. pron.) - this; he, she, it | **ille**, illa, illud (dem. pron.) - that; that (famous) one (yonder); he, she, it | **ipse**, ipsa, ipsum (intnsv. pron.) - (one's own) self; very | **is**, ea, id (dem. pron.) - this, that; (of) such (a kind); he, she, it | **qui**, quae, quod (rel. pron.) - who, which; that

Vergil's ORIGINAL TEXT (4.259-278). (259) Ut primum alatis tetigit magalia plantis, | (260) Aenean fundantem arcis ac tecta novantem | (261) conspicit. Atque illi stellatus iaspide fulva | (262) ensis erat, Tyrioque ardebat murice laena | (263) demissa ex umeris, dives quae munera Dido | (264) fecerat, et tenui telas discreverat auro. | (265) Continuo invadit: "Tu nunc Carthaginis altae | (266) fundamenta locas pulchramque uxorius urbem | (267) exstruis, heu, regni rerumque oblite tuarum? | (268) Ipse deum tibi me claro demittit Olympo | (269) regnator, caelum et terras qui numine torquet; | (270) ipse haec ferre iubet celeris mandata per auras. | (271) Quid struis, aut qua spe Libycis teris otia terris? | (272) Si te nulla movet tantarum gloria rerum, | (273) nec super ipse tua moliris laude laborem, | (274) Ascanium surgentem et spes heredis Iuli | (275) respice, cui regnum Italiae Romanaque tellus | (276) debentur." Tali Cyllenius ore locutus | (277) mortalis visus medio sermone reliquit, | (278) et procul in tenuem ex oculis evanuit auram.

SUGGESTED WORD ORDER (4.259-278). (A) Ut primum [Mercurius]¹ tetigit magalia alatīs plantīs,² conspicit Aenean fundantem arces ac novantem tecta. (B) Atque ensis illi³ erat stellatus fulvā iaspide⁴ [et] laena demissa ex umerīs ardebat Tyriō murice,⁵ munera⁶ quae dives Dido fecerat, et discreverat telas tenuī aurō.⁷ (C) Invadit continuo: "Nunc tu, uxorius, locas fundamenta altae Karthaginis [et] exstruis pulchram urbem? Heu, oblite⁸ regni [et] tuarum rerum! (D) Ipse, regnator de[or]um qui torquet caelum ac terras numine,⁹ demittit me tibi clarō Olympō;¹⁰ ipse iubet [me] ferre haec mandata per celeris auras. (E) Quid struis? Aut quā spē¹¹ teris otia [in] Libycīs terrīs?¹² (F) Si nulla gloria¹³ tantarum rerum movet te, [ipse nec moliris laborem super tuā laude],¹⁴ respice surgentem Ascanium et spes heredis,¹⁵ Iuli,¹⁶ cui regnum Italiae [et] Romana tellus debentur." (G) Cyllenius,¹ locutus talī ore,¹⁷ reliquit visus¹⁸ mortalis [in] mediō sermōne¹⁹ et evanuit procul ex [mortalibus] oculīs in tenuem auram.

4.259   VOCABULARY SECTIONS (4.259-278)

(A) **ut** (adv) - when (with *primum*, "as soon as") / **primum** (adv) - first / [**Mercurius**, i (m) - Mercury (the divine messenger of the gods)] / **tango**, tangere (3), tetigi, tactus - reach, touch down (upon) / **magalia**, ium (n) - (small) dwelling, hut / **alatus**, a, um - winged / **planta**, ae (f) - sole (of the foot) / **conspicio**, conspicere (3), conspexi, conspectus - catch sight of, notice, see / **Aeneas**, ae (m) - Aeneas (Trojan leader) / **fundo** (1) - build, establish / **arx**, arcis (f) - citadel, (fortified) tower / **novo** (1) - build, found / **tectum**, i (n) - dwelling, house

(B) **ensis**, is (m) - (two-edged) sword / **stellatus**, a, um - glittering, starry / **fulvus**, a, um - reddish-yellow, tawny / **iaspis**, idis (f) - jasper / **laena**, ae (f) - cloak, mantle / **demitto**, demittere (3), demisi, demissus - drop, lower / **ex** (prep) - from (with Abl) / **umerus**, i (m) - shoulder / **ardeo**, ardēre (2), arsi, arsus - blaze, shine forth / **Tyrius**, a, um - Tyrian (i.e., "of Tyre") / **murex**, icis (m) - purple (dye) / **munus**, eris (n) - gift / **dives**, divitis - rich, wealthy / **Dido**, onis (f) - Dido (Queen of Carthage) / **facio**, facere (3), feci, factus - fashion, make / **discerno**, discernere (3), discrevi, discretus - interweave / **tela**, ae (f) - warp (i.e., the threads on a weaver's loom) / **tenuis**, e - delicate, thin / **aurum**, i (n) - gold

(C) **invado**, invadere (3), invasi, invasus - accost, assail (with words) / **continuo** (adv) - at once, immediately / **nunc** (adv) - now / **uxorius**, a, um - excessively submissive to one's wife / **loco** (1) - build, establish, lay / **fundamentum**, i (n) - foundation / **altus**, a, um - lofty, proud / **Karthago**, inis (f) - Carthage / **exstruo**, exstruere (3), exstruxi, exstructus - build up, construct, raise / **pulcher**, pulchra, pulchrum - beautiful, fair / **urbs**, urbis (f) - city / **heu** (interj.) - "alas!" / **obliviscor**, oblivisci (3), oblitus - forget (with Gen) / **regnum**, i (n) - kingdom / **tuus**, a, um - your / **res**, rei (f) - affair

(D) **regnator**, oris (m) - lord, ruler / **deus**, i (m) - god / **torqueo**, torquēre (2), torsi, tortus - direct, sway / **caelum**, i (n) - heaven, sky / **terra**, ae (f) - earth, land / **numen**, inis (n) - (divine) majesty, power / **demitto**, demittere (3), demisi, demissus - send (down) / **clarus**, a, um - celebrated, glorious / **Olympus**, i (m) - Mt. Olympus / **iubeo**, iubēre (2), iussi, iussus - order / **fero**, ferre, tuli, latus - bear, carry / **mandatum**, i (n) - command / **per** (prep) - through (with Acc) / **celer**, celeris, celere - quick, swift / **aura**, ae (f) - breeze, wind

(E) **quis**, quid (interrog. pron.) - who? what? / **struo**, struere (3), struxi, structus - plan, prepare / **qui**, quae, quod (interrog. adj.) - who? what? / **spes**, ei (f) - hope / **tero**, terere (3), trivi, tritus - spend, waste / **otium**, i (n) - ease, leisure (time) / [**in** (prep) - in (with Abl)] / **Libycus**, a, um - Libyan (i.e., "African") / **terra**, ae (f) - region, land, territory

Quick Reference, COMMON PRONOUNS: **hic**, haec, hoc (dem. pron.) - this; he, she, it | **ille**, illa, illud (dem. pron.) - that; that (famous) one (yonder); he, she, it | **ipse**, ipsa, ipsum (intnsv. pron.) - (one's own) self; very | **is**, ea, id (dem. pron.) - this, that; (of) such (a kind); he, she, it | **qui**, quae, quod (rel. pron.) - who, which; that

(F) si (conj) - if / **nullus**, a, um - no / **gloria**, ae (f) - honor, pride / **tantus**, a, um - so great, such / **res**, rei (f) - affair, matter / **moveo**, movēre (2), movi, motus - disturb, stir / [**molior**, moliri (4), molitus - undertake / **labor**, oris (m) - responsibility, task / **super** (prep) - concerning, for (with Abl) / **tuus**, a, um - your / **laus**, laudis (f) - glory / **respicio**, respicere (3), respexi, respectus - have regard for / **surgo**, surgere (3), surrexi - grow up (i.e., "become older, mature") / **Ascanius**, i (m) - Ascanius (Aeneas' son) / **spes**, ei (f) - hope / **heres**, edis (m) - heir, successor / **Iulus**, i (m) - Iulus (Ascanius' new *cognomen*) / **regnum**, i (n) - kingdom, realm / **Italia**, ae (f) - Italy / **Romanus**, a, um - Roman / **tellus**, uris (f) - land, country / **debeo**, debēre (2), debui, debitus - be destined, owe (by fate)

(G) **Cyllenius**, i (m) - "the Cyllenian" (i.e., "of Cyllene," an epithet of Mercury) / **loquor**, loqui (3), locutus - speak / **talis**, e - such / **os**, oris (n) - mouth (i.e., "speech") / **relinquo**, relinquere (3), reliqui, relictus - forsake, leave (behind) / **visus**, us (m) - sight / **mortalis**, e - human, mortal (man) / [**in** (prep) - in (with Abl)] / **medius**, a, um - the midst (of) / **sermo**, onis (m) - conversation, speech / **evanesco**, evanescere (3), evanui - disappear, vanish / **procul** (adv) - at a distance, far away / **ex** (prep) - from (with Abl) / [**mortalis** *iterum*] / **oculus**, i (m) - eye / **in** (prep) - into (with Acc) / **tenuis**, e - thin / **aura**, ae (f) - breeze, wind

GRAMMATICAL NOTES: **2.** *alatīs plantīs* (Abl of Means); **3.** *illi* (Dat of Possession with *erat*, "the sword for him," i.e., "Aeneas' sword"); **4.** *fulvā iaspide* (Abl of Description or Material, "with yellow jasper"); **5.** *Tyriō murice* (Abl of Description or Material, "with Tyrian purple"); **6.** *munera* (Poetic Plural, transl. as Singular; this refers solely to Aeneas' *laena*); **7.** *tenuī aurō* (Abl of Means); **8.** *oblite* ("you have forgotten..."); **9.** *numine* (Abl of Means); **10.** *clarō Olympō* (Abl of Place From Which); **11.** *quā spē* (Abl of Cause, "by what hope...?"); **12.** *Libycīs terrīs* (Abl of Place Where); **13.** *nulla gloria* (lit., "no glory," but take *nulla* idiomatically as "not at all" or "in no way" at the end of the clause); **14.** *[ipse nec moliris laborem super tuā laude]* (Line 273, an interpolation echoing 4.233, does not appear in major manuscripts of the *Aeneid* and should be omitted); **15.** *heredis* (Objective Genitive after *spes*, "the hopes placed in your heir" instead of a Subjective Genitive, "the hopes of your heir"); **17.** *talī ore* (Abl of Means); **18.** *visus* (Poetic Plural; transl. as Singular); **19.** *mediō sermone* (Abl of Time When). | **HISTORICAL AND MYTHOLOGICAL NOTES**: **1.** The Romans identified Mercury (the son of Jupiter and Maia, Atlas' daughter and the most beautiful of the seven Pleiades) with Hermes, the divine messenger of the gods who bore the *caduceus* (a herald's staff decorated with two intertwined serpents) and travelled through the heavens by means of a winged hat and a pair of winged shoes; at Rome, he was the god of commerce and profit as well as the patron deity of both thieves and orators. He was also responsible for escorting the souls of the dead to the Underworld, and thus was an important symbolic figure for crossing boundaries and negotiating the distance between the mortal and the divine. The epithet "Cyllenius" likely derives from his birthplace atop Mt. Cyllene in Arcadia, where there was a famous temple dedicated to his worship (Paus. 8.17.1). | **16.** On Iulus, see Section 1.551-564 (note **9**).

FULLY PARSED (4.259-278)

(A) [**Mercurius**] (masc nom sing); **tetigit** (perf actv indic 3 sing); **magalia** (neut acc pl); **alatīs** (fem abl pl); **plantīs** (fem abl pl); **conspicit** (prsnt actv indic 3 sing); **Aenean** (masc acc sing); **fundantem** (prsnt actv prcpl, masc acc sing); **arces** (fem acc pl); **novantem** (prsnt actv prcpl, masc acc sing); **tecta** (neut acc pl).

(B) **ensis** (masc nom sing); **illi** (masc dat sing); **erat** (impf actv indic 3 sing); **stellatus** (masc nom sing); **fulvā** (fem abl sing); **iaspide** (fem abl sing); **laena** (fem nom sing); **demissa** (perf pssv prcpl, fem nom sing); **umerīs** (masc abl pl); **ardebat** (impf actv indic 3 sing); **Tyriō** (masc abl sing); **murice** (masc abl sing); **munera** (neut nom pl); **quae** (neut acc pl); **dives** (fem nom sing); **Dido** (fem nom sing); **fecerat** (pluperf actv indic 3 sing); **discreverat** (pluperf actv indic 3 sing); **telas** (fem acc pl); **tenuī** (neut abl sing); **aurō** (neut abl sing).

(C) **invadit** (prsnt actv indic 3 sing); **tu** (2 pers. pron., masc nom sing); **uxorius** (masc nom sing); **locas** (prsnt actv indic 2 sing); **fundamenta** (neut acc pl); **altae** (fem gen sing); **Karthaginis** (fem gen sing); **exstruis** (prsnt actv indic 2 sing); **pulchram** (fem acc sing); **urbem** (fem acc sing); **oblite** (dep., perf pssv prcpl, masc voc sing); **regni** (neut gen sing); **tuarum** (fem gen pl); **rerum** (fem gen pl).

Quick Reference, COMMON PRONOUNS: **hic**, haec, hoc (dem. pron.) - this; he, she, it | **ille**, illa, illud (dem. pron.) - that; that (famous) one (yonder); he, she, it | **ipse**, ipsa, ipsum (intnsv. pron.) - (one's own) self; very | **is**, ea, id (dem. pron.) - this, that; (of) such (a kind); he, she, it | **qui**, quae, quod (rel. pron.) - who, which; that

(D) **ipse** (masc nom sing); **regnator** (masc nom sing); **de[or]um** (masc gen pl); **qui** (masc nom sing); **torquet** (prsnt actv indic 3 sing); **caelum** (neut acc sing); **terras** (fem acc pl); **numine** (neut abl sing); **demittit** (prsnt actv indic 3 sing); **me** (1 pers. pron., masc acc sing); **tibi** (2 pers. pron., masc dat sing); **clarō** (masc abl sing); **Olympō** (masc abl sing); **ipse** (masc nom sing); **iubet** (prsnt actv indic 3 sing); **[me]** (1 pers. pron., masc acc sing); **ferre** (prsnt actv infin); **haec** (neut acc pl); **mandata** (neut acc pl); **celeris** (fem acc pl); **auras** (fem acc pl).

(E) **quid** (neut acc sing); **struis** (prsnt actv indic 2 sing); **quā** (fem abl sing); **spē** (fem abl sing); **teris** (prsnt actv indic 2 sing); **otia** (neut acc pl); **Libycīs** (fem abl pl); **terrīs** (fem abl pl).

(F) **nulla** (fem nom sing); **gloria** (fem nom sing); **tantarum** (fem gen pl); **rerum** (fem gen pl); **movet** (prsnt actv indic 3 sing); **te** (2 pers. pron., masc acc sing); **[ipse** (masc nom sing); **moliris** (dep., prsnt pssv indic 2 sing); **laborem** (masc acc sing); **tuā** (fem abl sing); **laude** (fem abl sing)]; **respice** (prsnt actv imper 2 sing); **surgentem** (prsnt actv prcpl, masc acc sing); **Ascanium** (masc acc sing); **spes** (fem acc pl); **heredis** (masc gen sing); **Iuli** (masc gen sing); **cui** (masc dat sing); **regnum** (neut nom sing); **Italiae** (fem gen sing); **Romana** (fem nom sing); **tellus** (fem nom sing); **debentur** (prsnt pssv indic 3 pl).

(G) **Cyllenius** (masc nom sing); **locutus** (dep., perf pssv prcpl, masc nom sing); **talī** (neut abl sing); **ore** (neut abl sing); **reliquit** (perf actv indic 3 sing); **visus** (masc acc pl); **mortalis** (masc gen sing); **mediō** (masc abl sing); **sermone** (masc abl sing); **evanuit** (perf actv indic 3 sing); **[mortalibus]** (masc abl pl); **oculīs** (masc abl pl); **tenuem** (fem acc sing); **auram** (fem acc sing).

* * * * * * * * * * * * * * * * * *

Vergil's ORIGINAL TEXT (4.279-295). (279) At vero Aeneas aspectu obmutuit amens, | (280) arrectaeque horrore comae, et vox faucibus haesit. | (281) Ardet abire fuga dulcisque relinquere terras, | (282) attonitus tanto monitu imperioque deorum. | (283) Heu! Quid agat? Quo nunc reginam ambire furentem | (284) audeat adfatu? Quae prima exordia sumat? | (285) Atque animum nunc huc celerem, nunc dividit illuc, | (286) in partisque rapit varias, perque omnia versat. | (287) Haec alternanti potior sententia visa est: | (288) Mnesthea Sergestumque vocat fortemque Serestum, | (289) classem aptent taciti sociosque ad litora cogant, | (290) arma parent, et quae rebus sit causa novandis | (291) dissimulent; sese interea, quando optima Dido | (292) nesciat et tantos rumpi non speret amores, | (293) temptaturum aditus, et quae mollissima fandi | (294) tempora, quis rebus dexter modus. Ocius omnes | (295) imperio laeti parent et iussa facessunt.

SUGGESTED WORD ORDER (4.279-295). (A) At vero Aeneas, amens aspectū,[1] obmutuit; comae arrectae [i.e., arrectae sunt] horrore[2] et vox haesit faucibus. (B) Ardet abire fugā[3] [et] relinquere dulcis terras, attonitus tantō monitū[4] [et] imperiō[5] deorum. (C) Heu, quid agat?[6] Quō adfatū[7] nunc audeat[8] ambire furentem reginam? Quae prima exordia sumat?[9] (D) Atque dividit celerem animum nunc huc, nunc illuc, [et] rapit [animum] in varias partis [et] versat [animum] per omnia. (E) Haec sententia visa est [esse] potior alternanti [Aeneae]: vocat Mnesthea [et] Sergestum [et] fortem Serestum, [ut] tacitī[10] aptent[11] classem [et] cogant[12] socios ad litora, parent[13] arma et dissimulent[14] [ea] quae sit[15] causa rebus novandis;[16] (F) interea [putens], quando optima Dido nesciat[17] et non speret[18] tantos amores rumpi, sese temptaturum [i.e., temptaturum esse] aditus, et quae tempora [sint] mollissima[19] fandi,[20] quis modus [sit] dexter[21] rebus.[22] (G) Omnes parent imperio ocius[23] et laeti facessunt iussa.

4.279 VOCABULARY SECTIONS (4.279-295)

(A) **vero** (adv) - indeed / **Aeneas**, ae (m) - Aeneas (Trojan leader) / **amens**, amentis - aghast, distraught / **aspectus**, us (m) - sight / **obmutesco**, obmutescere (3), obmutui - be struck dumb (in astonishment) / **coma**, ae (f) - hair (atop the head) / **arrigo**, arrigere (3), arrexi, arrectus - raise (with *coma*, "stand on end") / **horror**, oris (m) - dread, terror / **vox**, vocis (f) - voice / **haereo**, haerēre (2), haesi, haesus - cleave, cling to (with Dat) / **fauces**, faucium (f) - gullet, throat

---

Quick Reference, COMMON PRONOUNS: **hic**, haec, hoc (dem. pron.) - this; he, she, it | **ille**, illa, illud (dem. pron.) - that; that (famous) one (yonder); he, she, it | **ipse**, ipsa, ipsum (intnsv. pron.) - (one's own) self; very | **is**, ea, id (dem. pron.) - this, that; (of) such (a kind); he, she, it | **qui**, quae, quod (rel. pron.) - who, which; that

(B) **ardeo**, ardēre (2), arsi, arsus - be eager, desire / **abeo**, abire (4), abii, abitus - depart, leave / **fuga**, ae (f) - flight, (hasty) departure / **relinquo**, relinquere (3), reliqui, relictus - abandon, leave behind / **dulcis**, e - dear, pleasant / **terra**, ae (f) - land, region / **attono**, attonare (1), attonui, attonitus - astound, stun / **tantus**, a, um - so great, such / **monitus**, us (m) - admonition, warning / **imperium**, i (n) - command, order / **deus**, i (m) - god

(C) **heu** (interj.) - "alas!" / **quis**, quid (interrog. pron.) - who? what? / **ago**, agere (3), egi, actus - do / **qui**, quae, quod (interrog. adj.) - who? what? / **adfatus**, us (m) - (manner of) address, speech / **nunc** (adv) - now / **audeo**, audēre (2), ausus sum - dare, venture / **ambio**, ambire (4), ambivi, ambitus - conciliate, entreat / **furens**, ntis - furious, raging / **regina**, ae (f) - queen / **qui** *iterum* / **primus**, a, um - first, initial / **exordium**, i (n) - beginning, prelude (of a speech) / **sumo**, sumere (3), sumpsi, sumptus - assume, undertake (as a strategy)

(D) **divido**, dividere (3), divisi, divisus - direct / **celer**, celeris, celere - quick, swift / **animus**, i (m) - mind / **nunc** (adv) - now / **huc** (adv) - hither / **nunc** *iterum* / **illuc** (adv) - thither / **rapio**, rapere (3), rapui, raptus - drive, turn (swiftly) / [**animus** *iterum*] / **in** (prep) - among (with Acc) / **varius**, a, um - different, various / **pars**, partis (f) - direction (i.e., in plural, "possibilities") / **verso** (1) - direct, turn / [**animus** *iterum*] / **per** (prep) - over (with Acc) / **omnis**, e - all, every

(E) **sententia**, ae (f) - intention, notion, thought / **video**, vidēre (2), vidi, visus - see (Pssv, "appear, seem") / **potior**, potius - better, preferable / **alterno** (1) - hesitate, waver / [**Aeneas**, ae (m) - Aeneas (Trojan leader)] / **voco** (1) - call, summon / **Mnestheus**, ei (m) - Mnestheus (a Trojan; Acc *Mnesthea*) / **Sergestus**, i (m) - Sergestus (a Trojan) / **fortis**, e - brave / **Serestus**, i (m) - Serestus (a Trojan) / **tacitus**, a, um - secret, silent / **apto** (1) - equip, make ready / **classis**, is (f) - fleet / **cogo**, cogere (3), coegi, coactus - assemble, muster / **socius**, i (m) - companion / **ad** (prep) - at, near (with Acc) / **litus**, litoris (n) - coast, shore / **paro** (1) - prepare / **arma**, orum (n) - (ship's) tackle / **dissimulo** (1) - conceal / **causa**, ae (f) - cause, reason / **res**, rei (f) - affair, circumstance, plan / **novo** (1) - alter, change

(F) **interea** (adv) - meanwhile / [**puto** (1) - consider, think] / **quando** (conj) - since / **optimus**, a, um - gracious, virtuous / **Dido**, onis (f) - Dido (Queen of Carthage) / **nescio**, nescire (4), nescivi (intrans.) - be ignorant (i.e., uninformed), remain unaware / **spero** (1) - expect (here with *non*, "have no fear of") / **tantus**, a, um - so great, such / **amor**, oris (m) - love (affair) / **rumpo**, rumpere (3), rupi, ruptus - break in pieces, destroy, shatter / **tempto** (1) - make an attempt, seek to discover / **aditus**, us (m) - (means of) access, (method of) approach / **qui**, quae, quod (interrog. adj.) - who? what? / **tempus**, oris (n) - (appropriate) chance, opportunity / **mollis**, e - easy, favorable / **for**, fari (1), fatus (defect. dep.) - speak / **quis**, quid (interrog. pron.) - who? what? / **dexter**, dextera, dexterum - propitious, suitable / **modus**, i (m) - manner, method / **res**, rei (f) - affair, circumstance, plan

(G) **omnis**, e - all, every / **pareo**, parēre (2), parui, paritus - comply with, obey (with Dat) / **imperium**, i (n) - command, order / **ociter** (adv) - swiftly / **laetus**, a, um - cheerful, joyful / **facesso**, facessere (3), facessi, facessitus - carry out, perform (zealously) / **iussum**, i (n) - command, order

GRAMMATICAL NOTES: 1. *aspectū* (Abl of Cause, "at the sight"); 2. *horrore* (Abl of Cause, "because of, through terror"); 3. *fugā* (Abl of Manner, "in flight"); 4-5. *tantō monitū [et] imperiō* (Ablatives of Means); 6. *agat* (Deliberative Subjunctive after *quid*, "what should he do?"); 7. *quō adfatū* (Abl of Means); 8. *audeat* (Deliberative Subjunctive with *quō adfatū*, "by what manner of speech should he venture...?"); 9. *sumat* (Deliberative Subjunctive with *quae prima exordia*, take as "what initial explanation should he adopt?"); 10. *taciti* (best read as "they, in secret..." or "...with discretion..."); 11-14. *aptent ... cogant ... parent ... dissimulent* (Subjunctives as implied Indirect Commands after *vocat*); 15. *sit* (Subjunctive in an Indirect Question); 16. *rebus novandis* (Dat of Purpose with a Gerundive, "for making new plans"); 17-18. *nesciat ... speret* (Subjunctives in a Subordinate Clause after *quando* within Indirect Discourse); 19. *quae tempora [sint] mollissima* (Indirect Question as the Object of *temptaturum esse*, which would have its verb *[sint]* in the Subjunctive: "which opportunities would be most favorable..."); 20. *fandi* (Gerund, "of speaking," or still better yet, "for explaining"); 21. *quis modus [sit] dexter* (Indirect Question as the Object of *temptaturum esse*, which would have its verb *[sit]* in the Subjunctive; note that the interrogative pronoun *quis* functions here as if an adjective: "what method would be

---

Quick Reference, COMMON PRONOUNS: **hic**, haec, hoc (dem. pron.) - this; he, she, it | **ille**, illa, illud (dem. pron.) - that; that (famous) one (yonder); he, she, it | **ipse**, ipsa, ipsum (intnsv. pron.) - (one's own) self; very | **is**, ea, id (dem. pron.) - this, that; (of) such (a kind); he, she, it | **qui**, quae, quod (rel. pron.) - who, which; that

appropriate..."); **22.** *rebus* (Dat of Reference, "for the circumstances"); **23.** *ocius* (This adverb's Comparative degree often retains a Positive sense, "immediately, without further delay").

FULLY PARSED (4.279-295)

(A) Aeneas (masc nom sing); **amens** (masc nom sing); **aspectū** (masc abl sing); **obmutuit** (perf actv indic 3 sing); **comae** (fem nom pl); **arrectae** (i.e., *arrectae sunt*, perf pssv indic 3 pl; fem nom); **horrore** (masc abl sing); **vox** (fem nom sing); **haesit** (perf actv indic 3 sing); **faucibus** (fem dat pl).

(B) ardet (prsnt actv indic 3 sing); **abire** (prsnt actv infin); **fugā** (fem abl sing); **relinquere** (prsnt actv infin); **dulcis** (fem acc pl); **terras** (fem acc pl); **attonitus** (perf pssv prcpl, masc nom sing); **tantō** (masc abl sing); **monitū** (masc abl sing); **imperiō** (neut abl sing); **deorum** (masc gen pl).

(C) quid (neut acc sing); **agat** (prsnt actv subjv 3 sing); **quō** (masc abl sing); **adfatū** (masc abl sing); **audeat** (prsnt actv subjv 3 sing); **ambire** (prsnt actv infin); **furentem** (fem acc sing); **reginam** (fem acc sing); **quae** (neut acc pl); **prima** (neut acc pl); **exordia** (neut acc pl); **sumat** (prsnt actv subjv 3 sing).

(D) dividit (prsnt actv indic 3 sing); **celerem** (masc acc sing); **animum** (masc acc sing); **rapit** (prsnt actv indic 3 sing); **[animum]** (masc acc sing); **varias** (fem acc pl); **partis** (fem acc pl); **versat** (prsnt actv indic 3 sing); **[animum]** (masc acc sing); **omnia** (neut acc pl).

(E) haec (fem nom sing); **sententia** (fem nom sing); **visa est** (perf pssv indic 3 sing; fem nom); **[esse]** (prsnt actv infin); **potior** (fem nom sing; comp. of *potis*); **alternanti** (prsnt actv prcpl, masc dat sing); **[Aeneae]** (masc dat sing); **vocat** (prsnt actv indic 3 sing); **Mnesthea** (masc acc sing); **Sergestum** (masc acc sing); **fortem** (masc acc sing); **Serestum** (masc acc sing); **taciti** (masc nom pl); **aptent** (prsnt actv subjv 3 pl); **classem** (fem acc sing); **cogant** (prsnt actv subjv 3 pl); **socios** (masc acc pl); **litora** (neut acc pl); **parent** (prsnt actv subjv 3 pl); **arma** (neut acc pl); **dissimulent** (prsnt actv subjv 3 pl); **[ea]** (neut acc pl); **quae** (neut nom pl); **sit** (prsnt actv subjv 3 sing); **causa** (fem nom sing); **rebus** (fem dat pl); **novandis** (Gerundive; fut pssv ptcpl, fem dat pl).

(F) [putens] (prsnt actv prcpl, masc nom sing); **optima** (fem nom sing; supl. of *bonus*); **Dido** (fem nom sing); **nesciat** (prsnt actv subjv 3 sing); **speret** (prsnt actv subjv 3 sing); **tantos** (masc acc pl); **amores** (masc acc pl); **rumpi** (prsnt pssv infin); **sese** (3 pers. reflxv. pron., masc acc sing); **temptaturum** (i.e., *temptaturum esse*, fut actv infin, masc acc sing); **aditus** (masc acc pl); **quae** (neut nom pl); **tempora** (neut nom pl); **[sint]** (prsnt actv subjv 3 pl); **mollissima** (neut nom pl; supl. of *mollis*); **fandi** (Gerund; defect. dep., fut pssv prcpl, neut gen sing); **quis** (masc nom sing); **modus** (masc nom sing); **[sit]** (prsnt actv subjv 3 sing); **dexter** (masc nom sing); **rebus** (fem dat pl).

(G) omnes (masc nom pl); **parent** (prsnt actv indic 3 pl); **imperio** (neut dat sing); **ocius** (comp. of *ociter*); **laeti** (masc nom pl); **facessunt** (prsnt actv indic 3 pl); **iussa** (neut acc pl).

* * * * * * * * * * * * * * * * * * *

<u>Vergil's</u> **ORIGINAL TEXT (4.296-313)**. **(296)** At regina dolos (quis fallere possit amantem?) | **(297)** praesensit, motusque excepit prima futuros, | **(298)** omnia tuta timens; eadem impia Fama furenti | **(299)** detulit armari classem cursumque parari. | **(300)** Saevit inops animi, totamque incensa per urbem | **(301)** bacchatur, qualis commotis excita sacris | **(302)** Thyias, ubi audito stimulant trieterica Baccho | **(303)** orgia, nocturnusque vocat clamore Cithaeron. | **(304)** Tandem his Aenean compellat vocibus ultro: | **(305)** "Dissimulare etiam sperasti, perfide, tantum | **(306)** posse nefas, tacitusque mea decedere terra? | **(307)** Nec te noster amor nec te data dextera quondam | **(308)** nec moritura tenet crudeli funere Dido? | **(309)** Quin etiam hiberno moliris sedere classem, | **(310)** et mediis properas Aquilonibus ire per altum, | **(311)** crudelis? Quid? Si non arva aliena domosque | **(312)** ignotas peteres et Troia antiqua maneret, | **(313)** Troia per undosum peteretur classibus aequor?"

<u>Quick Reference</u>, **COMMON PRONOUNS**: **hic**, haec, hoc (dem. pron.) - this; he, she, it | **ille**, illa, illud (dem. pron.) - that; that (famous) one (yonder); he, she, it | **ipse**, ipsa, ipsum (intnsv. pron.) - (one's own) self; very | **is**, ea, id (dem. pron.) - this, that; (of) such (a kind); he, she, it | **qui**, quae, quod (rel. pron.) - who, which; that

SUGGESTED WORD ORDER (4.296-313). **(A)** At regina, timens omnia tuta,[1] praesensit dolos[2] [et] prima[3] excepit futuros motus (quis possit[4] fallere amantem?). **(B)** Eadem impia Fama[5] detulit [rumores] furenti [reginae]: classem armari [et] cursum parari. **(C)** Saevit, inops animi, [et] incensa bacchatur per totam urbem, qualis Thyias[6] excita sacrīs commotīs,[7] ubi trieterica[8] orgia stimulant [illam] "Bacchō" auditō[9] [et] nocturnus Cithaeron vocat [illam] clamore.[10] **(D)** Tandem ultro compellat Aenean hīs vocibus:[11] "Perfide, etiam sperasti [i.e., speravisti] posse dissimulare tantum nefas [et] tacitus[12] decedere [a] meā terrā?[13] **(E)** Nec noster amor tenet te nec dextera data quondam [tenet] te nec Dido moritura crudelī funere?[14] **(F)** Quin, crudelis, etiam moliris classem [in] hibernō sidere[15] et properas ire per altum [in] mediīs Aquilonibus?[16] **(G)** Quid? Si non peteres[17] aliena arva [et] ignotas domos, et [si] antiqua Troia maneret,[18] Troia peteretur[19] classibus[20] per undosum aequor?"

4.296   **VOCABULARY SECTIONS (4.296-313)**

(A)   **regina**, ae (f) - queen / **timeo**, timēre (2), timui - be apprehensive, dread, fear / **omnis**, e - all, every / **tutus**, a, um - safe, secure / **praesentio**, praesentire (4), praesensi, praesensus - perceive beforehand, suspect / **dolus**, i (m) - deceit, guile / **primus**, a, um - first / **excipio**, excipere (3), excepi, exceptus - intercept, receive (i.e., "catch news of") / **futurus**, a, um - imminent, impending / **motus**, i (m) - (emotional) disturbance, tumult / **quis**, quid (interrog. pron.) - who? what? / **possum**, posse, potui - be able / **fallo**, fallere (3), fefelli, falsus - beguile, deceive, trick / **amans**, antis (f) - lover

(B)   **idem**, eadem, idem - same / **impius**, a, um - shameless, wicked / **Fama**, ae (f) - Rumor (personified here as a goddess) / **defero**, deferre, detuli, delatus - deliver, report / [**rumor**, oris (m) - rumor, slander] / **furens**, ntis - furious, raging / [**regina**, ae (f) - queen] / **classis**, is (f) - fleet / **armo** (1) - arm, equip / **cursus**, us (m) - journey, voyage / **paro** (1) - prepare

(C)   **saevio**, saevire (4), saevii, saevitus - be furious, rave / **inops**, inopis - bereft of, lacking (with Gen) / **animus**, i (m) - purpose, reason / **incendo**, incendere (3), incendi, incensus - inflame, kindle / **bacchor**, bacchari (1), bacchatus - rush about wildly (in Bacchic revelry) / **per** (prep) - through (with Acc) / **totus**, a, um - entire, whole / **urbs**, urbis (f) - city / **qualis**, e (rel. adj.) - just as, like / **Thyias**, adis (f) - a (female) Bacchante / **excio**, excire (4), excivi, excitus - arouse, excite / **sacrum**, i (n) - sacred emblem, object / **commoveo**, commovēre (2), commovi, commotus - brandish, shake / **ubi** (adv) - when / **trietericus**, a, um - of alternate years (i.e., "biennial") / **orgia**, orum (n) - mystic rites (of Bacchus) / **stimulo** (1) - rouse, stir / **Bacchus**, i (m) - Bacchus (god of wine) / **audio**, audire (4), audivi, auditus - hear, regard / **nocturnus**, a, um - nocturnal / **Cithaeron**, onis (m) - Mt. Cithaeron (a Boeotian mountain sacred to Bacchus) / **voco** (1) - beckon, summon / **clamor**, oris (m) - cry, shout

(D)   **tandem** (adv) - at last, finally / **ultro** (adv) - unexpectedly / **compello** (1) - accost, address / **Aeneas**, ae (m) - Aeneas (Trojan leader) / **vox**, vocis (f) - voice; (pl) words, speech / **perfidus**, a, um - treacherous / **etiam** (adv) - also, even / **spero** (1) - expect, hope / **possum**, posse, potui - be able / **dissimulo** (1) - conceal, disguise / **tantus**, a, um - of such measure, so great / **nefas** (n., indecl.) - impious deed, wickedness / **tacitus**, a, um - secret, silent / **decedo**, decedere (3), decessi, decessus - depart, slip away / [**a** (prep) - from (with Abl)] / **meus**, a, um - my / **terra**, ae (f) - country, land

(E)   **noster**, nostra, nostrum - our / **amor**, oris (m) - affection, love / **teneo**, tenēre (2), tenui, tentus - detain, hold, keep / **dextera**, ae (f) - (solemn) pledge / **do**, dare (1), dedi, datus - give / **quondam** (adv) - previously / [**teneo** *iterum*] / **Dido**, onis (f) - Dido (Queen of Carthage) / **morior**, mori and moriri (3), mortuus (fut. prcpl., *moriturus, a, um*) - die, wither away / **crudelis**, e - bitter, cruel / **funus**, eris (n) - death

(F)   **quin** (conj) - but indeed, nay / **crudelis**, e - bitter, cruel / **etiam** (adv) - even / **molior**, moliri (4), molitus - prepare, rouse / **classis**, is (f) - fleet / [**in** (prep) - in (with Abl)] / **hibernus**, a, um - stormy, wintry / **sidus**, eris (n) - season / **propero** (1) - hasten, hurry / **eo**, ire, ii, itus - go / **per** (prep) - across, over (with Acc) / **altum**, i (n) - (the deep) sea / [**in** *iterum*] / **medius**, a, um - the midst (of) / **Aquilo**, onis (m) - the North Wind

---

Quick Reference, COMMON PRONOUNS: **hic**, haec, hoc (dem. pron.) - this; he, she, it | **ille**, illa, illud (dem. pron.) - that; that (famous) one (yonder); he, she, it | **ipse**, ipsa, ipsum (intnsv. pron.) - (one's own) self; very | **is**, ea, id (dem. pron.) - this, that; (of) such (a kind); he, she, it | **qui**, quae, quod (rel. pron.) - who, which; that

(G) quid (interrog. adv.) - what? / si (conj) - if / **peto**, petere (3), petivi, petitus - make for, search out / **alienus**, a, um - foreign / **arvum**, i (n) - field, land / **ignotus**, a, um - unknown / **domus**, i (f) - home / [si *iterum*] / **antiquus**, a, um - ancient, venerable / **Troia**, ae (f) - Troy / **maneo**, manēre (2), mansi, mansus - endure, remain, survive / **Troia** *iterum* / **peto** *iterum* / [**in** (prep) - in (with Abl)] / [**hibernus**, a, um - stormy, wintry] / [**sidus**, eris (n) - season] / **classis**, is (f) - fleet / **per** (prep) - across, over (with Acc) / **undosus**, a, um - billowy, surging / **aequor**, oris (n) - ocean, sea

GRAMMATICAL NOTES: 1. *timens omnia tuta* ("fearing everything even though all was secure"); 2. *dolos* (Poetic Plural; transl. as Singular); 3. *prima* (read as "she...early on, in advance"); 4. *possit* (Deliberative Subjunctive with *quis*, "who is able...?"); 7. *sacrīs commotīs* (Abl of Means, "by the sacred emblems having been brandished"); 8. *trieterica* (As the Romans counted dates inclusively, their triennial festivals would be reckoned as biennial calendar events in our system); 9. *"Bacchō" auditō* (Abl Absol, read as *nomine Bacchi auditō*, "upon the cry of Bacchus' name having been heard"); 10. *clamore* (Abl of Means); 11. *hīs vocibus* (Abl of Means); 12. *tacitus* (best read as "in secrecy..." or "with discretion..."); 13. *meā terrā* (Abl of Place from Which); 14. *crudelī funere* (Abl of Means); 15. *hibernō sidere* (Abl of Time When); 16. *mediīs Aquilonibus* (Abl of Time When, "during winter's northern gales"); 17. *peteres* (Subjunctive as Protasis in a Present Contrary-to-Fact Condition, "if you were not searching for..."); 18. *maneret* (Subjunctive as Protasis in a Present Contrary-to-Fact Condition, "if ancient Troy still endured..."); 19. *peteretur* (Subjunctive as Apodosis in a Present Contrary-to-Fact Condition, "would Troy be sought..."); 20. *classibus* (Abl of Means). | **HISTORICAL AND MYTHOLOGICAL NOTES**: 5. On Rumor, see Section 4.173-188 (note 1). | 6. The "Thyiades" (also known collectively as "Bacchantes" and "Maenads") were female celebrants of the divine Bacchus (on whom see Section 4.203-218, note 7), whose sacred mysteries (*orgia*) originated in Greece but were widely performed in Italy until the Roman Senate suppressed the rites 186 BC on the grounds that they were excessively unruly; the Theban festival of Bacchus held biennially on the slopes of Mt. Cithaeron featured particularly famous nocturnal revels. Details of the actual ceremonies remain shrouded in secrecy, but it seems once the god's sacred emblems (*sacra*) were removed from the temple and shaken that the frenzied Thyiades participated in *orgia* to the accompaniment of clanging cymbals; they are often depicted as brandishing torches and *thyrsi* (sacred wands or staffs wound with ivy or vine leaves and tipped with an ornament resembling a pine cone) and running wild in processions through the countryside, their heads wreathed in ivy but otherwise either entirely nude or dressed in fawn skins. The culmination of their wild revels supposedly included intensely destructive behavior and the tearing apart of wild animals and even children who had crossed their path, and on whose raw flesh they were said to feast. Vergil's simile comparing Dido to a Bacchic reveler would have been particularly disturbing to a Roman audience, which would have understood her frantic behavior as completely ungoverned and potentially destructive, undertaken without regard to civilized convention or notions of civic responsibility.

FULLY PARSED (4.296-313) _____

(A) **regina** (fem nom sing); **timens** (prsnt actv prcpl, fem nom sing); **omnia** (neut acc pl); **tuta** (neut acc pl); **praesensit** (perf actv indic 3 sing); **dolos** (masc acc pl); **prima** (fem nom sing); **excepit** (perf actv indic 3 sing); **futuros** (masc acc pl); **motus** (masc acc pl); **quis** (masc nom sing); **possit** (prsnt actv subjv 3 sing); **fallere** (prsnt actv infin); **amantem** (fem acc sing).

(B) **eadem** (fem nom sing); **impia** (fem nom sing); **Fama** (fem nom sing); **detulit** (perf actv indic 3 sing); [**rumores**] (masc acc pl); **furenti** (fem dat sing); [**reginae**] (fem dat sing); **classem** (fem acc sing); **armari** (prsnt pssv infin); **cursum** (masc acc sing); **parari** (prsnt pssv infin).

(C) **saevit** (perf actv indic 3 sing); **inops** (fem nom sing); **animi** (masc gen sing); **incensa** (perf pssv prcpl, fem nom sing); **bacchatur** (dep., prsnt pssv indic 3 sing); **totam** (fem acc sing); **urbem** (fem acc sing); **qualis** (fem nom sing); **Thyias** (fem nom sing); **excita** (perf pssv prcpl, fem nom sing); **sacrīs** (neut abl pl); **commotīs** (perf pssv prcpl, neut abl pl); **Bacchō** (masc abl sing); **auditō** (perf pssv prcpl, masc abl sing); **trieterica** (neut nom pl); **orgia** (neut nom pl); **stimulant** (prsnt actv indic 3 pl); [**illam**] (fem acc sing); **nocturnus** (masc nom sing); **Cithaeron** (masc nom sing); **vocat** (prsnt actv indic 3 sing); [**illam**] (fem acc sing); **clamore** (masc abl sing).

_____

Quick Reference, COMMON PRONOUNS: **hic**, haec, hoc (dem. pron.) - this; he, she, it | **ille**, illa, illud (dem. pron.) - that; that (famous) one (yonder); he, she, it | **ipse**, ipsa, ipsum (intnsv. pron.) - (one's own) self; very | **is**, ea, id (dem. pron.) - this, that; (of) such (a kind); he, she, it | **qui**, quae, quod (rel. pron.) - who, which; that

(D) **compellat** (prsnt actv indic 3 sing); **Aenean** (masc acc sing); **hīs** (fem abl pl); **vocibus** (fem abl pl); **perfide** (masc voc sing): **sperasti** (i.e., *speravisti*, perf actv indic 2 sing); **posse** (prsnt actv infin); **dissimulare** (prsnt actv infin); **tantum** (neut acc sing); **nefas** (neut, indecl.; read as neut acc sing); **tacitus** (masc nom sing); **decedere** (prsnt actv infin); **meā** (fem abl sing); **terrā** (fem abl sing).

(E) **noster** (masc nom sing); **amor** (masc nom sing); **tenet** (prsnt actv indic 3 sing); **te** (2 pers. pron., masc acc sing); **dextera** (fem nom sing); **data** (perf pssv prcpl, fem nom sing); **[tenet]** (prsnt actv indic 3 sing); **te** (2 pers. pron., masc acc sing); **Dido** (fem nom sing); **moritura** (dep., fut actv prcpl, fem nom sing); **crudelī** (neut abl sing); **funere** (neut abl sing).

(F) **crudelis** (masc voc sing); **moliris** (dep., prsnt pssv indic 2 sing); **classem** (fem acc sing); **hibernō** (neut abl sing); **sidere** (neut abl sing); **properas** (prsnt actv indic 2 sing); **ire** (prsnt actv infin); **altum** (neut acc sing); **mediīs** (masc abl pl); **Aquilonibus** (masc abl pl).

(G) **peteres** (impf actv subjv 2 sing); **aliena** (neut acc pl); **arva** (neut acc pl); **ignotas** (fem acc pl); **domos** (fem acc pl); **antiqua** (fem nom sing); **Troia** (fem nom sing); **maneret** (impf actv sibjv 3 sing); **Troia** (fem nom sing); **peteretur** (impf pssv subjv 3 sing); **classibus** (fem abl pl); **undosum** (neut acc sing); **aequor** (neut acc sing).

* * * * * * * * * * * * * * * * * * *

<u>Vergil's</u> **ORIGINAL TEXT (4.314-330)**. **(314)** "Mene fugis? Per ego has lacrimas dextramque tuam te | **(315)** (quando aliud mihi iam miserae nihil ipsa reliqui), | **(316)** per conubia nostra, per inceptos hymenaeos, | **(317)** si bene quid de te merui, fuit aut tibi quicquam | **(318)** dulce meum, miserere domus labentis, et istam, | **(319)** oro, si quis adhuc precibus locus, exue mentem. | **(320)** Te propter Libycae gentes Nomadumque tyranni | **(321)** odere, infensi Tyrii; te propter eundem | **(322)** extinctus pudor et qua sola sidera adibam | **(323)** fama prior. Cui me moribundam deseris, hospes, | **(324)** hoc solum nomen quoniam de coniuge restat? | **(325)** Quid moror? An mea Pygmalion dum moenia frater | **(326)** destruat, aut captam ducat Gaetulus Iarbas? | **(327)** Saltem si qua mihi de te suscepta fuisset | **(328)** ante fugam suboles, si quis mihi parvulus aula | **(329)** luderet Aeneas, qui te tamen ore referret, | **(330)** non equidem omnino capta ac deserta viderer."

SUGGESTED WORD ORDER (4.314-330). **(A)** "Fugis-ne me? Ego oro te, per has lacrimas [et] tuam dextram (<u>quando iam ipsa nihil reliqui aliud mihi, miserae</u>),[1] per nostra conubia, per inceptos hymenaeos, si merui quid bene de tē, aut [si] <u>meum quicquam</u>[2] fuit dulce tibi, miserere labentis domus et si [est] adhuc <u>quis</u>[3] locus precibus, exue istam mentem. **(B)** Propter te Libycae gentes [et] tyranni Nomadum odere [i.e., oderunt] me, [et] Tyrii [sunt] infensi [mihi]; <u>propter te eundem</u>,[4] [meus] pudor exstinctus [i.e., exstinctus est] et [mea] prior fama [exstincta est], <u>quā solā</u>[5] adibam [ad] sidera. **(C)** Hospes, cui [tu] deseris me, moribundam, quoniam <u>hoc nomen solum</u>[6] restat [mihi] de coniuge? Quid moror? **(D)** An dum [meus] frater <u>Pygmalion</u>[7] <u>destruat</u>[8] mea moenia aut Gaetulus <u>Iarbas</u>[9] <u>ducat</u>[10] [me] captam? **(E)** Saltem si <u>fuisset</u>[11] qua suboles <u>suscepta</u>[12] mihi de <u>tē</u>[13] ante [tuam] fugam, si <u>quis</u>[14] parvulus Aeneas <u>luderet</u>[15] mihi [in] <u>aulā</u>,[16] qui tamen <u>referret</u>[17] te <u>ore</u>,[18] equidem non <u>viderer</u>[19] omnino capta ac deserta."

4.314 **VOCABULARY SECTIONS (4.314-330)**

(A) **fugio**, fugere (3), fugi, fugiturus - flee, run away (from) / **oro** (1) - beg, entreat / **per** (prep) - for the sake of (with Acc) / **lacrima**, ae (f) - tear / **tuus**, a, um - your / **dextra**, ae (f) - (right) hand (i.e., "solemn pledge") / **quando** (conj) - since / **iam** (adv) - now / **nihil** (n., indecl.) - nothing (as adv., "in no way") / **relinquo**, relinquere (3), reliqui, relictus - bequeath, leave behind / **alius**, alia, aliud - anyone else, something different / **miser**, misera, miserum - unfortunate, wretched / **per** *iterum* / **noster**, nostra, nostrum - our / **conubium**, i (n) - marriage (rite) / **incipio**, incipere (3), incepi, inceptus - begin, initiate, undertake / **hymenaeus**, i (m) - wedding hymn / **si** (conj) - if / **mereo**, merēre (2), merui, meritus - deserve, merit / **quis**, quid (indef. pron.) - anyone, anything / **bene** (adv) - properly, well / **de** (prep) - from (with Abl) / [**si** *iterum*] / **meus**, a, um - my / **quisquam**, quicquam (indef. pron.) - anyone, anything (at all) / **dulcis**, e - agreeable, pleasing / **misereor**, misereri (2), miseritus - take pity on (with Gen) / **labor**, labi (3), lapsus - decline, fall, go to ruin /

<u>Quick Reference</u>, **COMMON PRONOUNS**: **hic**, haec, hoc (dem. pron.) - this; he, she, it | **ille**, illa, illud (dem. pron.) - that; that (famous) one (yonder); he, she, it | **ipse**, ipsa, ipsum (intnsv. pron.) - (one's own) self; very | **is**, ea, id (dem. pron.) - this, that; (of) such (a kind); he, she, it | **qui**, quae, quod (rel. pron.) - who, which; that

domus, i (f) - household / **si** *iterum* / **adhuc** (adv) - still, yet / **quis** *iterum* / **locus**, i (m) - place (i.e., "opportunity") / **prex**, precis (f) - entreaty, prayer / **exuo**, exuere (3), exui, exutus - discard, lay aside / **iste**, ista, istud - of such a kind / **mens**, mentis (f) - intention, plan, thought

(B) **propter** (prep) - on account of (with Acc) / **Libycus**, a, um - Libyan (i.e., "African") / **gens**, gentis (f) - nation, tribe / **tyrannus**, i (m) - chieftain / **Nomas**, adis (m) - a Numidian (lit., "a herdsman") / **odi**, odisse, osurus (defect.) - detest, hate / **Tyrii**, orum (m) - the Tyrians (i.e., "the Carthaginians") / **infensus**, a, um - hostile, unfriendly / **propter** *iterum* / **idem**, eadem, idem - same (with an emphatic pronoun, "also, besides") / [**meus**, a, um - my] / **pudor**, oris (m) - (sense of) propriety, shame / **exstinguo**, exstinguere (3), exstinxi, exstinctus - blot out, destroy, ruin / [**meus** *iterum*] / **prior**, prius - former, previous / **fama**, ae (f) - reputation / [**exstinguo** *iterum*] / **solus**, a, um - alone / **adeo**, adire (4), adii, aditus - approach, draw near / [**ad** (prep) - to (with Acc)] / **sidus**, eris (n) - star; (pl) heavens (fig., "immortal renown")

(C) **hospes**, itis (m) - guest (friend) / **quis**, quid (interrog. pron.) - who? what? / **desero**, deserere (3), deserui, desertus - abandon, forsake, leave (behind) / **moribundus**, a, um - about to die, dying / **quoniam** (conj) - since / **nomen**, inis (n) - name / **solus**, a, um - alone, only / **resto**, restare (1), restiti - remain, survive / **de** (prep) - from (with Abl) / **coniunx**, coniugis (m) - husband / **quis** *iterum* (neut *quid* as interrog. adv, "why?") / **moror**, morari (1), moratus - delay, linger

(D) **dum** (conj) - until (with Subj) / **frater**, fratris (m) - brother / **Pygmalion**, onis (m) - Pygmalion (Dido's despicable brother) / **destruo**, destruere (3), destruxi, destructus - destroy, tear down / **meus**, a, um - my / **moenia**, ium (n) - (fortified) ramparts, walls / **Gaetulus**, a, um - Gaetulian, of the Gaetuli (a tribe in northern Africa) / **Iarbas**, ae (m) - Iarbas (an African ruler) / **duco**, ducere (3), duxi, ductus - lead (away) / **capta**, ae (f) - (female) captive, prisoner

(E) **saltem** (adv) - at least / **si** (conj) - if / **qui**, qua, quod (indef. adj.) - any, some / **suboles**, is (f) - child, offspring / **suscipio**, suscipere (3), suscepi, susceptus - bear, beget (lit., "lift up, raise") / **de** (prep) - from (with Abl) / **ante** (prep) - before (with Acc) / [**tuus**, a, um - your] / **fuga**, ae (f) - (hasty) departure, flight / **si** *iterum* / **quis**, quid (indef. pron.) - any, some / **parvulus**, a, um - (very) little, small / **Aeneas**, ae (m) - Aeneas (Trojan leader) / **ludo**, ludere (3), lusi, lusus - frolic, play / [**in** (prep) - in (with Abl)] / **aula**, ae (f) - court, palace / **tamen** (adv) - in spite of this / **refero**, referre, rettuli, relatus - bring back, restore / **os**, oris (n) - face, visage (i.e., "facial features") / **equidem** (adv) - indeed / **video**, vidēre (2), vidi, visus - see (Pssv, "appear, seem") / **omnino** (adv) - altogether, completely / **capio**, capere (3), cepi, captus - deceive, delude, ensnare / **desero**, deserere (3), deserui, desertus - abandon, forsake

<u>GRAMMATICAL NOTES</u>: **1.** *quando...miserae* ("since I myself have in no way left anything else for me, wretched creature that I am"); **2.** *meum quicquam* (best read as "anything at all about me"); **3.** *quis* (note that the indefinite pronoun *quis* functions here as if an adjective modifying *locus*, "if there is still *any* chance..."); **4.** *propter te eundem* (since *idem* modifies the personal pronoun, read as "because of you also"); **5.** *quā solā* (Abl of Means, "by which alone..."); **6.** *hoc nomen solum* (i.e., "this name alone, just that of 'a Guest-Friend' rather than that of 'Wife'..."); **8.** *destruat* (Subjunctive after *dum* denoting anticipated action); **10.** *ducat* (Subjunctive after *dum* denoting anticipated action); **11.** *fuisset* (Subjunctive as the Protasis denoting Past Time in a Mixed Contrary-to-Fact Condition, "if there had been..."); **12.** *qua suboles suscepta* (lit., "any child lifted up," best read with *si fuisset* as "if any child had been born... ." Given the particular meanings associated with *suscipere* (see below, HISTORICAL note 12), the Romans often equated it with "*nascor*, nasci (3), natus - be born"); **13.** *tē* (Abl of Origin or Source, "by you"); **14.** *quis* (note that the indefinite pronoun functions here as if an adjective modifying *parvulus Aeneas*, "if *any* 'little version of Aeneas'..."); **15.** *luderet* (Subjunctive as the Protasis denoting Present Time in a Mixed Contrary-to-Fact Condition, "if any little Aeneas were [even now] playing..."); **16.** *aulā* (Abl of Place Where); **17.** *referret* (Subjunctive in a Relative Clause of Characteristic, lit., "who in spite of everything would bring you back by means of his facial features," perhaps best read as "whose appearance would nevertheless remind me of you"); **18.** *ore* (Abl of Means); **19.** *viderer* (Subjunctive as Apodosis denoting Present Time in a Mixed Contrary-to-Fact Condition, "I would [not] appear..."). | <u>HISTORICAL AND MYTHOLOGICAL NOTES</u>: **7.** Venus informed Aeneas that Dido's brother Pygmalion, the tyrannical king of Phoenician Tyre, had killed her husband Sychaeus before the very altar of the gods in order to seize his immense fortune; appearing to her in a dream, his ghost disclosed not only Pygmalion's foul deed but also revealed to her the location of his secret hoard of bullion, and warned her to flee from Tyre in order to found a new settlement with those who feared and hated her brother

---

<u>Quick Reference, COMMON PRONOUNS</u>: **hic**, haec, hoc (dem. pron.) - this; he, she, it | **ille**, illa, illud (dem. pron.) - that; that (famous) one (yonder); he, she, it | **ipse**, ipsa, ipsum (intnsv. pron.) - (one's own) self; very | **is**, ea, id (dem. pron.) - this, that; (of) such (a kind); he, she, it | **qui**, quae, quod (rel. pron.) - who, which; that

(Verg. *Aen.* 1.340-368). | **9.** On Iarbas, see Section 4.189-202 (note **11**). | **12.** The verb *suscipere* refers here to the Roman practice in which a father formally acknowledged paternity of a newborn infant and announced his intention to rear it as his own by picking it up off the ground where it had been ceremoniously placed before him.

FULLY PARSED (4.314-330)

(A) fugis (prsnt actv indic 2 sing); **me** (1 pers. pron., fem acc sing); **ego** (1 pers. pron., fem nom sing); **oro** (prsnt actv indic 1 sing); **te** (2 pers. pron., masc acc sing); **has** (fem acc pl); **lacrimas** (fem acc pl); **tuam** (fem acc sing); **dextram** (fem acc sing); **ipsa** (fem nom sing); **nihil** (neut, indecl.; read as adverbial neut acc sing); **reliqui** (perf actv indic 1 sing); **aliud** (neut acc sing); **mihi** (1 pers. reflxv. pron., fem dat sing); **miserae** (fem dat sing); **nostra** (neut acc pl); **conubia** (neut acc pl); **inceptos** (perf pssv prcpl, masc acc pl); **hymenaeos** (masc acc pl); **merui** (perf actv indic 3 sing); **quid** (neut acc sing); **tē** (2 pers. pron., masc abl sing); **meum** (neut nom sing); **quicquam** (neut nom sing); **fuit** (perf actv indic 3 sing); **dulce** (neut nom sing); **tibi** (2 pers. pron., masc dat sing); **miserere** (dep., prsnt pssv imper 2 sing); **labentis** (prsnt actv prcpl, fem gen sing); **domus** (fem gen sing); **[est]** (prsnt actv indic 3 sing); **quis** (masc nom sing); **locus** (masc nom sing); **precibus** (fem dat pl); **exue** (prsnt actv imper 2 sing); **istam** (fem acc sing); **mentem** (fem acc sing).

(B) te (2 pers. pron., masc acc sing); **Libycae** (fem nom pl); **gentes** (fem nom pl); **tyranni** (masc nom pl); **Nomadum** (masc gen pl); **odere** (i.e., *oderunt*, defect., perf actv indic 3 pl); **me** (1 pers. pron., fem acc sing); **Tyrii** (masc nom pl); **[sunt]** (prsnt actv indic 3 pl); **infensi** (masc nom pl); **[mihi]** (1 pers. pron., fem dat sing); **te** (2 pers. pron., masc acc sing); **eundem** (masc acc sing); **[meus]** (masc nom sing); **pudor** (masc nom sing); **exstinctus** (i.e., *exstinctus est*, perf pssv indic 3 sing; masc nom); **[mea]** (fem nom sing); **prior** (fem nom sing; comp. of *primus*); **fama** (fem nom sing); **[exstincta est]** (perf pssv indic 3 sing; fem nom); **quā** (fem abl sing); **solā** (fem abl sing); **adibam** (impf actv indic 1 sing); **sidera** (neut acc pl).

(C) hospes (masc voc sing); **cui** (neut dat sing); **[tu]** (2 pers. pron., masc nom sing); **deseris** (prsnt actv indic 2 sing); **me** (1 pers. pron., fem acc sing); **moribundam** (fem acc sing); **hoc** (neut nom sing); **nomen** (neut nom sing); **solum** (neut nom sing); **restat** (prsnt actv indic 3 sing); **[mihi]** (1 pers. pron., fem dat sing); **coniuge** (masc abl sing); **quid** (neut acc sing of *quis* as adv.); **moror** (dep., prsnt pssv indic 1 sing).

(D) [meus] (masc nom sing); **frater** (masc nom sing); **Pygmalion** (masc nom sing); **destruat** (prsnt actv subjv 3 sing); **mea** (neut acc pl); **moenia** (neut acc pl); **Gaetulus** (masc nom sing); **Iarbas** (masc nom sing); **ducat** (prsnt actv subjv 3 sing); **[me]** (1 pers. pron., fem acc sing); **captam** (fem acc sing).

(E) fuisset (pluperf actv subjv 3 sing); **qua** (fem nom sing); **suboles** (fem nom sing); **suscepta** (perf pssv prcpl, fem nom sing); **mihi** (1 pers. dat sing); **tē** (2 pers. pron., masc abl sing); **[tuam]** (fem acc sing); **fugam** (fem acc sing); **quis** (masc nom sing); **parvulus** (masc nom sing); **Aeneas** (masc nom sing); **luderet** (impf actv subjv 3 sing); **mihi** (1 pers. pron., fem dat sing); **aulā** (fem abl sing); **qui** (masc nom sing); **referret** (impf actv subjv 3 sing); **te** (2 pers. pron., masc acc sing); **ore** (neut abl sing); **viderer** (impf pssv subjv 1 sing); **capta** (perf pssv prcpl, fem nom sing); **deserta** (perf pssv prcpl, fem nom sing).

* * * * * * * * * * * * * * * * * *

Vergil's **ORIGINAL TEXT (4.331-344)**. **(331)** Dixerat. Ille Iovis monitis immota tenebat | **(332)** lumina, et obnixus curam sub corde premebat. | **(333)** Tandem pauca refert: "Ego te, quae plurima fando | **(334)** enumerare vales, numquam, regina, negabo | **(335)** promeritam, nec me meminisse pigebit Elissae, | **(336)** dum memor ipse mei, dum spiritus hos regit artus. | **(337)** Pro re pauca loquar. Neque ego hanc abscondere furto | **(338)** speravi (ne finge) fugam, nec coniugis umquam | **(339)** praetendi taedas, aut haec in foedera veni. | **(340)** Me si Fata meis paterentur ducere vitam | **(341)** auspiciis et sponte mea componere curas, | **(342)** urbem Troianam primum dulcisque meorum | **(343)** relliquias colerem, Priami tecta alta manerent, | **(344)** et recidiva manu posuissem Pergama victis."

Quick Reference, COMMON PRONOUNS: **hic**, haec, hoc (dem. pron.) - this; he, she, it | **ille**, illa, illud (dem. pron.) - that; that (famous) one (yonder); he, she, it | **ipse**, ipsa, ipsum (intnsv. pron.) - (one's own) self; very | **is**, ea, id (dem. pron.) - this, that; (of) such (a kind); he, she, it | **qui**, quae, quod (rel. pron.) - who, which; that

SUGGESTED WORD ORDER (4.331-344). **(A)** [Dido] dixerat [sic]. Ille tenebat lumina immota monitīs[1] Iovis et obnixus premebat curam sub corde. **(B)** Tandem refert pauca [verba]: "Regina, ego numquam negabo te promeritam [i.e., promeritam esse] plurima, quae vales enumerare fandō,[2] nec pigebit me meminisse Elissae, dum ipse [sum] memor mei [et] dum spiritus regit hos artus. **(C)** Loquar pauca [verba] pro rē. Ego neque speravi abscondere hanc fugam furtō[3] (ne finge!), nec umquam praetendi taedas coniugis aut veni in haec foedera. **(D)** Si Fata paterentur[4] me ducere vitam meīs auspiciīs[5] et componere curas meā sponte,[6] primum colerem[7] Troianum urbem [et] dulcis reliquias meorum [maiorum], alta tecta Priami manerent[8] et posuissem[9] recidiva Pergama victis [meā] manū."[10]

4.331 VOCABULARY SECTIONS (4.331-344)

(A) [**Dido**, onis (f) - Dido (Queen of Carthage)] / **dico**, dicere (3), dixi, dictus - say, speak / [**sic** (adv) - in this manner, thus] / **teneo**, tenēre (2), tenui, tentus - hold / **lumen**, inis (n) - eye; (pl) gaze / **immotus**, a, um - fixed, steadfast, unmoved / **monitum**, i (n) - command, warning / **Iuppiter**, Iovis (m) - Jupiter / **obnitor**, obniti (3), obnixus - resist, struggle / **premo**, premere (3), pressi, pressus - conceal, restrain, suppress / **cura**, ae (f) - anxiety, concern, sorrow / **sub** (prep) - under (with Abl) / **cor**, cordis (n) - breast, heart

(B) **tandem** (adv) - finally / **refero**, referre, rettuli, relatus - say, utter / **paucus**, a, um - few / [**verbum**, i (n) - word] / **regina**, ae (f) - queen / **numquam** (adv) - never / **nego** (1) - deny / **promereor**, promereri (2), promeritus - deserve, be worthy of / **plurimus**, a, um - (very) many / **valeo**, valēre (2), valui - be able / **enumero** (1) - enumerate, recount / **for**, fari (1), fatus - speak / **piget**, pigēre (2), piguit, pigitum est (impers.) - "it causes regret" or "it displeases" (with Acc of the Person Affected) / **memini**, meminisse (defect.) - recall, remember (with Gen) / **Elissa**, ae (f) - Elissa (i.e., Dido's original Phoenician name) / **dum** (conj) - as long as, while (with Indic) / **memor**, oris - able to remember, mindful of (with Gen) / **dum** iterum / **spiritus**, us (m) - breath (of life) / **rego**, regere (3), rexi, rectus - control, direct, govern / **artus**, uum (m) - joints, (bodily) limbs

(C) **loquor**, loqui (3), locutus - say, speak / **paucus**, a, um - few / [**verbum**, i (n) - word] / **pro** (prep) - on behalf of (with Abl) / **res**, rei (f) - affair, matter, situation / **spero** (1) - expect, hope / **abscondo**, abscondere (3), abscondi, absconditus - conceal, hide / **fuga**, ae (f) - (sudden) departure, flight / **furtum**, i (n) - deception, stealth / **fingo**, fingere (3), finxi, fictus - suppose, think / **umquam** (adv) - ever / **praetendo**, praetendere (3), praetendi, praetentus - extend, offer / **taeda**, ae (f) - (bridal) torch / **coniunx**, coniugis (m) - husband / **venio**, venire (4), veni, ventus - come, enter / **in** (prep) - into (with Acc) / **foedus**, eris (n) - agreement, covenant

(D) **si** (conj) - if / **fatum**, i (n) - destiny, fate; (pl) "the Fates" / **patior**, pati (3), passus - allow, suffer / **duco**, ducere (3), duxi, ductus - conduct, lead / **vita**, ae (f) - life / **meus**, a, um - my / **auspicium**, i (n) - authority, control, inclination / **compono**, componere (3), composui, compositus - calm, quiet, settle / **cura**, ae (f) - distress, sorrow / **meus** iterum / **spons**, spontis (f) - (free) will / **primum** (adv) - above all, first / **colo**, colere (3), colui, cultus - care for, cherish, tend / **Troianus**, a, um - Trojan / **urbs**, urbis (f) - city / **dulcis**, e - beloved, dear / **reliquiae**, arum (f) - relics, remnants / **meus** iterum / [**maiores**, um (m) - ancestors] / **altus**, a, um - high, lofty, proud / **tectum**, i (n) - dwelling, house / **Priamus**, i (m) - Priam (king of Troy) / **maneo**, manēre (2), mansi, mansus - remain, survive / **pono**, ponere (3), posui, positus - establish / **recidivus**, a, um - renewed, restored / **Pergama**, orum (n) - Pergamum / **vinco**, vincere (3), vici, victus - conquer, overcome / [**meus** iterum] / **manus**, us (f) - hand

GRAMMATICAL NOTES: **1.** *monitīs* (Abl of Cause, "because of the commands"); **2.** *fandō* (Gerund, "by speaking"); **3.** *furtō* (Abl of Means); **4.** *paterentur* (Subjunctive as Protasis in a Present Contrary-to-Fact Condition, "if the Fates allowed..."); **5.** *meīs auspiciīs* (Abl of Means); **6.** *meā sponte* (Abl of Means); **7.** *colerem* (Subjunctive as Apodosis in a Present Contrary-to-Fact Condition, "I would tend..."); **8.** *manerent* (Subjunctive as Apodosis in a Present Contrary-to-Fact Condition, "the lofty dwellings of Priam would still remain..."); **9.** *posuissem* (Subjunctive as Apodosis indicating completed aspect in a Present Contrary-to-Fact Condition, "I would have already established..."); **10.** *[meā] manū* (Abl of Means, "with my own hand"). | **HISTORICAL AND MYTHOLOGICAL NOTE**: **5.** Roman magistrates always took *auspicia* (i.e., "the auspices," which focused on the interpretation of signs and portents in

Quick Reference, COMMON PRONOUNS: **hic**, haec, hoc (dem. pron.) - this; he, she, it | **ille**, illa, illud (dem. pron.) - that; that (famous) one (yonder); he, she, it | **ipse**, ipsa, ipsum (intnsv. pron.) - (one's own) self; very | **is**, ea, id (dem. pron.) - this, that; (of) such (a kind); he, she, it | **qui**, quae, quod (rel. pron.) - who, which; that

order to determine whether a particular event enjoyed divine sanction) before undertaking any important public activity on behalf of the state (e.g., initiating electoral and legislative assemblies, launching military campaigns, taking political office, etc.). With few exceptions, senior Roman magistrates and military commanders had virtually no real limit on the exercise of their legal authority apart from an adverse pronouncement that the *auspicia* taken for an endeavor were either flawed or unfavorable (i.e., an *obnuntiatio*); thus Aeneas, as figurative *imperator* of the proto-Roman Trojan contingent, asserts that he would remain with Dido if he were only able to follow *meīs auspiciīs* rather than having to defer to Jupiter's divine command.

FULLY PARSED (4.331-344)

(A) [Dido] (fem nom sing); **dixerat** (pluperf actv indic 3 sing); **ille** (masc nom sing); **tenebat** (impf actv indic 3 sing); **lumina** (neut acc pl); **immota** (neut acc pl); **monitīs** (neut abl pl); **Iovis** (masc gen sing); **obnixus** (dep., perf pssv prcpl, masc nom sing); **premebat** (impf actv indic 3 sing); **curam** (fem acc sing); **corde** (neut abl sing).

(B) **refert** (prsnt actv indic 3 sing); **pauca** (neut acc pl); [**verba**] (neut acc pl); **regina** (fem voc sing); **ego** (1 pers. pron., masc nom sing); **negabo** (fut actv indic 1 sing); **te** (2 pers. pron., fem acc sing); **promeritam** (i.e., *promeritam esse*, perf pssv infin; fem acc sing); **plurima** (neut acc pl); **quae** (neut acc pl); **vales** (prsnt actv indic 2 sing); **enumerare** (prsnt actv infin); **fandō** (Gerund; fut pssv prcpl, neut abl sing); **pigebit** (impers., fut actv indic 3 sing); **me** (1 pers. pron., masc acc sing); **meminisse** (defect,, perf actv infin); **Elissae** (fem gen sing); **ipse** (masc nom sing); [**sum**] (prsnt actv indic 1 sing); **memor** (masc nom sing); **mei** (1 pers. reflxv. pron., masc gen sing); **spiritus** (masc nom sing); **regit** (prsnt actv indic 3 sing); **hos** (masc acc pl); **artus** (masc acc pl).

(C) **loquar** (dep., fut pssv indic 1 sing); **pauca** (neut acc pl); [**verba**] (neut acc pl); **rē** (fem abl sing); **ego** (1 pers. pron., masc nom sing); **speravi** (perf actv indic 1 sing); **abscondere** (prsnt actv infin); **hanc** (fem acc sing); **fugam** (fem acc sing); **furtō** (neut abl sing); **finge** (prsnt actv imper 2 sing); **praetendi** (perf actv indic 1 sing); **taedas** (fem acc pl); **coniugis** (masc gen sing); **veni** (perf actv indic 1 sing); **haec** (neut acc pl); **foedera** (neut acc pl).

(D) **Fata** (neut nom pl); **paterentur** (dep., impf pssv subjv 3 pl); **me** (1 pers. pron., masc acc sing); **ducere** (prsnt actv infin); **vitam** (fem acc sing); **meīs** (neut abl pl); **auspiciīs** (neut abl pl); **componere** (prsnt actv infin); **curas** (fem acc pl); **meā** (fem abl sing); **sponte** (fem abl sing); **colerem** (impf actv subjv 1 sing); **Troianum** (fem acc sing); **urbem** (fem acc sing); **dulcis** (fem acc pl); **reliquias** (fem acc pl); **meorum** (masc gen pl); [**maiorum**] (masc gen pl); **alta** (neut nom pl); **tecta** (neut nom pl); **Priami** (masc gen sing); **manerent** (impf actv subjv 3 pl); **posuissem** (pluperf actv subjv 1 sing); **recidiva** (neut acc pl); **Pergama** (neut acc pl); **victis** (perf pssv prcpl, masc dat pl); **manū** (fem abl sing).

* * * * * * * * * * * * * * * * * * * *

Vergil's **ORIGINAL TEXT (4.345-361)**. **(345)** "Sed nunc Italiam magnam Gryneus Apollo, | **(346)** Italiam Lyciae iussere capessere sortes; | **(347)** hic amor, haec patria est. Si te Carthaginis arces | **(348)** Phoenissam Libycaeque aspectus detinet urbis, | **(349)** quae tandem Ausonia Teucros considere terra | **(350)** invidia est? Et nos fas extera quaerere regna. | **(351)** Me patris Anchisae, quotiens umentibus umbris | **(352)** nox operit terras, quotiens astra ignea surgunt, | **(353)** admonet in somnis et turbida terret imago; | **(354)** me puer Ascanius capitisque iniuria cari, | **(355)** quem regno Hesperiae fraudo et fatalibus arvis. | **(356)** Nunc etiam interpres divum, Iove missus ab ipso | **(357)** (testor utrumque caput) celeris mandata per auras | **(358)** detulit; ipse deum manifesto in lumine vidi | **(359)** intrantem muros, vocemque his auribus hausi. | **(360)** Desine meque tuis incendere teque querelis; | **(361)** Italiam non sponte sequor."

Quick Reference, COMMON PRONOUNS: **hic**, haec, hoc (dem. pron.) - this; he, she, it | **ille**, illa, illud (dem. pron.) - that; that (famous) one (yonder); he, she, it | **ipse**, ipsa, ipsum (intnsv. pron.) - (one's own) self; very | **is**, ea, id (dem. pron.) - this, that; (of) such (a kind); he, she, it | **qui**, quae, quod (rel. pron.) - who, which; that

SUGGESTED WORD ORDER (4.345-361). **(A)** "Sed nunc Gryneus Apollo[1] [et] sortes Lyciae[1] iussere [i.e., iusserunt] [me] capessere magnam Italiam; hic[2] [est meus] amor, haec[2] est [mea] patria. **(B)** Si arces Karthaginis [et] aspectus Libycae urbis detinet te, Phoenissam, tandem quae invidia est [tibi][3] Teucros considere[4] [in] Ausoniā terrā?[5] Et [est] fas nos quaerere extera regna. **(C)** Turbida imago patris Anchisae admonet et terret me in somnīs[6] quotiens nox operit terras umentibus umbrīs[7] [et] quotiens ignea astra surgunt; puer Ascanius, quem fraudo regnō[8] Hesperiae[9] et fatalibus arvīs,[10] [et] iniuria cari capitis[11] [movent] me. **(D)** Nunc etiam interpres div[or]um, missus ab Iove ipsō (testor utrumque caput!),[12] detulit mandata per celeris auras; ipse vidi deum intrantem muros in manifestō lumine [et] hausi vocem hīs auribus.[13] **(E)** Desine incendere [et] me [et] te tuīs querelīs;[14] non sequor Italiam [meā] sponte."[15]

4.345 **VOCABULARY SECTIONS (4.345-361)**

(A) **nunc** (adv) - now / **Gryneus**, a, um - Grynean / **Apollo**, inis (m) - Apollo / **sors**, sortis (f) - oracle / **Lycia**, ae (f) - Lycia (region in Asia Minor) / **iubeo**, iubēre (2), iussi, iussus - order / **capesso**, capessere (3), capessivi, capessiturus - lay hold of, strive to reach / **magnus**, a, um - great, vast / **Italia**, ae (f) - Italy / [**meus**, a, um - my] / **amor**, oris (m) - (object of) desire / [**meus** *iterum*] / **patria**, ae (f) - country

(B) **si** (conj) - if / **arx**, arcis (f) - citadel, fortress, tower / **Karthago**, inis (f) - Carthage / **aspectus**, us (m) - sight, view / **Libycus**, a, um - Libyan / **urbs**, urbis (f) - city / **detineo**, detinēre (2), detinui, detentus - detain, occupy (i.e., "charm") / **Phoenissa**, ae (f) - Phoenician (woman) / **tandem** (adv) - finally (in eager questions, "pray, now...") / **qui**, quae, quod (interrog. adj.) - who? what? / **invidia**, ae (f) - (envious) grudge, odium / **Teucri**, orum (m) - Teucrians (i.e., "Trojans") / **consido**, considere (3), consedi, consessus - make a home, settle upon / [**in** (prep) - in, on (with Abl)] / **Ausonius**, a, um - Ausonian (i.e., "Italian") / **terra**, ae (f) - land, territory / **fas** (n., indecl.) - a pious act (with *est* and Acc of Person, "it is lawful, proper for ___") / **quaero**, quaerere (3), quaesivi, quaesitus - seek out, strive for / **exterus**, a, um - foreign / **regnum**, i (n) - realm

(C) **turbidus**, a, um - agitated, troubled / **imago**, inis (f) - apparition, ghost / **pater**, patris (m) - father / **Anchises**, ae (m) - Anchises (Aeneas' father) / **admoneo**, admonēre (2), admonui, admonitus - advise, warn / **terreo**, terrēre (2), terrui, territus - dismay, terrify / **in** (prep) - in (with Abl) / **somnus**, i (m) - sleep, slumber / **quotiens** (adv) - as often as / **nox**, noctis (f) - night / **operio**, operire (4), operui, opertus - cover, hide, overwhelm / **terra**, ae (f) - land, territory / **umeo**, umēre (2) - be damp, moist (prsnt prcpl, "dewy") / **umbra**, ae (f) - shade / **quotiens** *iterum* / **igneus**, a, um - burning, fiery / **astrum**, i (n) - star / **surgo**, surgere (3), surrexi - ascend, rise / **puer**, pueri (m) - boy / **Ascanius**, i (m) - Ascanius (Aeneas' son) / **fraudo** (1) - deprive of (with Abl) / **regnum**, i (n) - realm / **Hesperia**, ae (f) - Hesperia (i.e., "Italy") / **fatalis**, e - destined, fated (i.e., "promised by fate") / **arvum**, i (n) - field / **iniuria**, ae (f) - injustice, wrong / **carus**, a, um - beloved, dear / **caput**, capitis (n) - head (here, fig. for "life") / [**moveo**, movēre (2), movi, motus - disturb]

(D) **nunc** (adv) - now / **etiam** (adv) - also, too / **interpres**, etis (m) - messenger / **divus**, i (m) - god / **mitto**, mittere (3), misi, missus - send / **ab** (prep) - from (with Abl) / **Iuppiter**, Iovis (m) - Jupiter / **testor**, testari (1), testatus - (solemnly) declare, swear (by) / **uterque**, utraque, utrumque - both (at once), each / **caput**, capitis (n) - head / **defero**, deferre, detuli, delatus - carry (down) / **mandatum**, i (n) - command / **per** (prep) - through (with Acc) / **celer**, celeris, celere - quick, swift / **aura**, ae (f) - breeze, wind / **video**, vidēre (2), vidi, visus - see / **deus**, i (m) - god / **intro** (1) - enter into, reach / **murus**, i (m) - rampart, (city) wall / [**in** (prep) - in (with Abl)] / **manifestus**, a, um - clear / **lumen**, inis (n) - (day) light / **haurio**, haurire (4), hausi, haustus - drink up / **vox**, vocis (f) - voice / **auris**, is (f) - ear

(E) **desino**, desinere (3), desivi, desistus - cease / **incendo**, incendere (3), incendi, incensus - enrage, irritate / **tuus**, a, um - your / **querela**, ae (f) - complaint, lamentation / **sequor**, sequi (3), secutus - follow, seek out / **Italia**, ae (f) - Italy / [**meus**, a, um - my] / **spons**, spontis (f) - (free) will

---

Quick Reference, COMMON PRONOUNS: **hic**, haec, hoc (dem. pron.) - this; he, she, it | **ille**, illa, illud (dem. pron.) - that; that (famous) one (yonder); he, she, it | **ipse**, ipsa, ipsum (intnsv. pron.) - (one's own) self; very | **is**, ea, id (dem. pron.) - this, that; (of) such (a kind); he, she, it | **qui**, quae, quod (rel. pron.) - who, which; that

GRAMMATICAL NOTES: 2. *hic...haec* (as usual, read the correlative pronouns as "this...that"); 3. *tandem ... [tibi]* (note that this phrase is better understood with [tibi] as Dat of Possession: "pray now, what is the grudge you have against...?"); 4. *considere* (Poetic use of the Infinitive rather than an Indicative form, best taken with *Teucros* as "...the Teucrians settling upon..."); 5. *Ausoniā terrā* (Abl of Place Where); 6. *somnīs* (Abl of Time When; a Poetic Plural, transl. as Singular); 7. *umentibus umbrīs* (Abl of Means); 8. *regnō* (Abl of Separation after *fraudo*); 10. *fatalibus arvīs* (Abl of Separation after *fraudo*); 11. *cari capitis* (Objective Genitive after *iniuria*, "the injustice to one so dear"); 12. *testor utrumque caput!* (Oaths were expressed in the Accusative; thus, lit., "I swear by each head!," perhaps better read as "I solemnly swear by both your head and mine!"); 13. *hīs auribus* (Abl of Means); 14. *tuīs querelīs* (Abl of Means); 15. *[meā] sponte* (Abl of Means). | HISTORICAL AND MYTHOLOGICAL NOTES: 1. Apollo's epithet "Gryneus" derives from a site dedicated to his worship near the town of Gryneum in Aeolis (a coastal region in western Asia Minor) where he had an oracle, a sacred grove of beautiful trees, and a temple containing a fine collection of dedicated linen breastplates (Paus. 1.21.7); the *sortes Lyciae* likely refer to another of Apollo's oracles located at Patara in Lycia (Herod. 1.182), in which region Vergil maintains that the god spent the winter months (*Aen.* 4.143). | 9. On Hesperia, see Section 1.520-533 (note 14).

FULLY PARSED (4.345-361)

(A) **Gryneus** (masc nom sing); **Apollo** (masc nom sing); **sortes** (fem nom pl); **Lyciae** (fem gen sing); **iussere** (i.e., *iusserunt*, perf actv indic 3 pl); **[me]** (1 pers. pron., masc acc sing); **capessere** (prsnt actv infin); **magnam** (fem acc sing); **Italiam** (fem acc sing); **hic** (masc nom sing); **[est]** (prsnt actv indic 3 sing); **[meus]** (masc nom sing); **amor** (masc nom sing); **haec** (fem nom sing); **est** (prsnt actv indic 3 sing); **[mea]** (fem nom sing); **patria** (fem nom sing).

(B) **arces** (fem nom pl); **Karthaginis** (fem gen sing); **aspectus** (masc nom sing); **Libycae** (fem gen sing); **urbis** (fem gen sing); **detinet** (prsnt actv indic 3 sing); **te** (2 pers. pron., fem acc sing); **Phoenissam** (fem acc sing); **quae** (fem nom sing); **invidia** (fem nom sing); **est** (prsnt actv indic 3 sing); **[tibi]** (2 pers. pron., fem dat sing); **Teucros** (masc acc pl); **considere** (prsnt actv infin); **Ausoniā** (fem abl sing); **terrā** (fem abl sing); **[est]** (prsnt actv indic 3 sing); **fas** (neut, indecl.; read as neut nom sing); **nos** (1 pers. pron., masc acc pl); **quaerere** (prsnt actv infin); **extera** (neut acc pl); **regna** (neut acc pl).

(C) **turbida** (fem nom sing); **imago** (fem nom sing); **patris** (masc gen sing); **Anchisae** (masc gen sing); **admonet** (prsnt actv indic 3 sing); **terret** (prsnt actv indic 3 sing); **me** (1 pers. pron., masc acc sing); **somnīs** (masc abl pl); **nox** (fem nom sing); **operit** (prsnt actv indic 3 sing); **terras** (fem acc pl); **umentibus** (fem abl pl); **umbrīs** (fem abl pl); **ignea** (neut nom pl); **astra** (neut nom pl); **surgunt** (prsnt actv indic 3 pl); **puer** (masc nom sing); **Ascanius** (masc nom sing); **quem** (masc acc sing); **fraudo** (prsnt actv indic 1 sing); **regnō** (neut abl sing); **Hesperiae** (fem gen sing); **fatalibus** (neut abl pl); **arvīs** (neut abl pl); **iniuria** (fem nom sing); **cari** (neut gen sing); **capitis** (neut gen sing); **[movent]** (prsnt actv indic 3 pl); **me** (1 pers. pron., masc acc sing).

(D) **interpres** (masc nom sing); **div|or|um** (masc gen pl); **missus** (perf pssv prcpl, masc nom sing); **Iove** (masc abl sing); **ipsō** (masc abl sing); **testor** (dep., prsnt pssv indic 1 sing); **utrumque** (neut acc sing); **caput** (neut acc sing); **detulit** (perf actv indic 3 sing); **mandata** (neut acc pl); **celeris** (fem acc pl); **auras** (fem acc pl); **ipse** (masc nom sing); **vidi** (perf actv indic 1 sing); **deum** (masc acc sing); **intrantem** (prsnt actv prcpl, masc acc sing); **muros** (masc acc pl); **manifestō** (neut abl sing); **lumine** (neut abl sing); **hausi** (perf actv indic 1 sing); **vocem** (fem acc sing); **hīs** (fem abl pl); **auribus** (fem abl pl).

(E) **desine** (prsnt actv imper 2 sing); **incendere** (prsnt acyv infin); **me** (1 pers. pron., masc acc sing); **te** (1 pers. rflxv. pron., fem acc sing); **tuīs** (fem abl pl); **querelīs** (fem abl pl); **sequor** (dep., prsnt pssv indic 1 sing); **Italiam** (fem acc sing); **[meā]** (fem abl sing); **sponte** (fem abl sing).

* * * * * * * * * * * * * * * * * * *

Quick Reference, COMMON PRONOUNS: **hic**, haec, hoc (dem. pron.) - this; he, she, it | **ille**, illa, illud (dem. pron.) - that; that (famous) one (yonder); he, she, it | **ipse**, ipsa, ipsum (intnsv. pron.) - (one's own) self; very | **is**, ea, id (dem. pron.) - this, that; (of) such (a kind); he, she, it | **qui**, quae, quod (rel. pron.) - who, which; that

Vergil's ORIGINAL TEXT (4.659-674). (659) Dixit, et, os impressa toro, "Moriemur inultae, | (660) sed moriamur," ait; "sic, sic iuvat ire sub umbras. | (661) Hauriat hunc oculis ignem crudelis ab alto | (662) Dardanus, et nostrae secum ferat omina mortis." | (663) Dixerat, atque illam media inter talia ferro | (664) conlapsam aspiciunt comites, ensemque cruore | (665) spumantem sparsasque manus. It clamor ad alta | (666) atria; concussam bacchatur Fama per urbem. | (667) Lamentis gemituque et femineo ululatu | (668) tecta fremunt, resonat magnis plangoribus aether, | (669) non aliter quam si immissis ruat hostibus omnis | (670) Karthago, aut antiqua Tyros, flammaeque furentes | (671) culmina perque hominum volvantur perque deorum. | (672) Audiit exanimis trepidoque exterrita cursu | (673) unguibus ora soror foedans et pectora pugnis | (674) per medios ruit, ac morientem nomine clamat:

SUGGESTED WORD ORDER (4.659-674). (A) [Dido] dixit, et impressa¹ os toro² ait, "Moriemur inultae, sed moriamur!³ Sic, sic iuvat [me] ire sub umbras!⁴ (B) Crudelis Dardanus⁵ hauriat⁶ hunc ignem oculīs⁷ ab altō, et ferat⁸ omina⁹ nostrae mortis cum sē." (C) Dixerat, atque comites aspiciunt illam conlapsam ferrō¹⁰ inter media talia, [et] ensem spumantem cruore¹¹ [et] sparsas manus. (D) Clamor it ad alta atria; Fama¹² bacchatur per concussam urbem. (E) Tecta fremunt lamentīs¹³ [et] gemitū¹⁴ et femineō ululatū,¹⁵ [et] aether resonat magnīs plangoribus,¹⁶ non aliter quam si omnis Karthago aut antiqua Tyros ruat,¹⁷ hostibus immissīs,¹⁸ [et] furentes flammae volvantur¹⁹ per culmina hominum [et] deorum. (F) Soror, exanimis [et] exterrita, audiit et ruit per mediōs²⁰ trepidō cursū,²¹ foedans ora unguibus²² et pectora pugnīs,²³ ac clamat morientem [reginam] nomine:²⁴

4.659 VOCABULARY SECTIONS (4.659-674)

(A) [**Dido**, onis (f) - Dido (Queen of Carthage)] / **dico**, dicere (3), dixi, dictus - speak / **imprimo**, imprimere (3), impressi, impressus - press against, upon (used here as if Middle) / **os**, oris (n) - face / **torus**, i (m) - bed, couch / **aio** (defect.) - say (Prsnt Actv Indic 3 sing, *ait*) / **morior**, mori and moriri (3), mortuus - die, perish / **inultus**, a, um - unavenged, without satisfaction / **sic** (adv) - thus / **iuvo**, iuvare (1), iuvi, iutus - gratify, please (with Acc of Person and Infin) / **eo**, ire, ii, itus - go / **sub** (prep) - under (with Acc) / **umbra**, ae (f) - darkness, shadow (fig., "shades of the Underworld")

(B) **crudelis**, e - cruel, unfeeling / **Dardanus**, a, um - Dardanian (i.e., "Trojan") / **haurio**, haurire (4), hausi, haustus - drink (of sight or sound, "drink in") / **ignis**, is (m) - flame / **oculus**, i (m) - eye / **ab** (prep) - from (with Abl) / **altum**, i (n) - (the deep) sea / **fero**, ferre, tuli, latus - bear, carry / **omen**, inis (n) - (ominous) sign / **noster**, nostra, nostrum - our / **mors**, mortis (f) - death / **cum** (prep) - with (with Abl)

(C) **dico**, dicere (3), dixi, dictus - speak / **comes**, itis (f) - attendant, handmaiden / **aspicio**, aspicere (3), aspexi, aspectus - observe, see / **conlabor**, conlabi (3), conlapsus - collapse, fall / **ferrum**, i (n) - iron (sword) / **inter** (prep) - among, between (with Acc) / **medius**, a, um - the midst (of) / **talis**, e - such / **ensis**, is (m) - (two-edged) sword / **spumo** (1) - foam, froth / **cruor**, oris (m) - blood, gore / **spargo**, spargere (3), sparsi, sparsus - besplatter, drench / **manus**, us (f) - hand

(D) **clamor**, oris (m) - cry, shout / **eo**, ire, ii, itus - go, rise / **ad** (prep) - to, toward (with Acc) / **altus**, a, um - high, lofty / **atrium**, i (n) - (main) court, (great) hall / **Fama**, ae (f) - Rumor (personified here as a goddess) / **bacchor**, bacchari (1), bacchatus - rush about wildly (in Bacchic revelry) / **per** (prep) - through (with Acc) / **concutio**, concutere (3), concussi, concussus - agitate, disturb, trouble / **urbs**, urbis (f) - city

(E) **tectum**, i (n) - dwelling (i.e., "palace") / **fremo**, fremere (3), fremui, fremitus - resound, roar / **lamenta**, orum (n) - lamentation, shrieking / **gemitus**, us (m) - (painful) groaning / **femineus**, a, um - feminine / **ululatus**, us (m) - howling, shrieking, wailing / **aether**, eris (m) - (upper) firmament, heaven / **resono** (1) - resound, roar / **magnus**, a, um - great / **plangor**, oris (m) - a beating, striking (of the breast in sorrow) / **aliter** (adv) - otherwise / **quam** (adv) - than / **si** (conj) - if / **omnis**, e - all, entire, whole of / **Karthago**, inis (f) - Carthage / **antiquus**, a, um - ancient, venerable / **Tyros**, i (f) - Tyre (Phoenician city) / **ruo**, ruere (3), rui, ruatus - fall to ruin, tumble down in destruction / **hostis**, is (m) - enemy, foe / **immitto**, immittere (3), immisi, immissus - let loose (for attack) / **furens**, ntis - (wildly) raging / **flamma**, ae (f) - flame / **volvo**, volvere (3), volvi, volutus - flow, roll, sweep along / **per** (prep) - over (with Acc) / **culmen**, inis (n) - gable, roof / **homo**, hominis (m) - man / **deus**, i (m) - god

---

Quick Reference, COMMON PRONOUNS: **hic**, haec, hoc (dem. pron.) - this; he, she, it | **ille**, illa, illud (dem. pron.) - that; that (famous) one (yonder); he, she, it | **ipse**, ipsa, ipsum (intnsv. pron.) - (one's own) self; very | **is**, ea, id (dem. pron.) - this, that; (of) such (a kind); he, she, it | **qui**, quae, quod (rel. pron.) - who, which; that

(F) **soror**, oris (f) - sister / **exanimis**, e - breathless, distraught, swooning / **exterreo**, exterrēre (2), exterrui, exterritus - frighten, terrify / **audio**, audire (4), audii, auditus - hear / **ruo**, ruere (3), rui, ruatus - hasten, rush / **per** (prep) - through (with Acc) / **medius**, a, um - the midst (of) / **trepidus**, a, um - anxious, trembling / **cursus**, us (m) - course, gait / **foedo** (1) - disfigure, mar, mutilate / **os**, oris (n) - face, visage / **unguis**, is (m) - fingernail / **pectus**, oris (n) - breast / **pugnus**, i (m) - fist / **clamo** (1) - call upon / **morior**, mori and moriri (3), mortuus - die, perish / **nomen**, inis (n) - name

GRAMMATICAL NOTES: **1.** *impressa* (Vergil often uses the perfect passive participle to imitate a Greek construction in which an Accusative (here, neut acc sing *os*) serves as the direct object of a verb in the Middle Voice, which like the Latin deponent verb has actively-translated passive forms; thus, one should render *impressa* as (Middle) "having pressed..." rather than as (Passive) "having been pressed..."); **2.** *toro* (Dat of Direction, "into the couch"); **3.** *moriamur* (Hortatory Subjunctive, "let me die." Note that here, as with *moriemur*, Dido uses the plural "royal *we*" when referring to herself.); **4.** *ire sub umbras* ("to pass under the shades," i.e., "to die"); **6.** *hauriat* (Jussive Subjunctive, "let the cruel Dandanian drink in..."); **7.** *oculīs* (Abl of Means); **8.** *ferat* (Jussive Subjunctive, "let him [i.e., Aeneas] carry..."); **9.** *omina* (Dido not only wishes that Aeneas might see her funeral pyre (i.e., *hunc ignem*) in order to learn of her death, but also hopes that it might serve as an actual *omen*, a harbinger of ill-fortune and misery for Aeneas and the Trojan contingent); **10.** *ferro* (Dat of Direction, "onto the sword"); **11.** *cruore* (Abl of Means); **13-15.** *lamentīs [et] gemitū et feminēo ululatū* (Ablatives of Means); **16.** *magnīs plangoribus* (Abl of Means); **17.** *ruat* (Subjunctive in a Conditional Clause of Comparison after *non aliter quam*, "not any differently than if all Carthage or ancient Troy were falling into ruin"); **18.** *hostibus immissīs* (Abl Absol, "with the foe having been sent in for attack"); **19.** *volvantur* (Subjunctive in a Conditional Clause of Comparison, with the Passive read as if Middle Voice: "were sweeping along..."); **20.** *per medios* ("through the middle of the throng"); **21.** *trepidō cursū* (Abl of Manner, "with a trembling gait"); **22-23.** *unguibus ... pugnīs* (Ablatives of Means); **24.** *nomine* (Abl of Means). | HISTORICAL AND MYTHOLOGICAL NOTES: **5.** On "Dardanian" Aeneas, see Section 1.494-506 (note 1). | **12.** On Rumor, see Section 4.173-188 (note 1).

FULLY PARSED (4.659-674)

(A) **[Dido]** (fem nom sing); **dixit** (perf actv indic 3 sing); **impressa** (perf pssv prcpl, fem nom sing); **os** (neut acc sing); **toro** (masc dat sing); **ait** (defect., prsnt actv indic 3 sing); **moriemur** (dep., fut pssv indic 1 pl); **inultae** (fem nom pl); **moriamur** (dep., prsnt pssv subjv 1 pl); **iuvat** (impers., prsnt actv indic 3 sing); **[me]** (1 pers. pron., fem acc sing); **ire** (prsnt actv infin); **umbras** (fem acc pl).

(B) **crudelis** (masc nom sing); **Dardanus** (masc nom sing); **hauriat** (prsnt actv subjv 3 sing); **hunc** (masc acc sing); **ignem** (masc acc sing); **oculīs** (masc abl pl); **altō** (neut abl sing); **ferat** (prsnt actv subjv 3 sing); **omina** (neut acc pl); **nostrae** (fem gen sing); **mortis** (fem gen sing); **sē** (3 pers. reflxv. pron., masc abl sing).

(C) **dixerat** (pluperf actv indic 3 sing); **comites** (fem nom pl); **aspiciunt** (prsnt actv indic 3 pl); **illam** (fem acc sing); **conlapsam** (dep., perf pssv prcpl, fem acc sing); **ferro** (neut dat sing); **media** (neut acc pl); **talia** (neut acc pl); **ensem** (masc acc sing); **spumantem** (prsnt actv prcpl, masc acc sing); **cruore** (masc abl sing); **sparsas** (perf pssv prcpl, fem acc pl); **manus** (fem acc pl).

(D) **clamor** (masc nom sing); **it** (prsnt actv indic 3 sing); **alta** (neut acc pl); **atria** (neut acc pl); **Fama** (fem nom sing); **bacchatur** (dep., prsnt pssv indic 3 sing); **concussam** (perf pssv prcpl, fem acc sing); **urbem** (fem acc sing).

(E) **tecta** (neut nom pl); **fremunt** (prsnt actv indic 3 pl); **lamentīs** (neut abl pl); **gemitū** (masc abl sing); **feminēo** (masc abl sing); **ululatū** (masc abl sing); **aether** (masc nom sing); **resonat** (prsnt actv indic 3 sing); **magnīs** (masc abl pl); **plangoribus** (masc abl pl); **omnis** (fem nom sing); **Karthago** (fem nom sing); **antiqua** (fem nom sing); **Tyros** (fem nom sing); **ruat** (prsnt actv subjv 3 sing); **hostibus** (masc abl pl); **immissīs** (perf pssv prcpl, masc abl pl); **furentes** (prsnt actv prcpl, fem nom pl); **flammae** (fem nom pl); **volvantur** (prsnt pssv subjv 3 pl); **culmina** (neut acc pl); **hominum** (masc gen pl); **deorum** (masc gen pl).

(F) **soror** (fem nom sing); **exanimis** (fem nom sing); **exterrita** (perf pssv prcpl, fem nom sing); **audiit** (perf actv indic 3 sing); **ruit** (perf actv indic 3 sing); **medios** (masc acc pl); **trepidō** (masc abl sing); **cursū** (masc abl sing); **foedans** (prsnt actv prcpl, fem nom

Quick Reference, COMMON PRONOUNS: **hic**, haec, hoc (dem. pron.) - this; he, she, it | **ille**, illa, illud (dem. pron.) - that; that (famous) one (yonder); he, she, it | **ipse**, ipsa, ipsum (intnsv. pron.) - (one's own) self; very | **is**, ea, id (dem. pron.) - this, that; (of) such (a kind); he, she, it | **qui**, quae, quod (rel. pron.) - who, which; that

sing); **ora** (neut acc pl); **unguibus** (masc abl pl); **pectora** (neut acc pl); **pugnīs** (masc abl pl); **clamat** (prsnt actv indic 3 sing); **morientem** (dep., prsnt actv prcpl, fem acc sing); **[reginam]** (fem acc sing); **nomine** (neut abl sing).

* * * * * * * * * * * * * * * * * * *

Vergil's **ORIGINAL TEXT (4.675-689)**. **(675)** "Hoc illud, germana, fuit? Me fraude petebas? | **(676)** Hoc rogus iste mihi, hoc ignes araeque parabant? | **(677)** Quid primum deserta querar? Comitemne sororem | **(678)** sprevisti moriens? Eadem me ad fata vocasses! | **(679)** Idem ambas ferro dolor atque eadem hora tulisset. | **(680)** His etiam struxi manibus patriosque vocavi | **(681)** voce deos, sic te ut posita crudelis abessem! | **(682)** Exstinxti te meque, soror, populumque patresque | **(683)** Sidonios urbemque tuam. Date vulnera lymphis | **(684)** abluam, et, extremus si quis super halitus errat, | **(685)** ore legam." Sic fata, gradus evaserat altos, | **(686)** semianimemque sinu germanam amplexa fovebat | **(687)** cum gemitu, atque atros siccabat veste cruores. | **(688)** Illa gravis oculos conata attollere rursus | **(689)** deficit; infixum stridit sub pectore vulnus.

SUGGESTED WORD ORDER (4.675-689). **(A)** "Germana, hoc fuit illud [quod parabas]?[1] Petebas me fraude?[2] Iste rogus, ignes [et] arae parabant hoc mihi?[3] Deserta, quid querar[4] primum? **(B)** Moriens, sprevisti-ne sororem comitem? Vocasses [i.e., vocavisses][5] me ad eadem fata; idem dolor atque eadem hora tulisset[6] [nos] ambas ferrō.[7] **(C)** Etiam struxi [rogum] hīs manibus[8] [et] vocavi patrios deos [meā] voce,[9] ut [ego] - [O] crudelis [soror]! - abessem[10] tē positā sic?[11] **(D)** [O] Soror, exstinxti [i.e., exstinxisti] te [et] me [et] populum [et] Sidonios patres[12] [et] tuam urbem. **(E)** Date [mihi, ut ego] abluam[13] vulnera lymphīs[14] et, si quis[15] extremus halitus errat super, legam[16] [spiritum] ore."[17] **(F)** Fata sic, evaserat altos gradus [et] amplexa semianimem germanam cum gemitū fovebat [eam] sinū[18] atque siccabat atros cruores veste.[19] **(G)** Illa, conata attollere gravis oculos, deficit rursus; vulnus, infixum sub pectore, stridit.

4.675   **VOCABULARY SECTIONS (4.675-689)**

(A)   **germana**, ae (f) - sister / [**paro** (1) - plan, prepare (i.e., "hope to achieve, intend")] / **peto**, petere (3), petivi, petitus - entreat, solicit / **fraus**, fraudis (f) - deceit, guile / **iste**, ista, istud - that (of yours) / **rogus**, i (m) - (funeral) pyre / **ignis**, is (m) - fire, flame / **ara**, ae (f) - altar / **paro** *iterum* / **desero**, deserere (3), deserui, desertus - abandon, forsake / **quis**, quid (interrog. pron.) - who? what? / **queror**, queri (3), questus - complain of, lament / **primum** (adv) - first

(B)   **morior**, mori and moriri (3), mortuus - die, perish / **sperno**, spernere (3), sprevi, spretus - reject, scorn / **soror**, oris (f) - sister / **comes**, itis (m) - companion, partner / **voco** (1) - call, summon / **ad** (prep) - to (with Acc) / **idem**, eadem, idem - same / **fatum**, i (n) - destiny, doom, fate / **idem** *iterum* / **dolor**, oris (m) - anguish, grief / **idem** *iterum* / **hora**, ae (f) - (moment of) time / **fero**, ferre, tuli, latus - carry (off) / **ambo**, ae, o - both / **ferrum**, i (n) - iron (sword)

(C)   **etiam** (adv) - even / **struo**, struere (3), struxi, structus - build, prepare / [**rogus**, i (m) - (funeral) pyre] / **manus**, us (f) - hand / **voco** (1) - call, summon / **patrius**, a, um - ancestral / **deus**, i (m) - god / [**meus**, a, um - my] / **vox**, vocis (f) - voice / **ut** (conj) - so that / **crudelis**, e - cruel, pitiless / [**soror**, oris (f) - sister] / **absum**, abesse, afui - be absent / **pono**, ponere (3), posui, positus - lay to rest / **sic** (adv) - in this manner, thus

(D)   **soror**, oris (f) - sister / **exstinguo**, exstinguere (3), exstinxi, exstinctus - destroy, ruin / **populus**, i (m) - nation, people / **Sidonius**, a, um - of Sidon (a Phoenician city), Sidonian (i.e., "Phoenician") / **pater**, patris (m) - father (also, "an elder statesman, senator") / **tuus**, a, um - your / **urbs**, urbis (f) - city

(E)   **do**, dare (1), dedi, datus - allow, permit (with Dat of Person) / **abluo**, abluere (3), ablui, ablutus - cleanse, wash / **vulnus**, vulneris (n) - wound / **lympha**, ae (f) - (spring) water / **si** (conj) - if / **quis**, quid (indef. pron.) - any, some / **extremus**, a, um - final, last / **halitus**, us (m) - exhalation (of breath) / **erro** (1) - flutter, hover / **super** (adv) - above / **lego**, legere (3), legi, lectus - catch up, gather / [**spiritus**, us (m) - soul, spirit] / **os**, oris (n) - mouth (i.e., "kiss")

Quick Reference, COMMON PRONOUNS: **hic**, haec, hoc (dem. pron.) - this; he, she, it | **ille**, illa, illud (dem. pron.) - that; that (famous) one (yonder); he, she, it | **ipse**, ipsa, ipsum (intnsv. pron.) - (one's own) self; very | **is**, ea, id (dem. pron.) - this, that; (of) such (a kind); he, she, it | **qui**, quae, quod (rel. pron.) - who, which; that

(F) **for**, fari, fatus (defect. dep.) - speak / **sic** (adv) - thus / **evado**, evadere (3), evasi, evasus - ascend, climb / **altus**, a, um - high / **gradus**, us (m) - step / **amplector**, amplecti (3), amplexus - embrace / **semianimis**, e - dying / **germana**, ae (f) - sister / **cum** (prep) - with (with Abl) / **gemitus**, us (m) - (despairing) groan, sigh / **foveo**, fovēre (2), fovi, fotus - caress, clasp fondly / **sinus**, us (m) - bosom, lap / **sicco** (1) - dry, stanch / **ater**, atra, atrum - black, dark / **cruor**, oris (m) - blood, gore; (pl) "streams of blood" / **vestis**, is (f) - clothing, robe

(G) **conor**, conari (1), conatus - attempt, try / **attollo**, attollere (3) - lift, raise / **gravis**, e - heavy / **oculus**, i (m) - eye / **deficio**, deficere (3), defeci, defectus - faint, swoon / **rursus** (adv) - again / **vulnus**, vulneris (n) - (gaping) wound / **infigo**, infigere (3), infixi, infixus - drive in, thrust / **sub** (prep) - beneath, under (with Abl) / **pectus**, oris (n) - breast, heart / **strido**, stridere (3), stridi - gurgle, hiss

GRAMMATICAL NOTES: 1. *hoc fuit illud [quod parabas]?* (lit., "this was that thing [which you were arranging]?," best read as "was this what you were planning?"); 2. *fraude* (Abl of Manner or Means); 3. *Iste rogus, ignes [et] arae parabant hoc mihi?* (Take *mihi* as an Ethical Dative, "Did that funeral pyre of yours, the flames and the altars intend this result for me?" One might well regard the initial *hoc* used for emphasis in line 676 as redundant.); 4. *querar* (Deliberative Subjunctive, "should I lament..."); 5. *vocasses* (Optative Subjunctive, "you should have called..."); 6. *tulisset* (Optative Subjunctive, "would have carried off..."); 7. *ferrō* (Abl of Means); 8. *hīs manibus* (Abl of Means); 9. *[meā] voce* (Abl of Means); 10. *abessem* (Subjunctive in a Purpose Clause, "in order that I might be away..."); 11. *tē positā* (Abl Absol, "with you having been laid to rest," though it is also quite possible to read *tē positā* as an Abl of Separation after *abessem*); 13. *abluam* (Subjunctive in a Jussive Noun Clause after *date*, which functions as a Verb of Permission: "give me leave, so that I might cleanse...," better read as "allow me to cleanse..."); 14. *lymphīs* (Abl of Means and a Poetic Plural, transl. as Singular); 15. *quis* (note that the indefinite pronoun *quis* functions here as if an adjective modifying *extremus halitus*, "if *any* final exhalation of breath..."); 16. *legam* (Future Indicative as the Apodosis in a Mixed Simple Condition, "I shall catch up... ." Though an unlikely construction, note that some take *legam* as a Hortatory Subjunctive, "let me gather..."); 17. *ore* (Abl of Means); 18. *sinū* (Abl of Place Where); 19. *veste* (Abl of Means). | **HISTORICAL AND MYTHOLOGICAL NOTES**: 12. Sidon and Tyre (on the latter of which see Section 1.12-22, note 1) were the chief cities of Phoenicia, from which region Dido's contingent had departed to found Carthage; Vergil's *Sidonios patres* presents the Carthaginian elders or noblemen as if they were members of an organized institution resembling the Roman Senate. | 17. Anna, Dido's sister, refers here to the Roman practice of a close friend or relative attempting to retain a portion of a dying person's soul by catching the final breath with a kiss.

FULLY PARSED (4.675-689)

(A) **germana** (fem voc sing); **hoc** (neut nom sing); **fuit** (perf actv indic 3 sing); **illud** (neut nom sing); **[quod]** (neut acc sing); **[parabas]** (impf actv indic 2 sing); **petebas** (impf actv indic 2 sing); **me** (1 pers. pron., fem acc sing); **fraude** (fem abl sing); **iste** (masc nom sing); **rogus** (masc nom sing); **ignes** (masc nom pl); **arae** (fem nom pl); **parabant** (impf actv indic 3 pl); **hoc** (neut acc sing); **mihi** (1 pers. pron., fem dat sing); **deserta** (perf pssv prcpl, fem nom sing); **quid** (neut acc sing); **querar** (dep., prsnt pssv subjv 1 sing).

(B) **moriens** (prsnt actv prcpl, fem nom sing); **sprevisti** (perf actv indic 2 sing); **sororem** (fem acc sing); **comitem** (fem acc sing); **vocasses** (i.e., *vocavisses*, pluperf actv subjv 2 sing); **me** (1 pers. pron., fem acc sing); **eadem** (neut acc pl); **fata** (neut acc pl); **idem** (masc nom sing); **dolor** (masc nom sing); **eadem** (fem nom sing); **hora** (fem nom sing); **tulisset** (pluperf actv subjv 3 sing); **[nos]** (1 pers. pron., fem acc pl); **ambas** (fem acc pl); **ferrō** (neut abl sing).

(C) **struxi** (perf actv indic 1 sing); **[rogum]** (masc acc sing); **hīs** (fem abl pl); **manibus** (fem abl pl); **vocavi** (perf actv indic 1 sing); **patrios** (masc acc pl); **deos** (masc acc pl); **[meā]** (fem abl sing); **voce** (fem abl sing); **[ego]** (1 pers. pron., fem nom sing); **crudelis** (fem voc sing); **[soror]** (fem voc sing); **abessem** (impf actv subjv 1 sing); **tē** (2 pers. pron., fem abl sing); **positā** (perf pssv prcpl, fem abl sing).

(D) **soror** (fem voc sing); **exstinxti** (i.e., *exstinxisti*, perf actv indic 2 sing); **te** (2 pers. reflxv. pron., fem acc sing); **me** (1 pers. pron., fem acc sing); **populum** (masc acc sing); **Sidonios** (masc acc pl); **patres** (masc acc pl); **tuam** (fem acc sing); **urbem** (fem acc sing).

Quick Reference, COMMON PRONOUNS: **hic**, haec, hoc (dem. pron.) - this; he, she, it | **ille**, illa, illud (dem. pron.) - that; that (famous) one (yonder); he, she, it | **ipse**, ipsa, ipsum (intnsv. pron.) - (one's own) self; very | **is**, ea, id (dem. pron.) - this, that; (of) such (a kind); he, she, it | **qui**, quae, quod (rel. pron.) - who, which; that

(E) **date** (prsnt actv imper 2 pl); **[mihi]** (1 pers. pron., fem dat sing); **[ego]** (1 pers. pron., fem nom sing); **abluam** (prsnt actv subjv 1 sing); **vulnera** (neut acc pl); **lymphīs** (fem abl pl); **quis** (masc nom sing); **extremus** (masc nom sing); **halitus** (masc nom sing); **errat** (prsnt actv indic 3 sing); **legam** (fut actv indic 1 sing); **[spiritum]** (masc acc sing); **ore** (neut abl sing).

(F) **fata** (dep., perf pssv prcpl, fem nom sing); **evaserat** (pluperf actv indic 3 sing); **altos** (masc acc pl); **gradus** (masc acc pl); **amplexa** (dep., perf pssv prcpl, fem nom sing); **semianimem** (fem acc sing); **germanam** (fem acc sing); **gemitū** (masc abl sing); **fovebat** (impf actv indic 3 sing); **[eam]** (fem acc sing); **sinū** (masc abl sing); **siccabat** (impf actv indic 3 sing); **atros** (masc acc pl); **cruores** (masc acc pl); **veste** (fem abl sing).

(G) **illa** (fem nom sing); **conata** (dep., perf pssv prcpl, fem nom sing); **attollere** (prsnt actv infin); **gravis** (masc acc pl); **oculos** (masc acc pl); **deficit** (prsnt actv indic 3 sing); **vulnus** (neut nom sing); **infixum** (perf pssv prcpl, neut nom sing); **pectore** (neut abl sing); **stridit** (prsnt actv indic 3 sing).

* * * * * * * * * * * * * * * * * * * *

<u>Vergil's</u> **ORIGINAL TEXT (4.690-705)**. **(690)** Ter sese attollens cubitoque adnixa levavit; | **(691)** ter revoluta toro est, oculisque errantibus alto | **(692)** quaesivit caelo lucem, ingemuitque reperta. | **(693)** Tum Iuno omnipotens, longum miserata dolorem | **(694)** difficilisque obitus, Irim demisit Olympo, | **(695)** quae luctantem animam nexosque resolveret artus. | **(696)** Nam quia nec fato merita nec morte peribat, | **(697)** sed misera ante diem subitoque accensa furore, | **(698)** nondum illi flavum Proserpina vertice crinem | **(699)** abstulerat, Stygioque caput damnaverat Orco. | **(700)** Ergo Iris croceis per caelum roscida pinnis | **(701)** mille trahens varios adverso sole colores | **(702)** devolat, et supra caput adstitit. "Hunc ego Diti | **(703)** sacrum iussa fero, teque isto corpore solvo." | **(704)** Sic ait, et dextra crinem secat; omnis et una | **(705)** dilapsus calor, atque in ventos vita recessit.

SUGGESTED WORD ORDER (4.690-705). **(A)** Attollens sese [et] adnixa <u>cubitō</u>,[1] [Dido] levavit [se] ter; ter revoluta est [in] <u>torō</u>[2] [et] quaesivit lucem [in] <u>altō caelō</u>[3] errantibus <u>oculīs</u>[4] [et], [luce] <u>reperta</u>,[5] ingemuit. **(B)** Tum omnipotens Iuno, miserata longum dolorem [et] difficilis obitus, demisit <u>Irim</u>[6] [de] <u>Olympō</u>[7] quae <u>resolveret</u>[8] luctantem animam [et] <u>artus nexos [animae]</u>.[9] **(C)** Nam quia peribat nec <u>fatō</u>[10] nec <u>meritā morte</u>,[11] sed misera <u>ante diem</u>[12] [et] accensa <u>subitō furore</u>,[13] <u>Proserpina</u>[14] nondum abstulerat flavum crinem [a] <u>vertice</u>[15] <u>illi</u>[16] [et nondum] damnaverat caput Stygio <u>Orco</u>.[17] **(D)** Ergo roscida <u>Iris</u>,[6] devolat <u>croceīs pennīs</u>[18] per caelum trahens mille varios colores, <u>sole adversō</u>,[19] et astitit supra caput. **(E)** "Iussa [a Iunō], ego fero hunc [crinem], sacrum <u>Diti</u>,[20] [et] solvo te <u>istō corpore</u>."[21] **(F)** Sic ait et secat crinem <u>dextrā</u>;[22] et una omnis calor dilapsus [i.e., dilapsus est] atque vita recessit in ventos.

4.690 VOCABULARY SECTIONS (4.690-705)

(A) **attollo**, attollere (3) - lift, raise (with reflxv., "lift oneself, rise up") / **adnitor**, adniti (3), adnixus - make an effort, strive / **cubitum**, i (n) - elbow / **[Dido**, onis (f) - Dido (Queen of Carthage)] / **levo** (1) - lift, raise / **ter** (adv) - three times / **revolvo**, revolvere (3), revolvi, revolutus - roll over (Pssv, "fall back") / **[in** (prep) - on (with Abl)] / **torus**, i (m) - bed, couch / **quaero**, quaerere (3), quaesivi, quaesitus - seek / **lux**, lucis (f) - light (of the sun) / **[in** (prep) - in (with Abl)] / **altus**, a, um - high, lofty / **caelum**, i (n) - heaven, sky / **erro** (1) - roam, wander / **oculus**, i (m) - eye / **[lux** *iterum*] / **reperio**, reperire (4), repperi, repertus - discover, find / **ingemo**, ingemere (3), ingemui - groan

(B) **tum** (adv) - then / **omnipotens**, ntis - all-powerful / **Iuno**, Iunonis (f) - Juno / **miseror**, miserari (1), miseratus - pity / **longus**, a, um - extended, prolonged / **dolor**, oris (m) - anguish, (painful) suffering / **difficilis**, e - difficult, laborious / **obitus**, us (m) - death (pang) / **demitto**, demittere (3), demisi, demissus - send forth / **Iris**, idis (f) - Iris (Goddess of the Rainbow; Acc *Irim*) / **[de** (prep) - down from (with Abl)] / **Olympus**, i (m) - Mt. Olympus / **resolvo**, resolvere (3), resolvi, resolutus - free, release / **luctor**, luctari (1), luctatus - struggle / **anima**, ae (f) - soul / **artus**, uum (m) - (bodily) limbs, members / **necto**, nectere (3), nexui, nexus - bind, entangle, fasten / **[anima** *iterum*]

<u>Quick Reference</u>, **COMMON PRONOUNS**: **hic**, haec, hoc (dem. pron.) - this; he, she, it | **ille**, illa, illud (dem. pron.) - that; that (famous) one (yonder); he, she, it | **ipse**, ipsa, ipsum (intnsv. pron.) - (one's own) self; very | **is**, ea, id (dem. pron.) - this, that; (of) such (a kind); he, she, it | **qui**, quae, quod (rel. pron.) - who, which; that

(C) **quia** (conj) - because, since (with *nam*, "wherefore") / **pereo**, perire (4), perii, periturus - die, perish / **fatum**, i (n) - destiny, fate / **meritus**, a, um - deserved, well-earned / **mors**, mortis (f) - death / **miser**, misera, miserum - miserable, wretched / **ante** (prep) - before (with Acc) / **dies**, diei (m) - day / **accendo**, accendere (3), accendi, accensus - inflame / **subitus**, a, um - sudden, unexpected / **furor**, oris (m) - frenzy, madness / **Proserpina**, ae (f) - Proserpina (Queen of the Underworld) / **nondum** (adv) - not yet / **aufero**, auferre, abstuli, ablatus - carry off, take away / **flavus**, a, um - blonde, golden / **crinis**, is (m) - (lock of) hair / [**a** (prep) - from (with Abl)] / **vertex**, icis (m) - head / [**nondum** *iterum*] / **damno** (1) - condemn, doom / **caput**, capitis (n) - head (fig. here for "soul") / **Stygius**, a, um - Stygian (i.e., "of the river Styx," a river of the Underworld) / **Orcus**, i (m) - Orcus (the Roman god of Death)

(D) **ergo** (adv) - then / **roscidus**, a, um - dewy / **Iris**, idis (f) - Iris (Goddess of the Rainbow) / **devolo** (1) - fly down / **croceus**, a, um - saffron-colored / **penna**, ae (f) - feather; (pl) wings / **per** (prep) - through (with Acc) / **caelum**, i (n) - heaven, sky / **traho**, trahere (3), traxi, tractus - drag, lead / **mille** (num. adj.) - a thousand / **varius**, a, um - different / **color**, oris (m) - color, hue / **sol**, solis (m) - sun / **adverto**, advertere (3), adverti, adversus - turn toward (Pssv. Prcpl., "before, facing opposite") / **adversus**, a, um - facing, opposite / **asto**, astare (1), astiti - stand / **supra** (prep) - above (with Acc) / **caput**, capitis (n) - head

(E) **iubeo**, iubēre (2), iussi, iussus - order / [**a** (prep) - by (with Abl)] / [**Iuno**, Iunonis (f) - Juno] / **fero**, ferre, tuli, latus - bear, carry (off) / [**crinis**, is (m) - (lock of) hair] / **sacrum**, i (n) - sacred offering / **Dis**, Ditis (m) - Dis (the Roman god of the Dead and Ruler of the Underworld) / **solvo**, solvere (3), solvi, solutus - free, release / **iste**, ista, istud - that (of yours) / **corpus**, corporis (n) - body

(F) **sic** (adv) - thus / **aio** (defect.) - assert, say (Prsnt Actv Indic 3 sing, *ait*) / **seco** (1) - cut, shear / **crinis**, is (m) - (lock of) hair / **dextra**, ae (f) - (right) hand / **una** (adv) - at the same time, together / **omnis**, e - all / **calor**, oris (m) - glow, warmth / **dilabor**, dilabi (3), dilapsus - depart, glide away / **vita**, ae (f) - life / **recedo**, recedere (3), recessi, recessus - depart, recede, withdraw / **in** (prep) - into (with Acc) / **ventus**, i (m) - breeze, wind

<u>GRAMMATICAL NOTES</u>: 1. *cubitō* (Abl of Means with *adnixa*, lit. "making an effort with her elbow," best read as "leaning upon her elbow"); 2. *torō* (Abl of Place Where); 3. *altō caelō* (Abl of Place Where); 4. *errantibus oculīs* (Abl of Means); 5. *[luce] reperta* (Abl Absol, "with the sunlight having been found"); 7. *Olympō* (Abl of Place from Which); 8. *resolveret* (Subjunctive in a Relative Clause of Purpose, "in order to release..."); 9. *artus nexos [animae]* ("the limbs bound [to the soul]"); 10-11. *nec fatō nec meritā morte* (Ablatives of Respect, "in accordance with ... ,"or of Cause, "because of neither fate nor a well-earned death"); 12. *ante diem* (i.e., "before the date appointed by fate"); 13. *subitō furore* (Abl of Means); 15. *vertice* (Abl of Separation); 16. *illi* (Dat of Reference, lit., "to her," best read with *vertice* as a possessive, "her head"); 18. *croceīs pennīs* (Abl of Means); 19. *sole adversō* (Abl Absol, "with the sunlight facing her opposite"); 21. *istō corpore* (Abl of Separation); 22. *dextrā* (Abl of Means). | <u>HISTORICAL AND MYTHOLOGICAL NOTES</u>: 6. Iris (daughter of Thaumus and the Oceanid Electra, and thus sister to the Harpies) was the goddess of the rainbow who, like Mercury, often served as a winged messenger of the gods; though Homer employs her in the *Iliad* as an emissary of both Zeus (e.g., 2.786-808, 17.547-550, 24.77-99, etc.) and Hera (18.166-202), and affords her a certain degree of independent action (23.198-212), later traditions associate her almost exclusively with Hera, beside whom she appears as a servant on the Parthenon frieze and whose will she executes among mortals (e.g., Verg., *Aen.* 4.693-705, 5.606-658; Ov., *Met.* 14.829-831). Servius maintains that she herself was not the rainbow, but rather that it was the road by which she travelled (*ad Aen.*, 5.610); artistic representations of the goddess depict her as carrying a herald's staff and either having wings or wearing winged sandals similar to those used by Mercury. | 14. Proserpina (a Latin corruption of her Greek name, "Persephone"), the daughter of Zeus and Demeter, was Hades' wife and also therefore the Queen of the Underworld. The principal myth with which she is associated (and which formed the basis of the Eleusinian Mysteries) concerns her abduction by Hades, who carried her off to his infernal realm while she was picking flowers with Athena and Artemis; during Demeter's subsequent search for her missing daughter, she forsook her agricultural duties and the earth soon lie fallow, a calamity which prompted Zeus to secure her return from the Underworld. Hades agreed to release Persephone, but not before having tricked her into eating seven pomegranate seeds whereby she was doomed to spend a portion of each year in his company. As Hades' terrible queen, she had the power to inflict the curses of mortal men upon the shades of the dead (e.g., Hom., *Il.* 9.456-457) and to order the circumstances of those languishing in her realm (e.g., Hom., *Od.*

<u>Quick Reference, COMMON PRONOUNS</u>: **hic**, haec, hoc (dem. pron.) - this; he, she, it | **ille**, illa, illud (dem. pron.) - that; that (famous) one (yonder); he, she, it | **ipse**, ipsa, ipsum (intnsv. pron.) - (one's own) self; very | **is**, ea, id (dem. pron.) - this, that; (of) such (a kind); he, she, it | **qui**, quae, quod (rel. pron.) - who, which; that

10.493-495). As Vergil records elsewhere (6.245-46), the Romans often plucked hairs from the head of a sacrificial victim dedicated to the gods of the Underworld; the observation that Proserpina had not yet carried off a lock of Dido's tresses underscores the unnatural aspect of her untimely death and suggests the possibility that Hera herself, through her earlier actions and the agency of Iris, dispatched the queen as an offering for the continued bedevilment of Aeneas and his fellow Trojans. | **17.** Quite possibly of Etruscan origin, Orcus was a Roman god of Death who may have been responsible for punishing oath-breakers and whose name was eventually identified with Dis and the Underworld. | **20.** The Roman god Dis, also known as "Dives" (lit., "Wealthy," of which "Dis" is a contracted form) and "Dis Pater" (lit., "the Wealthy Father"), was Proserpina's husband and the Roman Ruler of the Underworld. Often identified with both Orcus (on whom see note **17** above) and the Greek god Hades (whom the Romans called "Pluto" based on their translation of Hades' epithet "Ploutōn" which means "wealthy" in Greek), Dis was perhaps originally an agricultural deity whose name reflected the fertile richness of crops springing from his soil, the vast mineral wealth hidden underground in his domain, and even the valuable material goods interred in graves alongside buried corpses.

FULLY PARSED (4.690-705) _____

(A) **attollens** (prsnt actv prcpl, fem nom sing); **sese** (3 pers. reflxv. pron., fem acc sing); **adnixa** (dep., perf pssv prcpl, fem nom sing); **cubitō** (neut abl sing); **[Dido]** (fem nom sing); **levavit** (perf actv indic 3 sing); **[se]** (3 pers. reflxv. pron., fem acc sing); **revoluta est** (perf pssv indic 3 sing; fem nom); **torō** (masc abl sing); **quaesivit** (perf actv indic 3 sing); **lucem** (fem acc sing); **altō** (neut abl sing); **caelō** (neut abl sing); **errantibus** (prsnt actv prcpl, masc abl pl); **oculīs** (masc abl pl); **[luce]** (fem abl sing); **reperta** (perf pssv prcpl, fem abl sing); **ingemuit** (perf actv indic 3 sing).

(B) **omnipotens** (fem nom sing); **Iuno** (fem nom sing); **miserata** (dep., perf pssv prcpl, fem nom sing); **longum** (masc acc sing); **dolorem** (masc acc sing); **difficilis** (masc acc pl); **obitus** (masc acc pl); **demisit** (perf actv indic 3 sing); **Irim** (fem acc sing); **Olympō** (masc abl sing); **quae** (fem nom sing); **resolveret** (impf actv subjv 3 sing); **luctantem** (prsnt actv prcpl, fem acc sing); **animam** (fem acc sing); **artus** (masc acc pl); **nexos** (perf pssv prcpl, masc acc pl); **[animae]** (fem dat sing).

(C) **peribat** (impf actv indic 3 sing); **fatō** (neut abl sing); **meritā** (fem abl sing); **morte** (fem abl sing); **misera** (perf pssv prcpl, fem nom sing); **diem** (masc acc sing); **accensa** (perf pssv prcpl, fem nom sing); **subitō** (masc abl sing); **furore** (masc abl sing); **Proserpina** (fem nom sing); **abstulerat** (pluperf actv indic 3 sing); **flavum** (masc acc sing); **crinem** (masc acc sing); **vertice** (masc abl sing); **illi** (fem dat sing); **damnaverat** (pluperf actv indic 3 sing); **caput** (neut acc sing); **Stygio** (masc dat sing); **Orco** (masc dat sing).

(D) **roscida** (fem nom sing); **Iris** (fem nom sing); **devolat** (prsnt actv indic 3 sing); **croceīs** (fem abl pl); **pennīs** (fem abl pl); **caelum** (neut acc sing); **trahens** (prsnt actv prcpl, fem nom sing); **varios** (masc acc pl); **colores** (masc acc pl); **sole** (masc abl sing); **adversō** (perf pssv prcpl, masc abl sing); **astitit** (perf actv indic 3 sing); **caput** (neut acc sing).

(E) **iussa** (perf pssv prcpl, fem nom sing); **[Iunō]** (fem abl sing); **ego** (1 pers. pron., fem nom sing); **fero** (prsnt actv indic 1 sing); **hunc** (masc acc sing); **[crinem]** (masc acc sing); **sacrum** (neut acc sing); **Diti** (masc dat sing); **solvo** (prsnt actv indic 1 sing); **te** (2 pers. pron., fem acc sing); **istō** (neut abl sing); **corpore** (neut abl sing).

(F) **ait** (defect., prsnt actv indic 3 sing); **secat** (prsnt actv indic 3 sing); **crinem** (masc acc sing); **dextrā** (fem abl sing); **omnis** (masc nom sing); **calor** (masc nom sing); **dilapsus** (i.e., *dilapsus est*, dep., perf pssv indic 3 sing; masc nom); **vita** (fem nom sing); **recessit** (perf actv indic 3 sing); **ventos** (masc acc pl).

* * * * * * * * * * * * * * * * * * *

_____

Quick Reference, COMMON PRONOUNS: **hic**, haec, hoc (dem. pron.) - this; he, she, it | **ille**, illa, illud (dem. pron.) - that; that (famous) one (yonder); he, she, it | **ipse**, ipsa, ipsum (intnsv. pron.) - (one's own) self; very | **is**, ea, id (dem. pron.) - this, that; (of) such (a kind); he, she, it | **qui**, quae, quod (rel. pron.) - who, which; that

Book Six

(Lines 295-332, 384-425, 450-476, 847-899)

Vergil's ORIGINAL TEXT (6.295-312). (295) Hinc via Tartarei quae fert Acherontis ad undas. | (296) Turbidus hic caeno vastaque voragine gurges | (297) aestuat, atque omnem Cocyto eructat harenam. | (298) Portitor has horrendus aquas et flumina servat | (299) terribili squalore Charon, cui plurima mento | (300) canities inculta iacet, stant lumina flamma, | (301) sordidus ex umeris nodo dependet amictus. | (302) Ipse ratem conto subigit, velisque ministrat, | (303) et furruginea subvectat corpora cumba, | (304) iam senior, sed cruda deo viridisque senectus. | (305) Huc omnis turba ad ripas effusa ruebat, | (306) matres, atque viri, defunctaque corpora vita | (307) magnanimum heroum, pueri innuptaeque puellae, | (308) impositique rogis iuvenes ante ora parentum; | (309) quam multa in silvis autumni frigore primo | (310) lapsa cadunt folia, aut ad terram gurgite ab alto | (311) quam multae glomerantur aves, ubi frigidus annus | (312) trans pontum fugat, et terris immittit apricis.

SUGGESTED WORD ORDER (6.295-312). (A) Hinc[1] [est] via quae fert ad undas Tartarei Acherontis;[2] hic[3] gurges, turbidus caenō[4] [et] vastā voragine,[5] aestuat atque eructat omnem harenam Cocyto.[6] (B) Charon,[7] horrendus portitor terribilī squalore,[8] servat has aquas et flumina, cui plurima inculta canities iacet [in] mentō;[9] lumina stant flammā;[10] sordidus amictus dependet ex umerīs[11] nodō.[12] (C) Ipse subigit ratem contō[13] [et] ministrat velis[14] et subvectat corpora [in] ferruginea cumbā;[15] iam senior, sed senectus deo[16] [est] cruda [et] viridis. (D) Huc omnis effusa turba ruebat ad ripas, matres atque viri [et] corpora magnanim[or]um heroum, defuncta vitā,[17] [et] pueri [et] innuptae puellae, [et] iuvenes impositi rogis[18] ante ora parentum; (E) quam multa folia lapsa cadunt in silvīs primō frigore[19] autumni, aut quam multae aves glomerantur ab altō gurgite ad terram ubi frigidus annus fugat [eas] trans pontum et immittit [eas] apricis terris.

6.295   VOCABULARY SECTIONS (6.295-312)

(A)   **hinc** (adv) - from this place / **via**, ae (f) - pathway, road / **fero**, ferre, tuli, latus - lead / **ad** (prep) - to (with Acc) / **unda**, ae (f) - billow, wave / **Tartareus**, a, um - Tartarean (i.e., "of infernal Tartarus") / **Acheron**, ontis (m) - Acheron (a river of the Underworld) / **gurges**, itis (m) - (seething) abyss, whirlpool / **turbidus**, a, um - choked, swollen, thick / **caenum**, i (n) - (filthy) mud, sludge / **vastus**, a, um - fathomless, immense, vast / **vorago**, inis (f) - a (swirling) depth / **aestuo** (1) - boil, churn, surge / **eructo** (1) - belch forth, vomit / **omnis**, e - all / **harena**, ae (f) - sand / **Cocytus**, i (m) - Cocytus (a river of the Underworld)

(B)   **Charon**, ontis (m) - Charon (ferryman of the river Styx) / **horrendus**, a, um - dreadful, terrible / **portitor**, oris (m) - harbor-master / **terribilis**, e - awful, dreadful / **squalor**, oris (m) - filth, squalor / **servo** (1) - guard, watch over / **aqua**, ae (f) - water / **flumen**, inis (n) - flood, stream / **plurimus**, a, um - (very) much (i.e., "an abundance of") / **incultus**, a, um - unkempt, shaggy / **canities**, ei (f) - gray hair / **iaceo**, iacēre (2), iacui, iaciturus - be situated, lie / [**in** (prep) - on (with Abl)] / **mentum**, i (n) - chin / **lumen**, inis (n) - eye / **sto**, stare (1), steti, status - be fixed, glare / **flamma**, ae (f) - flame / **sordidus**, a, um - filthy, squalid / **amictus**, us (m) - cloak, mantle / **dependeo**, dependēre (2) - hang down / **ex** (prep) - from (with Abl) / **umerus**, i (m) - shoulder / **nodus**, i (m) - fold, knot

(C)   **subigo**, subigere (3), subegi, subactus - drive, propel / **ratis**, is (f) - boat, ship / **contus**, i (m) - pole / **ministro** (1) - manage, tend (with Dat) / **velum**, i (n) - sail / **subvecto** (1) - bear, convey, transport / **corpus**, corporis (n) - body / [**in** (prep) - in (with Abl)] / **ferrugineus**, a, um - dusky, rust-colored / **cumba**, ae (f) - boat, skiff / **iam** (adv) - now / **senior**, oris - aged, (very) old / **senectus**, utis (f) - old age / **deus**, i (m) - god / **crudus**, a, um - fresh, hardy, vigorous / **viridis**, e - green, lively, youthful

(D)   **huc** (adv) - hither / **omnis**, e - entire, whole / **effusus**, a, um - disorderly, scattered / **turba**, ae (f) - crowd, throng / **ruo**, ruere (3), rui, ruatus - hasten, rush / **ad** (prep) - to (with Acc) / **ripa**, ae (f) - (river) bank, shore / **mater**, matris (f) - mother / **vir**, viri (m) - man / **corpus**, corporis (n) - body (i.e., "corpse") / **magnanimus**, a, um - great-souled, noble / **heros**, herois (m) - hero / **defungor**, defungi (3), defunctus - finish, have done with (with Abl) / **vita**, ae (f) - life /

Quick Reference, COMMON PRONOUNS: **hic**, haec, hoc (dem. pron.) - this; he, she, it | **ille**, illa, illud (dem. pron.) - that; that (famous) one (yonder); he, she, it | **ipse**, ipsa, ipsum (intnsv. pron.) - (one's own) self; very | **is**, ea, id (dem. pron.) - this, that; (of) such (a kind); he, she, it | **qui**, quae, quod (rel. pron.) - who, which; that

puer, pueri (m) - boy / **innuptus**, a, um - unwed, virgin / **puella**, ae (f) - girl / **iuvenis**, is (m) - a young person, youth / **impono**, imponere (3), imposui, impositus - place upon (with Dat) / **rogus**, i (m) - funeral pyre / **ante** (prep) - before, in front of (with Acc) / **os**, oris (n) - face / **parens**, entis (m) - parent

(E) **quam** (adv) - in the same way as, (just) as / **multus**, a, um - many (with *quam*, "just as numerous as") / **folium**, i (n) - leaf / **labor**, labi (3), lapsus - drop, float down (Perf Prcpl, "having withered") / **cado**, cadere (3), cecidi, casus - fall / **in** (prep) - in (with Abl) / **silva**, ae (f) - forest, woodland / **primus**, a, um - first / **frigus**, oris (n) - cold, frost / **autumnus**, i (m) - autumn, fall / **quam** *iterum* / **multus** *iterum* / **avis**, is (f) - bird / **glomero** (1) - assemble, gather (together) / **ab** (prep) - from (with Abl) / **altus**, a, um - deep / **gurges**, itis (m) - (seething) abyss, whirlpool / **ad** (prep) - to (with Acc) / **terra**, ae (f) - land / **ubi** (adv) - when / **frigidus**, a, um - cold, frosty / **annus**, i (m) - season (of the year) / **fugo** (1) - drive off, put to flight, rout / **trans** (prep) - across, beyond (with Acc) / **pontus**, i (m) - sea / **immitto**, immittere (3), immisi, immissus - send into (with Dat) / **apricus**, a, um - sunny / **terra** *iterum*

GRAMMATICAL NOTES: 1. *hinc* (i.e., "from the outer gate of the Underworld"); 3. *hic* (Best read as a dem. adj. modifying *gurges*, and thus the river Acheron, rather than as an adverb meaning "here"); 4. *caenō* (Abl of Cause or Means); 5. *vastā voragine* (Abl of Description, "of unfathomable depth"); 6. *Cocyto* (Dat of Direction, "into the Cocytus"); 8. *terribili squalore* (Abl of Description, "of dreadful filthiness"); 9. *mentō* (Abl of Place Where; one might take *cui...mentō* as "on whose chin..."); 10. *flammā* (Abl of Description, lit., "his eyes glared with flame"); 11. *umerīs* (Abl of Place from Which); 12. *nodō* (Abl of Means); 13. *contō* (Abl of Means); 14. *velis* (Dative Object after *ministrare*, though some regard *velīs* as an Ablative of Means: "he tends [the boat] by means of the sails"); 15. *ferrugineā cumbā* (Abl of Place Where or Means); 16. *deo* (Dat of Possession, "of a god"); 17. *vitā* (Ablative Object of *defungor* expressing Separation); 18. *rogis* (Dative Object after the compound verb *imponere*); 19. *primō frigore* (Abl of Time When). | **HISTORICAL AND MYTHOLOGICAL NOTES**: 2. Homer provides only a brief description of Hades' rivers, stating that the Acheron was fed by waters from the Pyriphlegethon and a tributary of the Styx, the Cocytus (*Od.* 10.513-514). Vergil's topography builds on Homer's account and includes five major waterways, although he unfortunately provides little information concerning their courses: it seems here that the Acheron belched its slimy filth into the Cocytus, which then at some point met the Styx, the realm's principal river which encircled Hades nine times (*Aen.* 6.439; *Georg.* 4.480); the thundering Phlegethon appears to have flowed independently as the fiery moat around Tartarus (*Aen.* 6.550-551), and the Lethe bordered the central valley of Elysium within view of the Gates of Horn and Ivory (*Aen.* 6.703-705). As early as Homer, the Styx held special significance as the river by which the gods swore inviolable oaths (*Il.* 2.755, 14.271; *Od.* 5.184-186). Hesiod reports that Styx was the eldest daughter of Oceanus and Tethys, who lived alone as a loathsome goddess within a lofty grotto at the entrance of Hades (*Theog.* 346-361, 775-779); the first of the immortals to have rendered aid to Zeus against the Titans, she was rewarded with becoming the divinity by whom the most solemn oaths were taken (*Theog.* 397-400). Any god breaking such an oath or caught in a falsehood was required to pour out a libation from a golden cup of water which had been gathered from the river's source by Iris, and if forsworn would be rendered inanimate for a full year and then banished from Olympus and denied both ambrosia and nectar for another nine years by virtue of the river's dread power (Hes., *Theog.* 782-806). | 7. Charon was the immortal ferryman who carried the souls of the dead across the infernal water into the Underworld proper; Vergil identifies him as a *portitor* since he collected transport duties from his passengers and declined embarkation to the unburied shades wandering along the shore. He appears in Etruscan art as a winged monster with a pair of bird's legs, though Vergil follows the Greek tradition in which Charon is a filth-encrusted curmudgeon wearing the garb of a sailor.

FULLY PARSED (6.295-312)

(A) **[est]** (prsnt actv indic 3 sing); **via** (fem nom sing); **quae** (fem nom sing); **fert** (prsnt actv indic 3 sing); **undas** (fem acc pl); **Tartarei** (masc gen sing); **Acherontis** (masc gen sing); **hic** (masc nom sing); **gurges** (masc nom sing); **turbidus** (masc nom sing); **caenō** (neut abl sing); **vastā** (fem abl sing); **voragine** (fem abl sing); **aestuat** (prsnt actv indic 3 sing); **eructat** (prsnt actv indic 3 sing); **omnem** (fem acc sing); **harenam** (fem acc sing); **Cocyto** (masc dat sing).

(B) **Charon** (masc nom sing); **horrendus** (masc nom sing); **portitor** (masc nom sing); **terribilī** (masc abl sing); **squalore** (masc abl sing); **servat** (prsnt actv indic 3 sing); **has** (fem acc pl); **aquas** (fem acc pl); **flumina** (neut acc pl); **cui** (masc dat sing); **plurima**

Quick Reference, COMMON PRONOUNS: **hic**, haec, hoc (dem. pron.) - this; he, she, it | **ille**, illa, illud (dem. pron.) - that; that (famous) one (yonder); he, she, it | **ipse**, ipsa, ipsum (intnsv. pron.) - (one's own) self; very | **is**, ea, id (dem. pron.) - this, that; (of) such (a kind); he, she, it | **qui**, quae, quod (rel. pron.) - who, which; that

(fem nom sing); **inculta** (fem nom sing); **canities** (fem nom sing); **iacet** (prsnt actv indic 3 sing); **mentō** (neut abl sing); **lumina** (neut nom pl); **stant** (prsnt actv indic 3 pl); **flammā** (fem abl sing); **sordidus** (masc nom sing); **amictus** (masc nom sing); **dependet** (prsnt actv indic 3 sing); **umerīs** (masc abl pl); **nodō** (masc abl sing).

(C) **ipse** (masc nom sing); **subigit** (prsnt actv indic 3 sing); **ratem** (fem acc sing); **contō** (masc abl sing); **ministrat** (prsnt actv indic 3 sing); **velis** (neut dat pl); **subvectat** (prsnt actv indic 3 sing); **corpora** (neut acc pl); **ferrugineā** (fem abl sing); **cumbā** (fem abl sing); **senior** (masc nom sing); **senectus** (fem nom sing); **deo** (masc dat sing); **[est]** (prsnt actv indic 3 sing); **cruda** (fem nom sing); **viridis** (fem nom sing).

(D) **omnis** (fem nom sing); **effusa** (fem nom sing); **turba** (fem nom sing); **ruebat** (impf actv indic 3 sing); **ripas** (fem acc pl); **matres** (fem nom pl); **viri** (masc nom pl); **corpora** (neut nom pl); **magnanim[or]um** (masc gen pl); **heroum** (masc gen pl); **defuncta** (dep., perf pssv prcpl, neut nom pl); **vitā** (fem abl sing); **pueri** (masc nom pl); **innuptae** (fem nom pl); **puellae** (fem nom pl); **iuvenes** (masc nom pl); **impositi** (perf pssv prcpl, masc nom pl); **rogis** (masc dat pl); **ora** (neut acc pl); **parentum** (masc gen pl).

(E) **multa** (neut nom pl); **folia** (neut nom pl); **lapsa** (dep., perf pssv prcpl, neut nom pl); **cadunt** (prsnt actv indic 3 pl); **silvīs** (fem abl pl); **primō** (neut abl sing); **frigore** (neut abl sing); **autumni** (masc gen sing); **multae** (fem nom pl); **aves** (fem nom pl); **glomerantur** (prsnt pssv indic 3 pl); **altō** (masc abl sing); **gurgite** (masc abl sing); **terram** (fem acc sing); **frigidus** (masc nom sing); **annus** (masc nom sing); **fugat** (prsnt actv indic 3 sing); **[eas]** (fem acc pl); **pontum** (masc acc sing); **immittit** (prsnt actv indic 3 sing); **[eas]** (fem acc pl); **apricis** (fem dat pl); **terris** (fem dat pl).

* * * * * * * * * * * * * * * * * * *

<u>Vergil's **ORIGINAL TEXT (6.313-332)**</u>. **(313)** Stabant orantes primi transmittere cursum, | **(314)** tendebantque manus ripae ulterioris amore; | **(315)** navita sed tristis nunc hos, nunc accipit illos, | **(316)** ast alios longe submotos arcet harena. | **(317)** Aeneas (miratus enim motusque tumultu) | **(318)** "Dic," ait, "O virgo, quid vult concursus ad amnem, | **(319)** quidve petunt animae, vel quo discrimine ripas | **(320)** hae linquunt, illae remis vada livida verrunt?" | **(321)** Olli sic breviter fata est longaeva sacerdos: | **(322)** "Anchisa generate, deum certissima proles, | **(323)** Cocyti stagna alta vides, Stygiamque paludem, | **(324)** di cuius iurare timent et fallere numen. | **(325)** Haec omnis, quam cernis, inops inhumataque turba est; | **(326)** portitor ille Charon; hi, quos vehit unda, sepulti; | **(327)** nec ripas datur horrendas et rauca fluenta | **(328)** transportare prius quam sedibus ossa quierunt. | **(329)** Centum errant annos, volitant-que haec litora circum; | **(330)** tum demum admissi stagna exoptata revisunt." | **(331)** Constitit Anchisa satus, et vestigia pressit, | **(332)** multa putans, sortemque animi miseratus iniquam.

SUGGESTED WORD ORDER (6.313-332). **(A)** Stabant orantes <u>primi transmittere cursum</u>[1] [et] tendebant manus <u>amore</u>[2] ulterioris ripae. **(B)** Sed tristis navita accipit nunc hos, nunc illos, ast arcet alios summotos longe [ab] <u>harenā</u>.[3] **(C)** Enim Aeneas, miratus [et] motus <u>tumultū</u>,[4] ait "Dic [mihi], O virgo, quid concursus vult ad amnem? Quid-ve animae petunt? Vel <u>quō discrimine</u>[5] hae linquunt ripas, illae verrunt livida vada <u>remīs</u>?"[6] **(D)** <u>Longaeva sacerdos</u>[7] fata est breviter sic <u>olli</u>:[8] "Generate <u>Anchisā</u>,[9] certissima proles de[or]um, vides alta stagna <u>Cocyti</u> [et] <u>Stygiam paludem</u>,[10] cuius numen di timent iurare et fallere. **(E)** Haec omnis turba, quam cernis, est inops [et] inhumata; ille portitor [est] <u>Charon</u>;[11] hi, quos unda vehit, sepulti [i.e., sepulti sunt]. **(F)** Nec datur [illi] <u>transportare</u>[12] [animas] horrendas ripas et rauca fluenta priusquam ossa quierunt [i.e., quieverunt] [in] <u>sedibus</u>.[13] **(G)** Errant centum annos [et] volitant circum haec litora; tum demum admissi revisunt exoptata stagna." **(H)** Satus <u>Anchisā</u>[14] constitit et pressit vestigia, putans multa [et] miseratus iniquam sortem [in] <u>animō</u>.[15]

6.313 <u>VOCABULARY SECTIONS (6.313-332)</u>

(A) **sto**, stare (1), steti, status - stand / **oro** (1) - beg, plead / **primus**, a, um - first, foremost / **transmitto**, transmittere (3), transmisi, transmissus - cross over, traverse / **cursus**, us (m) - passage, voyage (with *transmittere*, "make a crossing") / **tendo**, tendere (3), tetendi, tentus - extend, stretch out / **manus**, us (f) - hand / **amor**, oris (m) - desire, a longing for

<u>Quick Reference, **COMMON PRONOUNS**</u>: **hic**, haec, hoc (dem. pron.) - this; he, she, it | **ille**, illa, illud (dem. pron.) - that; that (famous) one (yonder); he, she, it | **ipse**, ipsa, ipsum (intnsv. pron.) - (one's own) self; very | **is**, ea, id (dem. pron.) - this, that; (of) such (a kind); he, she, it | **qui**, quae, quod (rel. pron.) - who, which; that

(with Gen) / **ulterior**, ius - farther / **ripa**, ae (f) - (river) bank, shore

(B) **tristis**, e - gloomy, sullen / **navita**, ae (m) - ferryman, sailor / **accipio**, accipere (3), accepi, acceptus - admit, receive / **nunc** (adv) - now / **ast** (conj) - but / **arceo**, arcēre (2), arcui - deny (access), keep away / **alius**, alia, aliud - other / **summoveo**, summovēre (2), summovi, summotus - clear away, drive off / **longe** (adv) - far away / **harena**, ae (f) - shore

(C) **enim** (conj) - indeed / **Aeneas**, ae (m) - Aeneas (Trojan leader) / **miror**, mirari (1), miratus - be astonished, wonder (at) / **moveo**, movēre (2), movi, motus - affect, disturb (deeply) / **tumultus**, us (m) - (chaotic) bustle, disturbance, uproar / **aio** (defect.) - say (Prsnt Actv Indic 3 sing, *ait*) / **dico**, dicere (3), dixi, dictus - explain, tell / **virgo**, inis (f) - maiden / **quis**, quid (interrog. pron.) - who? what? / **concursus**, us (m) - crowd, throng / **volo**, velle, volui - want / **ad** (prep) - at, near (with Acc) / **amnis**, is (m) - river / **quis** *iterum* / **anima**, ae (f) - (departed) soul / **peto**, petere (3), petivi, petitus - seek out / **qui**, quae, quod (interrog. adj.) - who? what? / **discrimen**, inis (n) - (rule of) distinction / **linquo**, linquere (3), liqui, lictus - forsake, leave (behind) / **ripa**, ae (f) - (river) bank, shore / **verro**, verrere (3), verri, versus - scour, sweep / **lividus**, a, um - bluish, dark / **vadum**, i (n) - shallow, shoal / **remus**, i (m) - oar

(D) **longaevus**, a, um - aged, ancient / **sacerdos**, otis (f) - priestess / **for**, fari, fatus (defect. dep.) - speak / **breviter** (adv) - briefly / **sic** (adv) - in this manner, thus / **genero** (1) - beget, sire / **Anchises**, ae (m) - Anchises (Aeneas' father) / **certus**, a, um - certain, undoubted / **proles**, is (f) - descendant / **deus**, i (m) - god / **video**, vidēre (2), vidi, visus - see / **altus**, a, um - deep / **stagnum**, i (n) - (sluggish) lake, mere / **Cocytus**, i (m) - Cocytus (a river of the Underworld) / **Stygius**, a, um - Stygian (i.e., "of the river Styx," a river of the Underworld) / **palus**, udis (f) - marsh, swamp (water) / **numen**, inis (n) - (divine) power / **deus** *iterum* / **timeo**, timēre (2), timui - dread, fear / **iuro** (1) - swear (an oath) / **fallo**, fallere (3), fefelli, falsus - be perjured, swear (an oath) falsely

(E) **omnis**, e - entire, whole / **turba**, ae (f) - crowd, multitude, throng / **cerno**, cernere (3), crevi, certus - perceive, see / **inops**, opis - destitute, helpless / **inhumatus**, a, um - unburied / **portitor**, oris (m) - harbor-master / **Charon**, ontis (m) - Charon (ferryman and warden of the river Styx) / **unda**, ae (f) - (surging) flood, tide / **veho**, vehere (3), vexi, vectus - bear, carry (away) / **sepelio**, sepelire (4), sepelivi, sepultus - bury, inter

(F) **do**, dare (1), dedi, datus - allow, grant / **transporto** (1) - convey, ferry (across) / [**anima**, ae (f) - (departed) soul] / **horrendus**, a, um - dreadful, terrible / **ripa**, ae (f) - (river) bank, shore / **raucus**, a, um - deep-sounding, roaring / **fluentum**, i (n) - flood, river (water) / **priusquam** (adv) - before, until / **os**, ossis (n) - bone / **quiesco**, quiescere (3), quievi, quietus - repose, rest / [**in** (prep) - in (with Abl)] / **sedes**, is (f) - grave, tomb

(G) **erro** (1) - roam, wander / **centum** (indecl. num.) - one hundred / **annus**, i (m) - year / **volito** (1) - flutter (about) / **circum** (prep) - around (with Acc) / **litus**, litoris (n) - bank, shore / **tum** (adv) - then / **demum** (adv) - at last, finally / **admitto**, admittere (3), admisi, admissus - give access, receive admittance / **reviso**, revisere (3) - revisit, see again / **exoptatus**, a, um - earnestly desired, longed for / **stagnum**, i (n) - (sluggish) lake, mere

(H) **sero**, serere (3), sevi, satus - beget, sire / **Anchises**, ae (m) - Anchises (Aeneas' father) / **consisto**, consistere (3), constiti, constitus - halt, stand (still) / **premo**, premere (3), pressi, pressus - check, restrain / **vestigium**, i (n) - footstep, track / **puto** (1) - consider, ponder / **multus**, a, um - many / **miseror**, miserari (1), miseratus - deplore, feel compassion, pity / **iniquus**, a, um - unfortunate, unjust / **sors**, sortis (f) - destiny, lot / [**in** (prep) - in (with Abl)] / **animus**, i (m) - mind

GRAMMATICAL NOTES: **1.** *primi transmittere cursum* (Poetic use of the Infinitive for the Prose *ut primi transmittant*, a Substantive Clause of Purpose following *orantes*, "that they should be the first to make the crossing"); **2.** *amore* (Abl of Cause, "in longing for"); **3.** *harenā* (Abl of Place from Which or Separation); **4.** *tumultū* (Abl of Cause, "by the disorder"); **5.** *quō discrimine* (Abl of Means); **6.** *remīs* (Abl of Means); **8.** *olli* (an archaic form of *illi* which was obsolete by the end of the second century BC, and which Vergil employs only in this one instance); **9.** *Anchisā* (Abl of Origin or Source; read with *generate* as "one sired by Anchises" or "Anchises' son"); **12.** *transportare* (This compound verb takes a Double Accusative construction with [sc.] *animas* and *horrendas*

Quick Reference, COMMON PRONOUNS: **hic**, haec, hoc (dem. pron.) - this; he, she, it | **ille**, illa, illud (dem. pron.) - that; that (famous) one (yonder); he, she, it | **ipse**, ipsa, ipsum (intnsv. pron.) - (one's own) self; very | **is**, ea, id (dem. pron.) - this, that; (of) such (a kind); he, she, it | **qui**, quae, quod (rel. pron.) - who, which; that

ripas et rauca fluenta, "to carry [sc. 'the souls'] across the dreadful banks and the roaring floods"); **13.** *sedibus* (Abl of Place Where); **14.** *Anchisā* (Abl of Origin or Source; read with *satus* as "one begotten by Anchises" or "Anchises' son"); **15.** *animō* (Abl of Place Where). | **HISTORICAL AND MYTHOLOGICAL NOTES**: **7.** Vergil's description of Deiphobe, the Cumaean Sibyl who escorted Aeneas through the Underworld, as *longaeva sacerdos* refers to the myth that as a beautiful maiden she had asked Apollo, who had offered to give her whatsoever she might desire, to receive an additional year of life for each of the grains of sand which she then held cupped in her hand; unfortunately, she failed to request the gift of perpetual youth to accompany her longevity and therefore continued to age throughout her prolonged lifespan. The most well-known of the prophetic priestesses inspired by Apollo, the Romans believed that she had composed the original volumes of oracular verses purchased by Tarquinius Superbus (Rome's sixth and final king, trad. 534-510) known as the Sibylline Books. According to the legend, the Sibyl offered to sell nine volumes of verse written in Greek hexameters to the king at an exorbitant price; Tarquinius declined the offer, so she departed and burned three of the volumes. Returning soon after, she asked the same price for the remaining six books and was again refused, after which she destroyed three more volumes; she then demanded the same amount of money for the final three books, which so astonished the augurs that they prevailed upon Tarquinius to buy them for the original price (Dion. Hal. 4.62; Gell., 1.19; note that Plin., *HN* 13.88 reports that the Sibyl arrived with only three volumes and burned the first two). The surviving three volumes of the Sibylline Books were entrusted to the care of a special priestly college (originally comprised of two, then ten, and eventually fifteen men known in the late republican period as the *quindecimviri sacris faciundis*; the title remained unchanged even after Julius Caesar added a sixteenth member) and were consulted with the greatest solemnity in times of crises; the verses apparently recommended specific courses of action to avert divine displeasure (e.g., the dedication of temples, introduction of festivals and new foreign cults, etc.). | **10.** On the rivers of Hades and Oaths taken by the Styx, see Section 6.295-312 (note 2). | **11.** On Charon, see Section 6.295-312 (note 7).

FULLY PARSED (6.313-332)

(A) **stabant** (impf actv indic 3 pl); **orantes** (prsnt actv prcpl, masc nom pl); **primi** (masc nom pl); **transmittere** (prsnt actv infin); **cursum** (masc acc sing); **tendebant** (impf actv indic 3 pl); **manus** (fem acc pl); **amore** (masc abl sing); **ulterioris** (fem gen sing); **ripae** (fem gen sing).

(B) **tristis** (masc nom sing); **navita** (masc nom sing); **accipit** (prsnt actv indic 3 sing); **hos** (masc acc pl); **illos** (masc acc pl); **arcet** (prsnt actv indic 3 sing); **alios** (masc acc pl); **summotos** (perf pssv prcpl, masc acc pl); **harenā** (fem abl sing).

(C) **Aeneas** (masc nom sing); **miratus** (dep., perf pssv prcpl, masc nom sing); **motus** (perf pssv prcpl, masc nom sing); **tumultū** (masc abl sing); **ait** (defect., prsnt actv indic 3 sing); **dic** (prsnt actv imper 2 sing); **[mihi]** (masc dat sing); **virgo** (fem voc sing); **quid** (neut acc sing); **concursus** (masc nom sing); **vult** (prsnt actv indic 3 sing); **amnem** (masc acc sing); **quid** (neut acc sing); **animae** (fem nom pl); **petunt** (prsnt actv indic 3 pl); **quō** (neut abl sing); **discrimine** (neut abl sing); **hae** (fem nom pl); **linquunt** (prsnt actv indic 3 pl); **ripas** (fem acc pl); **illae** (fem nom pl); **verrunt** (prsnt actv indic 3 pl); **livida** (neut acc pl); **vada** (neut acc pl); **remīs** (masc abl pl).

(D) **longaeva** (fem nom sing); **sacerdos** (fem nom sing); **fata est** (defect. dep., perf pssv indic 3 sing; fem nom); **olli** (i.e., *illi*, masc dat sing); **generate** (perf pssv prcpl, masc voc sing); **Anchisā** (masc abl sing); **certissima** (fem voc sing; supl. of *certus*); **proles** (fem voc sing); **de[or]um** (masc gen pl); **vides** (prsnt actv indic 2 sing); **alta** (neut acc pl); **stagna** (neut acc pl); **Cocyti** (masc gen sing); **Stygiam** (fem acc sing); **paludem** (fem acc sing); **cuius** (fem gen sing); **numen** (neut acc sing); **di** (masc nom pl); **timent** (prsnt actv indic 3 pl); **iurare** (prsnt actv infin); **fallere** (prsnt actv infin).

(E) **haec** (fem nom sing); **omnis** (fem nom sing); **turba** (fem nom sing); **quam** (fem acc sing); **cernis** (prsnt actv indic 2 sing); **est** (prsnt actv indic 3 sing); **inops** (fem nom sing); **inhumata** (fem nom sing); **ille** (masc nom sing); **portitor** (masc nom sing); **[est]** (prsnt actv indic 3 sing); **Charon** (masc nom sing); **hi** (masc nom pl); **quos** (masc acc pl); **unda** (fem nom sing); **vehit** (prsnt actv indic 3 sing); **sepulti** (i.e., *sepulti sunt*, perf pssv indic 3 pl; masc nom).

Quick Reference, COMMON PRONOUNS: **hic**, haec, hoc (dem. pron.) - this; he, she, it | **ille**, illa, illud (dem. pron.) - that; that (famous) one (yonder); he, she, it | **ipse**, ipsa, ipsum (intnsv. pron.) - (one's own) self; very | **is**, ea, id (dem. pron.) - this, that; (of) such (a kind); he, she, it | **qui**, quae, quod (rel. pron.) - who, which; that

F) **datur** (impers., prsnt pssv indic 3 sing); **[illi]** (masc dat sing); **transportare** (prsnt actv infin); **[animas]** (fem acc pl); **horrendas** (fem acc pl); **ripas** (fem acc pl); **rauca** (neut acc pl); **fluenta** (neut acc pl); **ossa** (neut nom pl); **quierunt** (i.e., *quieverunt*, perf actv indic 3 pl); **sedibus** (fem abl pl).

G) **errant** (prsnt actv indic 3 pl); **annos** (masc acc pl); **volitant** (prsnt actv indic 3 pl); **haec** (neut acc pl); **litora** (neut acc pl); **admissi** (perf pssv prcpl, masc nom pl); **revisunt** (prsnt actv indic 3 pl); **exoptata** (neut acc pl); **stagna** (neut acc pl).

H) **satus** (perf pssv prcpl, masc nom sing); **Anchisā** (masc abl sing); **constitit** (perf actv indic 3 sing); **pressit** (perf actv indic 3 sing); **vestigia** (neut acc pl); **putans** (prsnt actv prcpl, masc nom sing); **multa** (neut acc pl); **miseratus** (dep., perf pssv prcpl, masc nom sing); **iniquam** (fem acc sing); **sortem** (fem acc sing); **animō** (masc abl sing).

* * * * * * * * * * * * * * * * * *

<u>Vergil's **ORIGINAL TEXT** (6.384-402)</u>. **(384)** Ergo iter inceptum peragunt, fluvioque propinquant. | **(385)** Navita quos iam inde ut Stygia prospexit ab unda | **(386)** per tacitum nemus ire pedemque advertere ripae, | **(387)** sic prior adgreditur dictis, atque increpat ultro: | **(388)** "Quisquis es, armatus qui nostra ad flumina tendis, | **(389)** fare age quid venias iam istinc, et comprime gressum. | **(390)** Umbrarum hic locus est, somni noctisque soporae; | **(391)** corpora viva nefas Stygia vectare carina. | **(392)** Nec vero Alciden me sum laetatus euntem | **(393)** accepisse lacu, nec Thesea Pirithoümque, | **(394)** dis quamquam geniti atque invicti viribus essent. | **(395)** Tartareum ille manu custodem in vincla petivit | **(396)** ipsius a solio regis, traxitque trementem; | **(397)** hi dominam Ditis thalamo deducere adorti." | **(398)** Quae contra breviter fata est Amphrysia vates: | **(399)** "Nullae hic insidiae tales (absiste moveri), | **(400)** nec vim tela ferunt; licet ingens ianitor antro | **(401)** aeternum latrans exsanguis terreat umbras, | **(402)** casta licet patrui servet Proserpina limen."

<u>**SUGGESTED WORD ORDER** (6.384-402)</u>. **(A)** Ergo peragunt iter inceptum [et] propinquant fluvio; quos navita prior adgreditur [hīs] dictīs¹ atque ultro increpat sic ut prospexit iam inde ab Stygiā undā² [eos] ire per tacitum nemus [et] advertere pedem ripae:³ **(B)** "Age, quisquis es, qui armatus tendis ad nostra flumina, [et] fare iam istinc quid⁴ venias⁵ et comprime gressum. **(C)** Hic est locus umbrarum, somni [et] soporae noctis: [est] nefas vectare viva corpora Stygiā carinā.⁶ **(D)** Vero nec laetatus sum [ut] me accepisse Alciden⁷ euntem [in meō] lacū,⁸ nec Thesea [et] Pirithoum,⁹ quamquam geniti essent¹⁰ dīs¹¹ atque invicti viribus.¹² **(E)** Ille petivit Tartareum custodem¹³ in vincla manū¹⁴ [et] traxit [Cerberum]¹³ trementem a soliō¹⁵ regis ipsius; hi adorti [i.e., adorti sunt] deducere dominam [a] thalamō¹⁶ Ditis."¹⁷ **(F)** Contra quae [dicta] Amphrysia vates¹⁸ fata est breviter: "Absiste moveri; [sunt] nullae tales insidiae hic, [et] tela nec ferunt vim; licet ingens ianitor latrans aeternum antrō¹⁹ terreat²⁰ exsanguis umbras, licet casta Proserpina²¹ servet²² limen patrui."

6.384 <u>VOCABULARY SECTIONS (6.384-402)</u>

(A) **ergo** (adv) - then / **perago**, peragere (3), peregi, peractus - complete, finish / **iter**, itineris (n) - journey / **incipio**, incipere (3), incepi, inceptus - begin, undertake / **propinquo** (1) - approach, draw near to (with Dat) / **fluvius**, i (m) - river, stream / **navita**, ae (m) - ferryman, sailor / **prior**, prius - first (i.e., "in the first place, sooner than another") / **adgredior**, adgredi (3), adgressus - address, hail / **dictum**, i (n) - word; (pl) speech / **ultro** (adv) - unbidden, voluntarily / **increpo**, increpare (1), increpui, increpitus - chide, rebuke angrily / **sic** (adv) - in such a manner, thus / **ut** (conj) - as (soon as), when / **prospicio**, prospicere (3), prospexi, prospectus - look upon, notice / **iam** (adv) - (even) then / **inde** (adv) - from that place, thence / **ab** (prep) - from (with Abl) / **Stygius**, a, um - Stygian (i.e., "of the river Styx") / **unda**, ae (f) - (surging) billow, wave / **eo**, ire, ii, itus - advance, make one's way / **per** (prep) - through (with Acc) / **tacitus**, a, um - silent, still / **nemus**, oris (n) - forest, grove / **adverto**, advertere (3), adverti, adversus - direct, turn (toward) / **pes**, pedis (m) - foot (step) / **ripa**, ae (f) - (river) bank, shore

(B) **ago**, agere (3), egi, actus - come / **quisquis**, quidquid (indef. rel. pron.) - whoever, whatever / **armatus**, a, um - armed / **tendo**, tendere (3), tetendi, tentus - advance, proceed / **ad** (prep) - to, toward (with Acc) / **noster**, nostra, nostrum - our /

<u>Quick Reference, **COMMON PRONOUNS**</u>: **hic**, haec, hoc (dem. pron.) - this; he, she, it | **ille**, illa, illud (dem. pron.) - that; that (famous) one (yonder); he, she, it | **ipse**, ipsa, ipsum (intnsv. pron.) - (one's own) self; very | **is**, ea, id (dem. pron.) - this, that; (of) such (a kind); he, she, it | **qui**, quae, quod (rel. pron.) - who, which; that

flumen, inis (n) - river, stream / **for**, fari (1), fatus (defect. dep.) - speak / **iam** (adv) - at once, now / **istinc** (adv) - from there, thence (i.e., "from where you are") / **quis**, quid (interrog. pron.) - who? what? (neut *quid* as interrog. adv, "why?") / **venio**, venire (4), veni, ventus - arrive, come / **comprimo**, comprimere (3), compressi, compressus - check, restrain / **gressus**, us (m) - course, (foot) step

(C) **locus**, i (m) - place, region / **umbra**, ae (f) - shade, shadow (i.e., "a ghostly phantom") / **somnus**, i (m) - sleep / **soporus**, a, um - sleep-inducing / **nox**, noctis (f) - night / **nefas** (n., indecl.) - an impious deed, violation / **vecto** (1) - bear, carry / **vivus**, a, um - living / **corpus**, corporis (n) - body / **Stygius**, a, um - Stygian (i.e., "of the river Styx") / **carina**, ae (f) - (small) boat, ship

(D) **vero** (adv) - indeed / **laetor**, laetari (1), laetatus - be glad, rejoice / **accipio**, accipere (3), accepi, acceptus - receive, welcome / **Alcides**, ae (m) - lit., "descendant of Alcaeus" (i.e., "Hercules") / **eo**, ire, ii, itus - advance, make one's way / [**in** (prep) - on (with Abl)] / [**meus**, a, um - my] / **lacus**, us (m) - lake, (swampy) mere / **Theseus**, ei (m) - Theseus (Greek hero; Acc *Thesea*) / **Pirithous**, i (m) - Pirithous (Greek hero; Acc *Pirithoum*) / **quamquam** (conj) - although / **gigno**, gignere (3), genui, genitus - bear, beget / **deus**, i (m) - god / **invictus**, a, um - invincible / **vis**, vis (f) - courage, power; (pl) strength

(E) **peto**, petere (3), petivi, petitus - draw (violently), wrest / **Tartareus**, a, um - Tartarean (i.e., "of infernal Tartarus") / **custos**, odis (m) - guard, sentinel / **in** (prep) - into (with Acc) / **vinclum**, i (n) - chain, fetter / **manus**, us (f) - hand / **traho**, trahere (3), traxi, tractus - carry away, drag off / [**Cerberus**, i (m) - Cerberus (Hades' three-headed watchdog)] / **tremo**, tremere (3), tremui - quiver, tremble / **a** (prep) - from (with Abl) / **solium**, i (n) - throne / **rex**, regis (m) - king / **adorior**, adoriri (4), adortus - attempt, undertake / **deduco**, deducere (3), deduxi, deductus - abduct / **domina**, ae (f) - mistress, queen / [**a** *iterum*] / **thalamus**, i (m) - bedroom, bridal chamber / **Dis**, Ditis (m) - an epithet of Pluto (god of the Underworld)

(F) **contra** (prep) - in reply to (with Acc) / [**dictum**, i (n) - word; (pl) speech] / **Amphrysius**, a, um - Amphrysian (i.e., "of the river Amphrysus") / **vates**, is (f) - prophetess / **for**, fari (1), fatus (defect. dep.) - speak / **breviter** (adv) - briefly / **absisto**, absistere (3), abstiti - cease / **moveo**, movēre (2), movi, motus - disturb, excite / **nullus**, a, um - none, not any / **talis**, e - such / **insidiae**, arum (f) - deceit, trickery / **hic** (adv) - here / **telum**, i (n) - weapon / **fero**, ferre, tuli, latus - bear, carry / **vis**, vis (f) - force, violence / **licet**, licēre (2), licuit, licitum est (impers.) - "it is permitted" / **ingens**, ntis - enormous, powerful / **ianitor**, oris (m) - door-keeper, porter / **latro** (1) - bark, howl / **aeternum** (adv) - perpetually / **antrum**, i (n) - cavern / **terreo**, terrēre (2), terrui, territus - frighten, terrify / **exsanguis**, e - lifeless / **umbra**, ae (f) - shade (i.e., "a ghostly phantom") / **licet** *iterum* / **castus**, a, um - chaste, virtuous / **Proserpina**, ae (f) - Proserpina (Queen of the Underworld) / **servo** (1) - inhabit, remain within / **limen**, inis (n) - door, threshold (of a dwelling) / **patruus**, i (m) - (paternal) uncle (i.e., "Pluto")

GRAMMATICAL NOTES: 1. *[hīs] dictīs* (Abl of Means); 2. *iam inde ab Stygiā undā* (lit., "then thence from the Stygian wave," best read as "even then from his position in the Stygian stream"); 3. *ripae* (Dat of Direction, "towards the bank"); 4. *quid* (Adverbial Accusative of the Interrog. *quis* introducing an Indirect Question); 5. *venias* (Subjunctive in an Indirect Question, "why you have come"); 6. *Stygiā carinā* (Abl of Means); 8. *[meō] lacū* (Abl of Place Where); 10. *geniti essent* (Subjunctive in a Concessive Clause; note that *quamquam* usually takes the Indicative); 11. *dīs* (Abl of Origin or Source; read with *geniti essent* as "sired by the gods"); 12. *viribus* (Abl of Respect, "in strength"); 13. *manū* (Abl of Means, "with his hand," or better as "by force"); 15-16. *soliō...thalamō* (Ablatives of Separation); 19. *antrō* (Abl of Place from Which, though some regard it as Place Where: "in his cave"); 20. *terreat* (Subjunctive in a Concessive Clause following the impers. *licet*, "it is permitted that the enormous porter barking incessantly in the cave should frighten...," i.e, "as far as I'm concerned, the huge gatekeeper may keep on terrifying..."); 22. *servet* (Subjunctive in a Concessive Clause following the impers. *licet*, "it is permitted that virtuous Proserpina should dwell within...," i.e, "as far as I'm concerned, chaste Proserpina may continue to remain within..."). | **HISTORICAL AND MYTHOLOGICAL NOTES**: 7. Hercules bore the patronymic "Alcides" after his grandfather Alcaeus, the son of Perseus and Andromeda (Diod. 1.14); Apollodorus, however, relates that the hero was himself originally named "Alcaeus" (*Bibl.* 2.4.12). Charon regrets having conveyed Hercules across the river

Quick Reference, COMMON PRONOUNS: **hic**, haec, hoc (dem. pron.) - this; he, she, it | **ille**, illa, illud (dem. pron.) - that; that (famous) one (yonder); he, she, it | **ipse**, ipsa, ipsum (intnsv. pron.) - (one's own) self; very | **is**, ea, id (dem. pron.) - this, that; (of) such (a kind); he, she, it | **qui**, quae, quod (rel. pron.) - who, which; that

during the course of his Labor to fetch Cerberus from the Underworld, and is therefore quite set against taking Aeneas aboard: despite the fact that Hades allowed Hercules to remove Cerberus in chains provided that he overcame the beast without the use of weapons (Apollod., *Bibl.* 2.5.12), the Orphic tradition held that he nonetheless punished the ferryman by placing him in fetters for an entire year (Serv., *ad Verg. Aen.* 6.392). | **9.** Charon is wary of transporting Aeneas across the river given his previous punishment for conveying Hercules (on whose Twelfth Labor and Charon's confinement, see note 7 above), whose journey was linked in the mythological tradition with an earlier descent into Hades undertaken by Theseus and Pirithous. Having both resolved to wed daughters of Zeus, Theseus (son of Poseidon and King of Athens) and his companion Pirithous (son of Ixion or Zeus by Dia, and King of the Lapiths who fought the Centaurs at his marriage feast to Hippodameia) abducted an underage Helen from her parents in Sparta to be the former's intended wife and then descended together into the Underworld so that the latter might carry off Persephone from her husband's realm as his own bride; unfortunately, they were intercepted by Hades who rendered them powerless by seating each for a feast upon the Chair of Forgetfulness, where bound by serpents' coils they languished impotently as the stone seat itself grew into their very flesh. While fetching Cerberus away from Hades, Hercules freed Theseus but was unable to liberate Pirithous (Apollod., *Epit.* 1.23-24; cf. Diod. 4.26.1, which maintains that Hercules freed both heroes). | **13.** Cerberus was the fearsome hound posted at the entrance to the Underworld in order to prevent entry by living mortals and departure by any of the denizens of Hades' realm. According to Hesiod, brass-voiced Cerberus was an invincible fifty-headed monster who fed upon raw flesh (*Theog.*, 310-312, 769-774), though he usually appears in other literary accounts and artistic representations with three heads and is also frequently described as having a dragon's tail and a mane of snake heads (Apollod., *Bibl.* 2.5.12; Ov., *Met.* 4.450-451; and Verg., *Aen.* 6.417-422). | **17.** On Dis, see Section 4.690-705 (note 20). | **18.** Vergil refers here to the Sibyl as *Amphrysia vates*, an epithet traditionally assigned to her master Apollo (whom Vergil addresses elsewhere as "the shepherd of Amphrysus," *Georg.* 3.2) who earned the title "Amphrisius" following his year-long sojourn tending the flocks of King Admetus near the banks of the river Amphrysus in Thessaly as atonement for having killed the Cyclopes (Apollod., *Bibl.* 3.10.4). | **21.** On Proserpina, see Section 4.690-705 (note 14); as the daughter of Ceres and Jupiter, she was of course both niece and spouse to Pluto whose *limen* she maintained in the fashion of a proper Roman matron.

FULLY PARSED (6.384-402)

(A) peragunt (prsnt actv indic 3 pl); **iter** (neut acc sing); **inceptum** (perf pssv prcpl, neut acc sing); **propinquant** (prsnt actv indic 3 pl); **fluvio** (masc dat sing); **quos** (masc acc pl); **navita** (masc nom sing); **prior** (masc nom sing; comp. of *primus*); **adgreditur** (dep., prsnt pssv indic 3 sing); **[hīs]** (neut abl pl); **dictīs** (neut abl pl); **increpat** (prsnt actv indic 3 sing); **prospexit** (perf actv indic 3 sing); **Stygiā** (fem abl sing); **undā** (fem abl sing); **[eos]** (masc acc pl); **ire** (prsnt actv infin); **tacitum** (neut acc sing); **nemus** (neut acc sing); **advertere** (prsnt actv infin); **pedem** (masc acc sing); **ripae** (fem dat sing).

(B) age (prsnt actv imper 2 sing); **quisquis** (masc nom sing); **es** (prsnt actv indic 2 sing); **qui** (masc nom sing); **armatus** (masc nom sing); **tendis** (prsnt actv indic 2 sing); **nostra** (neut acc pl); **flumina** (neut acc pl); **fare** (defect. dep., prsnt pssv imper 2 sing); **quid** (neut acc sing of *quis* as adv.); **venias** (prsnt actv subjv 2 sing); **comprime** (prsnt actv imper 2 sing); **gressum** (masc acc sing).

(C) hic (masc nom sing); **est** (prsnt actv indic 3 sing); **locus** (masc nom sing); **umbrarum** (fem gen pl); **somni** (masc gen sing); **soporae** (fem gen sing); **noctis** (fem gen sing); **[est]** (prsnt actv indic 3 sing); **nefas** (neut, indecl.; read as neut acc sing); **vectare** (prsnt actv infin); **viva** (neut acc pl); **corpora** (neut acc pl); **Stygiā** (fem abl sing); **carinā** (fem abl sing).

(D) laetatus sum (dep., perf pssv indic 1 sing; masc nom); **me** (1 pers. pron., masc acc sing); **accepisse** (perf actv infin); **Alciden** (masc acc sing); **euntem** (prsnt actv prcpl, masc acc sing); **[meō]** (masc abl sing); **lacū** (masc abl sing); **Thesea** (masc acc sing); **Pirithoum** (masc acc sing); **geniti essent** (pluperf pssv subjv 3 pl; masc nom); **dīs** (masc abl pl); **invicti** (masc nom pl); **viribus** (fem abl pl).

(E) ille (masc nom sing); **petivit** (perf actv indic 3 sing); **Tartareum** (masc acc sing); **custodem** (masc acc sing); **vincla** (neut acc pl); **manū** (fem abl sing); **traxit** (perf actv indic 3 sing); **[Cerberum]** (masc acc sing); **trementem** (prsnt actv prcpl, masc acc sing); **soliō** (neut abl sing); **regis** (masc gen sing); **ipsius** (masc gen sing); **hi** (masc nom pl); **adorti** (i.e., *adorti sunt*, dep., perf pssv indic 3 pl; masc nom); **deducere** (prsnt actv infin); **dominam** (fem acc sing); **thalamō** (masc abl sing); **Ditis** (masc gen sing).

Quick Reference, COMMON PRONOUNS: **hic**, haec, hoc (dem. pron.) - this; he, she, it | **ille**, illa, illud (dem. pron.) - that; that (famous) one (yonder); he, she, it | **ipse**, ipsa, ipsum (intnsv. pron.) - (one's own) self; very | **is**, ea, id (dem. pron.) - this, that; (of) such (a kind); he, she, it | **qui**, quae, quod (rel. pron.) - who, which; that

(F) **quae** (neut acc pl); **[dicta]** (neut acc pl); **Amphrysia** (fem nom sing); **vates** (fem nom sing); **fata est** (defect. dep., perf pssv indic 3 sing; fem nom); **absiste** (prsnt actv imper 2 sing); **moveri** (prsnt pssv infin); **[sunt]** (prsnt actv indic 3 pl); **nullae** (fem nom pl); **tales** (fem nom pl); **insidiae** (fem nom pl); **tela** (neut nom pl); **ferunt** (prsnt actv indic 3 pl); **vim** (fem acc sing); **licet** (impers., prsnt actv indic 3 sing); **ingens** (masc nom sing); **ianitor** (masc nom sing); **latrans** (prsnt actv prcpl, masc nom sing); **antrō** (neut abl sing); **terreat** (prsnt actv subjv 3 sing); **exsanguis** (fem acc pl); **umbras** (fem acc pl); **licet** (impers., prsnt actv indic 3 sing); **casta** (fem nom sing); **Proserpina** (fem nom sing); **servet** (prsnt actv subjv 3 sing); **limen** (neut acc sing); **patrui** (masc gen sing).

* * * * * * * * * * * * * * * * * *

<u>Vergil's</u> **ORIGINAL TEXT (6.403-425)**. **(403)** "Troius Aeneas, pietate insignis et armis, | **(404)** ad genitorem imas Erebi descendit ad umbras. | **(405)** Si te nulla movet tantae pietatis imago, | **(406)** at ramum hunc" (aperit ramum, qui veste latebat) | **(407)** "agnoscas." Tumida ex ira tum corda residunt, | **(408)** nec plura his. Ille, admirans venerabile donum | **(409)** fatalis virgae longo post tempore visum, | **(410)** caeruleam advertit puppim, ripaeque propinquat. | **(411)** Inde alias animas, quae per iuga longa sedebant, | **(412)** deturbat, laxatque foros; simul accipit alveo | **(413)** ingentem Aenean. Gemuit sub pondere cumba | **(414)** sutilis, et multam accepit rimosa paludem. | **(415)** Tandem trans fluvium incolumis vatemque virumque | **(416)** informi limo glaucaque exponit in ulva. | **(417)** Cerberus haec ingens latratu regna trifauci | **(418)** personat, adverso recubans immanis in antro. | **(419)** Cui vates, horrere videns iam colla colubris, | **(420)** melle soporatam et medicatis frugibus offam | **(421)** obicit. Ille, fame rabida tria guttura pandens, | **(422)** corripit obiectam atque immania terga resolvit, | **(423)** fusus humi, totoque ingens extenditur antro. | **(424)** Occupat Aeneas aditum, custode sepulto, | **(425)** evaditque celer ripam inremeabilis undae.

SUGGESTED WORD ORDER (6.403-425). **(A)** "Troius Aeneas, insignis <u>pietate</u>¹ et <u>armīs</u>,² descendit ad genitorem, ad imas umbras <u>Erebi</u>.³ Si imago tantae pietatis movet te <u>nulla</u>,⁴ at <u>agnoscas</u>⁵ hunc <u>ramum!</u>,"⁶ [et] aperit ramum, qui latebat [in] <u>veste</u>.⁷ **(B)** Tum tumida corda residunt ex irā; nec plura [dicta sunt] <u>hīs</u> [<u>dictīs</u>].⁸ Ille admirans venerabile donum fatalis virgae, visum post <u>longō tempore</u>,⁹ advertit caeruleam puppim [et] propinquat ripae. **(C)** Inde deturbat alias animas, quae sedebant per longa iuga, [et] laxat foros; simul accipit ingentem Aenean [in] <u>alveō</u>.¹⁰ Sutilis cumba gemuit sub pondere et rimosa accepit multam paludem. **(D)** Tandem exponit [et] vatem [et] virum incolumis trans fluvium [in] <u>informī limō</u>¹¹ [et] in glaucā ulvā. **(E)** Ingens <u>Cerberus</u>¹² personat haec regna <u>trifaucī latratū</u>,¹³ immanis recubans in adversō antrō. Cui vates, iam videns colla horrere <u>colubrīs</u>,¹⁴ obicit offam soporatam melle et medicatīs frugibus. **(F)** Ille, pandens tria guttura <u>rabidā fame</u>,¹⁵ corripit obiectam [offam] atque fusus resolvit immania terga <u>humī</u>¹⁶ [et] ingens extenditur [in] <u>totō antrō</u>.¹⁷ **(G)** <u>Custode sepultō</u>,¹⁸ Aeneas occupat aditum [et] celer evadit ripam inremeabilis undae.

6.403   VOCABULARY SECTIONS (6.403-425)

(A)   **Troius**, a, um - Trojan / **Aeneas**, ae (m) - Aeneas (Trojan leader) / **insignis**, e - distinguished by, remarkable for (with Abl) / **pietas**, atis (f) - devotion (to duty), loyalty, virtue / **arma**, orum (n) - (feats of) arms / **descendo**, descendere (3), descendi, descensus - descend / **ad** (prep) - to (with Acc) / **genitor**, oris (m) - father, sire / **ad** *iterum* / **imus**, a, um - deepest, lowest / **umbra**, ae (f) - darkness; (pl) shade, shadow / **Erebus**, i (m) - Erebus (i.e., "the Underworld") / **si** (conj) - if / **imago**, inis (f) - (ideal) image, likeness (here, "the very incarnation of" or "paragon") / **tantus**, a, um - so great, such (a degree) / **pietas** *iterum* / **moveo**, movēre (2), movi, motus - influence, move, sway / **nullus**, a, um - none, not any (colloq., "in no way") / **agnosco**, agnoscere (3), agnovi, agnitus - acknowledge, recognize / **ramus**, i (m) - bough, branch / **aperio**, aperire (4), aperui, apertus - disclose, reveal / **ramus** *iterum* / **lateo**, latēre (2), latui - lie hid / [**in** (prep) - in (with Abl)] / **vestis**, is (f) - clothing, robe

(B)   **tum** (adv) - then / **tumidus**, a, um - enraged, swollen (with anger) / **cor**, cordis (n) - heart / **resido**, residere (3), resedi - abate, sink, subside / **ex** (prep) - from (with Abl) / **ira**, ae (f) - anger, indignation, wrath / **plus**, pluris - (many) more / [**dico**, dicere (3), dixi, dictus - speak] / [**dictum**, i (n) - word] / **admiror**, admirari (1), admiratus - be astonished, wonder at / **venerabilis**, e - revered, venerable / **donum**, i (n) - gift, offering / **fatalis**, e - fateful, ordained (by destiny) / **virga**, ae (f) - branch, staff, wand / **video**, vidēre (2), vidi, visus - see / **post** (adv) - after, following / **longus**, a, um - long /

<u>Quick Reference,</u> **COMMON PRONOUNS**: **hic**, haec, hoc (dem. pron.) - this; he, she, it | **ille**, illa, illud (dem. pron.) - that; that (famous) one (yonder); he, she, it | **ipse**, ipsa, ipsum (intnsv. pron.) - (one's own) self; very | **is**, ea, id (dem. pron.) - this, that; (of) such (a kind); he, she, it | **qui**, quae, quod (rel. pron.) - who, which; that

tempus, oris (n) - (period of) time / **adverto**, advertere (3), adverti, adversus - turn / **caeruleus**, a, um - dark, gloomy / **puppis**, is (f) - ship (Acc *puppim*) / **propinquo** (1) - approach, draw near (with Dat) / **ripa**, ae (f) - (river) bank, shore

(C) **inde** (adv) - then / **deturbo** (1) - dislodge, drive off / **alius**, alia, aliud - other / **anima**, ae (f) - (departed) soul / **sedeo**, sedēre (2), sedi, sessus - sit / **per** (prep) - amid, all along (with Acc) / **longus**, a, um - long / **iugum**, i (n) - (rower's) bench, thwart / **laxo** (1) - clear / **forus**, i (m) - deck, gangway / **simul** (adv) - at the same time / **accipio**, accipere (3), accepi, acceptus - admit, receive / **ingens**, ntis - enormous, great, powerful / **Aeneas**, ae (m) - Aeneas (Trojan leader) / [**in** (prep) - in (with Abl)] / **alveus**, i (m) - (hollow) boat / **sutilis**, e - sewed, stitched / **cumba**, ae (f) - boat, skiff / **gemo**, gemere (3), gemui, gemitus - groan / **sub** (prep) - under (with Abl) / **pondus**, eris (n) - weight / **rimosus**, a, um - full of cracks, leaky / **accipio** *iterum* / **multus**, a, um - abundant, considerable (amount of) / **palus**, udis (f) - marsh, swamp (water)

(D) **tandem** (adv) - at last, finally / **expono**, exponere (3), exposui, expositus - disembark / **vates**, is (f) - prophetess, seer / **vir**, viri (m) - man / **incolumis**, e - unharmed / **trans** (prep) - across, beyond (with Acc) / **fluvius**, i (m) - river, stream / [**in** (prep) - on (with Abl)] / **informis**, e - distorted, hideous / **limus**, i (m) - (filthy) mire, (slimy) mud / **in** *iterum* / **glaucus**, a, um - gray / **ulva**, ae (f) - (marsh) grass, sedge

(E) **ingens**, ntis - enormous, powerful / **Cerberus**, i (m) - Cerberus (the dread Hound of Hades) / **persono**, personare (1), personui, personitus - fill thoroughly (with sound) / **regnum**, i (n) - kingdom, realm / **trifaux**, trifaucis - triple-throated / **latratus**, us (m) - barking, howling / **immanis**, e - monstrous, savage / **recubo** (1) - lie down, recline / **in** (prep) - in (with Abl) / **adversus**, a, um - (facing) opposite / **antrum**, i (n) - cavern, grotto / **vates**, is (f) - prophetess, seer / **iam** (adv) - now / **video**, vidēre (2), vidi, visus - see / **collum**, i (n) - neck / **horreo**, horrēre (2), horrui - bristle, stand erect / **coluber**, colubri (m) - serpent, snake / **obicio**, obicere (3), obieci, obiectus - cast, fling, toss / **offa**, ae (f) - cake, morsel / **soporatus**, a, um - drowsy, sleep- inducing (i.e., "treated to induce sleep") / **mel**, mellis (n) - honey / **medico** (1) - drug, medicate / **frux**, frugis (f) - fruit, grain, meal

(F) **pando**, pandere (3), pandi, passus - extend, (throw) open / **tres**, tria (num. adj.) - three / **guttur**, uris (n) - gullet, throat / **rabidus**, a, um - raving, ungovernable / **fames**, is (f) - hunger / **corripio**, corripere (3), corripui, correptus - seize / **obicio**, obicere (3), obieci, obiectus - cast, fling, toss / [**offa**, ae (f) - cake, morsel] / **fusus**, a, um - lying prostrate, stretched out / **resolvo**, resolvere (3), resolvi, resolutus - loosen, relax / **immanis**, e - monstrous, savage / **tergum**, i (n) - back / **humus**, i (f) - ground / **ingens**, ntis - enormous, powerful / **extendo**, extendere (3), extendi, extentus - spread out, stretch forth / [**in** (prep) - in (with Abl)] / **totus**, a, um - entire, whole / **antrum**, i (n) - cavern, grotto

(G) **custos**, odis (m) - guard, sentinel / **sepelio**, sepelire (4), sepelivi, sepultus - bury, inter / **Aeneas**, ae (m) - Aeneas (Trojan leader) / **occupo** (1) - gain, reach / **aditus**, us (m) - entrance / **celer**, celeris, celere - quick, swift / **evado**, evadere (3), evasi, evasus - get away (from), leave behind / **ripa**, ae (f) - (river) bank, shore / **inremeabilis**, e - from which there is no return, irretraceable / **unda**, ae (f) - (surging) billow, wave

<u>GRAMMATICAL NOTES</u>: **1-2**. *pietate et armīs* (Ablatives of Respect); **4**. *nulla* (modifies *imago* but should be taken as if an adverb, "not at all"); **5**. *agnoscas* (Jussive Subjunctive, "then at least you must recognize..."); **7**. *veste* (Abl of Place Where); **8**. *hīs [dictīs]* (Abl of Comparison after *plura*, "than these [words]," i.e., "no more was said on either side"); **9**. *longō tempore* (Abl of Degree of Difference after *post*, "after such a long period of time"); **10**. *alveō* (Abl of Place Where); **11**. *[in] informī limō* (Abl of Place Where); **13**. *trifaucī latratū* (Abl of Means); **14**. *colubrīs* (Abl of Means); **15**. *rabidā fame* (Abl of Cause, "because of his raving hunger"); **16**. *humī* (Locative, "on the ground"); **17**. *totō antrō* (Abl of Place Where); **18**. *custode sepultō* (Abl Absol, sc. *in somnō*: lit., "with the guardian buried [in sleep]," i.e., "once the gate-warden was slumbering"). | <u>HISTORICAL AND MYTHOLOGICAL NOTES</u>: **3**. Erebus was the son of Chaos and the brother of Night, by whom he bore Aether and Day (Hes., *Theog.* 123-124); his name signified darkness and was thus associated with the gloomy space underneath the earth through which the shades passed into Hades and therefore also with the Underworld as a whole (Hom., *Il.* 8.368). | **6**. The golden branch (also known in legend as the "Golden Bough") plucked by Aeneas from the sacred tree was consecrated to Proserpina and guaranteed its mortal bearer safe

<u>Quick Reference, COMMON PRONOUNS</u>: **hic**, haec, hoc (dem. pron.) - this; he, she, it | **ille**, illa, illud (dem. pron.) - that; that (famous) one (yonder); he, she, it | **ipse**, ipsa, ipsum (intnsv. pron.) - (one's own) self; very | **is**, ea, id (dem. pron.) - this, that; (of) such (a kind); he, she, it | **qui**, quae, quod (rel. pron.) - who, which; that

passage into and through the Underworld; only those ordained by Fate were able to break off the bough successfully (Verg., *Aen.* 6.136-148). | **12.** On Cerberus, see Section 6.384-402 (note **13**).

FULLY PARSED (6.403-425)

(A) Troius (masc nom sing); **Aeneas** (masc nom sing); **insignis** (masc nom sing); **pietate** (fem abl sing); **armīs** (neut abl pl); **descendit** (prsnt actv indic 3 sing); **genitorem** (masc acc sing); **imas** (fem acc pl); **umbras** (fem acc pl); **Erebi** (masc gen sing); **imago** (fem nom sing); **tantae** (fem gen sing); **pietatis** (fem gen sing); **movet** (prsnt actv indic 3 sing); **te** (2 pers. pron., masc acc sing); **nulla** (fem nom sing); **agnoscas** (prsnt actv subjv 2 sing); **hunc** (masc acc sing); **ramum** (masc acc sing); **aperit** (prsnt actv indic 3 sing); **ramum** (masc acc sing); **qui** (masc nom sing); **latebat** (impf actv indic 3 sing); **veste** (fem abl sing).

(B) tumida (neut nom pl); **corda** (neut nom pl); **residunt** (prsnt actv indic 3 pl); **irā** (fem abl sing); **plura** (neut nom pl); **[dicta sunt]** (perf pssv indic 3 pl; neut nom); **hīs** (neut abl pl); **[dictīs]** (neut abl pl); **ille** (masc nom sing); **admirans** (dep., prsnt actv prcpl, masc nom sing); **venerabile** (neut acc sing); **donum** (neut acc sing); **fatalis** (fem gen sing); **virgae** (fem gen sing); **visum** (perf pssv prcpl, neut acc sing); **longō** (neut abl sing); **tempore** (neut abl sing); **advertit** (prsnt actv indic 3 sing); **caeruleam** (fem acc sing); **puppim** (fem acc sing); **propinquat** (prsnt actv indic 3 sing); **ripae** (fem dat sing).

(C) deturbat (prsnt actv indic 3 sing); **alias** (fem acc pl); **animas** (fem acc pl); **quae** (fem nom pl); **sedebant** (impf actv indic 3 pl); **longa** (neut acc pl); **iuga** (neut acc pl); **laxat** (prsnt actv indic 3 sing); **foros** (masc acc pl); **accipit** (prsnt actv indic 3 sing); **ingentem** (masc acc sing); **Aenean** (masc acc sing); **alveō** (masc abl sing); **sutilis** (fem nom sing); **cumba** (fem nom sing); **gemuit** (perf actv indic 3 sing); **pondere** (neut abl sing); **rimosa** (fem nom sing); **accepit** (perf actv indic 3 sing); **multam** (fem acc sing); **paludem** (fem acc sing).

(D) exponit (prsnt actv indic 3 sing); **vatem** (fem acc sing); **virum** (masc acc sing); **incolumis** (masc acc pl); **fluvium** (masc acc sing); **informī** (masc abl sing); **limō** (masc abl sing); **glaucā** (fem abl sing); **ulvā** (fem abl sing).

(E) ingens (masc nom sing); **Cerberus** (masc nom sing); **personat** (prsnt actv indic 3 sing); **haec** (neut acc pl); **regna** (neut acc pl); **trifaucī** (masc abl sing); **latratū** (masc abl sing); **immanis** (masc nom sing); **recubans** (prsnt actv prcpl, masc nom sing); **adversō** (neut abl sing); **antrō** (neut abl sing); **cui** (masc dat sing); **vates** (fem nom sing); **videns** (prsnt actv prcpl, fem nom sing); **colla** (neut acc pl); **horrere** (prsnt actv infin); **colubrīs** (masc abl pl); **obicit** (prsnt actv indic 3 sing); **offam** (fem acc sing); **soporatam** (fem acc sing); **melle** (neut abl sing); **medicatīs** (perf pssv prcpl, fem abl pl); **frugibus** (fem abl pl).

(F) ille (masc nom sing); **pandens** (prsnt actv prcpl, masc nom sing); **tria** (neut acc pl); **guttura** (neut acc pl); **rabidā** (fem abl sing); **fame** (fem abl sing); **corripit** (prsnt actv indic 3 sing); **obiectam** (perf pssv prcpl, fem acc sing); **[offam]** (fem acc sing); **fusus** (masc nom sing); **resolvit** (prsnt actv indic 3 sing); **immania** (neut acc pl); **terga** (neut acc pl); **humī** (fem loc sing); **ingens** (masc nom sing); **extenditur** (prsnt pssv indic 3 sing); **totō** (neut abl sing); **antrō** (neut abl sing).

(G) custode (masc abl sing); **sepultō** (perf pssv prcpl, masc abl sing); **Aeneas** (masc nom sing); **occupat** (prsnt actv indic 3 sing); **aditum** (masc acc sing); **celer** (masc nom sing); **evadit** (prsnt actv indic 3 sing); **ripam** (fem acc sing); **inremeabilis** (fem gen sing); **undae** (fem gen sing).

* * * * * * * * * * * * * * * * * *

Quick Reference, COMMON PRONOUNS: **hic**, haec, hoc (dem. pron.) - this; he, she, it | **ille**, illa, illud (dem. pron.) - that; that (famous) one (yonder); he, she, it | **ipse**, ipsa, ipsum (intnsv. pron.) - (one's own) self; very | **is**, ea, id (dem. pron.) - this, that; (of) such (a kind); he, she, it | **qui**, quae, quod (rel. pron.) - who, which; that

<u>Vergil's ORIGINAL TEXT (6.450-466)</u>. **(450)** Inter quas Phoenissa recens a vulnere Dido | **(451)** errabat silva in magna. Quam Troius heros | **(452)** ut primum iuxta stetit agnovitque per umbram | **(453)** obscuram, qualem primo qui surgere mense | **(454)** aut videt aut vidisse putat per nubila lunam, | **(455)** demisit lacrimas, dulcique adfatus amore est | **(456)** "Infelix Dido, verus mihi nuntius ergo | **(457)** venerat exstinctam ferroque extrema secutam? | **(458)** Funeris heu tibi causa fui! Per sidera iuro, | **(459)** per superos, et si qua fides tellure sub ima est, | **(460)** invitus, regina, tuo de litore cessi, | **(461)** sed me iussa deum, quae nunc has ire per umbras, | **(462)** per loca senta situ cogunt noctemque profundam, | **(463)** imperiis egere suis; nec credere quivi | **(464)** hunc tantum tibi me discessu ferre dolorem. | **(465)** Siste gradum, teque aspectu ne subtrahe nostro. | **(466)** Quem fugis? Extremum fato, quod te adloquor, hoc est."

<u>SUGGESTED WORD ORDER (6.450-466)</u>. **(A)** Inter quas Phoenissa Dido, <u>recens a vulnere</u>,[1] errabat in magnā silvā; **(B)** iuxta quam Troius heros stetit [et] ut primum agnovit obscuram [formam] per umbras, <u>qualem</u>[2] lunam qui [i.e., aliquis] aut videt aut putat vidisse surgere per nubila <u>primō mense</u>,[3] demisit lacrimas [et] adfatus est <u>dulcī amore</u>,[4] **(C)** "Infelix Dido, ergo verus nuntius venerat mihi: [te] exstinctam [i.e., exstinctam esse] [te et] secutam [i.e., secutam esse] extrema <u>ferrō</u>?[5] Heu, fui causa funeris <u>tibi</u>![6] **(D)** Regina, iuro per sidera, per superos et si est qua fides sub imā tellure, invitus cessi de tuō litore. **(E)** Sed iussa de[or]um quae nunc cogunt me ire per has umbras, per loca senta <u>situ</u>[7] [et] profundam noctem, egere [i.e., egerunt] [me] <u>suīs imperiīs</u>;[8] nec quivi credere me ferre hunc tantum dolorem tibi <u>discessū</u>.[9] **(F)** Siste gradum [et] ne subtrahe te <u>nostrō aspectū</u>.[10] Quem fugis? Hoc est extremum [verbum] quod adloquor te <u>fatō</u>!"[11]

6.450 <u>VOCABULARY SECTIONS (6.450-466)</u>

(A) **inter** (prep) - among (with Acc) / **Phoenissa**, ae (f) - Phoenician (woman) / **Dido**, onis (f) - Dido (Queen of Carthage) / **recens**, entis - just lately arisen / **a** (prep) - from (with Abl) / **vulnus**, vulneris (n) - (fatal) wound / **erro** (1) - wander / **in** (prep) - in (with Abl) / **magnus**, a, um - great, large / **silva**, ae (f) - forest, woodland

(B) **iuxta** (prep) - close to, near (with Acc) / **Troius**, a, um - Trojan / **heros**, herois (m) - hero / **sto**, stare (1), steti, status - stand / **ut** (adv) - when (with *primum*, "as soon as") / **primum** (adv) - first / **agnosco**, agnoscere (3), agnovi, agnitus - identify, recognize / **obscurus**, a, um - dark, obscure / [**forma**, ae (f) - form, shape] / **per** (prep) - through (with Acc) / **umbra**, ae (f) - (gloomy) shade, (dark) shadow / **qualis**, e (rel. adj.) - (just) like, such as / **luna**, ae (f) - moon (light) / [**aliquis**, aliqua, aliquid (indef. pron.) - someone, something] / **video**, vidēre (2), vidi, visus - see / **puto** (1) - suppose, think / **video** *iterum* / **surgo**, surgere (3), surrexi - ascend, rise / **per** *iterum* / **nubilum**, i (n) - cloud / **primus**, a, um - early, first / **mensis**, is (m) - month / **demitto**, demittere (3), demisi, demissus - drop, let fall / **lacrima**, ae (f) - tear / **adfor**, adfari (1), adfatus - speak / **dulcis**, e - fond, tender / **amor**, oris (m) - affection, love

(C) **infelix**, icis - unfortunate, wretched / **Dido**, onis (f) - Dido (Queen of Carthage) / **ergo** (adv) - then, thus / **verus**, a, um - genuine, true / **nuntius**, i (m) - message, report / **venio**, venire (4), veni, ventus - come / **exstinguo**, exstinguere (3), exstinxi, exstinctus - destroy, kill / **sequor**, sequi (3), secutus - pursue, strive after / **extrema**, orum (n) - death (lit., "final things") / **ferrum**, i (n) - iron (sword) / **heu** (interj.) - "alas!" / **causa**, ae (f) - cause, reason / **funus**, eris (n) - death

(D) **regina**, ae (f) - queen / **iuro** (1) - swear (by) / **per** (prep) - in oaths? by (with Acc) / **sidus**, eris (n) - star / **per** *iterum* / **superus**, a, um - higher, upper (as subst., "the gods above") / **si** (conj) - if / **qui**, qua, quod (indef. adj.) - any, some / **fides**, ei (f) - pledge (of good faith) / **sub** (prep) - under (with Abl) / **imus**, a, um - deepest, lowest / **tellus**, uris (f) - earth / **invitus**, a, um - reluctant, unwilling / **cedo**, cedere (3), cessi, cessus - depart, withdraw / **de** (prep) - from (with Abl) / **tuus**, a, um - your / **litus**, litoris (n) - coast, shore

(E) **iussum**, i (n) - command, order / **deus**, i (m) - god / **nunc** (adv) - now / **cogo**, cogere (3), coegi, coactus - compel, force / **eo**, ire, ii, itus - advance, go / **per** (prep) - through (with Acc) / **umbra**, ae (f) - shade, shadow / **per** *iterum* / **loca**, orum (n) - places, regions / **sentus**, a, um - rough, thorny, uncared for / **situs**, us (m) - inactivity, neglect / **profundus**, a, um - deep, bottomless / **nox**, noctis (f) - night / **ago**, agere (3), egi, actus - compel, drive / **suus**, a, um - (one's) own / **imperium**, i (n) - behest, command / **queo**, quire (4), quivi, quitus - be able / **credo**, credere (3), credidi, creditus - imagine, suppose / **fero**, ferre, tuli, latus - bring, carry / **tantus**, a, um - so great, such / **dolor**, oris (m) -

<u>Quick Reference, COMMON PRONOUNS</u>: **hic**, haec, hoc (dem. pron.) - this; he, she, it | **ille**, illa, illud (dem. pron.) - that; that (famous) one (yonder); he, she, it | **ipse**, ipsa, ipsum (intnsv. pron.) - (one's own) self; very | **is**, ea, id (dem. pron.) - this, that; (of) such (a kind); he, she, it | **qui**, quae, quod (rel. pron.) - who, which; that

anguish, grief / **discessus**, us (m) - departure, separation

(F) **sisto**, sistere (3), steti, status - check, restrain, stay / **gradus**, us (m) - step, stride / **subtraho**, subtrahere (3), subtraxi, subtractus - remove, withdraw / **noster**, nostra, nostrum - our / **aspectus**, us (m) - sight, view / **fugio**, fugere (3), fugi, fugiturus - escape, flee (from), shun / **extremus**, a, um - final, last / [**verbum**, i (n) - word] / **adloquor**, adloqui (3), adlocutus - accost, address / **fatum**, i (n) - destiny, fate

GRAMMATICAL NOTES: 1. *recens a vulnere* (lit., "recently arisen from her fatal wound," i.e., "with her wound still fresh"); 2. *qualem* (The relative adjective modifies *lunam* and initiates a clause best read as "just as the moon someone either sees or thinks that they have seen rising through the clouds in the early part of the month"); 3. *primō mense* (Abl of Time When, "in the early part of the month"); 4. *dulcī amore* (Abl of Manner, "with tender affection"); 5. *ferrō* (Abl of Means); 6. *tibi* (Dat of Reference with *funeris*, "of death to you," i.e., "your death"); 7. *sitū* (Abl of Cause, "because of neglect"); 8. *suīs imperiīs* (Abl of Means); 9. *discessū* (Abl of Cause or Means); 10. *nostrō aspectū* (Abl of Separation); 11. *fatō* (Abl of Means, "in accordance with fate").

<u>**FULLY PARSED (6.450-466)**</u>

(A) **quas** (fem acc pl); **Phoenissa** (fem nom sing); **Dido** (fem nom sing); **recens** (fem nom sing); **vulnere** (neut abl sing); **errabat** (impf actv indic 3 sing); **magnā** (fem abl sing); **silvā** (fem abl sing).

(B) **quam** (fem acc sing); **Troius** (masc nom sing); **heros** (masc nom sing); **stetit** (perf actv indic 3 sing); **agnovit** (perf actv indic 3 sing); **obscuram** (fem acc sing); [**formam**] (fem acc sing); **umbras** (fem acc pl); **qualem** (fem acc sing); **lunam** (fem acc sing); **qui** (i.e., *aliquis*, masc nom sing); **videt** (prsnt actv indic 3 sing); **putat** (prsnt actv indic 3 sing); **vidisse** (perf actv infin); **surgere** (prsnt actv infin); **nubila** (neut acc pl); **primō** (masc abl sing); **mense** (masc abl sing); **demisit** (perf actv indic 3 sing); **lacrimas** (fem acc pl); **adfatus est** (dep., perf pssv indic 3 sing; masc nom); dulcī amore.

(C) **infelix** (fem voc sing); **Dido** (fem voc sing); **verus** (masc nom sing); **nuntius** (masc nom sing); **venerat** (pluperf actv indic 3 sing); **mihi** (1 pers. pron., masc dat sing); [**te**] (2 pers. pron., fem acc sing); **exstinctam** (i.e., *exstinctam esse*, perf pssv infin; fem acc sing); [**te**] (2 pers. reflxv. pron., fem acc sing); **secutam** (i.e., *secutam esse*, dep., perf pssv infin; fem acc sing); **extrema** (neut acc pl); **ferrō** (neut abl sing); **fui** (perf actv indic 1 sing); **causa** (fem nom sing); **funeris** (neut gen sing); **tibi** (2 pers. pron., fem dat sing).

(D) **regina** (fem voc sing); **iuro** (prsnt actv indic 1 sing); **sidera** (neut acc pl); **superos** (masc acc pl); **est** (prsnt actv indic 3 sing); **qua** (fem nom sing); **fides** (fem nom sing); **imā** (fem abl sing); **tellure** (fem abl sing); **invitus** (masc nom sing); **cessi** (perf actv indic 1 sing); **tuō** (neut abl sing); **litore** (neut abl sing).

(E) **iussa** (neut nom pl); **de|or|um** (masc gen pl); **quae** (neut nom pl); **cogunt** (prsnt actv indic 3 pl); **me** (1 pers. pron., masc acc sing); **ire** (prsnt actv infin); **has** (fem acc pl); **umbras** (fem acc pl); **loca** (neut acc pl); **senta** (neut acc pl); **sitū** (masc abl sing); **profundam** (fem acc sing); **noctem** (fem acc sing); **egere** (i.e., *egerunt*, perf actv indic 3 pl); [**me**] (1 pers. pron., masc acc sing); **suīs** (neut abl pl); **imperiīs** (neut abl pl); **quivi** (perf actv indic 1 sing); **credere** (prsnt actv infin); **me** (1 pers. reflxv. pron., masc acc sing); **ferre** (prsnt actv infin); **hunc** (masc acc sing); **tantum** (masc acc sing); **dolorem** (masc acc sing); **tibi** (2 pers. pron., fem dat sing); **discessū** (masc abl sing).

(F) **siste** (prsnt actv imper 2 sing); **gradum** (masc acc sing); **subtrahe** (prsnt actv imper 2 sing); **te** (2 pers. reflxv. pron., fem acc sing); **nostrō** (masc abl sing); **aspectū** (masc abl sing); **quem** (masc acc sing); **fugis** (prsnt actv indic 2 sing); **hoc** (neut nom sing); **est** (prsnt actv indic 3 sing); **extremum** (neut nom sing); [**verbum**] (neut nom sing); **quod** (neut acc sing); **adloquor** (dep., prsnt pssv indic 1 sing); **te** (2 pers. pron., fem acc sing); **fatō** (neut abl sing).

* * * * * * * * * * * * * * * * * * *

<u>**Quick Reference, COMMON PRONOUNS**</u>: **hic**, haec, hoc (dem. pron.) - this; he, she, it | **ille**, illa, illud (dem. pron.) - that; that (famous) one (yonder); he, she, it | **ipse**, ipsa, ipsum (intnsv. pron.) - (one's own) self; very | **is**, ea, id (dem. pron.) - this, that; (of) such (a kind); he, she, it | **qui**, quae, quod (rel. pron.) - who, which; that

Vergil's **ORIGINAL TEXT (6.467-476)**. **(467)** Talibus Aeneas ardentem et torva tuentem | **(468)** lenibat dictis animum, lacrimasque ciebat. | **(469)** Illa solo fixos oculos aversa tenebat, | **(470)** nec magis incepto vultum sermone movetur | **(471)** quam si dura silex aut stet Marpesia cautes. | **(472)** Tandem corripuit sese, atque inimica refugit | **(473)** in nemus umbriferum, coniunx ubi pristinus illi | **(474)** respondet curis aequatque Sychaeus amorem. | **(475)** Nec minus Aeneas, casu concussus iniquo, | **(476)** prosequitur lacrimis longe, et miseratur euntem.

SUGGESTED WORD ORDER (6.467-476). **(A)** Aeneas lenibat [i.e., leniebat] ardentem et torva¹ tuentem² animum talibus dictīs³ [et] ciebat lacrimas. **(B)** Illa aversa tenebat oculos fixos [in] solō⁴ nec movetur vultum⁵ sermone inceptō⁶ magis quam si stet⁷ dura silex aut Marpesia cautes. **(C)** Tandem [Dido] corripuit sese atque inimica refugit in umbriferum nemus, ubi Sychaeus,⁸ pristinus coniunx illi,⁹ respondet curis [et] aequat amorem. **(D)** Nec minus Aeneas, concussus iniquō casū,¹⁰ prosequitur [eam] lacrimīs¹¹ longe et miseratur euntem.

6.467 **VOCABULARY SECTIONS (6.467-476)**

(A) **Aeneas**, ae (m) - Aeneas (Trojan leader) / **lenio**, lenire (4), lenivi, lenitus - calm, soothe / **ardeo**, ardēre (2), arsi, arsus - burn (with passion or rage) / **torvus**, a, um - fierce, grim (neut. as adv., "fiercely") / **tueor**, tueri (2), tutus - gaze, stare (the sense here is "to preserve, uphold," thus take *torva tuentem animum* as "fiercely maintained pride") / **animus**, i (m) - (violent) disposition, pride / **talis**, e - such / **dictum**, i (n) - word / **cieo**, ciēre (2), civi, citus - rouse, stir (i.e., "shed") / **lacrima**, ae (f) - tear

(B) **aversus**, a, um - disinclined, hostile / **teneo**, tenēre (2), tenui, tentus - hold (fast) / **oculus**, i (m) - eye / **figo**, figere (3), fixi, fixus - direct, fasten / [**in** (prep) - on (with Abl)] / **solum**, i (n) - earth, ground / **moveo**, movēre (2), movi, motus - affect, influence, sway / **vultus**, us (m) - countenance, face / **sermo**, onis (m) - speech / **incipio**, incipere (3), incepi, inceptus - begin, undertake / **magis** (comp. adv.) - more / **quam** (rel. adv.) - than / **si** (conj) - if / **sto** (1), steti, status - be immovable (as), remain fixed / **durus**, a, um - hard, unyielding / **silex**, silicis (f) - flint, granite / **Marpesius**, a, um - Marpesian (i.e., "of marble-producing Mt. Marpessus on Paros") / **cautes**, is (f) - cliff, crag, rock

(C) **tandem** (adv) - finally / [**Dido**, onis (f) - Dido (Queen of Carthage)] / **corripio**, corripere (3), corripui, correptus - carry off, take hold of (with *se*, "betake oneself") / **inimicus**, a, um - hostile, unfriendly / **refugio**, refugere (3), refugi - flee, run away / **in** (prep) - into (with Acc) / **umbrifer**, umbrifera, umbriferum - shade-casting, shady / **nemus**, oris (n) - forest, grove / **ubi** (adv) - where / **Sychaeus**, i (m) - Sychaeus (Dido's husband) / **pristinus**, a, um - former, original / **coniunx**, coniugis (m) - husband, spouse / **respondeo** (2), respondi, responsus - respond to, sympathize with (with Dat) / **cura**, ae (f) - care, concern, trouble / **aequo** (1) - match, requite / **amor**, oris (m) - affection, love

(D) **minus** (adv) - less (with *nec*, "yet none the less") / **Aeneas**, ae (m) - Aeneas (Trojan leader) / **concutio** (3), concussi, concussus - agitate, disturb, shake / **iniquus**, a, um - unfortunate, unjust / **casus**, us (m) - calamity, death / **prosequor**, prosequi (3), prosecutus - follow after, pursue, seek to accompany / **lacrima**, ae (f) - tear / **longe** (adv) - at a distance, from afar / **miseror**, miserari (1), miseratus - feel compassion, pity / **eo**, ire, ii, itus - depart, go

GRAMMATICAL NOTES: **1.** *torva* (Adverbial Accusative modifying *tuentem*, "fiercely"); **2.** *tuentem* (the sense of *tueri* here is "to preserve, uphold," thus take *torva tuentem animum* as "fiercely maintained pride"); **3.** *talibus dictīs* (Abl of Means); **4.** *solō* (Abl of Place Where); **5.** *vultum* (Acc of Respect, lit., "with respect to her face," best read with *nec movetur* as "nor does her countenance change"); **6.** *sermone inceptō* (Abl of Means); **7.** *stet* (Subjunctive in a Conditional Clause of Comparison after *quam si*, "than if she were to stand fixed like..."); **9.** *illi* (Dat of Reference with *pristinus coniunx*, "the former spouse to her," i.e., "her former husband"); **10.** *iniquō casū* (Abl of Means); **11.** *lacrimīs* (Abl of Manner, "with tears"). | **HISTORICAL AND MYTHOLOGICAL NOTE**: **8.** Vergil relates that Dido's husband Sychaeus, the wealthiest man in Phoenician Tyre, was murdered by her brother Pygmalion before the very altar of the gods so that he might seize his brother-in-law's immense fortune; appearing to her in a dream, Sychaeus' ghost disclosed not only Pygmalion's foul deed but also revealed to her the location of his hidden hoard of bullion, and warned her to flee from Tyre in order to found a new settlement with those opposed to her brother (*Aen.* 1.343-359).

Quick Reference, COMMON PRONOUNS: **hic**, haec, hoc (dem. pron.) - this; he, she, it | **ille**, illa, illud (dem. pron.) - that; that (famous) one (yonder); he, she, it | **ipse**, ipsa, ipsum (intnsv. pron.) - (one's own) self; very | **is**, ea, id (dem. pron.) - this, that; (of) such (a kind); he, she, it | **qui**, quae, quod (rel. pron.) - who, which; that

FULLY PARSED (6.467-476)

(A) Aeneas (masc nom sing); **lenibat** (i.e., *leniebat*, impf actv indic 3 sing); **ardentem** (prsnt actv prcpl, masc acc sing); **torva** (neut acc pl); **tuentem** (dep., prsnt actv prcpl, masc acc sing); **animum** (masc acc sing); **talibus** (neut abl pl); **dictīs** (neut abl pl); **ciebat** (impf actv indic 3 sing); **lacrimas** (fem acc pl).

(B) illa (fem nom sing); **aversa** (fem nom sing); **tenebat** (impf actv indic 3 sing); **oculos** (masc acc pl); **fixos** (perf pssv prcpl, masc acc pl); **solō** (neut abl sing); **movetur** (prsnt pssv indic 3 sing); **vultum** (masc acc sing); **sermone** (masc abl sing); **inceptō** (perf pssv prcpl, masc abl sing); **stet** (prsnt actv subjv 3 sing); **dura** (fem nom sing); **silex** (fem nom sing); **Marpesia** (fem nom sing); **cautes** (fem nom sing).

(C) [Dido] (fem nom sing); **corripuit** (perf actv indic 3 sing); **sese** (3 pers. reflxv. pron., fem acc sing); **inimica** (fem nom sing); **refugit** (perf actv indic 3 sing); **umbriferum** (neut acc sing); **nemus** (neut acc sing); **Sychaeus** (masc nom sing); **pristinus** (masc nom sing); **coniunx** (masc nom sing); **illi** (fem dat sing); **respondet** (prsnt actv indic 3 sing); **curis** (fem dat pl); **aequat** (prsnt actv indic 3 sing); **amorem** (masc acc sing).

(D) Aeneas (masc nom sing); **concussus** (perf pssv prcpl, masc nom sing); **iniquō** (masc abl sing); **casū** (masc abl sing); **prosequitur** (dep., prsnt pssv indic 3 sing); **[eam]** (fem acc sing); **lacrimīs** (fem abl pl); miseratur (dep., prsnt pssv indic 3 sing); **euntem** (prsnt actv prcpl, fem acc sing).

* * * * * * * * * * * * * * * * * * *

Vergil's **ORIGINAL TEXT (6.847-859)**. **(847)** Excudent alii spirantia mollius aera | **(848)** (credo equidem), vivos ducent de marmore vultus, | **(849)** orabunt causas melius, caelique meatus | **(850)** describent radio, et surgentia sidera dicent: | **(851)** tu regere imperio populos, Ramane, memento | **(852)** (hae tibi erunt artes), pacique imponere morem, | **(853)** parcere subiectis, et debellare superbos." | **(854)** Sic pater Anchises, atque haec mirantibus addit: | **(855)** "Aspice, ut insignis spoliis Marcellus opimis | **(856)** ingreditur, victorque viros supereminet omnis. | **(857)** Hic rem Romanam magno turbante tumultu | **(858)** sistet, eques sternet Poenos, Gallumque rebellem, | **(859)** tertiaque arma patri suspendet capta Quirino."

SUGGESTED WORD ORDER (6.847-859). **(A)** "Alli [populi],[1] equidem credo, excudent spirantia aera mollius, ducent vivos vultus de marmore, orabunt causas melius [et] describent meatus caeli radiō[2] et dicent surgentia sidera: **(B)** tu, Romane, memento regere populos imperiō[3] (hae erunt artes tibi),[4] imponere morem paci, parcere subiectis et debellare superbos." **(C)** Sic pater Anchises [dicit] atque addit haec [eis] mirantibus:[5] "Aspice ut Marcellus,[6] insignis opimīs spoliīs,[7] ingreditur [et] victor supereminet omnis viros. **(D)** Hic eques,[8] magnō tumultū turbante,[9] sistet Romanam rem [et] sternet Poenos [et] rebellem Gallum, [et] suspendet tertia capta arma patri Quirino."[10]

6.847 VOCABULARY SECTIONS (6.847-859)

(A) **alius**, alia, aliud - other / [**populus**, i (m) - nation, people] / **equidem** (adv) - certainly, no doubt / **credo**, credere (3), credidi, creditus - believe, suppose / **excudo**, excudere (3), excudi, excusus - fashion, hammer out, mould / **spiro** (1) - breathe, live / **aes**, aeris (n) - bronze / **molliter** (adv) - agreeably, gently (comp. *mollius*, "more aesthetically pleasing") / **duco**, ducere (3), duxi, ductus - chisel out, draw forth / **vivus**, a, um - living / **vultus**, us (m) - countenance; (pl) facial features / **de** (prep) - from, out of (with Abl) / **marmor**, oris (n) - marble / **oro** (1) - argue, plead / **causa**, ae (f) - cause, lawsuit / **melius** (comp. adv.) - better / **describo**, describere (3), descripsi, descriptus - chart, map out, write down / **meatus**, us (m) - course, orbit, path / **caelum**, i (n) - heaven, sky / **radius**, i (m) - (geometer's) rod / **dico**, dicere (3), dixi, dictus - describe, predict / **surgo**, surgere (3), surrexi - ascend, rise / **sidus**, eris (n) - star; (pl) constellations

---

Quick Reference, COMMON PRONOUNS: **hic**, haec, hoc (dem. pron.) - this; he, she, it | **ille**, illa, illud (dem. pron.) - that; that (famous) one (yonder); he, she, it | **ipse**, ipsa, ipsum (intnsv. pron.) - (one's own) self; very | **is**, ea, id (dem. pron.) - this, that; (of) such (a kind); he, she, it | **qui**, quae, quod (rel. pron.) - who, which; that

(B) **Romanus**, a, um - Roman / **memini**, meminisse (defect.) - bear in mind, remember / **rego**, regere (3), rexi, rectus - rule / **populus**, i (m) - nation, people / **imperium**, i (n) - authority, dominion / **ars**, artis (f) - art, skill / **impono**, imponere (3), imposui, impositus - establish, impose / **mos**, moris (m) - custom, rule (i.e., "the rule of civilization") / **pax**, pacis (f) - peace / **parco**, parcere (3), peperci, parsus - spare (with Dat) / **subicio**, subicere (3), subieci, subiectus - conquer, humble, overcome / **debello** (1) - destroy, subdue, vanquish / **superbus**, a, um - haughty, proud

(C) **sic** (adv) - so, thus / **pater**, patris (m) - father / **Anchises**, ae (m) - Anchises (Aeneas' father) / [**dico**, dicere (3), dixi, dictus - speak] / **addo**, addere (3), addidi, additus - add, impart / **miror**, mirari (1), miratus - marvel, wonder (at) / **aspicio**, aspicere (3), aspexi, aspectus - behold, observe / **ut** (adv) - how / **Marcellus**, i (m) - M. Claudius Marcellus (cos. 222 BC) / **insignis**, e - distinguished, remarkable / **opimus**, a, um - noble, splendid / **spolia**, orum (n) - arms (stripped as booty) / **ingredior**, ingredi (3), ingressus - march, proceed / **victor**, oris (m) - conqueror (in appos., "as a victor, victorious") / **superemineo**, supereminēre (2) - rise above, tower over / **omnis**, e - all, every / **vir**, viri (m) - man

(D) **eques**, itis (m) - knight / **magnus**, a, um - great / **tumultus**, us (m) - disturbance, uproar / **turbo** (1) - cause disorder, rage / **Romanus**, a, um - Roman / **res**, rei (f) - nation, state / **sisto**, sistere (3), stiti, status - place firmly (i.e., "secure") / **sterno**, sternere (3), stravi, stratus - cast down, overthrow / **Poeni**, orum (m) - the Phoenicians (i.e., "Carthaginians") / **rebellis**, e - insurgent, rebellious / **Gallus**, i (m) - a Gaul / **suspendo**, suspendere (3), suspendi, suspensus - dedicate, hang (up) / **tertius**, a, um - third / **capio**, capere (3), cepi, captus - capture, seize / **arma**, orum (n) - armor, weapons / **pater**, patris (m) - father / **Quirinus**, i (m) - Quirinus (an epithet of the deified Romulus)

GRAMMATICAL NOTES: 1. *alli [populi]* (Vergil's mention of "other nations" refers principally to the Greeks, whom the Romans regarded as their cultural superiors in the arts and sciences as well as the field of rhetoric); 2. *radiō* (Abl of Means); 3. *imperiō* (Abl of Means); 4. *tibi* (Dat of Possession with *erunt*, "these will be your arts"); 5. *[eis] mirantibus* ("to [them] standing in amazement," i.e., to Aeneas and the Sibyl); 7. *opimīs spoliīs* (Abl of Cause or Means); 9. *magnō tumultū turbante* (Abl Absol, "with a great disturbance raging"). | **HISTORICAL AND MYTHOLOGICAL NOTES**: 6-7. M. Claudius Marcellus (cos. 222 BC), illustrious forbear of Augustus' nephew and heir apparent Marcellus (who died in 23 BC), held the consulship five times and served with distinction (though with varied success) in both the First and Second Punic Wars (264-241 and 218-201 BC) but was most renowned for having quelled an uprising of the Insubrian Gauls during his consulship in which he killed their chieftain Viridomarus in single combat, thereby earning distinction as the third and final Roman to have won the *spolia opima* (Plut., *Marc.* 7-8; Liv., *Per.* 20). These spoils, stripped from the bodies of enemy leaders, were traditionally offered to Jupiter Feretrius and had previously been taken only by Romulus following his duel with Acron of Caenina (Liv. 1.10; Plut., *Rom.* 16) and the military tribune A. Cornelius Cossus (cos. 428 BC) after his combat with Lars Tolumnius of Veii (Liv. 4.19-20; note that sources disagree on the exact date of Cossus' accomplishment, which Livy places in 437 BC). | 8. Under the monarchy and throughout the early republican period, the *equites* (commonly translated as "knights") were those Romans who could afford to equip themselves for cavalry service with the legion; they were eventually increased from an original (and perhaps legendary) complement of 300 men to eighteen full centuries drawn from the wealthiest citizens. By the late Republic, however, the term *eques* was used to denote membership in the *ordo equester* (i.e., "the Equestrian Order"), an elite social class whose specific duties and privileges remain disputed by scholars but which certainly required a property qualification of 400,000 sesterces for admission and whose members furnished junior officers to the legions and provincial administrative staffs, pursued commercial interests from which senators were debarred, and (following the reforms of C. Gracchus in 123 BC) provided juries for the politically-significant *quaestiones* (permanent judicial courts established for specific offenses such as extortion and other magisterial misconduct); at the time of Caesar, over seventy centuries of *equites* (each containing well over one hundred men) had been incorporated alongside the ancient eighteen centuries (still capped at one hundred men apiece). Though increasingly distinct from the more prestigious senatorial class with which some of its members often clashed on particular issues, the wealthy *equites* did not constitute a single commercial or political entity but were rather comprised of individuals concerned with a wide array of interests and occupations; it should be noted that all non-senatorial members of senatorial families were classified as *equites*, and that the Order might best be viewed as that portion of the Roman upper class which, for whatever reasons, either declined or had yet to embark upon political careers leading to the Senate. | 10. Originally a local Sabine deity worshipped on the Quirinal Hill prior to Rome's foundation, Quirinus was eventually absorbed into the Roman pantheon as a member of the original Capitoline Triad alongside Jupiter and Mars (with whom he was closely associated as the war

---

Quick Reference, COMMON PRONOUNS: **hic**, haec, hoc (dem. pron.) - this; he, she, it | **ille**, illa, illud (dem. pron.) - that; that (famous) one (yonder); he, she, it | **ipse**, ipsa, ipsum (intnsv. pron.) - (one's own) self; very | **is**, ea, id (dem. pron.) - this, that; (of) such (a kind); he, she, it | **qui**, quae, quod (rel. pron.) - who, which; that

god's "peaceful double"); very little is known about his actual function in state religion, but he was assimilated as an aspect of the deified Romulus from the third century BC onward. Ancient sources suggest rather confusedly that he was to be honored with the "third class" of *spolia opima* (i.e., those taken by common soldiers rather than generals or officers, who consititued the "first" and "second" classes), which Vergil apparently misunderstood to mean the third instance of a "first class" class dedication made by M. Claudius Marcellus (on whom see notes 6-7 above) and thus mistakenly identified Quirinus as the recipient of the *spolia* in this passage rather than the traditional Jupiter Feretrius.

FULLY PARSED (6.847-859)

(A) **alli** (masc nom pl); **[populi]** (masc nom pl); **credo** (prsnt actv indic 1 sing); **excudent** (fut actv indic 3 pl); **spirantia** (prsnt actv prcpl, neut acc pl); **aera** (neut acc pl); **mollius** (comp. of *molliter*); **ducent** (fut actv indic 3 pl); **vivos** (masc acc pl); **vultus** (masc acc pl); **marmore** (neut abl sing); **orabunt** (fut actv indic 3 pl); **causas** (fem acc pl); **melius** (comp. of *bene*); **describent** (fut actv indic 3 pl); **meatus** (masc acc pl); **caeli** (neut gen sing); **radiō** (masc abl sing); **dicent** (fut actv indic 3 pl); **surgentia** (prsnt actv prcpl, neut acc pl); **sidera** (neut acc pl).

(B) **tu** (2 pers. pron, masc nom sing); **Romane** (masc voc sing); **memento** (defect., prsnt actv imper 2 sing); **regere** (prsnt actv infin); **populos** (masc acc pl); **imperiō** (neut abl sing); **hae** (fem nom pl); **erunt** (fut actv indic 3 pl); **artes** (fem nom pl); **tibi** (2 pers. pron., masc dat sing), **imponere** (prsnt actv infin); **morem** (masc acc sing); **paci** (fem dat sing); **parcere** (prsnt actv infin); **subiectis** (perf pssv prcpl, masc dat pl); **debellare** (prsnt actv infin); **superbos** (masc acc pl).

(C) **pater** (masc nom sing); **Anchises** (masc nom sing); **[dicit]** (prsnt actv indic 3 sing); **addit** (prsnt actv indic 3 sing); **haec** (neut acc pl); **[eis]** (masc dat pl); **mirantibus** (dep., prsnt actv prcpl, masc dat pl); **aspice** (prsnt actv imper 2 sing); **Marcellus** (masc nom sing); **insignis** (masc nom sing); **opimīs** (neut abl pl); **spoliīs** (neut abl pl); **ingreditur** (dep., prsnt pssv indic 3 sing); **victor** (masc nom sing); **supereminet** (prsnt actv indic 3 sing); **omnis** (masc acc pl); **viros** (masc acc pl).

(D) **hic** (masc nom sing); **eques** (masc nom sing); **magnō** (masc abl sing); **tumultū** (masc abl sing); **turbante** (prsnt actv prcpl, masc abl sing); **sistet** (fut actv indic 3 sing); **Romanam** (fem acc sing); **rem** (fem acc sing); **sternet** (fut actv indic 3 sing); **Poenos** (masc acc pl); **rebellem** (masc acc sing); **Gallum** (masc acc sing); **suspendet** (fut actv indic 3 sing); **tertia** (neut acc pl); **capta** (perf pssv prcpl, neut acc pl); **arma** (neut acc pl); **patri** (masc dat sing); **Quirino** (masc dat sing).

* * * * * * * * * * * * * * * * * * *

Vergil's **ORIGINAL TEXT (6.860-874)**. **(860)** Atque hic Aeneas (una namque ire videbat | **(861)** egregium forma iuvenem et fulgentibus armis, | **(862)** sed frons laeta parum et deiecto lumina vultu): | **(863)** "Quis, pater, ille, virum qui sic comitatur euntem? | **(864)** Filius anne aliquis magna de stirpe nepotum? | **(865)** Quis strepitus circa comitum! Quantum instar in ipso! | **(866)** Sed nox atra caput tristi circumvolat umbra." | **(867)** Tum pater Anchises lacrimis ingressus obortis: | **(868)** "O nate, ingentem luctum ne quaere tuorum. | **(869)** Ostendent terris hunc tantum Fata, neque ultra | **(870)** esse sinent. Nimium vobis Romana propago | **(871)** visa potens, superi, propria haec si dona fuissent. | **(872)** Quantos ille virum magnam Mavortis ad urbem | **(873)** campus aget gemitus, vel quae, Tiberine, videbis | **(874)** funera, cum tumulum praeterlabere recentem!"

SUGGESTED WORD ORDER (6.860-874). **(A)** Atque hic Aeneas, namque una videbat iuvenem[1] egregium formā[2] et fulgentibus armīs,[3] sed frons [erat] parum laeta et lumina [erant] deiectō vultū,[4] **(B)** "Pater, quis [est] ille qui sic comitatur virum euntem? Filius, anne aliquis de magnā stirpe nepotum? Quis strepitus comitum [volat] circa! **(C)** Quantum instar [est] in ipsō! Sed atra nox circumvolat caput tristī umbrā."[5] **(D)** Tum pater Anchises ingressus [i.e., ingressus est], lacrimīs obortīs:[6] "O nate, ne quaere ingentem luctum tuorum [populorum]; Fata tantum ostendent hunc terris [et] ne sinent [hunc] esse ultra. **(E)** Si haec propria dona fuissent,[7] Romana propago visa [i.e., visa esset][8] nimium potens vobis, [O] superi! Quantos gemitus vir[or]um ille campus aget ad magnam urbem Mavortis! **(F)** Vel quae funera, Tiberine,[9] videbis cum praeterlabere [i.e., praeterlaberis] recentem tumulum!"

Quick Reference, COMMON PRONOUNS: **hic**, haec, hoc (dem. pron.) - this; he, she, it | **ille**, illa, illud (dem. pron.) - that; that (famous) one (yonder); he, she, it | **ipse**, ipsa, ipsum (intnsv. pron.) - (one's own) self; very | **is**, ea, id (dem. pron.) - this, that; (of) such (a kind); he, she, it | **qui**, quae, quod (rel. pron.) - who, which; that

6.860   VOCABULARY SECTIONS (6.860-874)

(A)   **hic** (adv) - hereupon / **Aeneas**, ae (m) - Aeneas (Trojan leader) / **namque** (conj) - for / **una** (adv) - at the same time / **video**, vidēre (2), vidi, visus - notice, see / **iuvenis**, is (m) - young man / **egregius**, a, um - extraordinary, remarkable / **forma**, ae (f) - (physical) beauty, form / **fulgeo**, fulgēre (2), fulsi - gleam, shine / **arma**, orum (n) - armor, weapons / **frons**, frontis (f) - brow (i.e., "countenance, expression") / **parum** (adv) - scarcely / **laetus**, a, um - cheerful, joyful / **lumen**, inis (n) - eye / **deicio**, deicere (3), deieci, deiectus - cast down, lower / **vultus**, us (m) - countenance, face

(B)   **pater**, patris (m) - father / **quis**, quid (interrog. pron.) - who? what? / **sic** (adv) - thus / **comitor**, comitari (1), comitatus - accompany / **vir**, viri (m) - man / **eo**, ire, ii, itus - advance, go / **filius**, i (m) - son / **anne** (interrog. conj.) - or / **aliquis**, aliqua, aliquid - someone, something / **de** (prep) - from (with Abl) / **magnus**, a, um - great, noble / **stirps**, stirpis (f) - lineage, race / **nepos**, otis (m) - grandson; (pl) descendant / **quis** *iterum* / **strepitus**, us (m) - (bustling) din, murmur / **comes**, itis (m) - companion / [**volo** (1) - circulate, flutter, fly] / **circa** (adv) - all around, round about

(C)   **quantus**, a, um (rel. adj.) - how great (a degree of) / **instar** (n., indecl.) - likeness, similarity / **in** (prep) - in (with Abl) / **ater**, atra, atrum - dark, gloomy / **nox**, noctis (f) - night / **circumvolo** (1) - flit about, fly around / **caput**, capitis (n) - head / **tristis**, e - dismal, sorrowful / **umbra**, ae (f) - shade, shadow

(D)   **tum** (adv) - then / **pater**, patris (m) - father / **Anchises**, ae (m) - Anchises (Aeneas' father) / **ingredior**, ingredi (3), ingressus - begin / **lacrima**, ae (f) - tear / **oborior**, oboriri (4), obortus - flow, spring up / **natus**, i (m) - son / **quaero**, quaerere (3), quaesivi, quaesitus - seek (to learn about) / **ingens**, ntis - great, unbearable, vast / **luctus**, us (m) - grief, sorrow / **tuus**, a, um - your / [**populus**, i (m) - people] / **Fatum**, i (n) - destiny, fate; (pl) "the Fates" / **tantum** (adv) - merely, only / **ostendo**, ostendere (3), ostendi, ostentus - reveal, show / **terra**, ae (f) - land; (pl), the "whole earth" / **sino**, sinere (3), sivi, situs - allow, permit / **sum**, esse, fui, futurus - remain (in existence) / **ultra** (adv) - further, longer

(E)   **si** (conj) - if / **proprius**, a, um - particular, special / **donum**, i (n) - gift / **sum**, esse, fui, futurus - remain (in existence) / **Romanus**, a, um - Roman / **propago**, inis (f) - progeny, race / **video**, vidēre (2), vidi, visus - see (Pssv, "appear, seem") / **nimium** (adv) - excessively, too (much) / **potens**, ntis - mighty, powerful / **superus**, a, um - higher, upper (as subst., "the gods above") / **quantus**, a, um (rel. adj.) - how much, what (a great amount of) / **gemitus**, us (m) - cry (of lamentation), groan / **vir**, viri (m) - man / **campus**, i (m) - field, plain / **ago**, agere (3), egi, actus - drive, stir up / **ad** (prep) - to (with Acc) / **magnus**, a, um - great / **urbs**, urbis (f) - city / **Mavors**, ortis (m) - Mavors (i.e., Mars, the Roman god of War)

(F)   **qui**, quae, quod (interrog. adj.) - who? what (kind of)? / **funus**, eris (n) - funeral rites / **Tiberinus**, i (m) - Tiberinus (god of the river Tiber) / **video**, vidēre (2), vidi, visus - notice, see / **cum** (conj) - when / **praeterlabor**, praeterlabi (3), praeterlapsus - glide by / **recens**, entis - lately-arisen, new / **tumulus**, i (m) - (sepulchral) mound, tomb

GRAMMATICAL NOTES: 2-3. *formā et fulgentibus armīs* (Ablatives of Respect, "for his beauty and gleaming weapons"); 4. *deiectō vultū* (Abl of Description or Respect, "of a dejected countenance," best read with *lumina* as "his eyes wore a dejected expression"); 5. *tristī umbrā* (Abl of Description, "with its mournful shade"); 6. *lacrimīs obortīs* (Abl Absol, "with tears having risen up"); 7-8. *fuissent...visa [esset]* (Pluperfect Subjunctives in a Past Contrary-to-Fact Condition, "If these particular gifts [i.e., those inherent in young Marcellus] had remained, the Roman race would have seemed..."). | **HISTORICAL AND MYTHOLOGICAL NOTES**: 1. The remarkable *iuvenis* whom Aeneas notices accompanying the illustrious M. Claudius Marcellus (on whom see Section 6.847-859, notes **6-7**) was Augustus' nephew and heir presumptive, M. Claudius Marcellus (aed. 23 BC); he died at Baiae in the year of his aedileship at the age of twenty and was buried with extraordinary public honors in the recently-completed Mausoleum of Augustus (located in the Campus Martius near the river Tiber). According to Cassius Dio, Augustus himself delivered the funeral oration and later honored his memory at the *Ludi Romani* and dedicated the Theater of Marcellus (begun by Julius Caesar) in his name (53.30.4-31.1). | 9. Tiberinus was the Roman god of the Tiber river, who was according to legend a descendant of Aeneas and a former king of Alba Longa who drowned in the river which later bore his name and over which he exercised perpetual guardianship (Liv. 1.3.8; Dion. Hal., *Ant. Rom.* 1.71).

Quick Reference, COMMON PRONOUNS: **hic**, haec, hoc (dem. pron.) - this; he, she, it | **ille**, illa, illud (dem. pron.) - that; that (famous) one (yonder); he, she, it | **ipse**, ipsa, ipsum (intnsv. pron.) - (one's own) self; very | **is**, ea, id (dem. pron.) - this, that; (of) such (a kind); he, she, it | **qui**, quae, quod (rel. pron.) - who, which; that

FULLY PARSED (6.860-874)

(A) **Aeneas** (masc nom sing); **videbat** (impf actv indic 3 sing); **iuvenem** (masc acc sing); **egregium** (masc acc sing); **formā** (fem abl sing); **fulgentibus** (prsnt actv prcpl, neut abl pl); **armīs** (neut abl pl); **frons** (fem nom sing); **[erat]** (impf actv indic 3 sing); **laeta** (fem nom sing); **lumina** (neut nom pl); **[erant]** (impf actv indic 3 pl); **deiectō** (perf pssv prcpl, masc abl sing); **vultū** (masc abl sing).

(B) **pater** (masc voc sing); **quis** (masc nom sing); **[est]** (prsnt actv indic 3 sing); **ille** (masc nom sing); **qui** (masc nom sing); **comitatur** (dep., prsnt pssv indic 3 sing); **virum** (masc acc sing); **euntem** (prsnt actv prcpl, masc acc sing); **filius** (masc nom sing); **aliquis** (masc nom sing); **magnā** (fem abl sing); **stirpe** (fem abl sing); **nepotum** (masc gen pl); **quis** (masc nom sing); **strepitus** (masc nom sing); **comitum** (masc gen pl); **[volat]** (prsnt actv indic 3 sing).

(C) **quantum** (neut nom sing); **instar** (neut, indecl.; read as neut nom sing); **[est]** (prsnt actv indic 3 sing); **ipsō** (masc abl sing); **atra** (fem nom sing); **nox** (fem nom sing); **circumvolat** (prsnt actv indic 3 sing); **caput** (neut acc sing); **tristī** (fem abl sing); **umbrā** (fem abl sing).

(D) **pater** (masc nom sing); **Anchises** (masc nom sing); **ingressus** (i.e., *ingressus est*, dep., perf pssv indic 3 sing; masc nom); **lacrimīs** (fem abl pl); **obortīs** (perf pssv prcpl, fem abl pl); **nate** (masc voc sing); **quaere** (prsnt actv imper 2 sing); **ingentem** (masc acc sing); **luctum** (masc acc sing); **tuorum** (masc gen pl); **[populorum]** (masc gen pl); **Fata** (neut nom pl); **ostendent** (fut actv indic 3 pl); **hunc** (masc acc sing); **terris** (fem dat pl); **sinent** (fut actv indic 3 pl); **[hunc]** (masc acc sing); **esse** (prsnt actv infin).

(E) **haec** (neut nom pl); **propria** (neut nom pl); **dona** (neut nom pl); **fuissent** (pluperf actv subjv 3 pl); **Romana** (fem nom sing); **propago** (fem nom sing); **visa** (i.e., *visa esset*, pluperf pssv subjv 3 sing; fem nom); **potens** (fem nom sing); **vobis** (2 pers. pron., masc dat pl); **superi** (masc voc pl); **quantos** (masc acc pl); **gemitus** (masc acc pl); **vir[or]um** (masc gen pl); **ille** (masc nom sing); **campus** (masc nom sing); **aget** (fut actv indic 3 sing); **magnam** (fem acc sing); **urbem** (fem acc sing); **Mavortis** (masc gen sing).

(F) **quae** (neut nom pl); **funera** (neut nom pl); **Tiberine** (masc voc sing); **videbis** (fut actv indic 2 sing); **praeterlabere** (i.e., *praeterlaberis*, dep., fut pssv indic 2 sing); **recentem** (masc acc sing); **tumulum** (masc acc sing).

* * * * * * * * * * * * * * * * * *

Vergil's **ORIGINAL TEXT (6.875-885)**. **(875)** "Nec puer Iliaca quisquam de gente Latinos | **(876)** in tantum spe tollet avos, nec Romula quondam | **(877)** ullo se tantum tellus iactabit alumno. | **(878)** Heu! pietas! heu! prisca fides invictaque bello | **(879)** dextera! Non illi se quisquam impune tulisset | **(880)** obvius armato, seu cum pedes iret in hostem, | **(881)** seu spumantis equi foderet calcaribus armos. | **(882)** Heu! miserande puer, si qua fata aspera rumpas, | **(883)** tu Marcellus eris! Manibus date lilia plenis | **(884)** purpureos spargam flores, animamque nepotis | **(885)** his saltem accumulem donis, et fungar inani munere."

> **SUGGESTED WORD ORDER (6.875-885)**. **(A)** "Nec quisquam puer de Iliacā gente tollet Latinos avos tantum in spē,[1] nec Romula tellus quondam iactabit se tantum ullō alumnō.[2] **(B)** Heu pietas, heu prisca fides [et] invicta dextera bellō![3] **(C)** Non quisquam obvius illi armato tulisset[4] se impune, seu cum iret[5] pedes in hostem seu [cum] foderet[6] spumantis armos equi calcaribus.[7] **(D)** Heu, miserande puer, si qua rumpas[8] aspera Fata! Tu eris Marcellus![9] **(E)** Date [mihi, ut ego] spargam[10] lilia, purpureos flores, plenīs manibus[11] [et] saltem accumulem[12] animam nepotis hīs donīs,[13] et fungar[14] inanī munere."

6.875 **VOCABULARY SECTIONS (6.875-885)**

(A) **quisquam**, quicquam (indef. pron.) - anyone, anything (used here as adj.) / **puer**, pueri (m) - boy, youth / **de** (prep) - from (with Abl) / **Iliacus**, a, um - of Ilium (i.e., "Trojan") / **gens**, gentis (f) - people, nation / **tollo**, tollere (3), sustuli, sublatus - exalt, raise / **Latinus**, a, um - Latin / **avus**, i (m) - ancestor / **tantum** (adv) - so far, greatly / **in** (prep) - in

Quick Reference, **COMMON PRONOUNS**: **hic**, haec, hoc (dem. pron.) - this; he, she, it | **ille**, illa, illud (dem. pron.) - that; that (famous) one (yonder); he, she, it | **ipse**, ipsa, ipsum (intnsv. pron.) - (one's own) self; very | **is**, ea, id (dem. pron.) - this, that; (of) such (a kind); he, she, it | **qui**, quae, quod (rel. pron.) - who, which; that

(with Abl) / **spes**, ei (f) - (state of) expectation, hope / **Romulus**, a, um - of Romulus (i.e., "Roman") / **tellus**, uris (f) - land, country / **quondam** (adv) - ever / **iacto** (1) - boast, vaunt (with *se*, "take pride in oneself") / **tantum** (adv) - so much, to such a degree / **ullus**, a, um - any / **alumnus**, i (m) - son (i.e., "descendant") /

(B) **heu** (interj.) - "alas!" (an exclamation of grief or loss) / **pietas**, atis (f) - devotion (to duty), loyalty, virtue / **heu** *iterum* / **priscus**, a, um - ancient, traditional / **fides**, ei (f) - faithfulness, trust / **invictus**, a, um - invincible / **dextera**, ae (f) - (right) hand / **bellum**, i (n) - war

(C) **quisquam**, quicquam (indef. pron.) - anyone, anything / **obvius**, a, um - moving against (i.e., "facing off against" in a hostile sense, with Dat) / **armo** (1) - arm, equip (for battle) / **fero**, ferre, tuli, latus - bear, maintain / **impune** (adv) - unharmed, without danger / **seu** (conj) - whether (*seu...seu*, "either...or if") / **cum** (conj) - when / **eo**, ire, ii, itus - advance, go / **pedes**, itis (m) - foot-soldier (as adj., "on foot") / **in** (prep) - against (with Acc) / **hostis**, is (m) - enemy, foe / **seu** *iterum* / [**cum** *iterum*] / **fodio**, fodere (3), fodi, fossus - goad, spur (onward) / **spumo** (1) - foam, froth / **armus**, i (m) - flank, side / **equus**, i (m) - horse / **calcar**, aris (n) - (horseman's) spur

(D) **heu** (interj.) - "alas!" (an exclamation of grief or loss) / **miserandus**, a, um - pitiable, wretched / **puer**, pueri (m) - boy / **si** (conj) - if (only) / **qua** (adv) - in any way / **rumpo**, rumpere (3), rupi, ruptus - break asunder, rend / **asper**, era, erum - cruel, harsh / **fatum**, i (n) - (decree of) fate; (pl) "the Fates" / **Marcellus**, i (m) - M. Claudius Marcellus (aed. 23 BC)

(E) **do**, dare (1), dedi, datus - allow, permit (with Dat of Person) / **spargo**, spargere (3), sparsi, sparsus - scatter, strew / **lilium**, i (n) - lily / **purpureus**, a, um - purple-hued (may simply suggest "bright") / **flos**, oris (m) - (flower) blossom / **plenus**, a, um - full, generous / **manus**, us (f) - hand / **saltem** (adv) - at (the very) least / **accumulo** (1) - cover, heap over / **anima**, ae (f) - shade, soul / **nepos**, otis (m) - descendant / **donum**, i (n) - gift / **fungor**, fungi (3), functus - fulfill, perform (with Abl) / **inanis**, e - ineffectual, unsubstantial, vain / **munus**, eris (n) - (funerary) tribute

GRAMMATICAL NOTES: 1. *tantum in spē* (The common form of expression would be *tollet avos in tantam spem*, but read here with Vergil's use of the Ablative as "so high in hope"); 2. *ullō alumnō* (Abl of Cause, "because of any son"); 3. *bellō* (Abl of Respect, "in war"); 4. *tulisset* (Pluperfect Subjunctive as the Apodosis of a Past Contrary-to-Fact Condition, "would have carried... ." With the implied Protasis *si vixisset*, read as "If he had lived, nobody matched against him fully armed would have maintained himself safely."); 5. *iret* (Imperfect Subjunctive in a Clause of Temporal Circumstance after *cum*, "when he might advance..."); 6. *foderet* (Imperfect Subjunctive in a Clause of Temporal Circumstance after *cum*, "when he might spur onward..."); 7. *calcaribus* (Abl of Means); 8. *rumpas* (Potential Subjunctive with *si qua*, "if only you could in any way break..."); 10. *spargam* (Subjunctive in a Jussive Noun Clause after *date*, which functions as a Verb of Permission: "give me leave, so that I might spread...," better read as "allow me to strew..."); 11. *plenīs manibus* (Abl of Means); 12. *accumulem* (Subjunctive in a Jussive Noun Clause after *date*, which functions as a Verb of Permission: "give me leave, so that I might cover... ." Given the funerary context, one might perhaps best substitute *tumulus* for *anima* and thus read the clause as "allow me to cover my offspring's tomb..."); 13. *hīs donīs* (Abl of Means); 14. *fungar* (Subjunctive in a Jussive Noun Clause after *date*, which functions as a Verb of Permission: "give me leave, so that I might perform...," better read as "allow me to perform..."). | **HISTORICAL AND MYTHOLOGICAL NOTE**: 9. On Augustus' nephew M. Claudius Marcellus (aed. 23 BC), see Section 6.860-874 (note 1).

FULLY PARSED (6.875-885)

(A) **quisquam** (masc nom sing); **puer** (masc nom sing); **Iliacā** (fem abl sing); **gente** (fem abl sing); **tollet** (fut actv indic 3 sing); **Latinos** (masc acc pl); **avos** (masc acc pl); **spē** (fem abl sing); **Romula** (fem nom sing); **tellus** (fem nom sing); **iactabit** (fut actv indic 3 sing); **se** (3 pers. reflxv. pron., fem acc sing); **ullō** (masc abl sing); **alumnō** (masc abl sing).

(B) **pietas** (fem nom sing); **prisca** (fem nom sing); **fides** (fem nom sing); **invicta** (fem nom sing); **dextera** (fem nom sing); **bellō** (neut abl sing).

Quick Reference, COMMON PRONOUNS: **hic**, haec, hoc (dem. pron.) - this; he, she, it | **ille**, illa, illud (dem. pron.) - that; that (famous) one (yonder); he, she, it | **ipse**, ipsa, ipsum (intnsv. pron.) - (one's own) self; very | **is**, ea, id (dem. pron.) - this, that; (of) such (a kind); he, she, it | **qui**, quae, quod (rel. pron.) - who, which; that

(C) **quisquam** (masc nom sing); **obvius** (masc nom sing); **illi** (masc dat sing); **armato** (perf pssv prcpl, masc dat sing); **tulisset** (pluperf actv subjv 3 sing); **se** (3 pers. reflxv. pron., masc acc sing); **iret** (impf actv subjv 3 sing); **pedes** (masc nom sing); **hostem** (masc acc sing); **foderet** (impf actv subjv 3 sing); **spumantis** (prsnt actv prcpl, masc acc pl); **armos** (masc acc pl); **equi** (masc gen sing); **calcaribus** (neut abl pl).

(D) **miserande** (masc voc sing); **puer** (masc voc sing); **rumpas** (prsnt actv subjv 2 sing); **aspera** (neut acc pl); **Fata** (neut acc pl); **tu** (2 pers. pron., masc nom sing); **eris** (fut actv indic 2 sing); **Marcellus** (masc nom sing).

(E) **date** (prsnt actv imper 2 sing); **[mihi]** (1 pers. pron., masc dat sing); **[ego]** (1 pers. pron., masc nom sing); **spargam** (prsnt actv subjv 1 sing); **lilia** (neut acc pl); **purpureos** (masc acc pl); **flores** (masc acc pl); **plenīs** (fem abl pl); **manibus** (fem abl pl); **accumulem** (prsnt actv subjv 1 sing); **animam** (fem acc sing); **nepotis** (masc gcn sing); **hīs** (ncut abl pl); **donīs** (ncut abl pl); **fungar** (dep., prsnt pssv subjv 1 sing); **inanī** (neut abl sing); **munere** (neut abl sing).

* * * * * * * * * * * * * * * * * *

Vergil's **ORIGINAL TEXT (6.886-899)**. **(886)** Sic tota passim regione vagantur | **(887)** aeris in campis latis, atque omnia lustrant. | **(888)** Quae postquam Anchises natum per singula duxit, | **(889)** inconditque aniumum famae venientis amore, | **(890)** exim bella viro memorat quae deinde gerenda, | **(891)** Laurentisque docet populos, urbemque Latini, | **(892)** et quo quemque modo fugiatque feratque laborem. | **(893)** Sunt geminae somni portae, quarum altera fertur | **(894)** cornea, qua veris facilis datur exitus umbris, | **(895)** altera candenti perfecta nitens elephanto, | **(896)** sed falsa ad caelum mittunt insomnia Manes. | **(897)** His ubi tum natum Anchises unaque Sibyllam | **(898)** prosequitur dictis, portaque emittit eburna, **(899)** ille viam secat ad navis sociosque revisit.

SUGGESTED WORD ORDER (6.886-899). **(A)** Sic vagantur passim [in] totā regione,[1] in latīs campīs aeris atque lustrant omnia. **(B)** Postquam Anchises duxit natum per singula[2] [et] incendit animum amore[3] venientis famae, exim memorat viro bella quae gerenda [i.e., gerenda erunt][4] deinde, [et] docet Laurentis populos [et] urbem Latini,[5] et quō modō[6] [et] fugiat[7] [et] ferat[8] quemque laborem. **(C)** Sunt geminae portae Somni, quarum fertur altera [esse] cornea, quā[9] facilis exitus datur veris umbris; altera [esse] nitens, perfecta candentī elephantō,[10] sed manes mittunt falsa insomnia ad caelum [per hanc portam]. **(D)** Ibi Anchises tum prosequitur natum [et] Sibyllam[11] una hīs dictīs[12] [et] emittit [eos] eburnā portā.[13] Ille secat viam ad navis [et] revisit socios.

6.886   **VOCABULARY SECTIONS (6.886-899)**

(A)   **sic** (adv) - thus / **vagor**, vagari (1), vagatus - roam, wander / **passim** (adv) - far and wide / **[in** (prep) - in (with Abl)] / **totus**, a, um - entire, whole / **regio**, onis (f) - region / **in** (prep) - among, in (with Abl) / **latus**, a, um - broad, wide / **campus**, i (m) - field, plain / **aer**, aeris (m) - (shadowy) fog, mist / **lustro** (1) - observe, survey / **omnis**, e - all, every

(B)   **postquam** (adv) - after / **Anchises**, ae (m) - Anchises (Aeneas' father) / **duco**, ducere (3), duxi, ductus - guide, lead / **natus**, i (m) - son / **per** (prep) - through (with Acc) / **singulus**, a, um - one by one, (each) separately / **incendo**, incendere (3), incendi, incensus - inflame, kindle / **animus**, i (m) - heart, mind / **amor**, oris (m) - (eager) desire, love / **venio**, venire (4), veni, ventus - come / **fama**, ae (f) - fame, renown / **exim** (adv) - next, thereupon / **memoro** (1) - recount, relate / **vir**, viri (m) - man / **bellum**, i (n) - war / **gero**, gerere (3), gessi, gestus - carry (on), wage / **deinde** (adv) - afterwards / **doceo**, docēre (2), docui, doctus - inform, tell (about) / **Laurens**, entis - Laurentian, of Laurentum (a city in Latium) / **populus**, i (m) - people, race / **urbs**, urbis (f) - city / **Latinus**, i (m) - Latinus (king of Laurentum) / **qui**, quae, quod (interrog. adj.) - who? what? / **modus**, i (m) - manner / **fugio**, fugere (3), fugi, fugiturus - avoid, elude / **fero**, ferre, tuli, latus - bear, endure / **quisque**, quaeque, quodque (indef. adj.) - each, every / **labor**, oris (m) - exertion, hardship, struggle

(C)   **geminus**, a, um - double, paired / **porta**, ae (f) - gate / **Somnus**, i (m) - Sleep (personified here as a deity) / **fero**, ferre, tuli, latus - assert, report / **alter**, altera, alterum - one (of a pair), the other (thus *alter...alter*, "the one...the other") /

Quick Reference, COMMON PRONOUNS: **hic**, haec, hoc (dem. pron.) - this; he, she, it | **ille**, illa, illud (dem. pron.) - that; that (famous) one (yonder); he, she, it | **ipse**, ipsa, ipsum (intnsv. pron.) - (one's own) self; very | **is**, ea, id (dem. pron.) - this, that; (of) such (a kind); he, she, it | **qui**, quae, quod (rel. pron.) - who, which; that

corneus, a, um - (made of) horn / **facilis**, e - easy, favorable / **exitus**, us (m) - exit, outlet / **do**, dare (1), dedi, datus - give / **verus**, a, um - genuine, true / **umbra**, ae (f) - shade, shadow (fig., "shades of the Underworld") / **alter** *iterum* / **nitens**, nitentis - bright, shining (brilliantly) / **perficio**, perficere (3), perfeci, perfectus - finish, make (Pssv, "fashioned, wrought") / **candens**, entis - gleaming, white / **elephantus**, i (m) - ivory / **manes**, ium (m) - shades (of the dead); also used to designate "the Lower World" / **mitto**, mittere (3), misi, missus - dispatch, send / **falsus**, a, um - deceitful, false / **insomnium**, i (n) - dream / **ad** (prep) - to (with Acc) / **caelum**, i (n) - (upper) region, sky (i.e., "the world above") / [**per** (prep) - through (with Acc)] / [**porta** *iterum*]

(D) **ibi** (adv) - thereupon / **Anchises**, ae (m) - Anchises (Aeneas' father) / **tum** (adv) - then / **prosequor**, prosequi (3), prosecutus - accompany, escort / **natus**, i (m) - son / **Sibylla**, ae (f) - the Sibyl (Apollo's prophetess) / **una** (adv) - at the same time, together / **dictum**, i (n) - word, remark / **emitto**, emittere (3), emisi, emissus - send forth / **eburnus**, a, um - (made of) ivory / **porta**, ae (f) - gate / **seco**, secare (1), secui, sectus - traverse / **via**, ae (f) - route, way / **ad** (prep) - to (with Acc) / **navis**, is (f) - ship / **reviso**, revisere (3) - revisit / **socius**, i (m) - companion

GRAMMATICAL NOTES: 1. *totā regione* (Abl of Place Where); 2. *per singula* ("through each successive scene"); 3. *amore* (Abl of Means); 4. *gerenda* (i.e., *gerenda erunt*, a Passive Periphrastic, "which will have to be fought"); 6. *quō modō* (Abl of Manner, "in which manner," i.e., "how"); 7-8. *fugiat [et] ferat* (Present Subjunctives in an Indirect Question after *quō modō*, "how he might avoid and endure..."); 9. *quā* (Abl of Means); 10. *candentī elephantō* (Abl of Material, "of polished ivory"); 12. *hīs dictīs* (Abl of Manner, "with these words"); 13. *eburnā portā* (Abl of Means). | HISTORICAL AND MYTHOLOGICAL NOTES: 5. Latinus, the eponymous hero of the early Latins, was the King of Laurentum who married his daughter Lavinia to Aeneas upon his arrival in Italy (on Laurentum and the "Lavinian shores," see Section 1.1-11, note 3). Livy records two separate traditions, one of which reports that Latinus fought (and was defeated by) the newly-arrived Trojans before making peace through a marriage alliance, and another which maintains that the king welcomed Aeneas into his household as a guest after hearing about his divine descent and exploits (1.1.4-11). | 11. On the Sibyl, see Section 6.313-332 (note 7).

FULLY PARSED (6.886-899) _____

(A) **vagantur** (dep., prsnt pssv indic 3 pl); **totā** (fem abl sing); **regione** (fem abl sing); **latīs** (masc abl pl); **campīs** (masc abl pl); **aeris** (masc gen sing); **lustrant** (prsnt actv indic 3 pl); **omnia** (neut acc pl).

(B) **Anchises** (masc nom sing); **duxit** (perf actv indic 3 sing); **natum** (masc acc sing); **singula** (neut acc pl); **incendit** (perf actv indic 3 sing); **animum** (masc acc sing); **amore** (masc abl sing); **venientis** (prsnt actv prcpl, fem gen sing); **famae** (fem gen sing); **memorat** (prsnt actv indic 3 sing); **viro** (masc dat sing); **bella** (neut acc pl); **quae** (neut nom pl); **gerenda** (i.e., *gerenda erunt*, (Passive Periphrastic; fut pssv prcpl, neut nom pl *gerenda* paired with the fut actv indic 3 pl *erunt*); **docet** (prsnt actv indic 3 sing); **Laurentis** (masc acc pl); **populos** (masc acc pl); **urbem** (fem acc sing); **Latini** (masc gen sing); **quō** (masc abl sing); **modō** (masc abl sing); **fugiat** (prsnt actv subjv 3 sing); **ferat** (prsnt actv subjv 3 sing); **quemque** (masc acc sing); **laborem** (masc acc sing).

(C) **sunt** (prsnt actv indic 3 pl); **geminae** (fem nom pl); **portae** (fem nom pl); **Somni** (masc nom sing); **quarum** (fem gen pl); **fertur** (prsnt pssv indic 3 sing); **altera** (fem nom sing); [**esse**] (prsnt actv infin); **cornea** (fem nom sing); **quā** (fem abl sing); **facilis** (masc nom sing); **exitus** (masc nom sing); **datur** (prsnt pssv indic 3 sing); **veris** (fem dat pl); **umbris** (fem dat pl); **altera** (fem nom sing); [**esse**] (prsnt actv infin); **nitens** (fem nom sing); **perfecta** (perf pssv prcpl, fem nom sing); **candentī** (masc abl sing); **elephantō** (masc abl sing); **manes** (masc nom pl); **mittunt** (prsnt actv indic 3 pl); **falsa** (neut acc pl); **insomnia** (neut acc pl); **caelum** (neut acc sing); [**hanc**] (fem acc sing); [**portam**] (fem acc sing).

(D) **Anchises** (masc nom sing); **prosequitur** (dep., prsnt pssv indic 3 sing); **natum** (masc acc sing); **Sibyllam** (fem acc sing); **hīs** (neut abl pl); **dictīs** (neut abl pl); **emittit** (prsnt actv indic 3 sing); [**eos**] (masc acc pl); **eburnā** (fem abl sing); **portā** (fem abl sing); **ille** (masc nom sing); **secat** (prsnt actv indic 3 sing); **viam** (fem acc sing); **navis** (fem acc pl); **revisit** (prsnt actv indic 3 sing); **socios** (masc acc pl).

___

Quick Reference, COMMON PRONOUNS: **hic**, haec, hoc (dem. pron.) - this; he, she, it | **ille**, illa, illud (dem. pron.) - that; that (famous) one (yonder); he, she, it | **ipse**, ipsa, ipsum (intnsv. pron.) - (one's own) self; very | **is**, ea, id (dem. pron.) - this, that; (of) such (a kind); he, she, it | **qui**, quae, quod (rel. pron.) - who, which; that

Quick Reference, COMMON PRONOUNS: **hic**, haec, hoc (dem. pron.) - this; he, she, it | **ille**, illa, illud (dem. pron.) - that; that (famous) one (yonder); he, she, it | **ipse**, ipsa, ipsum (intnsv. pron.) - (one's own) self; very | **is**, ea, id (dem. pron.) - this, that; (of) such (a kind); he, she, it | **qui**, quae, quod (rel. pron.) - who, which; that

Current and Forthcoming Titles from THE ANCIENT LIBRARY (2016-17)

Latin Vocabulary Guides

Catullus, *Carmina*
Cicero, *Dream of Scipio*
Cicero, *In Catilinam, 1-2*
Cicero, *Pro Archiā*
Cicero, *Pro Caeliō*
Cicero, *Pro Lege Maniliā*
Cornelius Nepos, *Life of Atticus*
Eutropius, *Breviarium* (Book 6)
Historia Apollonii Regis Tyri
Res Gestae Divi Augusti
Sallust, *Conspiracy of Catiline*
Seneca, *Apocolocyntosis*
Suetonius, *Life of Augustus*
Suetonius, *Life of Claudius*
Tacitus, *Agricola*
Vergil, *Aeneid* (Books 1-6)

Greek Vocabulary Guides

Aristotle, *Athenian Constitution*
Gorgias, *Encomium of Helen*
New Testament, *Gospel of Mark*
Plato, *Apology of Socrates*
Plato, *Crito*
Plutarch, *Themistocles*
Thucydides, *Peloponnesian War* (Book 1)
Xenophon, *Apology of Socrates*

Guide for Barbour's *Selections From Herodotus*
Guide for Mather and Hewitt's *Xenophon's Anabasis, I-IV*

Vocabulary Guides for the AP Latin Exam Syllabus | Currently Available

Caesar's *Gallic War*, A Fully Parsed Vocabulary Guide for the AP Latin Exam (Books 1, 4, 5, 6)
Vergil's *Aeneid*, A Fully Parsed Vocabulary Guide for the AP Latin Exam (Books 1-2, 4, 6)

Sample Excerpt

"Caesar's *Gallic War*, A Fully Parsed Vocabulary Guide for the A.P. Latin Exam"

Book Four

(Chapters 24-35)

<u>Caesar's **ORIGINAL TEXT (Book Four, Chapter 25)**</u>: **(A)** Quod ubi Caesar animadvertit, naves longas, quarum et species erat barbaris inusitatior et motus ad usum expeditior, paulum removeri ab onerariis navibus et remis incitari et ad latus apertum hostium constitui atque inde fundis, sagittis, tormentis hostes propelli ac submoveri iussit; quae res magno usui nostris fuit. **(B)** Nam et navium figura et remorum motu et inusitato genere tormentorum permoti barbari constiterunt ac paulum modo pedem rettulerunt. **(C)** Atque nostris militibus cunctantibus, maxime propter altitudinem maris, qui decimae legionis aquilam ferebat, contestatus deos, ut ea res legioni feliciter eveniret, "desilite," inquit, "milites, nisi vultis aquilam hostibus prodere; ego certe meum rei publicae atque imperatori officium praestitero." **(D)** Hoc cum voce magna dixisset, se ex navi proiecit atque in hostes aquilam ferre coepit. **(E)** Tum nostri cohortati inter se, ne tantum dedecus admitteretur, universi ex navi desiluerunt. **(F)** Hos item ex proximis primi navibus cum conspexissent, subsecuti hostibus adpropinquaverunt.

SUGGESTED WORD ORDER (Book Four, Chapter 25). **(A)** Quod ubi Caesar animadvertit, iussit longas naves (quarum et species erat inusitatior <u>barbaris</u>[1] et motus [erat] expeditior ad usum) removeri paulum ab onerariīs navibus et incitari <u>remīs</u>[2] et constitui ad apertum latus hostium atque inde hostes propelli ac summoveri <u>fundīs</u>,[3] <u>sagittīs</u>[4] [et] <u>tormentīs</u>;[5] quae res fuit <u>magno usui</u>[6] nostris [<u>militibus</u>].[7] **(B)** Nam barbari, permoti et <u>figurā</u>[8] navium et <u>motū</u>[9] remorum et <u>inusitatō genere</u>[10] tormentorum, constiterunt ac rettulerunt pedem modo paulum. **(C)** Atque <u>nostrīs militibus cunctantibus</u>[11] maxime propter altitudinem maris, qui ferebat <u>aquilam</u>[12] decimae legionis, contestatus deos ut ea res <u>eveniret</u>[13] feliciter legioni, inquit "Desilite, milites, nisi vultis prodere <u>aquilam</u>[12] hostibus; certe ego praestitero meum officium rei publicae atque imperatori." **(D)** Cum <u>dixisset</u>[14] hoc <u>magnā voce</u>,[15] proiecit se ex navī atque coepit ferre <u>aquilam</u>[12] in hostes. **(E)** Tum nostri [milites] cohortati inter se ne tantum dedecus <u>admitteretur</u>,[16] [et] universi desiluerunt ex navī. **(F)** Cum [milites] ex proximīs navibus primi <u>conspexissent</u>[17] hos, subsecuti item appropinquarunt [i.e., appropinquaverunt] hostibus.

4.25   VOCABULARY SECTIONS

(A)   **ubi** (conj) - once, when / **Caesar**, Caesaris (m) - Caius Iulius Caesar / **animadverto**, animadvertere (3), animadverti, animadversus - notice / **iubeo**, iubēre (2), iussi, iussus - command, order / **longus**, a, um - long (with *navis*, "warship") / **navis**, is (f) - ship / **species**, ei (f) - appearance, sight / **inusitatus**, a, um - extraordinary, unusual / **barbarus**, i (m) - barbarian, native (tribesman) / **motus**, us (m) - motion / **expeditus**, a, um - easy, maneuverable / **ad** (prep) - for (with Acc) / **usus**, us (m) - (actual) usage / **removeo**, removēre (2), removi, remotus - move back, withdraw / **paulum** (adv) - a little way / **ab** (prep) - from (with Abl) / **onerarius**, a, um - freight-bearing (with *navis*, "transport ship") / **navis** *iterum* / **incito** (1) - accelerate, urge on / **remus**, i (m) - oar / **constituo**, constituēre (3), constitui, constitutus - array, draw up / **ad** (prep) - against, near (with Acc) / **apertus**, a, um - exposed / **latus**, eris (n) - flank, side / **hostis**, is (m) - enemy / **inde** (adv) - thence / **hostis** *iterum* / **propello**, propellere (3), propuli, propulsus - drive away / **summoveo**, summovēre (2), summovi, summotus - remove / **funda**, ae (f) - sling / **sagitta**, ae (f) - arrow / **tormentum**, i (n) - (bolt-hurling) artillery piece / **res**, rei (f) - event (i.e., "maneuver") / **magnus**, a, um - considerable, great / **usus**, us (m) - advantage, benefit / **noster**, nostra, nostrum - our / [**miles**, itis (m) - soldier]

(B)   **barbarus**, i (m) - barbarian, native (tribesman) / **permoveo**, permovēre (2), permovi, permotus - agitate, discourage, move deeply / **figura**, ae (f) - shape / **navis**, is (f) - ship / **motus**, us (m) - motion / **remus**, i (m) - oar / **inusitatus**, a, um - unusual / **genus**, eris (n) - kind, sort / **tormentum**, i (n) - (bolt-hurling) artillery piece / **consisto**, consistere (3), constiti, constitus - halt, stand (still) / **refero**, referre, rettuli, relatus - retreat, withdraw (with *pes*, "go back, retrace one's steps") / **pes**, pedis (m) - foot (steps) / **modo** (adv) - merely, only / **paulum** (adv) - a little while

(C) **noster**, nostra, nostrum - our / **miles**, itis (m) - soldier / **cunctor**, cunctari (1), cunctatus - delay, hesitate, hang back / **maxime** (adv) - especially, particularly / **propter** (prep) - because of (with Acc) / **altitudo**, altitudinis (f) - depth / **mare**, is (n) - sea / **fero**, ferre, tuli, latus - bear, carry / **aquila**, ae (f) - eagle (standard) / **decimus**, a, um - tenth / **legio**, onis (f) - legion / **contestor**, contestari (1), contestatus - appeal to, invoke / **deus**, i (m) - god / **res**, rei (f) - action, deed / **evenio**, envenire (4), eveni, eventus - betide, happen (with *feliciter*, "benefit") / **feliciter** (adv) - favorably, well / **legio** *iterum* / **inquam** (defect.) - say, speak (prsnt actv indic 3 sing, *inquit*) / **desilio**, desilire (4), desilui, desultus - jump (down) / **miles** *iterum* / **nisi** (conj) - unless / **volo**, velle, volui - want, wish / **prodo**, prodere (3), prodidi, proditus - betray, hand over, surrender / **aquila** *iterum* / **hostis**, is (m) - enemy / **certe** (adv) - certainly, undoubtedly / **praesto**, praestare (1), praestiti, praestitus - fulfil, perform / **meus**, a, um - my / **officium**, i (n) - duty, obligation / **res**, ei (f) - state (with *publica*, "republic") / **publicus**, a, um - public / **imperator**, oris (m) - commander, general

(D) **cum** (conj) - when / **dico**, dicere (3), dixi, dictus - say, speak / **magnus**, a, um - great, loud / **vox**, vocis (f) - voice / **proicio**, proicere (3), proieci, proiectus - cast, throw / **ex** (prep) - from (with Abl) / **navis**, is (f) - ship / **coepio**, coepere (3), coepi, coeptus - begin / **fero**, ferre, tuli, latus - bear, carry / **aquila**, ae (f) - eagle (standard) / **in** (prep) - against (with Acc) / **hostis**, is (m) - enemy

(E) **tum** (adv) - then / **noster**, nostra, nostrum - our / [**miles**, itis (m) - soldier] / **cohortor**, cohortari (1), cohortatus - exhort, urge / **inter** (prep) - among, between (with Acc) / **tantus**, a, um - so great, such / **dedecus**, oris (n) - disgrace, shame / **admitto**, admittere (3), admisi, admissus - allow, let be done (may also suggest "for one to incur blameworthy guilt") / **universus**, a, um - all together, massed (as one) / **desilio**, desilire (4), desilui, desultus - jump (down) / **ex** (prep) - from (with Abl) / **navis**, is (f) - ship

(F) **cum** (conj) - after, when / [**miles**, itis (m) - soldier] / **ex** (prep) - from (with Abl) / **proximus**, a, um - closest, nearest / **navis**, is (f) - ship / **primus**, a, um - first (i.e., "in the first place") / **conspicio**, conspicere (3), conspexi, conspectus - observe, see / **subsequor**, subsequi (3), subsecutus - follow / **item** (adv) - also, likewise / **appropinquo** (1) - approach, draw near (with Dat) / **hostis**, is (m) - enemy

<u>GRAMMATICAL NOTES</u>: 1. *barbaris* (Dat of Reference); 2-5. *remīs...fundīs... sagittīs...tormentīs* (Ablatives of Means); 6. *magno usui* (Dat of Purpose, "a considerable benefit"); 7. *nostris [militibus]* (Dat of Interest, "for our soldiers"); 8-10. *figurā...motū...inusitatō genere* (Ablatives of Means); 11. *nostrīs militibus cunctantibus* (Abl Absol, "while our soldiers were hanging back"); 13. *eveniret* (Subjunctive in an Indirect Command, "that it might benefit the legion"); 14. *dixisset* (Subjunctive in a *cum* Clause, "when he had said"); 15. *magnā voce* (Abl of Manner, "with a loud voice"); 16. *admitteretur* (Subjunctive in a Negative Indirect Command, "lest such shame be incurred"); 17. *conspexissent* (Subjunctive in a *cum* Clause, "when soldiers from the nearest ships first had seen"). | <u>HISTORICAL NOTE</u>: 12. Among the many military reforms attributed to Caius Marius (cos. 107, 104-100, 86 BC) was the subordination of the legion's existing *signa militaria* (i.e., "military standards") to new laurel-wreathed silver or gold *aquilae* (i.e., "eagles"); each borne by an *aquilifer*, the new legionary standards were integral in executing maneuvers and critical to morale as their loss disgraced (and led to the possible disbandment of) the legion.

<u>**FULLY PARSED**</u>

(4.25.A): **quod** (neut acc sing); **Caesar** (masc nom sing); **animadvertit** (prsnt actv indic 3 sing); **iussit** (perf actv indic 3 sing); **longas** (fem acc pl); **naves** (fem acc pl); **quarum** (fem gen pl); **species** (fem nom sing); **erat** (impf actv indic 3 sing); **inusitatior** (fem nom sing; comp. of *inusitatus*); **barbaris** (masc dat pl); **motus** (masc nom sing); [**erat**] (impf actv indic 3 sing); **expeditior** (masc nom sing; comp. of *expeditus*); **usum** (masc acc sing); **removeri** (prsnt pssv infin); **onerariīs** (fem abl pl); **navibus** (fem abl pl); **incitari** (prsnt actv infin); **remīs** (masc abl pl); **constitui** (prsnt pssv infin); **apertum** (neut acc sing); **latus** (neut acc sing); **hostium** (masc gen pl); **hostes** (fem nom pl); **propelli** (prsnt pssv infin); **summoveri** (prsnt pssv infin); **fundīs** (fem abl pl); **sagittīs** (fem abl pl); **tormentīs** (neut abl pl); **quae** (fem nom sing); **res** (fem nom sing); **fuit** (perf actv indic 3 sing); **magno** (masc dat sing); **usui** (masc dat sing); **nostris** (masc dat pl); [**militibus**] (masc dat pl).

(4.25.B): **barbari** (masc nom pl); **permoti** (perf pssv prcpl, masc nom pl); **figurā** (fem abl sing); **navium** (fem gen pl); **motū** (masc abl sing); **remorum** (masc gen pl); **inusitatō** (neut abl sing); **genere** (neut abl sing); **tormentorum** (neut gen pl); **constiterunt** (perf actv indic 3 pl); **rettulerunt** (perf actv indic 3 pl); **pedem** (masc acc sing).

(4.25.C): **nostrīs** (masc abl pl); **militibus** (masc abl pl); **cunctantibus** (dep., prsnt actv prcpl, masc abl pl); **altitudinem** (fem acc sing); **maris** (neut gen sing); **qui** (masc nom sing); **ferebat** (impf actv indic 3 sing); **aquilam** (fem acc sing); **decimae** (fem gen sing); **legionis** (fem gen sing); **contestatus** (dep., perf pssv prcpl, masc nom sing); **deos** (masc acc pl); **ea** (fem nom sing); **res** (fem nom sing); **eveniret** (impf actv subjv 3 sing); **legioni** (fem dat sing); **inquit** (prsnt actv indic 3 sing); **desilite** (prsnt actv imper 2 pl); **milites** (masc voc pl); **vultis** (prsnt actv indic 2 pl); **prodere** (prsnt actv infin); **aquilam** (fem acc sing); **hostibus** (masc dat pl); **ego** (1 pers. pron., masc nom sing); **praestitero** (fut perf actv indic 1 sing); **meum** (neut acc sing); **officium** (neut acc sing); **rei** (fem dat sing); **publicae** (fem dat sing); **imperatori** (masc dat sing).

(4.25.D): **dixisset** (pluperf actv subjv 3 sing); **hoc** (neut acc sing); **magnā** (fem abl sing); **voce** (fem abl sing); **proiecit** (perf actv indic 3 sing); **se** (3 pers. reflxv. pron., masc acc sing); **navī** (fem abl sing); **coepit** (perf actv indic 3 sing); **ferre** (prsnt actv infin); **aquilam** (fem acc sing); **hostes** (masc acc pl).

(4.25.E): **nostri** (masc nom pl); **[milites]** (masc nom pl); **cohortati** (dep., perf pssv prcpl, masc nom pl); **se** (3 pers. reflxv. pron., masc acc pl); **tantum** (neut nom sing); **dedecus** (neut nom sing); **admitteretur** (impf pssv subjv 3 sing); **universi** (masc nom pl); **desiluerunt** (perf actv indic 3 pl); **navī** (fem abl sing).

(4.25.F): **[milites]** (masc nom pl); **proximīs** (fem abl pl); **navibus** (fem abl pl); **primi** (masc nom pl); **conspexissent** (pluperf actv subjv 3 pl); **hos** (masc acc pl); **subsecuti** (dep., perf pssv prcpl, masc nom pl); **appropinquarunt** (i.e., *appropinquaverunt*, perf actv indic 3 pl); **hostibus** (masc dat pl).

Currently Available from Amazon.com and CreateSpace.com

Made in the USA
Columbia, SC
06 December 2024